고려시대 사상사 산책

고려시대 사상사 산책

김두진 지음

국민대학교 출판부

머리말

삼국문화는 통일신라시대에 하나로 모아지면서 심화된 민족문화를 성립시켰다. 화려하면서도 균형미를 갖춘 민족문화는 신라하대에 지방호족이 등장한 분위기 속에서 지방문화의 성장을 가능하게 하였다. 호족연합정책으로 후삼국의 혼란을 정리하면서 새로운 사회를 건립한 고려시대에는 세련된 정제미를 갖춘 중앙의 귀족문화와 괴기怪奇하면서도 투박한 지방의 서민문화가 공존하였다. 한편 통일신라시대 불교사상은 다른 교파의 논리를 융섭하려는 융회적融會的인 성격을 지니면서도, 각 교파는 신라말에 이르기까지 자체의 논리체계를 완비하기에 이르렀다.

고려시대 사상사의 흐름 속에는 각 교파의 논리를 절충하려는 성격이 시종始終 자리하는가 하면, 세련된 철학체계는 물론 한편으로는 투박하면서도 신이한 토착신앙이 내포되어 있었다. 이러한 고려시대 사상사의 개관을 제시하려는 것이 이 책의 목적이다. 그러나 실제로 고려시대 사상사는 다양한 모습으로 전개되기 마련이어서, 그 구체적인 모습을 사실적으로 제시하기는 어려운 작업이다. 이 책은 고려시대 사상사의 큰 흐름에 대해 이미 발표된 저자의 글을 모으고, 그 외에 유학에 대해서는 새로 작성한 내용을 추가한 것이다. 그러다보니 토착신앙이나 풍수지리 도참사상에 대해서는 언급하지 못하였다.

고려시대사는 크게 보아 호족연합기 · 문벌귀족성립기 · 무인집정기 · 신진 사대부 등장기로 나뉘는데, 이러한 시기의 사회체제와 당대에 성행한 사상을 구체적으로 제시하고자 한다. 그리하여 사회와 사상과의 관계를 밀착하여 분석함으로써, 사회사상사를 정립하고자 한다. 이 책에서 인위적으로 고려사를 네시기로 구분하였지만, 이를 나누는 기준은 당대를 이끌어간 주도세력에 주목한 것이다. 그 결과 고려 사회를 대표하는 인물과 그들이 가진 사상을 이끌어내는데 주력하였다. 어떠한 사상도 이를 주장한 인물이나 또는 그를 키워낸 사회나 문화에 대해 이해한 기반 위에서 분석되어야 한다.

종교사상의 분석에서 현재의 교단이나 종파의 신앙적 교리를 초연함으로써, 객관적 진실을 추구하는 작업은 대단히 중요하다. 학문연구는 진리를 추구하는 길이기도 하다. 이는 바로 국사학의 연구가 봉건적 연고관계나 문중門中사학에서 벗어나는 것이다. 뿐만 아니라 역사연구는 정치현실이나 이념에서도 한 발작 물러서야 한다. 객관적 사실을 이끌어냄으로써 진실 즉, 학문적 진리를 추구하는 것은 실증적 방법에 의한 접근이라야 가능하다. 그러기 위해 문헌기록을 비판적으로 분석해야 한다. 아울러 종단이나 교파의 신앙적 입장에서 분석한 연구 업적에 대해서도 비판적으로 수용할 필요가 있다.

문헌비판 뿐만 아니라 비판적 안목으로 역사를 연구하는 것은 바람직하다. 문헌이 잘못 기록되었다고 하더라도, 기록자를 분석함으로써 그렇게 기록될 소지를 지적하는 것은 바로 진실을 복원하는 작업이 된다. 비판적인 안목으로 연구 성과나 당대의 문화를 조명할 때에, 오히려 진실에 접근할 수 있다. 또한 이는 새로운 진리를 추구하는 방향으로 연구를 진척시키고, 민족문화의 전통을 새롭게 창출하게 한다. 이 책은 관련 문헌을 총체적으로 섭렵하면서 그 내용이 내포한 개별 사실을 객관적으로 끌어내고자 하였다. 아울러 쉽게 해석되지 않거나 충분한 기록을 갖지 않은 사실에 대해서도 역사흐름의 대세 속에서 보편적 법칙에 따라 이해하였다.

이 책은 결론을 빼면 5부분으로 논술되었다. 제1장과 제2장은 고려시대 사상사 연구의 회고와 전망 및 고려시대 사상사 흐름의 특징을 시기별로 제시하였다. 그러면서 사상과 당대 사화와를 병렬적으로 언급하였다. 제3장은 호족연합기의 교선일치사상과 문벌귀족성립기의 화엄종이나 법상종 등 교학불교사상이나 또는 성종대를 중심으로 유교적 정치사상을 제시하였다. 제4장은 무인집정기에 선종 중심으로 교종사상을 융합하면서 일어난 신앙결사 운동과 신진사대부 등장기에 불교통합이나 유불동원儒佛同源사상은 물론, 새롭게 수용되는 성리학의 사상경향을 지적하였다. 제5장은 고려시대 사상사관계 사료해설과 연구서평을 실은 것인데, 부록에 해당될 수 있는 부분이다.

고려시대의 사상사연구가 심층적인 종교 이론이나 불교 논리의 도움을 받으면 더 잘 밝혀질 수 있다. 그러나 인접학문의 이론을 적용하기에 앞서 충분히 문헌에 의해 고려시대 사상의 구체적 실상을 사실적으로 부각하는 것이 무엇보다도 중요하다. 그러한 원칙이 고수되면 인접학문은 역사학과 더불어 가야 할 동반자이다. 아울러 역사학 연구자들도 시야를 확대하면서, 서로 화합하고 협력하는 풍토를 조성해야 할 것이다. 고려시대 사상사에 대해서는 균여의 성상융회사상이나 고려전기의 교선교섭 사상경향을 다소 천착하여 밝힌 바 있다. 반면 고려후기 불교사상의 전개에 대해서는 많은 관심을 두었지만, 이 책에서 제시한 내용으로 대신하고 심화된 연구를 접을 수밖에 없다.

학문연구에 종착역이 있을까만은 일정한 부분을 묶어 마무리하는 작업도 의미가 있어 보인다. 마침 국민대학교 출판부에서 이 책이 출간하게 된 것도 저자에게는 뜻 깊은 일이다. 이제 국민대학에서 생활한지도 30년에 이른다. 무심히 지나쳐 버린 교정의 모습, 그 속에 영사막처럼 그리운 얼굴들, 주마등으로 되살아난다. 그러고 보면 국민대학을 사랑하는 마음으로 이 책을 간직하려고 한다. 이 책은 주위의 따스했던 분들이 각별히 기울여 준 배려 속에서 간행될 수 있었다. 저술을 마무리하는데 가족들의 기대는 큰 힘이 되었다. 힘들 때에 등을 기댈 수 있어 마음이 든든해진다. 교정과 색인 작업은 국민대학교 국사학과 대학원의 이효심李孝心양이 맡아 주었다. 그의 노고에 감사드리면서, 학문의 알찬 결실을 맺기 바란다. 이 책을 아담하게 편집해준 백승철白承喆선생에게도 고마움을 전한다.

2008년 11월 30일

정릉貞陵계곡에서　김두진金杜珍

차례

머리말 5

제1장_ 서론-고려시대 사상사연구의 회고와 전망 13

1. 토착신앙과 불교신앙의 교섭 13
2. 선종과 화엄사상의 전개 16
3. 조계종과 교선일치 사상 23
4. 대장경의 조성과 사원경제 29
5. 합리적 유교이념의 정립 34
6. 사서의 편찬과 역사의식의 흐름 40
7. 사상사연구 방법론의 모색 48

제2장_ 고려시대 사상의 역사적 특징 51

1. 문제점의 제기 51
2. 호족연합기의 사상경향 53

1) 호족세력의 재편 53
2) 융회融會불교의 경향 57
3) 풍수지리사상의 정리 62
4) 유교적 정치이념의 모색 66
3. 귀족사회의 성립과 사상계의 변화 69
1) 문벌귀족의 성립 69
2) 귀족불교의 성숙 73
3) 유교적 정치사상의 전개 78
4) 지리도참地理圖讖사상의 유행 82
4. 무인집권과 사상계의 새 기운 86
1) 귀족사회의 동요와 무인집권 86
2) 산중山中불교의 등장 93
3) 토착문화 전통의 강조 101
5. 사대부의 진출과 유불사상의 교섭 107
1) 사대부세력의 성장 107
2) 유교적 명분론의 도입 110
3) 무격巫覡신앙의 확산 113
4) 유교와 불교사상의 교섭경향 116
5) 배불사상의 태동 119
6. 고려시대 사상의 특성 122
제3장_ 고려초기 사상사의 면모 131
1. 나말려초의 교종과 선종 131
1) 왕건의 선대세력과 선종 131
2) 왕건과 승려의 결합 135
3) 사무외사와 그들의 선사상 139
4) 나말려초의 화엄결사 144

2. 광종대의 불교통합운동과 천태학의 연구 150
1) 광종대의 불교통합운동 150
2) 천태학의 연구 166
3. 현종대 이후 화엄종·법상종의 대두와 불교계의 모순 177
1) 귀족불교의 융성 177
2) 불교계의 모순 192
4. 고려초기의 유교적 정치사상의 성립 198
1) 나말려초 유교적 정치이념의 정착 198
2) 성종대의 유교적 정치사상 204
3) 유교적 실천윤리의 전개 212

제4장_ 고려후기 사상사의 흐름 219

1. 고려후기 사원세력과 송광사 219
1) 고려 후기의 사원세력 219
2) 수선결사의 성립 226
3) 보조국사 지눌의 선종사상 233
4) 고려후기 송광사의 선종사상 243
2. 백련사 결사와 그 사상경향 253
1) 법화신앙 결사의 유행 253
2) 요세의 백련사 결사 258
3) 백련사의 사상경향 272
3. 나옹과 태고의 불교사상 293
1) 나옹의 수학과 선종사상 293
2) 태고의 생애와 선종사상 303
4. 고려후기 성리학의 전래와 그 경향 320
1) 고려후기 성리학의 전래 320
2) 고려후기 성리학의 경향 337

3) 고려후기 성리학 수용의 의의 348

제5장_ 고려시대 사상사관계의 자료해제와 서평 355

1. 고려시대 사상사관계 자료해제 355
1) 석화엄교분기원통초의 해제 355
2) 만덕사지萬德寺志 해제 375

2. 고려시대 사상사관계 서평 382
1) 삼국사기, 우리 곁에 다가서다 382
2) 삼국유사, 종합적으로 접근하다 391
3) 고려말 불교사 전개의 한 단면 398

제6장_ 결 론 407

참고문헌 439

찾아보기 449

제1장

서론-고려시대 사상사 연구의 회고와 전망

1. 토착신앙과 불교신앙의 교섭

고려시대에는 삼국시대나 통일신라시대와 비교하여 민간신앙이나 토착신앙에 대한 연구가 부진한 편이다. 그 이유는 이전 시대와 비교하여 고려시대에는 불교나 유교사상이 학문적으로 심화되고 있어서 그것에 대한 연구가 중시되었기 때문이다. 그렇다고해서 고려 이전 시대에 관한 토착신앙의 연구가 반드시 더 중요한 것만은 아니다. 문화가 발달되고 사회제도가 복잡해지면, 거기에 따른 토착신앙의 내용도 보다 복잡해지고 많아지기 마련이다. 실제 주술에 관한 연구는 삼국시대에 비해 고려시대의 그것에 관한 내용이 훨씬 더 복잡하게 분화되어 있음이 밝혀졌다.[1]

고려시대의 토착신앙에 관한 연구로는 김창현金昌賢, 「고려시대 일관日官에 관한 일고찰」(『사학연구』 45, 1992)이 있다. 이 논문은 고려시대 일관의 역할과 그 지위를 규명하였다. 그 외 도교에 대해 관심을 기울이는

1 任東權, 「高麗時代의 占卜俗」(『李弘稙回甲紀念 韓國史學論叢』, 신구문화사, 1969).

정도이다. 도교에 대한 논문으로

梁銀容, 「고려 도교의 역사 자료」(『韓國宗教』 10, 圓光大, 1985).

양은용, 「福源宮 건립의 역사적 의의」(『도교와 한국문학』, 아세아문화사, 1988).

가 있다. 이들 연구는 아직 자료정리 단계에 머무는 것이지만, 앞으로 이런 문제를 추구할 수 있는 길을 열었다는 데에 그 의미를 찾을 수 있다.

토착신앙과 불교신앙의 습합習合 문제는 대단히 중요하면서도 잘 연구되지 못하였다. 이러한 연구로는 서윤길徐閏吉, 「고려의 구요九曜신앙과 그 사상 원류」(『가산이지관스님 화갑기념 한국불교문화사상사』 상, 1992)가 있다. 구요신앙의 구체적 모습을 이끌어 내었다는 면에서 이 논문의 가치가 있다. 선행 연구가 구요신앙의 원류를 도교에서 찾았지만, 여기서는 우리 역사상 영성靈星신앙에서 찾았는데, 이는 9요나 11요의 독립된 신앙 체계를 갖춘 것이며, 특히 밀교의 영향을 받아 성립되었다고 했다. 허흥식許興植, 「불교와 융합된 고려왕실의 조상숭배」(『동방학지』 45, 1984)도 고려왕실의 조상숭배를 불교신앙과의 연관 속에서 추구하였다. 그리하여 불교와 유교의 예제禮制를 절충한 경영전景靈殿과 불교식 예제를 내세운 진전眞殿사원을 밝혔다. 시대별로 진전사원에 거주한 승려는 대부분이 당시 국사나 왕사가 배출된 종파에 속해 있었다.

고려초기에 밀교와 연관하여 불교신앙을 밝히려는 작업은 크게 보면 토착신앙과 불교신앙과의 습합과정을 이해하려는 것이다. 풍수지리설도 민간신앙인 비기秘記와 불교신앙이 융합된 것으로 밀교적인 불교신앙으로 이해되기도 한다.[2] 근래에 풍수지리설에 대한 연구는 비교적 저조한

편이다. 다음 논문이 참조된다.

崔柄憲, 「고려 건국과 풍수지리설」(『韓國史論』 18, 국사편찬위원회, 1988).

金杜珍, 「나말려초 桐裏山門의 성립과 그 사상 -풍수지리사상에 대한 재검토-」(『東方學志』 57, 1988).

최병헌은 풍수지리설이 경험과학에 의한 인문지리적 지식으로 어느 한 지방을 중심으로 하는 국토재구성안이었고, 왕건에게 통일 이념을 제공하였다고 했다. 풍수지리설은 우리 민족신앙의 기층을 밝혀 주리라는 기대 속에서 연구되었는데,[3] 인문지리적인 국토재구성안으로 이해되면서 그 연구 수준을 높혀 주었으며, 이용범李龍範의 논문이 바로 그런 최초의 연구였다.[4] 비슷한 시기의 최병헌과 김두진은 물론 지리학자인 최창조崔昌祚의 연구도[5] 이런 입장을 견지하였다.

풍수지리설이 왕건에게 봉사한다고 본 것과는 달리, 김두진은 지방의 유력호족에게 이념을 제공하는 것으로 이해하였다. 현재 남아있는 자료상으로 풍수지리설은 왕건과 연결된 것이 주종을 이룬다. 그러나 나말에 어떤 지방이 국토의 중심이 된다는 풍수지리설이 여러 개가 설령 병존하였을 지라도, 삼한을 통합한 세력에게 봉사한 곧, 송악 중심과 배치되는 풍수지리설은 정리될 수밖에 없었다. 왜냐하면 한 곳이 국토의 중심이 되면 다른 곳은 그 중심이 될 수 없기 때문이다. 풍수지리설은 상호 배타적이어서 고려의 통일 이후 왕건에 의해 정리될 수밖에 없었고, 그

2 徐閏吉, 「道詵과 그의 裨補思想」(『韓國佛教學』 1, 1975).
서윤길, 「道詵 裨補思想의 연원」(『佛教學報』 13, 1976).

3 그 첫 결과가 李丙燾, 『高麗時代의 硏究』(乙酉文化社, 1948)로 출간되었다.

4 李龍範, 「風水地理說」(『한국사』 6, 국사편찬위원회, 1975).

5 崔昌祚, 『韓國의 風水思想』(民音社, 1984).

런 과정에서 도참圖讖으로 흐르면서 정치적으로 이용되었다.

풍수지리설은 전국토를 관찰하여 삼국도三國圖를 작성하고, 그런 다음 국토를 효율적으로 이용하려는 비보裨補사상으로 발전하여 갔다. 여기까지 그것은 세련된 지성이 움직여 간 합리적인 것이다. 앞으로 풍수지리설에 대한 연구는 도참에 의해 미신적으로 흘러간 면에 집착하지 않으면서, 그 합리적인 사고를 더욱 발전시켜 가야 민족사에서 뚜렷한 제 자리를 찾을 것이다. 고려시대의 연구 성과는 아니지만 영암군靈岩郡에서 출간한 『선각先覺국사 도선道詵의 신연구』(1988)는 그런 면에서 신라말의 풍수지리설을 종합적으로 보려는 건전한 시도로 생각된다.

2. 선종과 화엄사상의 전개

나말려초의 사상사에서 중요하게 다루어야 할 분야는 선종사의 연구인데, 근래에 와서 이 부분에 대한 논문이 거의 없는 편이다. 그런대로 이전 연구 성과를 종합 정리한 추만호秋萬鎬, 『나말려초 선종사상사 연구』(이론과 실천, 1992)가 출간되었다. 이 책에서는 선종 성립의 사상적 배경과 구산선문의 성립 및 그 계보를 소상히 다루었으며, 아울러 선종의 사회적 기반과 성격, 사상적 영향 등을 추구하였다. 선종사상은 '고대에서 중세로의 전환기를 가져온 변혁기의 중세적 사고라기보다는, 신라중대 화엄종과 다르지 않은 나말려초의 주요한 이념'이라고 규정되었다. 특히 불교 교리는 어떤 것이든 선禪과 교敎를 모두 포함하는 것이어서, 그 원류를 원효의 교학에서 찾으려 한 점이나 선종이 화엄종이나 미륵신앙·풍수지리·산악신앙 등에 어떤 영향을 준 것인지를 밝히려는 노력이 돋보인다.

사실 나말려초의 선종사는 일찍이 최병헌·김두진 등 역사학자에 의해 큰 관심의 대상이 되었다. 그 결과 선종구산문의 계보와 지방호족 세력과의 연관 문제 등이 알려졌고, 구산문의 하나하나에 대한 개별 연구가 진행되었다.[6] 그런가하면 구산선문은 고려후기 불교계를 반영하는 용어로, 나말려초에는 구산문으로 나뉘어 있지 않고 조계종으로 통합되었다는 면에서 구산선문이란 용어 자체를 비판하는 연구가 나오기도 했다.[7]

추만호는 이러한 선종사의 연구 성과를 정리하면서, 그 속에 제기된 문제점들을 해결하려고 노력하였다. 앞으로 나말려초의 선종사는 개별 산문의 계보는 물론 그 사상경향, 사회경제적 기반에 대한 정리가 마무리 되면서, 중국 선종계와의 연관성 내지 그것과의 비교연구가 이루어져야 할 것이다. 나말의 중국 유학승들은 대체로 조사선祖師禪의 우위를 주장하는 마조馬祖 도일道一의 문하로 나아갔지만, 고려 왕건과 연결된 중국 유학승들은 청원靑願 행사行思의 문하로 나아갔다. 그런데 행사의 사상은 교선일치 경향을 지녔다. 앞으로 이 점은 고려초기의 선종사상사를 연구하면서 중요하게 고려되어야 한다.

허흥식이 나말려초의 선종을 단일한 조계종으로 본 것은 안일하게 계보만을 추구하면서 자만하려던 선종사연구 풍토에 신선한 충격을 주었지만, 그것 자체도 많은 비판을 받았다. 서윤길, 「고려 유가瑜伽·율律·

---

6 그런 연구로 중요한 것들을 들면 대략 다음과 같다.
金煐泰, 「曦陽山 禪派의 成立과 그 法系에 대하여」(『韓國佛敎學』 4, 1979).
김두진, 「新羅下代 堀山門의 形成과 그 思想」(『省谷論叢』 17, 1986).
김두진, 「羅末麗初 桐裏山門의 成立과 그 思想」(『東方學志』 57, 1988).
추만호, 「羅末麗初의 桐裏山門」(『先覺國師 道詵의 新硏究』, 1988).

7 許興植, 「禪宗九山門과 禪門禮儀文의 문제점」(『歷史敎育論集』 5, 1983).

신인神印 등 제종諸宗의 성격과 그 전개」(『한국사론』 20, 국사편찬위원회, 1990)는 고려초의 불교계가 4대 종파 즉 조계·유가·화엄·천태종으로 성립되어 있었다는 그간의 연구에 대해, 그 외에 율종이나 신인종 등 구체적인 종파의 전개 과정과 그 성격을 규명하였다. 고려초기의 불교사상에 대해서는 다음 논문이 유념된다.

김영태, 「고려개국 초의 불교 사상」(『한국사론』 18, 국사편찬위원회, 1988).

양은용, 「고려태조 親製 '開泰寺 華嚴法會疏'의 연구」(『가산이지관스님 화갑기념론총 한국불교문화사상사』 상, 1992).

道業(李杏九), 「均如說 華嚴五敎章 草本과 일본 和本의 關係考」(위의 책).

고려초기 불교사에서 가장 문제되는 것은 화엄종에 대한 연구이다. 왕건은 후삼국을 통합하고 특히 후백제 사람들에 대한 민심을 수습하기 위해 개태사를 창건하고 그 발원문을 직접 작성하였다. 양은용은 왕건이 지은 비교적 완전한 개태사창건 법회소法會疏를 구해서, 그 내용이 화엄법회인 것으로 분석하였다. 곧 왕건의 숭불崇佛을 통한 평화 통일사상을 화엄과 연관시켜 이해하였다. 고려초기의 화엄사상사에서 균여均如가 중요시됨은 물론이다. 이에 대해서는 상당한 연구가 이루어졌다.[8] 균여는 의상계義湘系 화엄종의 계승자였고, 고려초기의 화엄종은 주로 의상계와 연결된다.

당의 법장法藏은 『화엄오교장』을 지어 신라의 의상義湘에게 보내면서 그것을 교정해 줄 것을 청하자, 의상은 오교장의 목차를 바꾸어서 다시 서술하였다. 그런데 의상이 고친 본을 초본草本이라 하며 법장이 보낸

---

8 김두진, 『均如華嚴思想研究』(일조각, 1983).

본을 연본鍊本이라 한다.[9] 도업은 『화엄오교장』의 초본이 일본에 전해진 화본과 그 목차나 서술 방식이 같다고 함으로써, 일본의 화엄종은 신라 의상계 화엄종에 속했던 심상審祥에 의해 전해졌다는 결론을 이끌어 내었다. 물론 이런 결론은 일본학계에서는 이설이 없지 않으나 국내 학계에서는 일찍이 주장되었다.

고려 천태종에 대해서는 비교적 많은 연구가 있다. 우선 이영자李永子, 『한국 천태사상의 전개』(민족사, 1992)가 있다. 이 책에서는 원효元曉의 지관止觀과 『천태사교의天台四敎儀』에 대한 분석, 의천義天의 천태사상과 그 뒤를 이어 천인天因 · 천책天頙 · 무기無寄 등 고려후기는 물론, 근세 월창月窓의 천태사상이 추구되었다. 이 책에서 일관되게 시도한 것은 이론(敎相)과 실천(觀心)을 통합한 한국 불교의 교선일치 사상을 불교도의 천태학적 관점에서 규명한 것이다. 아울러 천태교학의 맥을 원효 · 체관諦觀 · 의천 · 천인 · 천책 · 무기 · 월창 등으로 잇고 있다.

고려초기 체관 특히 의천의 천태사상이 고려후기 백련사를 중심으로 한 천태사상으로 계승되는 지에 대해서는 연구자들의 견해가 일치하고 있지 않다. 진귀조사설眞歸祖師說을 내세우는 백련사白蓮社 계통의 천태사상은 선종의 입장을 강하게 견지하는 것이다. 다만 이영자는 의천의 교관일치사상이 화엄사상과 천태사상을 대등한 입장에서 통합하려는 것으로 생각하였으며, 그 근거를 원효의 화쟁사상에서 부터 전개하였다.

의천의 천태사상을 밝히기에 앞서 체관이나 의통義通에 대한 연구가 있어야 함은 물론이다. 이영자의 『천태사교의』에 대한 연구는 그런 면에서 중요하다.[10] 중국에서 활동한 체관 등에 관한 연구와는 별도로 국내

9 김두진, 「均如의 生涯와 著述」(『역사학보』 75 · 76합집, 1977, 93~94쪽).
10 이 분야에 대한 연구로는
김두진, 「諦觀의 天台思想」(『韓國學論叢』 6, 1984).

에서 활동한 혜거惠居나 지종智宗 등에 대해서는 천태학의 입장에서 분석한 연구가 있는가 하면,[11] 법안종法眼宗의 입장에서 연구되기도 했다.[12] 고려초의 천태사상 내지 법안종사상의 연구는 교선융합 사상을 밝히려는 것이다. 이에 대해서는 교종의 입장에서 선종사상을 융합하려는 경향과 선종의 입장에서 교종사상을 융합하려는 경향이 있었다.[13] 고려초에 전자를 대표하는 자는 탄문坦文인데, 그의 사상이나 정치적 입장 등에 대해서 밝혀진 바 있다.[14] 의천도 탄문坦文의 교학과 연결을 가지는데, 그들 사이가 법맥으로 연결되는 지는 불분명하다. 앞으로 이 부분에 대한 연구가 곁들여져야 할 것이다.

의천의 천태사상에 대해서는 다음 논분이 수록된다.

허흥식, 「의천의 圓宗文類와 廓心의 集解」(『서지학보』 5, 1991).

李逢春, 「고려 천태종의 성립과 그 전개」(『한국사론』 20, 국사편찬위원회, 1990).

최병헌, 「대각국사 의천의 화엄사상 연구」(『한국사학』 11, 한국정신문화연구원, 1990).

최병헌, 「고려시대 화엄종단의 전개 과정과 그 역사적 성격」(『한국사론』 20, 국사편찬위원회, 1990).

최병헌, 「의천과 송의 천태종」(『가산이지관스님화갑기념 한국불교문화사상사』 상, 1992).

韓種萬, 「法華玄義와 天台四敎儀의 비교연구」(『東洋學』 18, 1988).
양은용, 「寶雲 義通祖師와 高麗」(『如山柳炳德華甲紀念論叢 韓國哲學宗敎思想史』, 1990).
11 金哲埈, 「고려초의 天台學 연구」(『東西文化』 2, 1968).
최병헌, 「天台宗의 성립」(『한국사』 6, 국사편찬위원회, 1975).
12 김두진, 「고려 광종대 法眼宗의 등장과 그 성격」(『한국사학』 4, 한국정신문화연구원, 1983).
13 김두진, 「玄暉(879~941)와 坦文(900~975)의 불교사상」(『高柄翊先生回甲紀念 史學論叢』, 1984).
14 金龍善, 「광종의 개혁과 歸法寺」(『高麗光宗硏究』, 일조각, 1981).
田壽炳, 「坦文국사에 관한 考察」(『東洋文化硏究』 2, 大田大, 1987).

허흥식은 일본 천리대학天理大學의 금서룡문고今西龍文庫 속에 보존되어 있는 『원종문류집해圓宗文類集解』를 소개하면서 간단히 그 내용을 검토하였다. 물론 그것은 3책 중 중권만 현전하지만, 의천의 화엄사상을 이해할 수 있는 귀중한 자료이다. 허흥식의 다른 논문도 지금껏 알려지지 않은 자료를 발굴·소개하고 있는 경우가 많으며,[15] 그것은 앞으로 이 시대 사상사 연구에 많은 도움이 될 것이다. 의천의 사상을 보는 면에서 허흥식과 최병헌은 상당한 시각차를 가졌다. 허흥식은 의천이 종파 불교의 갈등을 해소하려고 노력했지만 그 결과는 천태종을 추가하는데 그쳤고, 그가 추구한 보편적 합리성은 무신란 이후 국수적 신비주의에 의해 매몰되었다고 하였다.

반면 최병헌은 의천의 천태사상을 대단히 높이 평가하였다. 그는 의천의 천태사상에 대해 오랫동안 추구해 왔는데, 최근 발표된 논문의 논지는 대략 다음과 같이 정리될 수 있다. 첫째 균여에 대해 비판적인 안목을 가졌다는 점에서 의천은 화엄종의 모순을 비판 극복하여 화엄종과 천태종의 조화를 모색하였고, 교상敎相뿐만 아니라 관법觀法을 중시했다. 둘째 의천은 홍원사洪圓寺에 구조당九祖堂을 세워 마명馬鳴·용수龍樹·천친天親·불타佛陀·혜광慧光·두순杜順·지엄智儼·법장法藏·징관澄觀의 9조를 설정했으며, 이는 송 정원淨源의 7조설에 비해 독특한 것이다. 셋째 의천은 말년에 천태종을 개종했는데, 중국 유학 당시에 산가파山家派 사상에 접하였으나, 산외파山外派 사상과도 교류하였다.

균여파와 의천파의 대립은 이미 상당히 깊이 논해졌으며, 그들의 사상은 물론 정치 사회적 입장의 차이에서도 추구되었다. 의천의 9조설은

15 허흥식, 『高麗佛敎史研究』(일조각, 1986)에서는 새로운 자료를 발굴하여 소개·분석한 연구가 많다.

정원의 7조설과 차이가 나는데, 특별히 의천이 보강했던 것은 유식唯識계통이나 지론地論계통이었다. 오히려 7조에 들어간 종밀宗密이 의천의 9조 내에 빠져 있는데, 그는 교선일치설을 내세웠다. 중국 화엄종이 성상융회性相融會 사상에서 교선일치 사상으로 나아간 데에서 그 발전적 의미를 찾을 수 있다면, 의천의 사상에서는 성상융회의 입장이 강화되어 교선일치 사상을 가진 종밀이 소외되고 있는 셈이다. 이 점은 그의 사상이 독특한 것으로 규정될 수는 있을지 모르지만, 반드시 긍정적으로 평가할 수 있는 지는 의문의 여지를 남긴다. 의천의 사상이 산가파 사상과 가깝고 균여의 사상이 산외파 사상과 연관되는 것은 이미 밝혀졌다.[16] 다만 의천이 산외파의 사상과 연결되는 지는 확실하지 않는데, 앞으로 사상적인 측면에서 더 심층적으로 분석되어야 한다.

의천과 송대 승려들과의 교류는 중국정치사의 시각에서 분석된 다음의 논문들이 주목된다.

李範學, 「王安石 개혁론의 형성과 성격」(『東洋史學硏究』 18, 1983).
이범학, 「蘇軾의 고려 배척론과 그 배경」(『한국학논총』 15, 1993).
鄭修芽, 「고려중기 개혁정책과 그 사상적 배경」(『水邨朴永錫화갑기념 한국사학논총』 상, 1992).

정수아는 의천의 개혁정책이 송대 신법당의 개혁정책과 연관됨을 제시했다. 이런 문제는 송대사를 본격적으로 연구한 이범학이 일찍 거론하였다. 그는 정원이 신법당의 핵심 인물과 깊이 연결되었으며, 의천의 송에서의 활동은 신법당의 정치적 욕구와 연관됨을 지적하였다. 그렇기 때

16 김두진, 「均如의 '性相融會'사상」(『역사학보』 90, 1981, 76~79쪽).

문에 당시 구법당이 득세한 후 소식 등은 의천뿐만 아니라 고려에 대해서까지 배척하였다. 이러한 시각의 연구는 의천의 사상이나 활동을 보다 객관적인 관점에서 폭넓게 제시해 줄 것으로 기대하는 바가 크다.

3. 조계종과 교선일치 사상

고려 불교문화는 일단 의천에 의해 정리되었으며, 그 뒤에 다시 큰 봉우리를 이루면서 대두되는 것은 조계종이다. 이는 선종을 중심으로 하여 교종 특히 화엄사상을 융합하려는 것이다. 그런데 조계선종은 무신란의 발발 이후에 등장하였다는 것이 학계의 정설인데 반해 예종을 전후한 시기에 선종이 서서히 일어나기 시작했다는 다음 연구가 주목된다.

金相永, 「고려 예종대 선종의 부흥과 불교계의 변화」(『청계사학』 5, 1988).

김상영, 「고려중기의 선승 慧照국사와 修禪社」(『李箕永고희기념 불교와 역사』, 1991).

김상영은 예종을 전후한 고려중기에 굴산파의 혜조慧照와 가지산파의 학일學一 등 선승이 활동하였으며[17] 이자현李資玄 등의 거사불교가 형성되어 있었고, 혜조국사의 정혜사定慧寺는 지눌의 그것과 구별되었으나 수선사의 3대 주지인 청진淸眞국사 때에 오면서 서로 연결되었다고 했다. 이런 견해는 고려중기인 예종대에 귀족문화가 난숙하였고, 거사불교가 불교계의 주류를 이루었다는 주장을 수정해 주었다. 사실 이 시대에는 고

17 E. J. Shultz, 「韓安仁派의 등장과 그 역할」(『역사학보』 99·100합집, 1983)에서 예종대의 한안인파가 선종과의 유대관계를 맺고 있었다고 했다.

려전기 귀족문화의 모순이 쌓여 노출되기 시작하였고, 그것과 상응하여 선종이 서서히 꿈틀거리면서 일어나고 있었다.

근래에 조계종에 대한 연구는 비교적 활발하게 이루어졌는데, 그것은 송광사松廣寺에 보조普照사상연구원이 발족되어 그 연구 성과가 하나 둘씩 나타나기 때문이다. 조계종에 대한 논문은 상당히 많은 편인데, 비교적 중요한 것을 제시하면 대략 다음과 같다.

채상식, 「고려후기 수선결사 성립의 사회적 기반」(『한국전통문화연구』 6, 효성여대, 1990).

김영태, 「구산선문 형성과 조계종의 전개」(『한국사론』 20, 국사편찬위원회, 1990).

秦星圭, 「최씨 무신정권과 선종」(『불교연구』 6·7, 1992).

진성규, 「定慧結社의 시대적 배경에 대하여」(『李鐘益추모논집, 보조사상』 5·6합집, 1992).

진성규, 「고려후기 불교사에 있어서 修禪社의 위치」(『가산이지관스님화갑기념 한국불교문화사상사』 상, 1992).

姜健基, 「지눌의 定慧結社」(위의 책).

宗眞, 「보조지눌의 선사상에 대한 재조명」(위의 책).

우선 구산선문과 조계종 관계에 대해 김영태는 기왕의 정설[18]을 부정하였다. 즉 구산선문은 고려초에 한국적인 선종사상의 초기 단계로 형성되었다. 선종이 완전한 종파 형태를 갖추게 된 것은 조계종이 성립되면서 부터이다. 또한 조계라는 하나의 종파 형태를 갖추면서 각 산문들은 침체 현상을 보였는데, 그 중흥의 큰 계기가 조계산 수선사의 개설이었

18 金映遂, 「曹溪禪宗에 就하야」(『진단학보』 9, 1938)에서 신라 불교를 5교9산으로 정의하였다.

다. 이런 견해는 신라 말까지의 불교를 화쟁和諍 내지 통通불교로 보려는 불교계의 입장을 그대로 반영한 것이지만, 앞서 인용한 허흥식의 논지와 비슷한 면을 갖추고 있음이 흥미롭다.

채상식은 수선사가 성립되는 사회적 기반을 구체적으로 끌어내었다. 즉 수선사 결사를 주도한 역대 주지들은 대부분 지방사회의 향리층이나 독서층讀書層 출신이었고, 그 초기 단월들은 지방사회의 향리층과 일반민이었으며, 본래 수선사가 표방한 사상 체계는 간화선看話禪 위주의 선종사상이었다. 이 논문에서는 수선사가 갖는 정치·사회적 기반에 대한 접근과 아울러 그 불교사상적 의미를 고찰한 점이 돋보인다. 진성규는 이미 수선사의 제2대 주지인 혜심慧諶에 대해 깊이 연구한 기반 위에서,[19] 수선사 결사의 시대적 배경을 무인정권과의 관계나[20] 또는 당시 불교계의 폐단 등에서 추구하였다. 무신정권이 수선사에 적극 참여하는 것은 지눌의 사상이 임제선臨濟禪 경향을 가진 데에서도 한 원인을 찾을 수 있다.

수선사의 사상이 임제선에서 유래했다는 것은 불교계에 일반적으로 통용되는 견해는 아니다. 불교계의 입장에서 종진崔種洙과 강건기姜健基가 지눌의 사상을 조명하였다. 강건기는 정혜결사定慧結社가 한국 불교에서 초유의 유신운동이며 마음을 닦는 길이라는 다소 막연한 결론을 이끌어내었다. 이와는 달리 종진은 지눌의 사상이 고려불교의 집대성에 불과하

---

19 진성규, 「眞覺國師 慧諶의 생애와 사상」(『高麗史의 諸問題』, 三英社, 1986).
진성규, 「진각국사 혜심의 수선사 활동」(『中央史論』 5, 중앙대 1987).

20 이런 면의 중요한 논문으로
閔賢九, 「月南寺址 眞覺國師碑의 陰記에 대한 一考察 -고려 무신정권과 曹溪宗-」(『진단학보』 36, 1973)을 들 수 있다. 이 밖에 다음 논문들이 참고된다.
金塘澤, 「고려 崔氏政權과 修禪社」(『歷史學硏究』 10, 전남대, 1981).
진성규, 「고려후기 수선사의 결사운동」(『韓國學報』 36, 1984).
兪瑩淑, 「최씨 무신정권과 조계종」(『白山學報』 33, 1986).

며, 오히려 중국 선종사상 곧 육조단경六祖壇經 · 법안종法眼宗 · 영가집永嘉集 · 대혜大慧 종고宗杲의 사상에서 크게 영향을 받았다고 했다.

수선사의 사상경향은 근래에 연구된 한두 편의 논문으로 정리될 수 있는 것은 아니다. 이에 대해서는 이미 많은 연구가 이루어졌고 상당한 업적이 쌓인 편이다. 진성규는 수선사의 사상적 특성으로 유불조화론儒佛調和論을 들었으며, 특히 혜심의 사상이 그런 것이라 했다. 이 점은 그것의 사상적 특성으로 교선융합 사상경향과 함께 주목되어야 한다. 혜심의 유불동원儒佛同源사상은 정혁鄭爀, 「고려후기 진각眞覺국사 혜심의 불유동원사상」(국민대석사학위논문, 1987)에서 추구된 바가 있다.

조계선종에 대해서는 많은 연구가 이루어졌지만, 아직도 그것에 대한 자료 정리가 완결된 것 같지는 않다. 허흥식, 「보조국사 비문의 이본異本과 탁본拓本의 접근」(『계간 서지학보』 9, 1993)은 지눌의 비문을 정리한 것이다. 허흥식은 비석본碑石本 · 활자본 · 필사본 등으로 현전하는 10여종의 지눌비문을 수집하고, 이를 대조하여 표준본을 제시하였다. 이런 노력은 이 방면의 연구를 위하여 대단히 중요한 것이다. 아울러 송광사 내에 있는 고문서의 연구가 이루어져야 한다.[21] 또한 박은목朴殷穆, 「지눌의 교육사상」(『한국종교』 17, 1992)은 지눌의 불교사상 속에 나타난 교육적 인간관을 찾아 체계화하였다. 이런 연구 역시 지눌 사상의 폭을 확대시켜 준다는 면에서 환영되어야 할 것이다.

수선사와 비슷한 시기에 결성되는 백련사를 비롯하여 고려후기 불교사에 대해서는 채상식, 『고려후기불교사연구』(일조각, 1999)가 있다. 이

21 이에 대한 기존의 연구로로 다음과 같은 논문이 있다.
任昌淳, 「松廣寺의 高麗文書」(『白山學報』 11, 1971).
朴宗基, 「13세기 초엽의 村落과 部曲」(『한국사연구』 33, 1981).
張東翼, 「혜심의 大禪師告身에 대한 檢討」(『한국사연구』 34, 1981).

책은 일연의 가지산문과 백련사에서 갈라져 나간 묘련사妙蓮寺 및 『법계도기총수록法界圖記叢髓錄』이나 무기無寄의 『석가여래행적송釋迦如來行蹟頌』 등을 분석하였다. 이 저술의 특성은 이러한 문제들이 둘러싸고 있는 사회구조와 유기적으로 연관하여 분석한 데에서 찾을 수 있다. 고려후기 가지산문에 대한 연구는 불교사뿐만 아니라 『삼국유사三國遺事』를 연구하는 것과 연관되는 면에서 중요하다.

임제선의 문제와 연관한 고려후기의 불교사에 대해서는 다음의 논문들이 참고된다.

허흥식, 「指空의 불교사상과 여말선초의 현실성」(『碧史李佑成교수 정년퇴직기념논총 민족사의 전개와 그 문화』 상, 1990).

허흥식, 「지공비문의 종합적 검토」(『향토문화』 5, 1990).

허흥식, 「지공의 원비문과 비음기」(『李箕永고희기념 불교와 역사』, 1991).

허흥식, 「지공의 遊歷과 정착」(『迦山學報』 창간호, 1991).

허흥식, 「懶翁의 사상과 계승자(상 · 하)」(『한국학보』 58 · 59, 1990).

兪瑩淑, 「圓證국사 普愚와 공민왕의 개혁정치」(『한국사론』 20, 국사편위, 1990).

李相瑄, 「공민왕과 보우 -공민왕초 왕권 안정의 一助를 중심으로-」(『李載龍還曆紀念 한국사학논총』, 1990).

權奇悰, 「白雲의 선사상연구」(『가산이지관스님화갑기념 한국불교문화사상사』 상, 1992).

조계종의 창시자를 지눌로 보아 온 것이 현금 불교계의 대체적인 견해이지만[22] 태고太古를 내세우는 주장도 있다.[23] 그런데 허흥식은 지눌이

---

22 李種益, 『大韓佛教曹溪宗中興論』(寶蓮閣, 1976).

조계종의 창시자가 아니고 굴산문의 중흥조에 불과하며, 구산선문을 통합하지도 못하였으므로 한국불교의 법통에서 나옹을 중시할 필요를 제시하였다.[24] 즉 나옹은 지눌이 중흥시킨 굴산문의 계승과 깊은 관련이 있으며, 이와는 대조적으로 태고의 계승자는 조선초에 단절되었을 뿐만 아니라 지눌과도 거리가 있다. 사실 고려말의 조계종은 굴산문의 나옹과 가지산문의 태고로 대표되는 양대 산맥을 이루었으나 조선초기에 나옹의 법손이 불교계의 주도적 역할을 담당하였다.

허흥식이 지공을 중시하여 일련의 연구 작업을 계속해 왔는데, 그 근저에는 나옹을 조계종의 법통으로 이해하려는 의식이 깔려 있다. 지공비문을 대조하여 나옹으로 이어지는 법맥을 밝혔는데, 그들의 사상경향은 삼학관三學觀을 중시하여 계율과 교학 그리고 선사상을 불가분의 관계로 파악하였고 특히 인도의 무생계無生戒를 토대로 실천적인 계행을 내세우는 것이었다. 이런 사상경향은 당시 유행한 간화선과는 다른 것으로 고려불교의 경건성을 회복하였고, 화엄의 해인사와 계율의 통도사를 송광사로 흡수하여 조계종 단일의 삼보 사찰을 성립시키게 하였다.

공민왕대의 보우에 대한 연구는 정치사와 연관하여 분석되었다. 이상선·유형숙의 연구가 그것이다. 두 연구는 모두 공민왕초기의 정치 개혁과 반원운동을 보우와 연관시켜 분석하였다.[25] 반면 그의 가지산파로서의 법맥이나 불교 교리적인 연구가 결여되어 있다. 보우와 신돈의 대립을 정치 사회적 측면뿐만 아니라 불교사상사적 측면에서 분석하였는데,[26] 이러한 노력은 바람직하다. 앞으로 이들 사상에 대한 개별 논문이

徐宗梵編, 『曹溪宗史 -자료집-』(中央僧伽大學, 1985).

23 性徹, 『韓國佛敎의 法脈』(장경각, 1990).

24 허흥식, 「14·5세기 曹溪宗의 계승과 法統」(『동방학지』 73, 1991).

25 이런 시각은 민현구, 「辛旽의 執權과 그 정치적 성격(상·하)」(『역사학보』 38·40합집,1968)에서 제시되었다.

나와야 할 것이다. 신돈은 화엄종 승려로 연구되었는데,[27] 그의 추천으로 국사가 되는 천희千熙에 대한 연구로 유형숙, 「진각眞覺국사 천희의 생애와 신앙」(『가산이지관스님화갑기념 한국불교문화사상사』상, 1992)이 있다. 천희는 의상 · 균여 · 수기守其 · 체원體元으로 이어지는 화엄종파에 속한 인물로서, 그의 사상의 구체적 모습이 밝혀지는 것은 고려후기 불교사상사의 정립을 위해 권장되어야 한다.

4. 대장경의 조성과 사원경제

고려 대장경의 연구는 고려시대 불교사상사에서 중요하게 다루어야 할 분야이다. 이미 상당한 연구가 이루어져서 인지 이에 대한 근래의 논문은 많지 않는데, 그 대략을 소개하면 다음과 같다.

허흥식, 「고려 고종 官版大藏經의 彫成經緯와 사상성」(『역사교육논집』 13 · 14합집, 1990).

文暻鉉, 「고려 대장경 彫造의 史的 고찰」(『이기영고희기념 불교와 역사』, 1991).

朴相國, 「大藏都監의 板刻성격과 禪源寺 문제」(『가산이지관스님화갑기념 한국불교문화사상사』 상, 1992).

張忠植, 「고려 金銀字大藏經」(위의 책 하, 1992).

이들 연구는 자료의 제약으로 말미암아 초조初彫 대장경이나[28] 속장경

26 李啓杓, 「辛旽의 華嚴信仰과 恭愍王」(『全南史學』 창간호, 1987).
27 이계표, 위의 논문(33~36쪽).

보다는 대체로 고려 대장경을 다루었다.

허흥식은 해인사에 남아있는 고려 대장경의 정판正版과 보판補版 사이의 사상적인 차이를 주목하여, 정판과 보판으로 나뉠 수밖에 없었던 까닭을 추구하였다. 즉 고려 대장경은 최씨정권이나 수선사의 지원을 받았음에도 화엄종 승려인 수기에 의해 주관되었으며, 몽고침입에 따른 호국을 내세우면서도 실제로 무인집정들의 원당을 장엄하게 장식할 필요에서 조성되었다. 조성된 대장경은 당시 불교계와는 거리감을 느끼게 하는 것으로 그러한 한계점을 극복하기 위해 보판이 조성되었다.

보판 속에 수기의 교학과 연계될 수 있는 균여 저술이 들어 있는 것으로 보면 정판과 보판을 일률적으로 분류할 수 없을지 모르지만, 그 각각의 사상적 성격을 천착하려는 노력은 중요하다. 허흥식이 고려 대장경의 조판을 호국적 시각에서 보려는데 대해 부정적이었는데, 박상국은 선원사에서 그것을 판각했다는 사실을 부정했다. 고려시대 대장경의 조판이 거란이나 몽고의 침략을 불력에 의해 격퇴하고자 한 호국적 동기에서 이루어졌다는 견해는 이규보의 「대장각판군신기고문大藏刻板君臣祈告文」에 근거한 것으로, 우리 학계는 물론 일본 학계에서 까지 정설로 받아들여진다.

그런데 문경현은 이러한 견해를 전면적으로 비판하면서, 고려 대장경의 조판을 새로운 동기에서 이해하였다. 즉 초조 대장경은 현종이 부모의 명복을 빌기 위하여 현화사玄化寺의 창건과 함께 조성되었으며, 재조再彫된 고려 대장경은 최씨정권의 안보를 위해 백성과 불교계를 무인집정의 휘하로 집결하면서 수취체제를 강화하기 위해 조성되었다. 그런가

---

28 湖林博物館에서 소장하고 있는 초조 대장경에 대해서는 호림박물관편, 『初彫大藏經 調査硏究』(成保文化財團, 1988)가 출간되었다.

하면 부인사符仁寺에 봉안한 초조 대장경은 몽고군에 의해서라기보다는 내국인의 손에 의해 방화되었다고 했다. 고려 대장경의 심층적 연구를 위해 이러한 반론은 장려되어야 하겠지만, 한 두 편의 논문으로써 그런 문제가 해결되리라 기대하지는 않는다. 앞으로 이런 시각에서의 계속된 후속 연구를 기다려야 한다.

불교미술사를 깊이 연구해 온 장충식은 판각된 고려 대장경과는 달리 금은자金銀字 대장경이 조성되었으며, 고려 대장경판이 넓게 불경을 유포하려는 것인데 비해 후자는 불교도의 개인적인 공덕을 위한 것임을 지적했다. 그 중 금자 대장경은 국왕을 위시한 왕실 주변의 개인적 발원에서 만들어졌으나, 은자 대장경은 고려 대장경 체제를 충실히 추종하였다. 이 논문에서는 금은자 대장경 조성의 구체적인 면뿐만 아니라 그것과 고려 대장경과의 관계를 추구한 점이 주목된다. 아울러 사경한 승려 안체安諦 등의 존재를 지적했는데, 이들의 행적이나 활동상에 대한 규명은 앞으로의 과제라 하겠다. 이미 고려후기의 사경에 대해 미술사적인 측면에서 정리된 자료집이 출간되었다.[29] 이런 업적은 앞으로 이 방면 연구를 살찌게 할 토양으로 자리할 것이다.

고려시대 불교사 중 사원경제 분야에서는 비교적 많은 연구가 이루어졌다. 그 중요한 논문을 들면 아래와 같다.

金光植, 「雲門寺와 金沙彌亂」(『한국학보』 54, 1989).

김광식, 「고려 최씨 무인정권과 斷俗寺」(『건대사학』 7, 1989).

김광식, 「고려 숙종대의 왕권과 사원세력」(『백산학보』 36, 1989).

韓基汶, 「고려시대 寺院寶의 설치와 운영」(『역사교육논집』 13 · 14합집, 1990).

---

29 權憙耕, 『高麗 寫經의 연구』(미진사, 1986).

한기문, 「고려 역대 국사·왕사의 下山所의 존재 양상과 그 기능」(『역사교육논집』 16, 1991).

한기문, 「고려시대 사원의 통제와 編制」(『가산이지관스님화갑기념 한국불교문화사상사』 상, 1992).

李炳熙, 「고려중기 사원의 조성과 경제 운영」(『李元淳정년기념 역사학논총』, 1991).

李相瑄, 「고려 사원의 촌락 지배에 대한 試考」(『인문과학연구』 11, 성신여대, 1991).

裵相鉉, 「고려후기 사원전의 성격과 경작농민」(『한국상고사학보』 10, 1992).

林英正, 「고려시대의 使役·工匠僧에 대하여」(『가산이지관스님화갑기념 한국불교문화사상사』 상, 1992).

이들 논문들은 고려시대 사원 경제에 대한 구체적 사실들을 연구 대상으로 선정하였다. 고려중기 사원세력의 일례로써 운문사가 분석되었는가 하면, 단속사를 통하여 최충헌정권의 경제기반을 들추어내었다. 숙종대의 사원세력에 대해 주전鑄錢 문제를 통해 분석하려는 것이나 고려시대 국사 왕사의 하산소下山所에 대한 구체적 모습 또는, 고려시대 사역승이나 공장승들의 실체를 이끌어 낸 연구는 모두 이 시대 불교사의 영역을 확대시켜주는 것이다.

그 외 사원보나 사원전·사원의 조성과 그 편제 방법·사원의 촌락지배 등의 연구도 고려시대 사회경제사 일반의 연구 성과와 연관하여 추구되었다. 하산소에 대한 분석은 이미 연구된 고려시대 국사·왕사제도에 대한 연구를[30] 보강해 주며, 사원의 촌락지배에 대한 추구는 부곡제部曲制의 연구를 보충해 주었다. 사원전에 대해서도 이미 고려전기에 한정

30 허흥식, 「고려시대의 국사·왕사제도와 그 기능」(『역사학보』 67, 1975).

하는 등[31] 시대를 세분하여 추구하였다. 이러한 연구 경향은 오래 전부터 이 시대의 사원경제에 대한 연구가 반승飯僧[32]이나 승군僧軍,[33] 승계僧階제도[34] 등의 구체적 사실을 대상으로 했거나 「개심사석탑기開心寺石塔記」 등을 분석한[35] 전통 속에서 나온 것이다.

고려말 불교계에서 유학이 수용된 경우는 이미 혜심의 사상경향에서 지적되었다. 그런 면에서 조명제趙明濟, 「고려후기 계환해능엄경戒環解楞嚴經의 성행과 사상사적 의의」(『부산사학』 12, 1988)가 주목된다. 이 논문은 고려후기 이래 간화선의 경향과 결부되어 계환해능엄경이 성행함에 따라 무신란으로 인해 단절되었던 신유학을 대신하여 심성화心性化의 경향을 지속시킴으로써, 14세기 이후 주자 성리학이 쉽게 수용될 수 있었던 사상적 기반을 형성시켰다고 하였다.

고려말에 불교와 유학이 같이 이해될 수 있는 기반은 역설적으로 유학자의 척불론을 심화시키는 결과를 가져왔다. 배불에 관한 연구로는 다음의 논문이 있다.

> 宋昌漢, 「金子粹의 척불론에 대하여」(『역사교육논집』 13·14합집, 1990).
> 李逢春, 「고려후기 불교계와 배불 논의 전말」(『불교학보』 27, 1990).

이미 김초金貂의 척불론에 대해 고찰한 바 있는[36] 송창한은 김자수가 공양왕 3년 5월에 올린 상소문을 분석하였는데, 그의 척불론은 불교의

---

31 이병희, 「고려전기 寺院田의 分給과 경영」(『한국사론』 18, 서울대 국사학과, 1988).
32 李載昌, 「麗代飯僧攷」(『불교학보』 1, 1963).
이상선, 「고려시대의 飯僧에 대한 고찰」(『誠信史學』 6, 1988).
33 추만호, 「高麗僧軍考」(『藍史鄭在覺博士古稀紀念 東洋學論叢』, 1984).
34 吉熙星, 「고려시대의 僧階제도에 대하여」(『奎章閣』 7, 1983).
35 李泰鎭, 「醴泉 開心寺石塔記의 분석」(『역사학보』 53·54합집, 1972).
36 송창한, 「金貂의 斥佛論에 대하여」(『대구사학』 27, 1985).

진면목을 이해하지 못하고 오히려 당시 불교의 폐단을 척불의 명분으로 삼았다고 했다. 이봉춘은 척불론이 나타나게 된 불교계의 모순을 끄집어내고자 하였으며, 그것을 불교계의 속화俗化와 타락으로 규정하였다. 척불론은 불교의 사회경제적 폐단을 고치려는 사회 개혁적 성격을 가졌으나, 조선초기 신진관료나 유생들을 중심으로 수용되면서 점차 과격해졌다.

본래 성리학은 불교사상의 논리를 많이 흡수하여 성립되었기 때문에[37] 여말선초의 유학자들이 논리적인 면에서 불교를 비판하기는 어려웠다. 자연 그들은 불교의 교단적인 폐단을 주로 지적하였으며, 출가가 충忠과 효孝에 어긋난다는 윤리적인 비판을 가했다. 그러면서 불교의 천당과 지옥에 관한 황탄한 면을 지적했다. 이러한 유학자들의 비판이 불교에 대해 타격을 줄 수 있었던 것은 조선왕조의 성립과 그에 따른 신흥 사대부층이 새로운 지배세력으로 성장한 데에서 찾아야 한다.

5. 합리적 유교이념의 정립

고려시대의 유학이 조선의 성리학과 바로 연결되는 면을 찾기 어려워서 인지, 그간의 유학 연구는 주로 조선시대 성리학을 그 대상으로 하였다. 자연 고려시대 유학사에 대한 연구가 활발한 것은 아니다. 그런 속에서도

李熙德, 『高麗儒教정치사상의 연구』(일조각, 1984).

---

37 金炳圭, 「宋學과 佛教」(『白性郁博士頌壽紀念 佛教學論叢』, 1959).

金忠烈, 『고려유학사』(고려대출판부, 1984).

가 간행되었다. 이희덕은 그 동안 고려 사회에 대한 심화된 연구를 계속해 왔는데, 유교의 내면적인 특질을 천문·오행설과 효사상의 측면에서 다루었다. 고려 왕조는 유교를 정치이념으로 정립하고, 그 이념의 핵인 효사상을 예禮나 지배 장치라 할 수 있는 법질서에 규합하여 유교 국가로서의 사상적 기반을 마련했다. 이에 비해 김충렬은 성리학의 흐름 속에서 고려 유학사를 조명했는데, 유교는 전래의 무속신앙이나 불교·도교신앙과 마찰을 빚기도 하지만, 그 합리적 사상을 바탕으로 인간 윤리와 정치제도를 꾸준히 발전시켜 유교 중심 사회를 이루어 갔다고 했다. 특히 성리학이 들어옴으로써 이론 및 정신적 무장을 강화한 유교는 숭유배불崇儒排佛을 주장했으며, 지치至治주의를 내세웠고 예제를 개혁하여 그 문화가 토착화되게 하였다.

고려시대의 유교를 논하고자 할 때, 유교적 정치이념의 성립이라는 면에서 중요한 위치를 차지하는 자는 최승로이다. 그가 올린 시무 28조에 대해서는 일찍부터 많은 연구가 행해졌다.[38] 이기백李基白·노용필盧鏞弼·박정주朴貞柱·오영섭吳瑛燮 공저, 『최승로상서문崔承老上書文연구』(일조각, 1993)는 최승로의 상서문에 관한 연구를 총정리한 것이다. 한림대학의 대학원 강의의 내용을 정리한 이 책은 최승로상서문을 번역하면서 아울러 주석을 붙인 것인데, 특히 주석은 학설사 연구의 성격을 가졌다. 권말에 실은 이기백, 「최승로와 그의 정치사상」은 최승로상서문에 대한 해설이지만, 최승로는 국왕을 정점으로 하는 중앙집권적인 정치체제 하에서, 유교적인 도덕정치가 행해지는 귀족국가를 이상으로 삼았다는 종

38 김철준, 「崔承老의 時務二十八條」(『曉城趙明基華甲紀念 佛敎史學論叢』, 1965).

전의 결론을[39] 보강하였다.

고려중기에 유학을 융성하게 한 자는 최충崔沖이라 할 수 있다. 고려중기의 유학이나 사학십이도私學十二徒에 관해 다음의 논문이 주목된다.

文喆永, 「고려중기 사상계의 동향과 신유학」(『국사관논총』 37, 1992).

朴贊洙, 「고려전기 국자감의 성립과 興替」(『민족문화』 14, 1991).

박찬수, 「私學十二徒의 변천」(『擇窩許善道선생정년기념 한국사학논총』, 일조각, 1992).

申千湜, 「고려시대 사학십이도에 대한 연구」(『西巖趙恒來교수화갑기념 한국사학논총』, 아세아문화사 1992).

고려 인종과 예종대를 중심으로 선종의 부흥이나 거사불교의 등장 등 사상계의 변화에 부응하여 문신관료들이 신유학을 모색하였다. 문철영은 당시의 유학을 북송대北宋代 신유학의 형성·전개의 추이와 연관하여 분석하였다. 고려의 신유학은 왕안석王安石 내지 송대의 유학으로 부터 서로 교감을 주고받았으며, 실용적이면서 경학을 중시하는 학풍을 지녀 학제學制나 과거제·문체文體, 더 나아가 정치 개혁까지를 수반하는 경향을 지녔다. 이 논문에서 고려중기의 유학을 송대의 그것과 연결시켜 이해하려는 방법론이 돋보인다.

비슷한 시기에 박찬수와 신천식은 국자감과 사학십이도에 대한 독자의 연구성과를 내고 있다. 이들은 구재九齋가 종래에는 승차적陞次的인 진학 과정이었다는[40] 사실을 부정하면서, 서로 횡적인 동일 교육 수준의

39 이기백, 「新羅 統一期 및 高麗初期의 儒教的 政治理念」(『大東文化研究』 6·7합집, 1970).

40 柳洪烈, 「麗末鮮初の 私學」(『青丘學叢』 24, 1936).
朴性鳳, 「국자감과 私學」(『한국사』 6, 국사편찬위원회, 1975).
尹南漢, 「유학의 성격」(위의 책).

분반 교육이었으며 학생 수의 증가로 인해 나타난 것이라 하였다. 사학십이도의 성격에 대해서도 양자의 입장은 비슷하지만 약간의 차이를 보여준다. 신천식은 교육적 위상을 밝히려는 의도에서 사학십이도가 사학私學이라기보다는 국가에 의해 통제와 지원을 받는 준관학적 성격의 제도권 사학이었다고 규정하였다. 이에 대해 그것의 변천을 중시한 박찬수는 전기에 개인이 운영하던 12도는 후기에 오면서, 그 운영 주체가 국가로 바뀜으로써 관학의 체계 속에 포함되었다고 했다.

『고려사』의 편찬 태도는 고려국가에 대해 문종대를 귀족문화의 극성기로 보고, 무신란이 발발하면서 쇠퇴한다고 묘사하는 것이다. 그런데 인종대에서 의종대까지의 고려 귀족문화는 문종대라는 문화적 전승기의 연장에서 파악되는가 하면, 반대로 그 모순이 누적되면서 귀족사회가 동요하는 것으로 이해되기도 한다. 이러한 물음에 해답을 구하려는 목적에서 쓰인 논문이 박한남朴漢男, 「최유청崔惟淸의 생애와 시문詩文 분석」(『국사관논총』 24, 1991)이다. 박한남은 조선초 최해崔瀣가 편찬한 『동인지문東人之文』과 『삼한시귀감三韓詩龜鑑』 등에 수록된 최유청의 글을 뽑아, 그의 생애를 부각하는 한편, 이 시기 영세한 고려사의 기록을 보충하려 했다. 사실 조선초에 편찬된 고려말 문신귀족들의 문집에서 고려사 자료의 영세한 부분을 메우려는 것은 중요하다.

무인집권기에 고려의 문벌 문신귀족들은 몰락해 갔지만, 무인집정 밑에서 새로운 문신들이 성장하고 있었다. 이들은 고려후기 사회를 열어가는데 큰 역할을 담당하는 신진 사대부층으로 등장하였다. 또한 무인집권기에 크게 성장한 조계종의 사상이 유불동원적 경향을 지녀서, 그것이 유학의 이해를 심화시켰다. 그 결과 고려말에는 송의 성리학이 들어와

경희대 전통문화연구소편, 『崔沖硏究論叢』(1984).

정착하여 갔다. 고려말 사대부들의 사상에 대해서는 많은 연구가 이뤄졌는데 대략 다음의 것이 주목된다.

李男薩, 「白文寶의 성리학 수용과 排佛論」(『한국사연구』 74, 1991).

高惠玲, 「稼亭 李穀(1298~1351)에 대하여」(『이화사학연구』 17·18합집, 1988).

고혜령, 「가정 이곡과 원 사대부와의 교류」(『碧史李佑成교수 정년기념 민족사의 전개와 그 문화』 상, 1990).

고혜령, 「가정 이곡의 불교관과 성리학」(『水邨박영석화갑기념 한국사학논총』 상, 1992).

고혜령, 「고려후기 사대부의 개념과 성격」(『擇窩許善道선생 정년기념 한국사학논총』, 1992).

都賢喆, 「牧隱 李穡의 정치사상 연구」(『한국사상사학』 3, 1990).

李銀順, 「이색의 사상과 사회개혁론」(『외대사학』 4, 1992).

김충렬, 「圃隱 사상의 재평가와 시대적 의의」(『한국사상사학』 3, 1990).

柳柱姬, 「元天錫 연구」(『수촌박영석화갑기념 한국사학논총』 상, 1992).

김정자, 「소위 '杜門洞 72賢'의 정치성향」(『부대사학』 15·16합집, 1992).

金勳埴, 「고려후기의 孝行錄 보급」(『한국사연구』 73, 1991).

고려후기 성리학의 도입에 선구 역할을 한 자는 안향安珦·백이정·이제현 등인데, 그것을 크게 일으킨 자는 이색이다. 이곡李穀은 이색의 유학을 이해하는데 중요한 역할을 한다. 고혜령은 이곡에 대해 일련의 논문을 발표하면서 고려후기 사대부의 사상에 대해 심층적으로 연구해 왔다. 이곡은 과거를 통해 중앙 관리로 진출한 신진 사대부이면서 원의 제과制科에 합격함으로써 신분과 가문을 상승시킨 인물이다. 신진 유학을 익혔으면서도 당시 권문세가와의 교섭을 가지면서, 그는 유불을 같이 이해하려 했다.

이곡의 유학을 분석한 고혜령은 여말선초 사대부의 개념을 시기별로 정리하여, 유교적 소양을 갖추고 유교 정치이념을 펴는 문인 관료계층으로 규정하였다. 사대부를 개념화하고 그 계층을 세분화 하면서, 그 중 급진 과격파를 조선의 건국과 연결시켜 이해하려는 면은 중요하게 생각된다. 이남수는 백문보의 성리학도 이곡의 그것과 비슷한 것으로 파악하였다. 곧 백문보는 신흥 유신이었지만 유불절충적인 사상경향을 지녔고, 체제 개혁론을 내세우면서도 단군기원설 등 민족의 토착적 색채를 강조하였다.

이색의 유학에 대해서는 철학사상 면에서 접근한 도현철과 문학의 이해에 충실한 이은순의 견해가 달리 나타나 있다. 조선조 신흥유신들이 표방한 유학의 두 흐름, 즉 정도전 등 급진 개혁파의 경향과 권근·하륜 등 기득권을 가지고 수성守成의 논리를 펴는 온건 개혁파의 경향 사이의 대립을 지적하는 면에서 양인의 견해는 일치하고 있다. 그러나 도현철은 이색의 유학이 후자인 권근과 하륜의 사상으로 계승되었다고 보았음에 대해, 이은순은 권근과 하륜은 물론 정도전에게도 영향을 주었다고 했다. 여말선초의 신진 사대부 세력을 급진 개혁파와 온건 개혁파로 나누어 파악하려는 것은 이 시대 사상사를 보다 설득력 있게 설명해 준다.

원천석이나 정몽주는 온건 개혁파로 이해되었다. 류주희와 김정자의 연구가 바로 그런 것이다. 특히 김정자는 고려말 두문동杜門洞 72현을 정몽주 세력에 속했던 인물로 분석하였다. 그들은 왕씨王氏정통을 위한 공양왕의 옹립과 사전私田개혁을 찬성하는 면에서 이색과 대립하였다. 또한 이성계와는 협조했으나 이성계의 강경파와는 대립했다고 하였다. 반면 김충렬과 김훈식의 포은과 효행록에 관한 연구는 사회사적으로 접근한 것은 아니다. 포은의 의리 정신은 유교 도학에서 확고한 위치를 점해야 한다는 것과 고려후기 지배층 사이에 유교 윤리가 보급되어 간다는 것이 그 결론이다. 태종대 이후에 이색의 문인들이 득세하면서 온건 개혁파 유학자들이 정계에 다시 등장하는 사실은 중요하다. 이런 점들은 이들의 사상경향에 대한 이해와 함께 태종대의 정치 사회에 대한 이해를 곁들여야 한다.

6. 사서의 편찬과 역사의식의 흐름

고려시대의 문화조류 내지 역사의식을 추구하려고 할 때, 먼저 『삼국사기』나 『삼국유사』를 어떻게 이해할 것인가가 문제된다. 이 두 사서에 대한 이해는 실제 대단히 중요하며, 크게는 민족사를 어떻게 체계화하느냐는 데로 귀결될 수 있다. 그래서인지 『삼국사기』나 『삼국유사』에 대한 연구는 상당히 많이 이루어졌지만, 지금까지 확실한 정설이 세워진 것은 적은 편이다. 고려시대 역사의식의 흐름을 전반적으로 다룬 것은 정구복鄭求福, 「고려시대의 역사의식」(『전통과 사상』 4, 1991)이 참고된다. 정구복은 고려시대 사학사의 배경을 서술하기 위해 사회와 시대 의식의 변화를 개관하였다. 고려시대의 역사학을 세 시기로 구분하여 이해하면서, 그 큰 특징으로 설화 중심의 역사학과 유교적인 역사학이 상호 보완하면서 발전했다고 하였다.

고려시대의 역사학으로 『삼국사기』를 먼저 언급할 필요가 있다. 이에 대한 근래의 연구논문으로 다음 것이 주목된다.

李康來, 「삼국사기 分註의 성격」(『전남사학』 3, 1989).

Edword J Shultz, 「金富軾과 삼국사기」(『한국사연구』 73, 1991).

정구복, 「김부식」(『한국사시민강좌』 9, 1991).

『삼국사기』는 일제 때 민족문화를 말살하려는 의도에서 일본인 학자로 부터 부정적으로 연구되었을 뿐만 아니라, 민족주의 사학에서도 비판적으로 연구되었다. 광복 이후 『삼국사기』를 바라보는 시각은 부정적일 수밖에 없었는데, 1960년대 말과 1970년대 초에 이에 대한 긍정적인 연구가 대두하였는가 하면[41] 부정적인 연구도 병행되었다.[42] 그리하여 1974년에는 진단학회震檀學會가 주관하여 『삼국사기』에 대해 종합적으로 검토하는 심포지엄이 개최되었다. 『삼국사기』에 대한 평가 문제는 확연하게 해결되지 않은채 학계 내에 내연해 있었다. 신형식申瀅植, 『삼국사기연구』(일조각, 1981)는 『삼국사기』에 대한 심층적 연구서인데, 계량사학적計量史學的 방법을 사용하여 현실에 대한 비판과 강렬한 국가의식을 내포하고 있다는 긍정적인 평가를 내렸다.

근래에 와서 『삼국사기』를 고려전기의 사회조류나 정치사회의 분위기와 연결시켜 분석하고 있음은 바람직하다. 정구복은 김부식이 이전 사료를 검토 비판하여 취사 선택하면서 『삼국사기』를 저술하였으며, 유교적 관점에서 세계사적 보편사관을 제시했다고 하였다. 즉 『삼국사기』는 당시의 지적 분위기 속에서 성립되었고 한국 중세사학의 기초를 마련한 것이다. 또한 슐츠는 『삼국사기』가 인종대 고려 사회의 위기를 반영하고 있으며, 왕권을 확고히 하면서 강력한 국가를 재건립하기 위해 고려 지

41 高柄翊, 「三國史記에 있어서의 歷史敍述」(『金載元博士回甲紀念論叢』, 1969).
42 김철준, 「고려중기의 문화의식과 史學의 성격」(『한국사연구』 9, 1973).

배층의 정통성과 고려의 고유성을 분명히 하려는 목적에서 편찬되었다고 했다.

특히 정구복은 『삼국사기』와 『삼국사』 곧 구삼국사의 문제를 언급하고 있는데, 구삼국사기를 본격적으로 다룬 것은 다음 논문이 참조된다.

홍윤식, 「삼국유사에 있어서 구삼국사의 제문제」(『한국사상사학』 1, 1987).

이강래, 「삼국유사에 있어서 구삼국사론에 대한 비판적 검토」(『동방학지』 66, 1990).

홍윤식이 『삼국유사』 속에 「국사國史」로 인용된 내용을 뽑아 구삼국사기를 복원하려는 노력은 높이 살만하다. 다만 정구복과 이강래는 구삼국사기가 체제상 『삼국사기』와 연결될 수 있음을 시사하였다. 이런 점은 앞으로 더 많은 연구를 기다려야 풀릴 것 같다. 또한 이강래는 『삼국사기』 속에서 분주分註를 뽑아 그것과 구삼국사기와의 관계를 추구하였다. 이 연구는 신라사에 관한 자료에 한정하여 분석한 것이어서, 앞으로 이런 문제에 대한 계속된 작업이 기대된다.

『삼국사기』의 자료를 검토하면서 특히 초기 기록을 어느 정도 신빙하여야 할 것인가는 한국고대사 연구 자체를 위해서 중요한 문제가 아닐 수 없다. 이에 대해서는 노태돈盧泰敦, 「삼국사기 상대 기사의 신빙성 문제」(『아시아문화』 2, 1987)가 있다. 일제때 일본인 학자들은 삼국사기 기사 중 신라 법흥왕·고구려 소수림왕·백제 근초고왕 이전의 기록을 신빙성이 없는 것으로 연구하였다. 한편 요즘 학계의 분위기는 그것의 초기 기록을 일단 긍정적인 자세로 살펴보려 하지만, 개중에는 그것을 전면 긍정하려는 태도도 보이고 있다. 노태돈은 『삼국사기』 초기 기록을 긍정적인 시각으로 바라보되, 그대로 믿기에 앞서 불확실성에 대한 검토를 전제해야 한다는 원칙론을 제시하였다. 그런데 이런 문제는 신라 내물왕·고구려 태조왕·백제 고이왕 이후의 기록은 거의 그대로 믿을 수 있는 것이며, 그 이전 기록의 경우 역사적 사실은 대체로 믿을 수 있으나 연대에 관해서는 고증을 거쳐야 하는 것으로 이해된다.

다음으로 중요하게 다루어야 할 사서는 물론 『삼국유사』이다. 『삼국유사』에 대해서는 대부분 긍정적으로 연구되고 있지만, 연구자 사이에 미세한 시각의 차이도 없지 않다. 『삼국유사』에 대한 논문으로 다음 것들이 있다.

채상식, 「一然」(『한국사시민강좌』 2, 1988).

정구복, 「삼국유사의 사학사적 고찰」(『삼국유사의 종합적 검토』, 한국정신문화연구원, 1987).

김상현, 「삼국유사의 서지학적 고찰」(위의 책).

김상현, 「麟角寺 普覺國師碑 陰記再考」(『한국학보』 62, 1991).

이기백, 「삼국유사 기록의 신빙성 문제」(『아시아문화』 2, 1987).

이기백, 「삼국유사 塔像篇의 의의」(『斗溪李丙燾九旬紀念 한국사학논총』, 지식산업사 1987).

金泰植, 「삼국유사에 나타난 일연의 고려시대 인식」(『蔚山史學』 창간호, 1987).

채상식과 김상현은 불교사상사를 전공하면서 오래 전부터 『삼국유사』의 역사의식을 추구해 왔는데, 양인의 이에 대한 시각에는 상당한 차이가 있다. 일연의 불교사관이나 『삼국유사』 왕력편王曆篇을 분석한 바 있는[43] 김상현은 『삼국유사』가 불교사 중심의 사서이며, 평생 모은 자료를

43 김상현, 「삼국유사에 나타난 일연의 불교사관」(『한국사연구』 20, 1978).

토대로 70세 후반에서 입적하기까지인 일연의 만년에 집필되었다고 하였다. 즉 거기에 실린 자료는 일연이 직접 해독하였기 때문에 대단히 확실하다는 것이다. 『삼국유사』의 자료가 확실하다는 점이나 불교사 중심의 종교 사관에 의해 편찬되었다는 입장은 정구복에게도 나타났다. 다만 그는 『삼국사기』가 유교적 합리주의사관을 갖는데 비해 『삼국유사』는 신비주의적 신이사관神異史觀을 갖는다고 했다.

『삼국유사』의 편찬 경위에 대해서 역대년표歷代年表와 『삼국유사』의 왕력편을 비교 연구한 바 있는[44] 채상식은 일연이 역대년표를 편찬한 경험을 가진 가지산문도를 동원하여 『삼국유사』를 편찬하였으며, 신이사관이 포함된 데에서 오히려 그 가치를 인정할 수 있다고 했다. 『삼국유사』가 일연 자신에 의해 편찬된 것인지 또는 그의 문도에 의해 일시적으로 완성된 것인지는, 그 속에 실린 자료의 정확성을 판가름해 주는 기준으로 작용하였다. 요즘 국어학에서 차자借字 표기의 자료는 『삼국유사』에서 보다는 『삼국사기』에서 더 정확하게 사용되었다는 연구가 나오고 있다.[45]

『삼국유사』의 신이사관에 대해서는 이미 이기백이 일찍 주목하였다.[46] 이기백은 『삼국유사』의 편목을 하나씩 분석하였는데[47] 탑상편의 분석도 그러한 일환중의 하나이다. 이는 『삼국유사』의 내용을 총체적으로 이해하려는 의도를 지녔다. 『삼국유사』의 기이편은 신이한 일들을 적은 것이지만, 전체가 그것의 연장이라 할 수 있다. 또한 기이편의 체계는 바로 국가와 국왕의 체계라 했다. 이기백은 이러한 신이한 기록의 신빙성 문

김상현, 「삼국유사 王曆篇의 검토」(『東洋學』 15, 1985).
44 채상식, 「至元15년(1287) 仁興社刊 歷代年表와 삼국유사」(『고려사의 제문제』, 1986).
45 安秉禧, 「국어사 자료로서의 삼국유사」(『삼국유사의 종합적 검토』, 1987).
46 이기백, 「삼국유사 紀異篇의 고찰」(『신라문화』 1, 1984).
47 이기백, 「삼국유사 王曆篇의 검토」(『역사학보』 107, 1985).

제를 제기하면서도, 그것이 일정한 역사적 사실을 신화나 설화의 형식을 빌어서 나타낸 것이기 때문에 신화학이나 민속학·인류학 등 인접 과학의 도움을 받으면 살아있는 역사적 진실에 접할 수 있다고 했다.

김태식은 『삼국유사』 속의 고려시대에 관한 자료를 뽑아 정리하여 일연의 역사의식을 밝혔는데, 그것은 불법이 융성하였던 신라시대의 전통을 고려후기의 당시 사회에 재인식시키고자 했으며, 『삼국사기』의 합리주의적 사관에 크게 반발하거나 민족적인 요소를 강하게 반영하려는 것은 아니라 했다. 이런 견해는 김태영金泰永, 「삼국유사에 보이는 일연의 역사의식에 대하여」(『경희사학』 5, 1974) 등 정설로 이해되는 일연의 역사의식과 다소 차이가 있다. 이미 이기백은 『삼국유사』[48]와 『삼국사기』의 사학사적 성격을 각각 다루면서,[49] 원사료가 남아있지 않기 때문에 비록 『삼국유사』의 사료적 가치가 높다 하더라도 합리적 객관적 태도를 견지한 『삼국사기』의 서술 태도가 바람직한 것이며, 합리주의적 사관을 비판한 『삼국유사』는 근대사학과 그 궤도를 같이 하지만 신이사관이 오늘날 그대로 통용되어서는 안된다고 하였다.

『삼국유사』가 저술될 당시에는 무신집권 이래 민족의 토착적 사조가 크게 일어나고 있었다. 『삼국유사』도 이런 기운에 편승하여 저술되었다. 비슷한 시기에 쓰인 다른 역사서도 민족적인 토착신앙과 연관하여 분석되어야 한다. 무신집권이래 고려말에 이르는 역사서에 대한 논문으로 다음 것들이 있다.

朴昌熙, 「李奎報의 본질에 대한 연구(1), (2), (3)」(『外大史學』 1~3, 1987~1990).

---

48 이기백, 「삼국유사의 史學史的 의의」(『創作과 批評』, 1976, 가을호).
49 이기백, 「三國史記論」(『文學과 知性』, 1976, 겨울호).

李興種, 「李仁老의 사상 세계」(『역사교육』 46, 1989).

이흥종, 「崔滋의 사상 연구」(『史學志』 24, 1991).

邊東明, 「李承休의 帝王韻紀 撰述과 그 사서로서의 성격」(『진단학보』 70, 1990).

변동명, 「鄭可臣과 閔漬의 사서 편찬활동과 그 경향」(『역사학보』 130, 1991).

河炫綱, 「이승휴의 사학사상 연구」(『東方學志』 69, 1990).

卓奉心, 「李齊賢의 역사관」(『이화사학연구』 17 · 18, 1988).

박창희는 이규보의 역사의식을 그의 일생을 추출하는 과정에서 시기별로 부각하였다. 즉 무신란 발발이후 무인정권 아래에서 입사하여 영달을 꾀할 수 있었으며 만년에는 최씨정권의 지배체제에 대한 근심을 바로 국가의식으로 생각하면서, 이규보는 반몽고反蒙古의식을 가졌다. 이규보에 대한 연구는 비교적 많이 이루어졌는데[50] 지금까지의 결론은 박창희의 견해와 다소 차이가 있다. 무신 밑에서 새로 등장한 문신들은 몽고를 민족문화에 대한 파괴자로 보았고, 그런 면에서 무신과 문신의 의기가 처음에는 서로 투합하였다. 「동명왕편東明王篇」의 도도한 필체나 그 저변에 깔린 패기는 몽고에 대한 저항이 고조된 상황에서 편찬되었기 때문이다.

이인로李仁老 · 최자 · 이승휴는 이규보와 거의 동시대이거나 조금 뒷 시기를 살아간 인물들이다. 이인로와 최자는 비슷한 사상경향을 가진 것으로 이해된다. 이흥종은 그들이 유교적 소양을 가지면서도 불교사상에 밝

---

50 김철준, 「李奎報 東明王篇의 史學史的 고찰」(『東方學志』 46 · 47 · 48합집, 1985).
탁봉심, 「東明王篇에 나타난 李奎報의 역사의식」(『한국사연구』 44, 1984).
鄭景鉉, 「이규보와 '동명왕편'에 대한 一考察」(『陸士論文集』 32, 1987).

았고 도교사상과도 접하고 있었으며, 덕德과 충효忠孝를 강조하는 정치관을 가졌다고 했다. 최근 『파한집破閑集』에 대해서는 종합 학술발표가 이루어져, 그 결과가 『진단학보』 73(1992)에 게재되었다.[51] 여기에 제시된 결론은 『파한집』의 내용이 불교의 철학적 영역에 접하려는 노력과 도가적인 성향에서 전통문화와 토착신앙에 대한 호의를 가졌으며, 무신란 이전 사회에 대한 복고적인 분위기에 젖어있었다는 것을 자적하였다.

이승휴와 이제현의 사학에 대해서는 그 평가가 엇갈렸다. 그것은 사대적이고 비자주적이었다는 견해가 지배적이었는데,[52] 거꾸로 하현강은 우리 민족의 자주성을 강조하였다고 평가하였다. 변동명도 이승휴가 자주적인 사관을 가졌다는데 동의하면서, 이는 당시 문반 중심의 고려 사족의 의견을 대변하는 것이라 했다. 사실 『제왕운기』는 단군신화를 강조하거나 우리 민족의 역사 속에 부여나 발해를 포함시키는 등 자주적인 색채를 강하게 지니면서도, 대중對中관계 기사로 을지문덕이나 강감찬에 관한 기록을 누락시켰다. 이른바 굴절된 민족사관을 보여줄 뿐만 아니라 몽고 지배에 대한 체념과 냉소를 밑바탕에 깔고 있다. 이러한 이승휴의 사관을 정확하게 부각시키기 위해서는 원복속기의 고려사회 상황이나 당시 지식인들의 의식에 대해 철저하게 분석하여야 할 것이다.

변동명은 이들과 비슷한 시기에 활동하는 정가신과 민지閔漬의 사관을 이끌어 내었다. 두 사람 모두 여원麗元관계를 정당화하려는 사대적 입장에 서 있었지만, 민지閔漬는 국왕 중심의 역사서술 경향을 지닌 반면 정

51 여기에 실린 논문은 다음과 같다.
金龍善, 「破閑集 저술의 역사적 背景」.
채상식, 「파한집에 보이는 사상적 경향」.
金鎭英, 「파한집의 詩學的 성격」.

52 김철준, 「蒙古 壓制下의 高麗 史學의 동향」(『考古美術』 129 · 130합집, 1976).

가신은 그렇지 못했다. 따라서 후자가 현실 개혁을 추구했다면 전자는 체제를 고수하려 했다. 이제현의 사학에 대해서도 그 동안 긍정적인 연구가 다소 있었는데,[53] 탁봉심은 이제현에 대한 상반된 견해를 절충하였다. 즉 이제현의 역사의식은 외세의 침입에 정면으로 도전하는 자주성이 결여되어 있던 것도 사실이지만, 우리 문화에 대한 자부심과 고려 왕조를 존속시키기 위한 그의 현실적인 노력이 결집되어 표출된 것이라고 했다. 원복속기를 살아가면서 권문세족과도 끈끈한 관계를 지속했던 이제현은 과감한 개혁자로 입신할 수도 없었지만, 그렇다고 양식을 갖춘 학자로서 시류에 아부하지도 않았다. 그런 그의 삶과 역사의식이 바로 다음 대의 사관을 성립시키는데 큰 영향력을 주었다.

7. 사상사연구 방법론의 모색

지금까지 고려시대 사상사 관계 논문의 내용을 간략하게 소개하면서, 경우에 따라서 중요한 논쟁점을 부각하고 비판하는 작업을 곁들였다. 고려시대의 연구는 대체로 부진한 편이며, 이 시대의 사상사에 관한 연구도 마찬가지로 저조한 셈이다. 학문적 결실이 단행본으로 출간된 것이 손가락을 꼽을 정도에 불과하며, 개별 논문의 발표도 미비한 편이다. 그것은 최근세사에 대한 관심의 고조와 함께 자연 사료의 한계를 극복해야하는 이 시대의 연구가 소홀히 된 데서 찾아진다.

고려시대 사상사 연구는 조계선종曹溪禪宗 등 불교사상에 관심을 보였

53 閔賢九, 「국사 존립의 고뇌를 안고」(『月刊中央』, 1980, 5월호).
정구복, 「李齊賢의 역사의식」(『진단학보』 51, 1981).

으나 전반적으로 그렇게 활발하게 이루어진 것은 아니며, 유학사에 관한 논문도 비교적 많이 나왔다. 사원경제에 대해서는 당시의 토지제도나 부곡제 등의 연구에서 자극을 받아 상당한 연구가 행해졌다. 반면 토착신앙이나 천태종·화엄종 등에 관한 연구가 많이 이루어지지 못했다. 그렇지만 앞으로 고려시대의 연구 성과가 함께 축적되어야만 민족사의 균형잡힌 올바른 모습이 부각될 것이다. 그런 뜻에서 고려시대 특히 사상사 면에서의 연구가 진척되어야 하고, 그와 곁들여 사료 정리가 아닌 심화된 연구 업적이 이루어져야 한다.

고려시대의 사상사가 바르게 정립되기 위해 다음 사항을 유념할 필요가 있다. 첫째, 고려시대 사상사를 사회사상사로 정립시켜야 한다. 사상은 시대나 사회의 산물이기 때문에, 그것이 유행할 당시의 사회 상황과 무언가 깊은 연관을 갖는다. 사상사에서 절대적 진리나 그 내부의 인식 논리 만을 깊이 추구하려는 작업은 꼭 고려시대나 그 사회와 관련을 맺을 필요가 없다. 그런 면에서 그것은 고려시대의 사회사상사로 성립될 수 없다. 사회사상사로 정립되기 위해 사상과 정치·사회·경제적 개별 사실과의 관계를 조밀하게 하나씩 부각할 필요가 있다. 그것이 바로 구조·기능사학의 방법이다. 그리하여 연구된 개별성과가 모여지면 한 시대의 사상적 특성과 그 사회와의 관련이 부각될 것이다.

둘째, 불교뿐만 아니라 유교사 및 토착신앙에 대한 연구가 폭넓게 행해져야 한다. 현재 유학사의 연구는 대체로 조선시대를 대상으로 삼는데, 같은 열의와 노력으로 고려시대의 유학사상이 연구되었으면 한다. 아울러 이 시대의 토착신앙에 대해 깊이 이해한 기반이 있어야 구삼국사기는 물론 고려후기 역사의식에 대한 연구를 심화할 수 있을 것이다.

셋째, 불교사상과 유교사상과의 관계나 또는 그것과 토착신앙과의 융합 문제에 대한 연구에 관심을 기울려야 한다. 고려시대 승려나 또는 유학자들이 불교나 유교사상은 물론 토착문화의 전통에 대해 깊이 이해하고 있었는데, 그들의 사상을 종합적으로 이끌어내는 작업은 이들 사상 사이의 교섭에 대한 이해를 곁들여야 한다. 그러기 위해 불교는 물론 유교사상 자체에 대한 이해의 폭을 넓혀가는 것이 중요하다.

넷째, 고려시대 사상의 비교사적 검토가 이루어졌으면 한다. 우선 그것이 당시의 중국이나 일본의 사상과는 어떻게 연관되느냐를 추구할 필요가 있다. 그러한 시도는 고려시대 사상사의 시야를 넓혀주면서 객관적 안목을 길러 줄 것이다. 아울러 고려시대의 사상을 그 이전이나 이후 사회의 비슷한 사상과 비교 검토할 필요가 있다. 다만 비교사상사의 경우 단순히 사상 내용의 같고 다름만을 검토하지 않고, 그것의 사회적 성격까지를 비교해야 한다.

고려시대에 오면서 토착신앙은 그 나름대로 세련되는 과정을 밟고 있었다. 불교사상은 이미 통일신라시대에 각 교파가 그 논리적 발전을 이루었기 때문에, 교파 사이의 대립과 모순을 절충하려는 과제를 해결하려 했다. 그런가 하면 유교사상도 합리적인 도덕성을 표면에 내세우면서 논리적인 발전을 이루어 갔다. 이러한 사상들이 어우러지면서 신라와는 다른 그러면서 조선시대의 사상적 전통에 영향을 주는 고려시대 사상적 특성을 성립시켰다. 바로 이러한 사상적 특성을 끌어내는 것이 앞으로의 연구과제이며, 그런 면에서 절충과 융합을 거듭해온 고려시대의 사상적 전통에 대해 천착해서 밝혀야 할 것이다.

제2장

고려시대사상의 역사적 특징

1. 문제점의 제기

고려시대 사상사의 흐름을 개괄하면서 사상의 변천을 가져오게 하는 요인이 무엇인가를 파악하고자 하는데, 그러한 작업은 퍽 중요하면서도 간단히 수행될 수 있는 것은 아니다. 사상의 형성과 변천에 가장 크게 작용하는 것은 역시 당대의 사회상황이다. 사실 어떠한 사상도 사회와 밀접한 연관을 가지고 성립 전개되어 나간다고 할 수 있다. 고려시대 사상 변천의 특성을 역사적 측면으로 구명하려는 의도는 사상사의 변혁과 어떻게 연결되느냐를 살피려는데 있다.

고려시대의 사상 변천을 부각하기 위해 다음과 같은 면을 유념하고자 한다. 첫째, 고려사회의 변혁을 개관하고자 한다. 고려사회는 자체로서 방대하고 쉽게 정리될 수 없을 정도로 다방면의 영역을 포괄하면서 전개되어왔다. 때문에 여기서 그것을 전면적으로 다룰 수는 없다. 필자는 고려사회를 이끌어 간 인간들을 주목하고자 한다. 그 이유는 그들의 사고가 바로 당대의 사상경향으로 이어질 수 있기 때문이다. 그렇지만 인간들이라 해도 퍽 막연하고 다양하게 존재함으로, 특히 당대 사회를 직접 지배하면서 주도해 간 계층을 중심으로 고려사회의 변화를 살펴보기로 하겠다. 그런 면에서 고려건국 초의 호족이나 그 후의 문벌귀족·무인집정 및 고려 말의 신진 사대부 등을 중요하게 고려할 것이다.

둘째, 고려시대 사상의 특성을 지적하고자 한다. 그러기 위한 방편으로 고려의 각 시대를 지배해 간 계층들을 중심으로 수용되고 유행해 간 사상의 흐름을 제시하고자 한다. 고려시대를 통괄하여 성행한 불교나 유교는 물론 풍수지리사상 또는 신이한 무격신앙 등에 이르기까지 민족의 전통문화로 이어질 수 있는 모든 사상을 개관하면서, 각 사상의 변화나 그 사이의 본질적인 차이를 주목하고자 한다. 이렇게 하여 어떤 특정한 사상이 특수한 사회세력에 의해 왜 받아들여지는 지에 대한 의문을 푸는 것이 곧 사상 변천의 역사적 성격을 해명하는 길이 될 것이다.

고려시대의 사회변화와 사상의 흐름을 연결시키려는 이 글의 작업 과정에는 어려운 점이 적지 않고, 그 작업 자체가 갖는 한계성이 수반된다. 사실 이 글에서 다루어야 할 분야와 시대가 넓고 길어서, 단순히 사회의 변혁과 사상사의 전개를 피상적으로 나열하게 되는 결과를 초래할 수도 있다. 이 글에서 다룰 사회상과 사상의 특성은 그것이 비록 각기 따로 서술된 듯이 보인다 하더라도, 무언가 연결이 가능한 것이다. 그렇지만 미비한 서술은 기회를 달리하여 보강될 것이다. 여기서 다룰 문제들은 하나하나가 모두 독립된 논고論稿로 성립되기에 충분한 것이기 때문에 언젠가는 이러한 문제에 대해 개별적으로 다루고자 한다.

2. 호족연합기의 사상경향

1) 호족세력의 재편

후삼국시대는 한국사를 통해 대단히 혼란했던 사회 중의 하나에 속한다. 진성왕대를 지나면서 신라 조정은 실제 경주를 중심으로 한 경상북도 지역을 다스리는데 그쳤고, 그 외의 전 국토는 지방호족에 의해 점거되었다. 신라하대의 지방호족은 세 부류로 구분된다. 즉 본래 중앙귀족이지만 왕위쟁탈전에서 패배하여 지방의 연고지로 내려간 낙향落鄕호족과 촌주村主로서 지방에서 실력을 쌓아 성주城主 및 장군將軍으로 불리는 토착土着호족, 해상활동으로 부를 축적한 군진軍鎭세력이 있었다.[1] 후삼국사회의 패권은 이들의 향배에 의해 결정되었다. 신라시대 말에 이르면 낙향호족세력은 점점 미약해지고, 실제 토착호족과 군진세력이 제휴하여 후삼국의 혼란을 수습하면서 새로운 사회를 건설해 가는 주역으로 등장하였다. 왕건王建은 바로 이런 세력이다. 그의 친족은 개성開城지역의 토착호족이며 그의 외가나 처가는 해상의 군진세력이었다.[2]

왕건은 궁예弓裔의 부하였으나 폭정을 행한 그를 내쫓고, 고려를 건국하여 후삼국의 통일을 이룩하였다. 궁예를 축출하면서 등장한 고려 국가는 궁예의 노선과 반대되는 세력을 규합하였다. 궁예는 본래 신라의 왕자로서 신라 조정에서 용납되지 못한 자여서, 그의 휘하에는 반신라적인 인물이 모여들었고,[3] 이러한 세력이 동란을 조장하면서 고대 신라국가의

---

1 李佑成, 「三國遺事所載 處容說話의 一分析 -고려 其人制度의 기원과의 관련에서-」(『金載元박사회갑기념논총』, 1969, 99쪽).

2 李基白, 「高麗 京軍考」(『李丙燾화갑기념논총』, 일조각, 1956 ; 『高麗兵制史硏究』, 일조각, 1968, 47쪽).

몰락을 재촉하고 있었다. 궁예와는 달리 왕건은 친신라적 정책을 수립하였다. 이미 고려 국가에는 친신라적 인물이 포진하고 있었거니와, 후삼국의 형세가 고려 쪽으로 기울어지는 사회 분위기 속에서, 왕건은 사회 혼란을 조성하는 반신라적 인물보다는 친신라적 인물을 포섭하여 국가와 사회의 질서를 회복하려고 하였다.

왕건의 친신라적 정책은 신라 진골귀족의 전통을 이어가려는 것은 아니다. 그것은 지방에 웅거한 호족세력을 그대로 인정한 기반 위에서, 오히려 큰 변혁을 시도하지 않으면서 사회체제를 정비하려는 의도를 담고 있는, 이른 바 호족연합豪族聯合정책으로 이어지게 된다. 후삼국을 정비하는 과정에서 왕건은 내항한 지방호족들의 세력 근거지를 해체시키지 않은 채, 그들을 중앙귀족으로 흡수해 갔다. 그렇지만 왕건의 즉위나 고려 국가에 대해 끝까지 부정하고 항거한 일부 세력은 거세되었다.[4] 호족연합책을 가장 성공적으로 추진시킬 수 있었던 것 중의 하나가 결혼정책이다. 우선 왕건은 6명의 왕후와 23명의 부인을 두었다. 이들 29명의 집안은 전국에 산재한 유력한 호족이었다. 이들이 정비와 부인으로 나뉜 정확한 기준을 제시하기는 어렵지만, 아마 정비의 가문은 군략적軍略的인 요충지에 웅거하여 보다 더 강력한 호족세력을 이루었을 법하다.[5]

결혼정책으로 일단 자신이 전국의 중요한 호족세력과 연합한 왕건은 다시 지방호족의 자녀들을 중앙 관료의 자제와 결혼시키기도 했다.[6] 그

3 弓裔의 신라조정에 대한 반감은 대단하여 경주를 滅都로 부르게 했다. 그런가 하면 그가 浮石寺에 幸行했을 때 그 곳에 있는 신라왕의 초상화를 보고는, 바로 칼을 빼어 찢어버렸다고 한다.

4 왕건이 즉위하여 얼마 안 되는 시기에 반란을 일으킨 桓宣吉·伊昕巖이나 후삼국의 통일 과정에서 끝까지 항거한 후백제 세력 등은 모두 고려사회의 재편 과정에서 거세된 것으로 추측된다.

5 李泰鎭, 「金致陽亂의 성격 -고려초 서경세력의 정치적 추이와 관련하여-」(『韓國史硏究』 17, 1977, 70쪽).

6 河炫綱, 「고려왕조의 성립과 호족연합정권」(『한국사』 4, 고려 귀족사회의 성립, 국사편찬위

런가 하면 왕후와 부인 소생의 자녀들을 다시 결혼시킴으로써, 고려국가 내에 연합된 호족세력은 이중 또는 삼중의 혼인으로 얽히게 되었다. 이렇게 하여 고려의 중앙귀족으로 등장한 호족들은 본래의 세력 근거지를 그대로 가지고 있었으며, 중앙정부의 통제 아래에 들어갔다기보다는 거의 독립적으로 존속하였다. 성종 2년에 주부군현州府郡縣의 이직吏職이 개편되기까지 지방의 호족들은 병부兵部나 창부倉部·호부戶部 등의 중요한 관부를 가지고 있었다.[7] 그들은 지방민을 다스리는 독자적인 통치조직을 가졌고, 군사적으로 뿐만 아니라 정치적·경제적으로도 상당한 독립을 보장받고 있었던 셈이다.

그러나 고려초 왕실은 호족연합 체제를 인정하면서 서서히 왕권을 강화하는 정책을 모색하여 갔다. 태조 23년에 실시된 역분전役分田은 내항해 들어오는 호족세력의 경제적 기반을 대체로 인정해 주는 조처로서 실시된 것이며,[8] 호족연합책과 연결시켜 파악되었다. 한편 그것은 전시과田柴科의 선구로서, 그 체제 속에 흡수되었다.[9] 역분전을 지급받은 지방호족은 일단 국가에 대해 어떤 형태로든지 요역을 졌던 것은 분명하다. 다음 기록을 참고해 보기로 하자.

> 三國 말에 경계가 不正하여 賦歛에 법도가 없었다. 고려 태조가 즉위하여서는 田制를 바로 잡음을 으뜸으로 삼아 取民에 節度가 있게 했다(『高麗史』 권78, 食貨志 1, 序文).

원회, 1974, 48쪽).

7 이기백, 「신라 私兵考」(『역사학보』 9, 1957, 49쪽).

8 역분전 지급이 관계의 高下가 아니라 性行이나 功勞의 대소에 따라 결정되었기 때문에, 공로의 대소나 성행은 受給者의 사회경제적 처지로 이해될 소지를 가졌다. 곧 많은 토지를 가지고 來降해 왔을 경우 공로가 많은 것으로 될 수 있다면, 역분전은 호족이 본래 가진 토지의 대소에 의해 지급되었을 것이다.

9 姜晋哲, 『高麗土地制度史硏究』(고려대출판부, 1980, 28쪽).

고려 건국 후 왕건은 수취체제를 바로 잡으려 했다. 지방호족을 국가의 수취체제 속에 정비하여 가는 의도는 왕실이 호족세력을 통제하면서, 지방을 중앙의 행정조직 속에서 파악하려는 것이다.

호족연합 체제로 성립된 고려 초의 지방 통치는 아마 그 지역의 유력 호족에게 맡겨져 있었겠지만,[10] 왕실은 점차로 지방에 대한 통치를 강화해 갔다. 태조 26년(943년)에 청도군계淸道郡界에 이심사里審使로 파견된 순영順英·수문水文 등이 주첩공문柱貼公文을 올리고 있다.[11] 적어도 태조 당시에 청도군이 중앙왕실에 의해 파악되어, 거기에 외관外官이 파견되고 있는 셈이다. 고려 초에 중앙왕실의 지방 실태에 대한 파악은 거의 전국적으로 이루어졌던 듯하다. 정종 원년(946년)에 강주계康州界에 파견된 임도대감任道大監이 주첩공문을 올리고 있는 사실이 이를 알려준다.[12] 그런가 하면 이미 중앙에 의해 대체적인 실태가 파악된 지방에 대해서는, 계속해서 그곳의 세부 사정을 속속 공문으로 보고하고 있다. 왕건 당시 중앙 행정조직 속에 들어온 청도군에서는 정종 원년에 운문산선원雲門山禪院의 「장생표탑공문長生標塔公文」 등이 작성되었다.[13] 곧 태조 24년에 청도군 지역의 사정에 대한 전반적인 보고가 있은 연후에, 정종 때에는 그 내의 구체적인 사항에 대한 파악이 행해졌다.[14]

이와 연관시켜 고려 초에 금유今有·조장租藏·전운사轉運使 등의 외관이 파견된 사실을 유념할 필요가 있다. 물론 이들은 이심사나 임도대감

---

10 變太燮, 「고려전기의 外官制 -지방기구의 행정체계-」(『한국사연구』 2, 1968 ; 『高麗政治制度史研究』, 일조각, 1971, 118쪽).

11 『三國遺事』 권4, 寶壤梨木조.

12 『삼국유사』 권3, 伯岩寺石塔舍利조.

13 『삼국유사』 권4, 寶壤梨木조.

14 김두진, 「고려 광종대 전제왕권과 호족」(『韓國學報』 15, 1979 ; 『均如華嚴思想研究』, 일조각, 1983, 72쪽).

과 비슷한 성격을 가졌을 것이며, 처음에는 대체로 파견되는 지방의 유력자로 임명되었다.[15] 이들이 지방에서 집행하는 공무는 아마 조세를 징수하는 것이겠지만, 그 명칭으로 보아 그들의 임무가 분담되었음을 알 수 있게 한다.[16] 그들이 지방에 파견되어 행하는 공무는 상당히 세분되었고, 그 만큼 중앙정부의 지방에 대한 통제도 구체화되어 있었을 것이다. 이미 사심관事審官이나 기인제도其人制度도 중앙정부의 지방호족에 대한 견제를 위해 마련된 제도이며, 광종 즉위년(949년)에 행해진 공역자功役者를 고정攷定한 조처나 주현의 세공액歲貢額을 정한 조처도 같은 의미에서 파악될 수 있다.[17] 고려사회는 호족연합으로 이루어졌지만, 왕실은 호족을 견제하면서 지방에 대한 통치를 점차 강화해 나가고 있었다.

2) 융회融會불교의 경향

호족연합책으로 후삼국을 통합하는 과정에서 왕건은 승려와의 결연을 중요시하였다. 신라하대의 지방호족은 대체로 거대한 사원을 경영하고 있었다. 따라서 사원의 주지는 지방세력을 형성하였거나 아니면 유력한 지방호족과 연관되어 있었다. 왕건이 여러 승려와 결합을 시도하는 이유가 바로 이러한 데에서 찾아진다. 즉 왕건은 승려를 통하여 그와 결합되었던 지방호족과의 결연을 의도하고 있었다. 왕건과 승려와의 결연이나 호족연합책 등은 당시의 불교사상이 형성되는데 영향을 미쳤다.

개성의 대호족인 왕건의 선대先代세력과 연결된 순지順之의 선종사상은

15 河炫綱, 『고려 지방제도의 연구』(한국연구원, 1977, 9쪽).
16 租藏의 임무는 조세의 징수였고 轉運使는 징수된 공물의 운반을 담당했을 것이다. 곧 조장과 전운사는 비슷한 종류의 일을 나누어 맡고 있었던 셈이다.
17 김두진, 「고려 광종대 전제왕권과 호족」(『균여화엄사상연구』, 일조각, 92~94쪽).

그 내에 화엄이나 법화法華 등 교종사상을 포용하고 있었다. 순지는 삼편성불三遍成佛을 논하면서 돈오와 점수를 통한 성불을 주장하였는데, 그 경지가 모두 같다고 함으로써 교선일치의 사상경향을 보여 주었다. 이어 그는 돈증실제頓證實際에서 '내증외화內證外化'사상을 주장하여 화엄사상을 융합하고, 회점증실제廻漸證實際에서 '회삼귀일會三歸一'사상을 주장하여 법화사상을 융합했으며, 점증실제漸證實際에서 교선일치사상의 이론적 근거를 제시하였다.[18] 그러한 순지의 사상은 지방호족의 독자세력 구축을 위한 '내증'외에 '외화'를 추구함으로써, 대호족이 주위의 군소 호족이나 토호를 흡수하여 통합된 세력권을 형성해 감을 합리화하는 것이겠지만,[19] 한편으로 고려초의 교선일치 사상경향을 형성시키는데 능동적으로 작용하였다.

고려초의 교선융합사상에는 두 가지 경향이 있었다. 하나는 선종의 입장에서 교종사상을 포용하려는 것이요, 또 하나는 교종의 입장에서 선종사상을 포용하려는 것이다. 현휘玄暉를 전자의 대표라 할 수 있다면 탄문坦文은 후자의 대표라 할 수 있다. 현휘뿐만 아니라 고려초 왕건과 연결된 선승들은 대체로 화엄을 중시하여 습득하고 있다. 현휘의 사상적 특성을 간명하게 제시하면 다음과 같다.

① 오직 禪德을 尊崇하고자 佛性을 늘 행하여, 대사의 말은 어긋남이 없고 마음으로 靈器를 전한다.[20]

② 생각건대 世間과 出世間은 모두 佛性으로 돌아가야 되고, 體에는 분별이 없으므로 모두 一乘으로 만나게 된다. 그러므로 一託의 松門이 十經의 槐

18 김두진, 「了悟禪師 順之의 禪思想 -그의 三遍成佛論을 중심으로-」(『역사학보』 65, 1975, 51쪽).
19 김두진, 위의 논문, 50쪽.
20 崔彦撝, 「忠州淨土寺 法鏡大師慈燈塔碑」(『조선금석총람』 권상, 1919, 156쪽)에 "誰尊禪德 佛戎(戒)恒行 師言不忒 心傳靈器"라고 하였다.

律로 된다.[21]

선덕禪德과 불계佛戒를 함께 행하려는 현휘의 사상은 교선융합 경향을 지녔다. 그런데 일탁一託의 송문松門은 선종으로, 십경十經의 괴률槐律은 교종사상으로 이해된다.[22] 일탁의 송문 내에 십경의 괴률을 포함시킴은 선종 중심으로 교종사상을 포용하려는 것이다. 그리하여 현휘는 세간과 출세간의 모든 현상이 불성으로 돌아가 일승으로 만나게 된다고 하였다.

현휘 이외에도 진철眞澈 이엄利嚴·법경法鏡 경유慶猷·선각先覺 형미逈微·대경大鏡 여엄麗嚴 등은 해동 사무외사四無畏士로 불리었으며, 교선융합 사상경향을 가졌다. 이들은 중국에 유학하여 도응道膺의 법인法印을 받아 귀국하였으며 왕건과 밀착되어 있었다. 유가서儒家書나 대장경을 중시하여 습독習讀한 이들이 출가하여 선승의 위치를 굳히기 이전에 주로 화엄경에 접하였다. 이와는 달리 동리산 문도들은 법상종사상에 대해서까지 유념하고 있었다. 이점에 대해서는 뒷장에서 다시 언급하고자 한다.

탄문은 화엄종 승려였다. 고려 초에 법상종뿐만 아니라 화엄종사상이 점점 대두하고 있었다. 그리하여 대장경이 전래되어 왕실 중심으로 화엄경이 사경寫經되었다. 화엄종이 점점 중시되는 것은 역시 왕실의 중앙집권화 과정과 연관하여 이해된다. 화엄종 승려인 탄문은 이러한 분위기 속에서 등장하였다. 그렇지만 그도 역시 선종사상을 유념하였다. 그의 사상경향을 다음 기록에서 이해해 보기로 하자.

---

21 최언위, 위의 비문(153쪽)에 "恭惟世間出世間 皆歸佛性 體無分別 俱會一乘 所以一託松門 十經槐律"이라 하였다.

22 김두진, 「玄暉(878~941)와 坦文(900~975)의 불교사상 -고려초의 敎禪融合思想과 관련하여-」(『高柄翊선생회갑기념사학논총 역사와 인간의 대응』, 1984, 396쪽).

> 釋氏의 三藏에 六△가 있는데 △△△△는 △禪의 根이요, 밖으로 經論은 律教의 門이다. 누가 그 전부를 갖추었겠는가? 오직 大師이다.[23]

탄문은 장의산사莊義山寺에서 주로 화엄을 수학하고, 15세 되던 해에 신엄율사信嚴律師에게서 구족계具足戒를 받았다. 이때 그는 "비록 묘각妙覺에도 오직 율의律儀가 있다"[24]고 하였다. 그는 묘각과 아울러 율의를 갖추어서, 선종과 함께 교종사상을 아우르는 소양을 가진 셈이다.[25] 그는 안으로 선근禪根을 닦고 밖으로 경론을 통해 율교를 함께 갖추었다.

탄문은 선종사상에 대해 상당한 조예를 가졌다. 고려초 선종의 조사전祖師傳을 편찬할 정도로 선종사에 대한 일가견을 가진 신링神朗이 탄문을 청하여 심전법心傳法을 듣고자 하였다.[26] 묘각을 중시한 탄문은 선관에 깊이 심취해 있어서 쉽게 교선융합 사상경향을 가질 수 있었다. 그가 주지한 보원사普願寺는 신라 화엄십찰華嚴十刹 중의 하나로, 줄곧 화엄도량으로 중요시되었다. 그런데 그가 개경에 들려 왕실의 귀의를 받다가 다시 보원사로 돌아오게 되자, 교종과 선종의 일천여인이나 되는 승도가 그를 맞아드려 받들고 있다.[27] 실제 보원사에는 화엄종 승려는 물론 선종승려들이 거주하였다. 탄문의 교선융합 경향은 보원사 내의 분위기 속에서도 형성될 수 있었겠지만, 당시 호족연합책과 연관하여 선종은 물론 교종까지도 비슷한 사상경향을 가지면서 융합되어 가는 사조와 같은 맥락에서 파악된다.

---

23 金廷彦, 「海美普願寺法印國師寶乘塔碑」(『조선금석총람』 권상, 224쪽)에 "釋氏三藏有六△ △△△△ △禪之根也 外爲經論律教之門也 誰其全之實 大師矣"라고 하였다.
24 김정언, 위의 비문(225쪽)에 "雖然妙學 猶有律儀"라고 하였다.
25 김두진, 앞의 논문(『역사와 인간의 대응』, 403쪽).
26 김두진, 위의 논문(위의 책, 405쪽).
27 김정언, 앞의 비문(230쪽)에 "行至迦耶山寺 其僧徒等 如迎佛具仙樂 於是幡盖雲飛 鉢螺雷吼 教禪一千餘人 迎奉入寺"라고 하였다.

고려初에는 거의 모든 불교사상이 융합사상으로 나타나고 있었다. 우선 법상종사상이 신법상新法相사상으로 바뀌면서 융회적 성격을 띠었다.[28] 화엄종은 신라하대를 거치는 동안 북악北岳과 남악南岳으로 갈라져 대립하는 모습을 보여주지만, 고려초 균여均如에 의해 그것은 다시 통합되었다.[29] 그리하여 본래 융회적인 화엄종사상과 다시 융회적인 성격으로 변한 법상종사상은 쉽게 융합되어, 이른바 성상융회사상인 균여의 화엄사상을 성립시키는데 작용하였다. 말하자면 균여의 사상은 교종 내부의 대립을 해소하면서 이를 통합하려는 것이다.

다만 균여의 성상융회사상이 왕건의 호족연합 체제에 부응하는 것이라기보다는, 오히려 그 반동으로 광종대의 전제주의에 걸맞는다고 생각된다. 왜냐하면 그것은 본질적으로 화엄종에 속하면서 왕권강화에 어울릴 수 있기 때문이다.[30] 그렇지만 그것은 고려초의 융회적인 사상경향과도 다소 영향을 받아 성립되었다. 광종대 말에 전제주의가 퇴색하면서 법안종法眼宗이 점차로 성행하였다. 그리하여 광종 19년에 법안종 승려인 혜거慧居가 국사에 봉해졌으며, 비슷한 시기에 진관眞觀을 비롯하여 적연寂然·영준英俊·지종智宗 등의 법안종 승려가 활동하고 있었다.

법안종 사상은 일심一心을 중시하면서, 선종을 중심으로 교종을 융합하려는 교선일치사상이지만, 엄격히 말해서 '선적禪的 이사관理事觀'으로 표현된다.[31] 그것은 선종사상을 주체로 하지만 '이理' 즉 성종性宗인 화엄사상과 '사事' 즉 상종相宗인 유식唯識 내지 법상종사상을 아우르려는 면을 갖추었다. 이사理事를 융합하려는 경향은 바로 성상융회사상으로 이

---

28 김두진, 「고려초의 法相宗과 그 사상」(『韓沽劤박사정년기념 사학논총』, 지식산업사, 1981, 235쪽).

29 赫連挺, 「大華嚴首座圓通兩重大師均如傳」, 제4 立義定宗分者.

30 김두진, 「균여의 "性相融會"사상」(『역사학보』 90, 1981, 34쪽).

31 金東華, 『禪宗思想史』(太極出版社, 1975, 316쪽).

어지며 균여사상과 통하는 면이다. 즉 법안종사상은 선종사상을 근간으로 교종 내의 대립을 해소한 성상융회사상을 포용하려는 것으로, 고려초 융회불교의 경향과 밀착되어 성행하였다.

3) 풍수지리사상의 정리

풍수지리는 도읍·궁택宮宅·능기陵基 등 땅(地)을 복상卜相하는데 쓰이는 일종의 관상학인 까닭에 지상학地相學 또는 상지학相地學으로 규정되며,[32] 우리나라에는 일찍부터 들어와 있었다. 삼국의 국도는 대체로 풍수지리사상에 입각해 건설되있으며, 현재 전하는 삼국시대 능묘陵墓의 자리가 대체로 풍수지리사상에 비추어 명당明堂에 해당되는 곳이 많다. 동해로부터 신라사회에 유이流移하여 들어와 토함산吐含山을 근거지로 확보한 석탈해昔脫解는

> 학문에 專精하고 겸하여 地理를 알았는데, 楊山 아래의 瓠公宅을 바라보고는 吉地로 생각하여, 詭計를 세워 그것을 取하여 거주하였다(『삼국사기』 권1, 脫解尼師今 卽位年조).

라고 했다. 탈해가 호공택을 빼앗아 길지인 반월성半月城 지역으로 진출하는 과정에서[33] 풍수지리적인 지식이 활용되었다. 즉 탈해는 풍수지리에 상당한 조예를 가졌으며, 탈해뿐만 아니라 이미 삼국시대에서부터 풍수지리사상은 상당히 알려져 있었다.

---

32 李丙燾, 『고려시대의 연구 -특히 圖讖思想의 발전을 중심으로-』(을유문화사, 1947 ; 아세아문화사, 1980, 21쪽).

33 『삼국유사』 권1, 第四脫解王조에 "見一峯如三日月 勢可久之地 乃下尋之 卽瓠公宅也"라고 하였다. 瓠公宅이 되는 三日月과 같은 지형은 역시 半月城을 가리킨 것으로 생각된다.

뒤에 풍수지리사상은 도읍·궁택의 형법적形法的인 지리에 음양오행의 형이상학적 이론의 근거를 부여하고, 그 밖에 천문·방위 등의 사상을 첨가하였으며, 유가의 윤리사상과 결합하여 일층 발달을 보게 되었다.[34] 말하자면 풍수지리사상은 일종의 인문지리적 지식으로 활용되어 왔는데 특히 신라하대에 오면서 크게 유행했다. 나말려초에 풍수지리사상이 유행하게 되는 이유를 선종의 성행과 연결시켜 설명하기도 한다. 스승을 찾아 여러 사원을 두루 찾아다닌 경험이 선종 승려로 하여금 풍수지리적인 지식을 갖게 했다고 한다.[35]

한편 풍수지리사상을 밀교密敎의 영향으로 파악하기도 한다. 도선道詵이나 그의 스승인 혜철慧徹은 물론 중국의 서당西堂 지장智藏까지도 밀교에 조예가 깊었으며, 또 도선이 백운산白雲山에 절을 짓고 약사여래상藥師如來像을 모신 것이 이를 알려준다고 하였다.[36] 풍수지리의 상지법이나 점지법占地法 등이 밀교와 완전히 무관한 것 같지는 않지만, 풍수지리사상은 상지법이나 점지법에 그친 것이 아니기 때문에 완전히 밀교적으로만 해석될 수는 없다. 오히려 그것은 혜철 및 도선의 동리산문桐裏山門의 사상 풍토와 연관시켜 이해해야 한다. 그런데 동리산문의 사상경향으로 유식 즉 법상종사상을 중요시하는 것은 유념된다.

혜철이 중국에 들어가 법인을 받아온 서당 지장은 심식心識을 강조하였다.[37] 지장의 스승인 마조馬祖는 자심自心이 바로 불심佛心이며 만법萬法이 모두 마음을 따라 생긴다고 하여, 삼계유심三界唯心의 사상에 기인한 선종사상을 주장하였다.[38] 이러한 유심론적唯心論的 선관禪觀이 지장을 통

---

34 이병도, 『고려시대의 연구』(아세아문화사, 1947, 26쪽).

35 최병헌, 「道詵의 생애와 나말여초의 풍수지리설 -선종과 풍수지리설의 관계를 중심으로 하여-」(『한국사연구』 11, 1975, 134쪽).

36 徐閏吉, 「도선과 그의 裨補사상」(『한국불교학』 1, 1975, 67쪽).

37 關口眞大, 『禪宗思想史』(山喜房佛書林, 1966, 200쪽).

해 혜철의 사상으로 이어져 동리산문의 사상적 특징으로 정립되었다. 그리하여 혜철은 선수행을 하면서 계율을 함께 닦았고,[39] '일식一識'에 대한 깨침을 강조하였다. 이러한 사상경향은 도선의 제자인 경보慶甫에게도 그대로 나타났다. 그는 지智와 계戒를 함께 닦도록 강조했다.[40] 사실 선종사상은 외식제연外息諸緣을 주장하여 '묵수默守'를 중시하기 때문에 화엄종사상과는 친근하나 법상종사상과는 맞지 않을 수 있지만, 풍수지리사상은 산천의 순역順逆형세를 살피는 것이기 때문에 색계色界의 인식을 강조하는 법상종사상과는 친밀할 수 있다. 풍수지리사상이 동리산문의 도선에 의해 거의 체계화되는 이유가 바로 이러한 데 있다.

도선의 풍수지리사상은 산천의 순역 형세를 추구하여 명당을 설정하는 것이다. 다음 기록을 참고하여 이를 이해하기로 하자.

> 諸寺院은 모두 道詵이 推占한 산수의 順逆에 따라 개창하라. 도선이 말하기를 "내가 占定한 외에 망령되어 창조한 즉 地德을 損薄하게 하여 祖業이 길지 못하다"고 했으니, 朕은 후세의 국왕·公侯·후비·조신들이 각각 願堂이라 칭하면서 더욱 창조하여 간다면 크게 우려할 바라 생각한다(『고려사』 권2, 태조 26년조).

훈요訓要 10조 중의 하나인 이 기록대로라면 도선은 비보裨補사찰을 점정占定해 두었던 것이다. 그래서인지 도선사상의 중심은 비보에 있다고 주장되어졌다.[41]

---

38 김동화, 앞의 책, 204쪽.

39 崔賀, 「谷城大安寺寂忍禪師 照輪淸淨塔碑」(『조선금석총람』 권상, 117쪽)에 "旣統具戒 修心潔行"이라 하였다.

40 金廷彦, 「光陽玉龍寺洞眞大師 寶雲塔碑」(『조선금석총람』 권상, 190쪽)에 "非智無以護其法 非戒無以防其違"라고 하였다.

41 서윤길, 앞의 논문, 63쪽.

비보사상은 산수의 순역에 따라 어디 어디의 산수는 순順하고 어디 어디의 산수는 역逆하니까 사찰은 어느 곳에 세우라고 추정해 둔 것인 만큼, 이미 도선에 의해 전국토의 역순 형세가 정해져 있었음이 틀림없다.[42] 즉 그것은 산수의 형세에 따라 삼한의 명당을 설정하여 그곳을 중심으로 작성한 삼국도였으며, 경주 중심의 국토관에서 벗어나 한 지방을 중심으로 재편성한 국토재구성안國土再構成案이다. 이러한 도선의 풍수지리사상은 꼭 개성을 중시하지 않았다 하더라도, 국토의 중심인 명당을 개경으로만 대치하면 왕건이 삼한을 통일하려는데 이념을 제공할 수 있었을 것이다. 그렇지만 풍수지리사상은 명당으로 설정된 지방을 중시하는 것이어서 거기에 웅거한 지방호족에게 유리한 사상체계였고,[43] 그런 이유로 신라말에 지방호족이 등장한 사회분위기 속에 크게 유행하였다.

산수의 역순을 정한 삼국도에 그치지 않고 비보사상으로 발전한 데에 도선사상의 특성이 있다. 풍수지리사상에서 일단 양기陽基로 결정되어 정지定地가 되어버리면, 그것은 옮겨가기가 매우 어렵거나 불가능한 속성을 지녀서, 결국 비보사상이 등장하게 될 소지를 갖게 된다.[44] 다만 비보사상은 과감한 변혁을 바라는 것은 아니었다. 다음 기록을 참고하기로 하자.

---

42 이병도, 앞의 책, 77쪽.

43 나말려초에 풍수지리사상이 모두 왕건에게 봉사했다는 결론은 시정되어야 할 것이다. 일단 어느 지역을 명당이라 하여 국토의 중심으로 설정하면, 그것은 그 지방에 웅거한 호족세력에게 유용할 수 있다. 이렇듯 풍수지리사상은 처음에 지방호족과 연관되어 있었을 것이지만, 고려초에 정리되면서 왕건에게 유리한 것만 남게 되었을 것이다.

44 崔昌祚, 『한국의 풍수사상』(민음사, 1984, 255쪽).

> 고려 王氏가 삼국을 통합한 초기에 率用無替하여 密佑하는 資本으로 삼아, 이에 中外에 寺社를 많이 설치하였다. 소위 裨補가 바로 이것이다.[45]

여기의 비보사상으로 나타난 '솔용무체率用無替'는 왕건의 정책을 상징적으로 표현한 것인데, 멀리는 신라하대 사회의 동란을 종식시키려는 친신라적 정책을, 현실적으로는 후삼국을 통합하려는 호족연합책을 가리킨 것으로 생각된다.

지방호족 세력을 해체시키지 않고 그것을 거의 그대로 인정하면서 통일국가를 이룩했을 경우, 왕건은 이들을 통어할 필요를 느꼈다. 여기에 이른바 도선의 비보사상이 호족연합책과 제휴되었다. 다만 풍수지리사상은 고려초에 점점 더 왕권을 강화해 나가는 과정에서 정책적으로 이용될 가능성을 지녔다. 그리하여 그것은 비보사상에 머물지 않고 도참사상으로 흐르면서 미신적으로 떨어져 나가게 되었다.

4) 유교적 정치이념의 모색

유교는 비교적 일찍부터 이 땅에 전래되었다. 한자의 전래와 함께 그것은 이미 알려져 있은 셈이다. 그러다가 통일신라시대에 전제왕권이 성립되면서, 유교는 점차 부각되어 갔다. 특히 골품체제에 신분적 한계성을 느낀 육두품 중심으로 유교가 수용되었는데, 진골귀족을 억압하면서 왕권을 강화시키려던 왕실이 육두품귀족을 중용하였다. 또한 신라하대에 육두품의 지위가 향상되면서 유교는 더욱 확산되었다. 그러나 신라말에

45 權近, 「演福寺塔重創記」(『東文選』 권78)에 "高麗王氏統合之初 率用無替 以資密佑 迺於中外 多置寺社 所謂裨補是已"라고 하였다.

이르기까지 유교는 불교와 크게 구별되는 것이 아니었으며, 처음에는 승려들이 유교사상의 이해에 선구적 구실을 담당하였다.[46] 또 실천이나 윤리 면에서도 불교와 유교는 모순되지 않고 조화를 이루어, '효선쌍미孝善雙美' 즉, 부모에 대한 효도와 부처에 대한 선행善行이 신앙 면에서 혼유混有되어 함께 행해졌다.[47]

신라시대에 유학은 충忠이나 신信을 강조함으로써 왕권 중심의 귀족국가가 성립되어 가는데 도움을 주었고, 그런 과정에서 전체적으로 융화融化가 이루어지게 하여 중앙집권적인 국가체계의 형성에 부응하였다.[48] 이러한 유교의 진흥에 육두품 출신의 도당유학생渡唐儒學生들이 큰 역할을 담당하였다. 다만 신라하대 사회에서 지방호족과는 달리 육두품 출신의 유학자들은 유교사상을 통해 신라국가를 재건하려 했으며, 왕권을 옹호하여 그 내에 안주하려는 성격을 지녔다. 이들이 신라국가의 테두리를 벗어나는 것은 후삼국이 정립되면서 부터이다. 최치원崔致遠은 신라국가에 끝까지 남아 있었으나, 같은 최씨 문중의 최승우崔承佑는 견훤과 연결되었고 최언위崔彦撝 등은 왕건과 연결되었다.

호족연합으로 이루어진 고려초기 사회에서도 왕권을 강화해 가려는 시도가 계속되는 속에, 유교적 정치이념이 꾸준히 모색되어졌다. 왕건 당시 유교적 정책을 밀고 나간 자들은 최언위 외에도 최응崔凝·최지몽崔知夢 등이 있다. 최언위는 일찍 당에 유학하여 그 곳에서 급제하였고, 귀국하여서는 신라의 집사시랑執事侍郎·서서원학사瑞書院學士 등을 역임하였

46 金哲俊, 「한국고대정치의 성격과 중세정치사상의 성립과정」(『東方學誌』 10, 1969 ; 『한국고대사회연구』, 지식산업사, 1975, 218쪽).
47 이기백, 「신라 불교에서의 孝관념 -삼국유사 孝善篇을 중심으로-」(『東亞硏究』 2, 1983, 서강대 東亞硏究所, 30쪽).
48 이기백, 「유교수용의 초기형태」(『韓國民族思想大系』 2, 고대편, 1973 ; 『신라시대의 국가불교와 유교』, 한국연구원, 1978, 131쪽).

으며, 왕건이 즉위하자 귀부해 와서 태자사부太子師傅와 문한文翰을 맡았다. 고려의 궁원액호宮院額號는 대부분 그가 지은 것이었고, 그 외 국초의 정책과 연관된 그의 글이 비문으로 전하는 것이 많다.

최응은 궁예 정권 밑에서 대상大相이던 최우달崔祐達의 아들이며 오경에 통달하여 문병文柄을 잡았다. 왕건 즉위 후에 그는 원봉성사元鳳省事·광평낭중廣評郎中을 거쳐 내봉경內奉卿에 이르렀고, 현종대에 태조묘정太祖廟廷에 배향되었다. 이로 보면 그는 국초에 "학문이 높고 치도治道를 겸하여 알고 있어서"(『고려사』 권92, 최응전) 유교적 정치이념의 모색에 기여한 인물임에 틀림없다. 그리하여 최응은 음양과 부도浮屠에 의지하는 잘못을 지적함으로써 왕건에게 육덕六德을 닦으라고 권하였다. 최지몽은 후백제를 떠나 왕건에게 내부來附하였는데, 경사經史를 널리 섭렵하였고 천문과 복서卜筮에까지 정통하였다. 그는 어쩌면 경종대에 더 활약한 인물이지만, 이 밖에도 추언규酋彦規나 박암朴巖과 같은 귀화한 문사들이 활동하고 있었다.

고려국초의 유교정책은 왕건이 스스로 지어 반포한 『정계政誡』 1권과 『계백료서誡百寮書』 8편에 잘 나타나 있었다. 이 책은 현재 전하지 않아 그 내용을 살피기 어렵게 되었지만, 아마 유교적 예교주의禮敎主義를 담고 있었던 것으로 파악되기도 한다.[49] 다만 왕건이 자손에게 남긴 훈요십조에서 고려 유학의 기본 방향을 편린이나마 이해할 수 있다. 훈요의 제9조에서 "제후와 군료群僚의 녹祿은 나라의 크고 작음을 보아 제정하고 함부로 증감하지 않는 법이다"라고 하였고, 또 제10조에서는 "널리 경사를 보아 옛일을 거울삼고 오늘을 경계하라"(『고려사』 권2, 태조 26년 4월조)고 하였다. 곧 훈요에서는 봉건제가 아니라 녹봉제祿俸制가 준수되었

49 尹南漢, 「유교의 성격」(『한국사』 6, 고려 귀족사회의 문화, 국사편찬위원회, 1975, 222쪽).

고, 이와 병행하여 유교적 집권화가 시도되었다.[50]

유교적 집권화를 시도하면서 왕권을 강화해 나가려 할 때, 자연 유교 시책은 구현적求賢的·예교적禮敎的 목적을 실현하려는 것이었다. 그리하여 그것은 삼대三代를 이상으로 하는 선왕적先王的 왕도론王道論에 근거한 복고적 정치사상으로 나타났다.[51] 이미 신라시대에 유교가 왕권을 강화하는 전제주의에 합당한 사상경향으로 흐르면서 도덕적 규범을 강조하는 성격을 지녀갔는데,[52] 이것은 선왕적 왕도론과 연관되면서 고려초 호족연합 체제 속에서 점차 왕권을 강화해 가려는 왕실의 정치이념으로 수용되었다. 고려 유교가 왕정에 대해 비판을 가하면서 보다 세련된 정치사상으로 전개되는 것은 고려중기 이후 문신귀족 사회가 성숙되면서부터였다.

3. 귀족사회의 성립과 사상계의 변화

1) 문벌귀족의 성립

고려국가의 제도가 거의 정비되는 것은 성종대이다. 당시 제도 정비의 성격에 대한 규명은 고려 귀족국가의 이해에 대단한 보탬이 될 수 있다. 다만 그것의 틀은 성종대에 제시되었다기보다는, 이미 경종대 전시과田柴科 체제의 정립에서부터 성종대를 거쳐 현종대에 일단락되는 것

50 윤남한, 위의 논문, 229쪽.

51 윤남한, 위의 논문, 220쪽.

52 이기백, 「強首와 그의 사상」(『文化批評』, 1의 3, 1969 ; 『신라시대의 국가불교와 유교』, 147쪽).

으로 이해될 수 있다. 그런데 경종대는 광종대 전제주의의 반동체제임을 유념해야 한다.[53] 경종은 즉위하면서 광종대에 억울하게 죽임을 당한 사람의 자손에게 복수할 것을 허용함으로써, 광종대 전제주의를 밀고 나간 골수의 주도세력은 대체로 거세되었다.

광종 때는 왕건의 호족연합책을 부정하면서 전제주의를 강화해 나가는 시기여서, 국초의 개국공신開國功臣이나 유공有功호족세력이 거세되어 갔다. 이러한 광종대의 전제정치에 반동적인 성격을 갖는 경종대 이후의 사회는 국초의 체제를 잇는 것으로 이해된다. 말하자면 지방의 호족세력을 거세시키고 지방의 독자적 거점을 해체하면서 중앙집권을 시도하려는 광종대의 전제주의가 신라 골품제의 전통과 맥락을 같이 할 수 있다면, 경종대 이후의 사회체제는 지방의 세력근거지를 대체로 인정하면서 호족들을 중앙의 귀족으로 흡수하여 집권적인 왕권을 성립시키려 했다.

경종대 이후의 체제는 국초의 호족연합체제와 상통하는 점을 지녔지만, 이에 비해 호족들의 자립적인 기반을 배제하면서 보다 안정된 왕권을 중심으로 중앙집권화를 시도하였다. 이러한 시대적 성격을 생각할 때, 경종이후 성종대에 이르기까지 왕건 당시 정치세력의 중심이 되었던 개국공신 계열의 인물이 등장하였다.[54] 우선 경종 즉위와 동시에 비상대권을 가진 집정執政에 임명된 왕선王詵은 유공호족세력이었다.[55] 그 외 경종대의 인물로 좌·우집정에 임명된 순질荀質·신질申質이나 최지몽崔知夢·박양유朴良柔 등은 모두 개국공신 계열의 인물로 파악된다.[56]

다만 광종대는 지나갔으나 구신舊臣·숙장宿將들이 다시 정권을 감당해

---

53 이기백, 「고려 귀족사회의 형성」(『한국사』 4, 국사편찬위원회, 1974, 154쪽).
54 이기백, 위의 논문, 154쪽.
55 李泰鎭, 「고려 宰府의 성립」(『역사학보』 56, 1972, 17쪽).
56 이기백, 「고려 귀족사회의 형성」(앞의 책, 155쪽).

나갈 만큼 세력이 크지 못했음을 유념해야 한다. 최승로는 광종대를 통해 구신으로 살아남은 자가 40여명에 불과하다고 했다. 그리하여 성종대에는 개국공신 계열이 역사 무대에서 점점 막후로 물러나게 되었다.[57] 사실 경종대에 광종의 전제정치에 참여한 골수 주도세력은 모두 거세되었겠지만, 그 밑에서 길러진 무사나 관료들은 새로운 통치조직 속에 거의 그대로 흡수되었고, 경종원년에 실시된 시정전시과始定田柴科는 이들에 대한 경제적 배려를 깔고 제정되었다.[58] 이들이 역사에서 물러나는 개국공신 계열을 대신하여, 성종대 이후의 정치무대에서 중요하게 활약하였다.[59]

성종대의 정치세력으로 전기에는 최승로·최량崔亮 등 신라 육두품 계열의 인물이 등장하였다. 그러나 후기로 가면서 박양유·서희徐熙 등 근기近畿지역의 호족출신이 등장하게 된다.[60] 전자는 대부분 과거급제자로서 성종의 정치이념을 뒷받침하고 정책을 결정해 주었다. 주로 경주 출신이지만 개중에는 영암·나주 등 후백제 지역 출신이 섞여 있었다. 반면 후자는 과거급제자가 더러 있으나 그 의미가 크지 않은, 이른바 실무행정을 담당하면서 정책에 비판적 입장을 취하였다. 이들이 전자를 비판하면서 정치적으로 활발하게 진출하였고, 목종·현종대의 정치의 주도세력으로 등장하였다.[61]

성종은 유교적 교육에 많은 관심을 가져, 지방호족의 자제들을 교육시켜 관리로 등용하였다. 중앙귀족은 이들 즉 호족적 전통을 지닌 이성

---

57 이기백, 위의 논문, 156쪽.

58 申虎澈, 「고려 광종대의 公服制度」(『고려광종연구』, 일조각, 1981, 89쪽).
全基雄, 「고려 경종대의 정치구조와 始定田柴科의 성립기반」(『진단학보』 59, 1985, 48쪽).

59 吳星, 「고려 광종대의 과거합격자」(『고려광종연구』, 46쪽).

60 이기백, 「고려 귀족사회의 형성」(『한국사』 4, 157쪽).

61 이기백, 위의 논문, 170쪽.

귀족으로 구성되었고, 그들은 원래의 출신지를 본관本貫이라 하여 자기들 가문을 다른 가문과 구별하였다.[62] 본관은 귀족세력을 상징하는 것으로 되었다. 그들은 문벌을 중시하고 평민과는 별도로 호적을 작성하였다. 이리하여 새로 이룩되는 국가체제의 안정과 더불어, 구신라 귀족계열이나 개국공신계열의 자손도 그 내에서 상당한 대우를 받았다.[63] 그러한 체제는 성종이후 문종대에 이르기까지 상당기간을 통하여 난숙한 모습을 보여주고 있다.

그런데 이 시기의 고려사회에 대해 과거급제자의 진출에 주목하면서 관료제사회로 규정하는가 하면,[64] 음서제蔭敍制의 중요성을 지적하면서 귀족사회라고 주장하기도 한다.[65] 당대의 대표적 문벌귀족 가문은 경원慶源(仁州) 이씨이다.[66] 인종 때에 이르기까지 그들은 10여 대에 걸쳐 5명의 수상과 20명에 가까운 재상을 배출하였다. 그것은 그들의 가문이 크게 작용한 때문이다.

귀족들은 가문의 세력 확장을 위해 혼인정책을 사용하였다. 통혼의 대상이 되는 가문이 사회적으로 유력한 존재일수록 그 가문의 지위는 확고해졌고, 왕실과의 통혼은 그들의 가장 바라는 바였다. 그리하여 왕실의 외척으로서 정권을 독차지하는 명문세족名門世族들이 탄생하였다. 이미 지적한 경원 이씨는 물론 안산安山 김씨金氏가 그 대표적 존재였다. 그 외에 경주 김씨(金因謂)·해주海州 최씨(崔冲)·경주 최씨(崔承老)·이천利川 서씨(徐熙)·파평坡平 윤씨(尹瓘)·평산平山 박씨(朴寅亮)·철원鐵原 최씨(崔惟

62 이기백, 위의 논문, 192쪽.
63 金光洙, 「고려태조의 三韓功臣」(『史學志』 7, 1973, 62쪽).
64 朴菖熙, 「고려시대 관료제에 대한 고찰」(『역사학보』 58, 1973, 49쪽).
65 金毅圭, 「고려 官人사회의 성격에 대한 試考」(『역사학보』 58, 1973, 64쪽).
66 金潤坤, 「李資謙의 세력기반에 대하여」(『大丘史學』 10, 1976).
李萬烈, 「고려 慶源李氏 가문의 전개과정」(『한국학보』 21, 1980).

淸)·영암靈岩 김씨(金審言)·전주全州 유씨(柳伸)·청주淸州 한씨(韓惟忠)·직산稷山 최씨(崔弘宰)·고암孔巖 허씨(許載)·개성開城 왕씨 등이 귀족가문으로 알려져 있다.[67] 그리하여 고려에서는 새로운 문벌 중심의 사회가 이루어지고, 이들에 의해 정치가 움직여 나가게 되었다.

2) 귀족불교의 성숙

고려초 호족연합 체제 속에서 왕실은 점차로 왕권을 강화해 나가려는 의도를 가지면서, 당시 크게 유행하고 있던 선종보다는 교종불교에 대해 관심을 기울이기 시작했다. 이때에 왕실이 상당히 흥미를 가진 것은 역시 화엄종이겠지만 법상종도 서서히 대두하여 갔다. 신라중대 이래로 법상종은 진골귀족이 아닌 육두품 이하의 중간 계층 중심으로 수용되었으며,[68] 계율을 강조하는 측면을 지녔다.[69] 왕권을 강화하면서 권력을 중앙으로 집중하려는 왕실에 의해 법상종이 주목되어진 이유는 바로 이러한 데에서 찾아진다. 왜냐하면 왕실이 전제왕권을 수립하려고 할 때, 실제로 왕권에 제약을 가할 수 있는 대귀족 세력을 억압하면서 이들과는 대립할 수 있는 중간귀족층의 협조를 얻으려 하기 때문이다.

법상종사상은 선종사상과는 맞지 않는 면을 많이 지녀서,[70] 신라하대

---

67 朴龍雲, 『고려시대사』 상(일지사, 1985, 82쪽).

68 文明大, 「신라 法相宗(瑜伽宗)의 성립문제와 그 미술(하) -甘山寺 彌勒菩薩像 및 阿彌陀佛像과 그 銘文을 중심으로-」(『역사학보』 63, 1974, 160쪽).

69 김두진, 앞의 논문(『한우근박사정년기념 사학논총, 지식산업사, 1984』, 224쪽).

70 선종사상은 세상과 인연을 끊으면서 座禪하는 면을 강조하기 때문에, 色界의 존재를 그대로 인식하여 그 의미를 찾으려는 법상종사상과는 맞지 않는 면을 많이 지녔다. 반면 空觀의 인식을 주장하는 화엄사상은 黙守를 주장하는 선종사상과 비슷한 성향을 가졌다. 신라하대의 선승들이 대체로 처음 화엄사상에서 출발하고 있는 이유를 이런 데에서 발견할 수 있다. 자연 선종이 크게 유행하는 분위기에서 법상종사상은 위축될 수 밖에 없다.

선종이 크게 유행하는 분위기 속에서 그것은 위축될 수밖에 없었다. 자연 고려초의 법상종세력은 독자적이기 보다는 화엄종과 제휴하면서 성장하였다.[71] 고려시대 법상종의 종주였던 사찰은 현화사玄化寺인데, 그것은 현종이 자기 부모의 원찰로서 창건한 대사찰이다. 이후 선종대까지 약 70년 동안에 법상종단의 세력은 떨치게 되었다. 고려초에 법상종 승려로 진표眞表의 간자簡子를 왕건에게 전하는 석충釋冲이나 관웅寬雄·융철融哲 등이 활동하였고, 그 뒤를 이어 대지大智국사 법경法鏡이나 혜소慧炤국사 정현鼎賢·지광智光국사 해린海麟·혜덕慧德왕사 소현韶顯 등이 법상종 교단의 발전에 크게 활약하였다.

선종대에 왕사였던 소현은 현화사에 주석하고 있으면서, 전국 법상종 사찰을 잘 통어하기 위해 선리궁繕理宮을 설치하고는, 석가여래 및 현장玄奘·규기窺基 두 스님과 해동육조상海東六祖像을 그려서 각 절에 주어 안치하게 했다.[72] 적어도 이는 문종·선종대에 이르러 법상종이 그 법맥을 세워서 법통을 뚜렷이 함으로써, 확장시킨 교단을 효율적으로 통할하려는 의도를 드러낸 것이다. 실제 법상종 교단의 발전에 크게 이바지한 사람은 해린과 그의 제자인 소현이었다. 해린은 원주原州 지방의 토착호족인 원씨元氏 출신이며, 소현은 당시 최대의 문벌귀족인 경원 이씨 출신으로 이자연李子淵의 다섯째 아들이다. 비록 현화사는 왕실에 의해 창건되었지만, 최대의 문벌귀족인 경원 이씨 세력의 후원을 받으면서 법상종 교단은 크게 번창하게 되었다. 이리하여 법상종은 당시 대문벌귀족인 경

71 광종대 전제주의의 이념을 뒷받침하고 있었던 것은 균여의 性相融會사상인데, 이는 화엄종과 법상종사상을 융합하려는 것이다. 이를 계기로 화엄종의 비호를 받은 법상종은 더욱 그 세력을 키워갈 수 있었다.

72 未詳, 「金溝金山寺慧德王師 眞應塔碑」(『조선금석총람』 권상, 300쪽)에 "畵成釋迦如來及奘基二師 海東六祖像都一△ 各安于其寺"라고 하였다.

원 이씨 세력과 연결되기에 이르렀다.

화엄종은 왕실의 비호를 받으면서 광종대에는 전제정치에 어울리는 면을 보여주었다. 균여의 화엄사상이 바로 그러한 것이다. 균여는 북악과 남악으로 갈라진 화엄종 내부의 모순을 해소했을 뿐만 아니라 교종 내부의 대립을 무마하여 성상융회性相融會사상을 성립시켰다. 그런가 하면 그는 보현원가普賢願歌를 통하여 교계敎界는 물론 세속계까지를 융합하려는 성속무애聖俗無礙사상을 주장하였다.[73] 전제주의의 이념으로 정립되면서 자연 균여의 사상은 광종대의 특수한 정치상황과 부합되어, 보편적이라기보다는 특수한 신이神異나 신비한 면을 포용하려 했다. 그것은 곧 토착적 전통의 강조였다. 여기에 균여와는 경향을 달리하는 화엄사상가들이 나오게 되었다. 귀법사歸法寺 내에 같이 거주하면서 균여를 이정異情 수행자라고 참소한 정수正秀는 어쩌면 순수 교리적인 화엄사상가였다.[74]

보원사普願寺의 탄문坦文은 석문釋門의 종주로 추앙되어 귀법사에 머물기도 하지만, 역시 균여와는 다른 화엄사상을 가졌다. 앞장에서 이미 지적했듯이 그는 교선융합 사상경향을 갖는 화엄종 승려였다. 그리하여 전제주의가 빛을 바래는 광종대말에 오히려 그의 사상은 부각되어 갔다. 탄문은 광종 19년(968년)에 왕사로 봉해졌으며, 광종 26년에는 다시 국사로 책봉되었다. 경종대 이후 성종대에 탄문 계통의 화엄사상이 영향을 준 듯하지만, 그의 법맥을 받은 제자가 구체적으로 이어져 내려간 흔적을 찾기는 힘들다. 그렇지만 탄문 이후 균여의 화엄사상과 성격을 달리하는 화엄사상이 계속 영향력을 발휘하여, 문종대에 이르면서 의천의 화

73 김두진, 「균여 화엄사상의 역사적 의의」(『균여화엄사상연구』, 일조각, 1983 332쪽).
74 김두진, 「균여의 생애와 저술」(『역사학보』 75·76合, 1977 ; 『균여화엄사상연구』, 192쪽).

엄사상이 성립되었다.

의천은 어쩌면 탄문의 사상에 친밀감을 느끼고 있었을 법한데, 균여의 화엄사상을 강경하게 배척하였다. 그는 해동의 선대 제사諸師가 남긴 기록에 억설이 많고 정박하지 못해 후생을 지도할 만한 것이 없다고 하면서, 균여·범운梵雲·진파殄破·영윤靈潤 등의 책은 잘못된 것이라 하였다.[75] 그러면서 그는 『신편제종교장총록新編諸宗敎藏總錄』을 저술하여 당시까지의 불전이나 고승의 장소를 정리하는 작업에서, 균여의 저술을 하나도 싣지 않았다. 한편 의천은 화엄사상뿐만 아니라 선종사상까지 융합하려는 '교관병수敎觀幷修'를 주장했는데, 이 점은 균여의 사상이 경론經論에 치우친 관념적 성격을 띤 것과 구별된다.

균여와 의천의 화엄사상 사이에는 뚜렷한 차이를 설정할 수 있다. 균여가 의상계 화엄종의 전통을 이었다면, 의천은 중국 법장계 화엄사상에 접하였다.[76] 의상의 화엄사상이 성기취입적性起趣入的이어서 연기된 법상法相을 가상假相으로 봄으로써, 삼라만상은 실체를 가지지 않게 되어 원칙적인 하나 속에 융합됨을 내세운다. 그러나 법장의 화엄사상은 연기건립적緣起建立的이어서 연기된 삼라만상을 실체로 보아 그 의미를 크게 부각시키려 한다. 의상 화엄사상의 맥락을 이은 균여가 고려초기 사회의 특수한 측면인 토착적 신이를 주장했다면, 의천은 중국 법장 화엄사상의 맥락을 이으면서 보편적 측면에 더 흥미를 가졌다. 의천은 곧 법장계인 중국 화엄사상의 정통파를 계승했다는 자부심을 가졌다. 그런가 하면 그

75 의천, 「示新參學徒謬秀」(『大覺國師文集』 권16)에 "矛常恨海東先代諸師 所流遺記 學非精博 臆說尤多方軌來蒙 百無一本 不能以聖敎 爲明鏡炤見自心 一生區區 但數他寶 世所謂均如·梵雲·眞派·靈潤 諸師謬書 語不成文"이라 하였다.

76 의천은 宣宗 2년(1085년)에 入宋하여 晋水 淨源의 문하에서 화엄사상을 전수받았으며, 귀국 후에도 그로부터 많은 章疏를 구해서 敎藏總錄을 간행하였다. 그런데 淨源은 法藏사상의 전통을 이은 것으로 알려져 있다.

는 고려 중기의 천태종 사상을 정립시키는 장본인이다.

의천은 중국에 들어가 천태사상에 접했는데, 이미 정통파 화엄종을 계승했듯이, 역시 중국 천태종의 정통파인 산가파山家派사상에 친숙하였다.[77] 말하자면 그는 화엄종뿐만 아니라 천태종까지도 중국의 정통파를 계승했다는 자부심을 가진 셈이다. 그런데 이미 고려사회에서는 의천의 천태종이 성립하도록 사상풍토가 조성되어 있었다. 신라말에 체관諦觀과 의통義通이 중국에 들어가, 체관은 천태종의 교본인 『천태사교의天台四教儀』를 저술했으며, 의통은 중국 천태종의 13대 교조가 되었다. 통일신라이래 고려초에 이르기까지 천태의 일심삼관법一心三觀法으로 이어질 수 있는 '회삼귀일會三歸一'의 법화사상이 유행하고 있었다. 특히 그것은 왕건 당시에 천태사상으로 형성되어 삼한을 통합하기 위한 이념으로 정립되었고, 이러한 사상사적 분위기 속에서 체관과 의통이 성장하였다.[78]

체관이나 의통의 천태사상은 중국 천태종의 정통파인 산가파에 속해 있어서 의천의 천태사상으로 맥락이 닿게 된다. 이들의 천태사상은 교선일치 사상경향을 지닌 것이지만, 어디까지나 그 밑바닥에는 교종, 즉 화엄사상을 깔고 있다.[79] 다만 고려국초의 교선일치사상은 왕권 내에 호족이나 귀족세력이 온존할 수 있는 사상체계로 배태되었음이 유념된다. 의천은 인예태후仁睿太后와 숙종의 후원을 받아 선종 6년(1089년)부터 국청사國淸寺를 창건하고, 새로 천태종을 창립함으로써 화엄종의 입장에서 선

77 의천이 入宋할 전후의 시기에 중국 천태종은 정통파인 山家派와 비정통파인 山外派로 나뉘어 대립하고 있었다. 의천은 송에서 慈辨 從諫으로부터 천태사상을 전수받았는데, 종간은 산가파의 거장인 四明 知禮의 법손이다.

78 김두진, 「諦觀의 천태사상」(『한국학논총』 6, 1984, 43쪽).

79 의천이 화엄종 승려인 것은 분명하다. 다만 『天台四教儀』는 五時八教로 설명되어 있는데, 5시는 물론 8교의 거의 마지막까지도 화엄종 교리에 입각하여 논술되어 있다. 다만 8교 중 제8위인 妙覺位의 마지막이 十乘觀法으로 끝맺고 있다. 이러한 사상체계는 비슷한 시기의 法眼宗이 강한 觀法(즉 선종)의 입장을 견지하는 것과 차이를 이룬다.

종을 포섭하려 했다.

숙종대에 천태종은 왕실의 후원을 받으면서 성장했다. 그러나 천태종은 그 동안 꾸준히 세력기반을 확대시켜 온 문벌귀족 세력이 확고한 정치적 지위를 구축하면서도, 일방으로 국가의 제도권 속에 흡수되어 왕권이 안정되어가는 것과 연관하여 성장하였다. 따라서 이 시대에 불교사상이 논리적으로 성숙되는 것은 이러한 사회상과 연관될 수 있다.

그런데 국청사의 창건 공사는 도중에 중단되는 사태가 발생하기도 했다. 왜냐하면 불교 종단이 대귀족과 결탁되면서 그 사이에 대립이 일어났기 때문이다. 이러한 대립은 예종·인종대를 지나면서 특히 왕실을 둘러싼 경원 이씨나 다른 대귀족 문벌세력의 정치싸움이 전개되면서 더 첨예화되었다. 고려중기에 문벌귀족이 성립됨과 아울러 왕권이 안정되는 속에, 화엄종이나 법상종 등 교종 중심으로 선종까지 융합하려는 불교사상이 논리적으로 심화되었지만, 이러한 정치·사회의 파란을 겪으면서 점차 변질되어가고 있었다.

3) 유교적 정치사상의 전개

고려의 유교는 광종대 과거제 실시로 크게 발전하게 되었다. 그것은 왕권의 전제화와 밀착되어 행해졌으며, 성종 때에 이르러 국가의 제도나 시책에 반영될 수 있도록 성장하였다. 말하자면 유교는 정책 방향을 결정하는데 작용하였다. 유교가 국책의 입안에 역할을 담당할 수 있게 되기까지에는 최승로의 공로가 컸다. 따라서 고려중기의 유교이념을 제시하는 대표적인 것으로 최승로의 시무時務에 관한 상소를 살펴볼 필요가 있다. 그것은 합리적인 유교적 정치이념에 입각하여 작성되었는데, 엄밀히 말하면 태조에서 경종에 이르기까지의 정치의 득실을 논한 오조정적평五朝政績評과 신라하대에서 고려초기 사회에 이르는 여러 모순을 척결하기 위한 정책 건의인 시무책時務策으로 구성되어 있다.

최승로의 상소는 성종대 유교적 제도의 정비와 짝하여 이루어졌다. 성종은 "유교를 숭상하여 주공周公과 공자의 풍風을 일으키기를 바라고 요순의 정치를 이루고자" 하였다.[80] 그리하여 성종은 즉위 2년에 적전례籍田禮 등 오례五禮를 행하기 시작하였으며, 송으로부터 태묘당도太廟堂圖·사직당도社稷堂圖·문선왕묘도文宣王廟圖·제기도祭器圖 및 72현 찬기贊記 등을 전래하여 헌납케 하였다. 왕은 유교의 진흥을 위해 12목에 경학박사를 두었으며 서경에 수서원修書院을 설치하여(성종 9년) 분실된 전적을 보수하게 했다. 그 외에 학사學舍를 두어 학교를 일으키고 거기에 전장田庄을 내리어 장학하였으며, 효자와 순손順孫을 표창하는 것 등은 모두 유교의 진흥을 위한 것이다.

최승로는 유교적 정치이념을 펴면서 성종에게 "임금은 신하를 예로써 쓰고, 신하는 임금을 충으로 섬깁니다. 바라건대 성상은 날마다 하루를 삼가 스스로 교만하지 말고 신하를 접함에 공손함을 생각하며, 설사 혹 죄를 지은 자가 있더라도 그 경중을 모두 법대로만 논하면, 태평의 대업을 가히 서서 기다릴 수 있을 것입니다"라고 하였다.[81] 그러면서 최승로는 태조를 제외한 나머지 왕들 특히, 광종에 대해 극히 비판적이어서, 전제주의를 배척하는 귀족중심의 유교적 정치이념을 수립하려고 노력하였다. 다만 그는 광종대를 무조건 비판하였다기보다는, 초기인 광종 8년까지의 정치를 찬양하여 "정교政教가 맑고 발라 형벌과 표상이 남발하지

80 『高麗史節要』 권2, 成宗 5년 秋 7월조.
81 『고려사』 권93, 崔承老전.

않았다"라고 평하였다.[82] 왕건의 정적政績을 찬양하고 계승하려는 면에서 최승로는 중앙집권체제를 이루면서 귀족정치를 성립시켜 가려고 하였다.[83]

고려중기의 유교사상은 이상적인 제왕상을 모색하려는 방향으로 나아갔고, 그리하여 최승로는 왕자王者가 마음을 겸양하게 가지고 신하를 예우할 것을 주장하였다. 이와 때를 같이하여 천재지변과 같은 자연적 재해를 군왕의 부덕의 소치로 돌리려는 사상이 보다 일반화되고 있었다.[84] 이는 전형적인 중국의 천인합일天人合一 사상에 의한 자연관이 유교 의식으로 발현된 것이다.[85] 때문에 기양祈禳대책에서 군주의 책기수덕責己修德이 기본을 이루고 있으며, 이를 위해 여러 가지 선정을 베풀었다.[86] 곧 군주의 피정전避正殿·감상선減常膳을 비롯하여 형정의 완화, 토목공사의 중지, 왕정을 비판하는 상소의 요청 등이 거의 상례적으로 시행되었다. 성종 7년 2월에는 이양李陽이 봉사封事를 올려 『예기』 월령月令에 따라 정사를 베풀도록 건의하고 있는데, 이는 역시 천인합일의 자연관과 밀착된 유교의례를 힘써 행하려는 것이다.

성종대를 지나면서 유학이 크게 진흥된 것은 사실이지만, 아직도 그것은 '유불병립儒佛並立'의 상황을 크게 탈피한 것은 아니다.[87] 불교에 대

82 『고려사』 권93, 최승로전.

83 이기백, 「신라 골품체제하의 유교적 정치이념」(『大東文化研究』 6·7합집, 1969 ; 『신라사상사연구』, 일조각, 1986, 241쪽).

84 신라시대나 고려초기까지 天災地變 등의 재해는 군주의 실정이나 부덕의 소치로 생각되기도 하였으나, 다분히 신료들의 실정에 의해 나타난 것으로 돌리는 경향이 뚜렷하다. 上大等 등이 이에 대한 책임을 지고 물러나는 것이 그 단적인 예이다. 그리하여 이를 계기로 오히려 신료층의 충성과 자숙이 촉구될 수도 있었다.

85 李熙德, 「고려시대의 天文觀과 유교주의적 정치이념」(『한국사연구』 17, 1977 ; 『고려 유교정치사상의 연구』, 일조각, 1984, 87쪽).

86 이희덕, 『고려 유교정치사상의 연구』, 290쪽.

87 박용운, 『고려시대사』(상), 일지사, 290쪽.

해 비판적인 최승로도 상소문에서 "불법을 숭상하는 것이 비록 선하지 않는 것은 아니지만"이라고 지적할 정도이다. 그러나 『서경』의 홍범洪範사상이나 『예기』의 월령을 바탕으로 한 천인합일설은 유교정치이념에 입각한 왕자王者의 덕치사상을 전개시켜 갔다.[88] 수성과 덕치주의를 지향하여 항상 선정을 구현하도록 촉구함으로써, 귀족들이 유교 관인으로 성장하여 군주정치에 참여하면서 일방으로 그것을 견제할 수 있었다.[89] 이리하여 고려 유학은 현종대를 거쳐 문종대에 이르기까지 융성하게 되었다.

현종은 신라의 유학자였던 최치원과 설총薛聰을 각각 공자 묘정廟庭에 배향하여 종사從祀하고, 이어서 전자를 문창후文昌侯, 후자를 홍유후弘儒侯로 추봉하였다. 이는 유교 부흥을 위한 자의식의 표현으로 동국의 도통道統을 수립하려는 것이다.[90] 이후 고려 유학은 해동공자라고 칭송을 들은 최충崔冲의 활동으로 새로운 국면을 맞고, 학문을 좋아하는 군주인 예종·인종대에 이르러 한층 성황을 이루게 된다. 최충은 현종말부터 문종대에 걸쳐 정치적으로 중요한 위치에 있었으며, 치사致仕한 후에는 문헌공도文憲公徒라고 불렸던 사학私學을 열어 고려의 유학을 일으키는데 크게 이바지 하였다.

문헌공도는 구재학당九齋學堂으로 편성되어 구경九經·삼사三史를 중심으로 교육하였는데, 경사를 중요시하는 등[91] 이미 한이나 당의 훈고학에서 탈피하여 송대 유학의 특성 즉, 의리義理나 심성적心性的 사유를 내포하고 있다.[92] 이러한 유학은 그 전대의 도덕적 합리주의에서 벗어나 철

---

88 이희덕, 「고려시대 五行說에 대한 연구 -고려사 五行志를 중심으로-」(『역사학보』 79, 1978 ; 『고려 유교정치사상의 연구』, 149쪽).
89 이희덕, 「고려초기의 자연관과 유교주의 정치이념」(『역사학보』 94·95합집, 1982 ; 위의 책, 51쪽).
90 윤남한, 「유학의 성격」(『한국사』 6, 국사편찬위원회, 24쪽).
91 朴性鳳, 「海東孔子 崔冲小考 -고려시대 유학사의 일면-」(『史叢』 1, 1955, 37쪽).
92 윤남한, 앞의 논문(『한국사』 6, 247쪽).

학 체계를 갖추면서[93] 심화되어가는 과정을 반영해 준다. 당이나 송대에는 궁궐 내에 청연각淸燕閣과 보문각寶文閣이 설치되어 경학의 강론이 활발하게 개최되었다. 이미 숙종대에는 서적포書籍鋪가 설치되어 송으로부터 수입한 서적이 편찬되었다. 이리하여 고려중기 이후의 유학은 성명·도덕의 이치를 규명하려는 송나라 유학에 성큼 다가서게 되었다.

4) 지리도참地理圖讖사상의 유행

풍수지리사상은 이미 삼국시대에서부터 있어왔지만 신라하대 지방호족이 등장한 사회 분위기 속에서 유행했음은 이미 지적하였다. 그것은 어느 지역을 명당으로 설정하여 그 지방을 중심으로 한 국토재구성안이다. 그러기까지 그 속에는 고도의 인문지리적 사고가 포함되었다. 이와 같이 세련된 지성을 포용하고 있던 그것은 상당히 긍정적으로 이해해야 한다. 그러나 지리와 도참은 분명히 다르며, 도참은 장래의 일 특히 인간생활의 길흉화복과 성쇠나 득실에 대한 예언이나 징조를 범칭하는 것이다.[94] 신비한 측면에서 지리와 도참은 서로 통하면서, 고려후기에 양자가 결합한 지리도참은 정치적 목적으로 주장되는 경우가 흔하였다.[95] 이리하여 고려시대를 통하여 지리도참이 풍미하였는데, 이런 면은 역시 부정적으로 생각해야 할 것이다.

지리도참사상이 삼국시대에 나타나지 않은 것은 아니지만, 문제된 것은 역시 왕건의 십훈요十訓要에서 찾아야 할 것이다. 왕건은 훈요의 제8조에서 "차현車峴 이남 공주강公州江 밖은 산의 형세와 지세가 모두 거꾸

93 金忠烈, 「성리학전래 이전의 고려 유학」(『高麗儒學史』, 1984, 고려대출판부, 92쪽).
94 이병도, 『고려시대의 연구』, 16쪽.
95 이병도, 위의 책, 5쪽.

로 뻗쳤으니 인심도 또한 그러하다. 저 아래 고을의 사람이 조정에 참여하여 왕이나 왕실의 인척과 혼인하고 국정을 오로지 하게 되면 변란을 일으킬까 염려되니, 비록 양민이라 하더라도 관리로 뽑아 쓰지 말라"라고 하였다.[96] 또 제5조에서 서경은 수덕水德이 순조로워 우리나라 지맥의 근본이 되고 대업을 만대에 전할 땅이므로 순주巡駐하게 하였다. 물론 훈요는 왕건이 자손들에게 은밀하게 내린 유훈이기 때문에, 거기에는 충분히 참휘적讖諱的 내용이 들어갈 소지를 가졌다. 평양을 중히 여기고[97] 금강 이남 지역을 차별하려는[98] 도참사상은 당시의 정치적 현실과 연관되어 있음을 주목해야 한다.

그러면 풍수지리사상이 고려초에 왜 도참사상과 결부되었는지가 궁금해진다. 풍수지리사상은 한 지방을 국토의 중심인 명당으로 설정하여, 그 곳을 중심으로 한 국토재구성안으로 성립되면서 그 모순이 나타나기 시작하였다. 말하자면 A라는 지역을 중심한 국토재구성안인 풍수지리사상은 B라는 지역을 중심한 풍수지리사상과 배치된다. 왜냐하면 A지역이 명당으로서 국토의 중심이 되면 B지역은 자동적으로 국토의 중심이 될 수 없기 때문이다. 다같이 지방호족의 입장을 뒷받침해 주면서도, 풍수지리사상의 이런 면은 선종사상과는 다른 점이다.

선종사상은 경전이나 불타의 권위를 부정하며 밖으로 모든 인연을 끊고 좌선하면서 각자가 가진 불성을 발견하려 한다. 즉 그것은 서로 다른 선종종파의 사상에 대해 간섭하거나 서로 배타적일 수 없다. 그러므로

96 『고려사』 권2, 태조 26년조.
97 하현강, 「고려 西京考」(『역사학보』 35·36합집, 1967, 141쪽)에서 "호족에 의해 점거되지 않은 곳이 많은 서경지역은 왕실에서 세력기반으로 확보하려 했다"라고 하였다.
98 왕건이 후삼국을 통일하려는 戰役에서 이 지역 출신의 호족이 가장 완강하게 항거했기 때문에, 이 지역에 대해 차별했을 것이다.

고려통일 이후에도 선종은 서로 계통을 달리하는 모든 산문을 존속시키면서, 계속해서 그 사상을 발전시킬 수 있었다. 이와는 달리 풍수지리사상은 고려초 삼한을 통합한 세력 즉 왕건에 의해 정리될 수밖에 없었다. 모르긴 해도 신라말에는 왕건과 연결되지 않은 특정한 지방호족과 밀착된 풍수지리사상이 있었겠지만,[99] 고려초에 그것은 정리되어 왕건에게 유리한 것만 남게 되었다.

풍수지리사상이 정치세력에 의해 이용되면서 더 이상의 사상적 발전을 가져오기 힘들게 되었다. 또 본래 그것은 신비적인 면을 지녀서 도참과 통할 수 있었다. 고려시대에 풍수지리사상이 비보裨補사상을 거쳐 도참사상으로 흐르면서 미신적 요소를 짙게 띠어갔다. 그리하여 그것은 주로 도읍을 옮기거나 새로 정하려는 정도定都사상으로 나타나고 있다. 태조 이후 그와 같은 사례로 우선 정종의 서경천도 계획을 들 수 있다. 성종과 현종 때에도 동경(경주)이 설치되는데 이도 역시 지리도참사상에 연유한 것이다.[100]

문종 때에 이르면 고려문화의 황금기를 이루면서도 오히려 지리도참사상이 성행하였다. 문종 10년(1056년)에 예성강변禮成江邊에 장원정長源亭을 지었는데, 이는 도선의 『송악명당기松岳明堂記』라는 비기에 따라 태조가 통일한 해인 병신년(936년)으로부터 이주갑二周甲 즉 120년이 되는 해에 이궁離宮을 서강西江 즉 예성강에 지으면, 국가의 터전이 굳어지리라

99 풍수지리사상의 이런 면은 앞으로 더 추구되어야 할 것이다. 왕건 이외의 지방호족과 연관된 구체적인 풍수지리사상이 부각되어야 할 것이다. 이와 연관시켜 玉龍寺의 道詵系 풍수지리사상도 처음에는 왕건보다 오히려 뒤에 甄萱과의 연관을 생각하게 하는, 이 지역의 실력자와 연결되어 있었을 것이다. 그 이유는 다음과 같다. 道詵碑文 중 그와 왕건의 연결 부분은 신빙성이 극히 희박할 뿐만 아니라, 도선의 法嗣인 慶甫는 처음에 왕건이 아닌 견훤과 연결되어 있었기 때문이다.

100 이병도, 「성종 · 현종의 東京建置와 그 의의」(『고려시대의 연구』, 120쪽).

는 연기설延基說에 맞춘 것이다.[101] 그후 왕은 자주 이곳으로 순주하였다. 문종 21년(1067년)에 남경(楊州, 지금의 서울)을 설치하는 것도 같은 맥락에서 이해할 수 있다. 이리하여 개경 외에 서경·남경을 한데 묶어 삼경제가 행정적으로 중요한 의미를 가졌다.

숙종과 예종 때에도 지리도참사상은 두드러지게 나타나고 있다. 숙종 원년(1096년)에 김위제金謂磾가 『도선기道詵記』에 의거하여 남경의 건도를 주장하였고, 그의 주장은 숙종 4년에 실현을 보게 되었다.[102] 예종 때에는 지리도참사상에 관한 책으로 관찬된 『해동비록海東秘錄』이 만들어졌으며, 태사관太史官의 송도지쇠설松都地衰說 및 연기延基관념에 따라 서경에 용언궁龍堰宮을 창건하였다.[103] 고려시대에 지리도참사상과 관련하여 발생한 가장 충격적인 사건은 인종대에 일어난 묘청妙淸 일파의 서경천도운동이었다. 묘청·정지상鄭知常 등이 상소하여 "서경의 임원역林原驛 땅은 음양가들이 말하는 바 대화세大華勢의 곳이니, 만약 여기에 궁궐을 세우고 이어하시면 가히 천하를 합병할 수 있고, 금나라가 폐백을 가져와 스스로 항복할 것이며 36국도 모두 신첩臣妾하게 될 것입니다"라고 하였다.[104]

이렇게 추진된 서경천도운동은 김부식金富軾 일파의 반대에 부딪혀 실패로 끝나면서 반란을 획책했으나, 결국 그것은 진압되었다. 묘청의 서경천도운동은 지리도참사상으로 주장된 것이지만, 사실은 정치적 목적을 더 짙게 깔고 있다. 즉 낭불郎佛사상을 주장하는 자주적인 서경파와 이에 대립한 사대적 유가인 개경파의 정치적 싸움으로 이해되었다.[105]

---

101 이병도, 「고려 문종왕과 長源亭創構」(『진단학보』 6, 1936 ; 『고려시대의 연구』, 140쪽).
102 이병도, 「숙종과 南京經營」(『고려시대의 연구』, 161쪽).
103 이병도, 「예종조의 地理秘錄의 편찬과 龍堰宮창건 및 其他」(『고려시대의 연구』, 177쪽).
104 『고려사』 권127, 妙淸전.
105 申采浩, 「朝鮮歷史上 一千年來 第一大事件」(『朝鮮史研究草』, 1930 ; 『丹齋申采浩全集』 중,

정종대의 서경천도운동은 당시 정종 측근인 왕식렴王式廉을 중심한 서경세력과 연관될 수 있으며, 그 후 남경이나 동경 등의 건도 역시 경원 이씨나 신라 육두품 출신 귀족이 등장하는 것과 연결시켜 이해해야 한다. 고려중기 문벌귀족이 성립된 사회에서 합리적인 유교가 유행해 가는 속에, 일방으로는 지리도참사상이 성행하였다. 다만 그것은 고려시대 정치세력의 등장과 함께 그들에 의해 이용되는 측면을 보여준다. 아마 이 점은 더 심층적인 사상적 발전을 저해시키면서, 지리도참사상을 미신적으로 흐르게 하였고, 그 후에는 주로 묏자리나 보는 음기적陰基的인 성향으로 나타나게 하였다.

4. 무인집권과 사상계의 새 기운

1) 귀족사회의 동요와 무인집권

(1) 귀족사회의 동요

고려의 문벌귀족사회는 현종 이후 문종에 이르는 시기에 가장 현란하게 성숙되었다. 그 뒤 숙종 연간에 이르기까지 비교적 고려사회는 안정을 유지할 수 있었다. 다만 숙종은 어린 조카인 헌종의 선위를 받아 왕위에 오르는 정변을 겪었다.[106] 그러다가 예종과 인종대를 거치면서 문벌귀족사회는 서서히 그 모순을 들어내면서 꿈틀거리기 시작하였다.

1982, 106쪽).

106 鷄林公 熙(숙종)는 헌종을 몰아내려는 李資義 일파를 제거하고 中書令에 임명되었다가, 왕의 禪位를 받아 등극하였다.

그러한 사회동요는 대문벌귀족이 권력을 오로지 함으로써 나타나는 것이겠지만, 이미 그 이전 고려초에 짜인 사회체제가 어그러져 나가는 것과 연관된다.

고려시대의 농민들은 자작농도 있었겠지만 대부분은 병작농竝作農이었다. 그럴 경우 그들은 소출의 반을 전조田租로 내었을 뿐만 아니라 매년 공물을 바쳤고, 정남丁男인 경우 징집되어 요역을 부담하였다. 이러한 수취체제 아래에서 그들의 사회경제적 지위가 향상되기는커녕 점점 떨어져가는 추세에 있었다.[107] 반면 귀족들은 권력을 이용하여 점차 사유지를 확보하였다. 공음전功蔭田은 본래 귀족의 소유이거니와 외역전外役田이나 군인전軍人田까지도 매수하거나 강압적인 방법으로 빼앗으면서,[108] 그들의 토지를 넓혀갔다. 관직에 나아간 대가로 받은 과전科田도 원칙적으로 관직에서 물러나거나 죽으면 국가에 반납해야 하지만, 점차로 사유화되어 갔다.

귀족들은 자기 소유의 토지를 경작하는 전호佃戶를 동원하여 황무지를 개간하거나, 고庫나 보寶 등의 명목으로 곡식을 쌓아두고는 백성들에게 그것을 대출하여 이식을 취하는가 하면,[109] 화폐를 주조하여 대규모의 상거래를 통해 많은 이득을 얻기도 하였다.[110] 그들은 자기 토지 내에 사원을 짓고, 명목상으로 거기에 토지를 소속시킴으로써 국가에 대한

---

107 김윤곤, 「고려 귀족사회의 제모순」(『한국사』 7, 무신정권과 대몽항쟁, 국사편찬위원회, 1973, 38쪽).

108 『고려사』 권127, 李資謙傳에 "强奪人土田 縱其僕隸 掠車馬輸己物 小民皆毁車 賣牛馬 道路騷然"이라 하였다. 이로 보면 농민들의 토지가 權門世族에 의해 강제로 빼앗기는 사례가 많았음을 알 수 있다.

109 金三守, 「寶의 전기적 자본기능에 관한 종교사회적 연구」(『아세아학보』 1, 1965, 참조).

110 당시 銀甁 하나의 값이 布 100여 匹이었다고 함으로, 이것은 교환 수단으로서 보편적으로 사용되었다기보다는, 일부 귀족들 사이에 한하여 유통되거나 혹은 뇌물 등 암거래의 수단으로 사용되었음을 알려준다.

조세의 부담을 줄였다. 농민들이 날로 피폐하여 감과 짝하여 귀족들의 경제력이 비대해져 가는 것이 고려 귀족사회를 흔드는 근본 요인이라 할 수 있다. 고려중기에 대문벌귀족은 이러한 경제력을 배경으로 등장하였다.

인종 때에 누대의 문벌귀족으로 고려 조정의 실권을 장악하고 있던 자는 이자겸李資謙이었다. 문종 때부터 경원 이씨인 이자연李子淵 일가가 왕실의 외척으로서 정권을 잡았으며, 특히 이자겸은 왕권을 능가할 정도의 절대적 권력을 소유하였다. 그는 한 딸을 예종비로, 다음 두 딸을 인종비로 삼아 왕실과는 중첩되는 혼인을 맺어 정치적 기반을 공고히 하였다. 그런데 인종 원년(1123년)에 송의 사신 서긍徐兢은 이자겸의 토지와 제택第宅에 관해 "천맥상연阡陌相連"하다고[111] 표현하였다. 이로 보아 경원 이씨 가문도 역시 다른 귀족과 마찬가지로, 대토지를 소유한 거대한 경제력을 바탕으로 외척인 대문벌귀족으로 등장하였다. 또한 이러한 사정은 해주海州 최씨나 경주 김씨 등 당시의 유력한 문벌귀족에게도 같이 적용될 수 있는 것이다.

고려 귀족사회에 누적된 모순이 돌출하면서 이자겸의 난을 유발시켰다. 이자겸은 권력을 오로지 하는 과정에서 많은 정적을 제거하였다.[112] 고려중기 이후 문벌귀족 상호간에는 권력을 손에 넣기 위한 싸움이 계속되었다. 일단 권력을 장악한 이자겸의 교만은 그치지 않아 '십팔자十八子'가 왕이 되리라는 참설을 믿고, 인종을 폐하여 스스로 왕이 될 야심을 품기에 이르렀다. 그리하여 그는 더욱 횡포하여 인종을 시해하려고까지

111 徐兢, 『宣和奉使高麗圖經』 권8, 인물 이자겸조.

112 인종 즉위년(1122년) 12월에 李資謙은 선왕 즉 예종의 동생인 帶方公 俌를 위시해서, 韓安仁·文公美·鄭克永 등 50여명을 살해 혹은 유배하였다. 또 인종 2년에는 뛰어난 무장인 崔弘宰를 昇州 裖地島로 유배하면서, 鄭旌淑·李神義 등을 같이 유배시켰다.

하였으나 도리어 일당인 척준경拓俊京에게 제거되었고, 하늘을 찌를 듯한 경원 이씨 세력은 이로써 몰락하고 말았다.

이자겸의 난은 비록 진압되었으나 고려사회에 내재된 모순은 제거되기보다는 더 누적되어갔고, 그 결과 묘청이나 무신들의 난을 계속 겪게 되었다. 말하자면 고려 귀족사회의 여러 모순이 표출되어 난동이 일어났다. 한편 지방 토착세력 또는 향리들의 자제가 중앙에 진출하여 새로운 귀족세력으로 등장하면서, 대대로 내려온 문벌귀족사회를 붕괴시키는 역할을 담당했다.[113] 이들이 신진 귀족관료세력으로 등장하여 전통 문벌 귀족세력에게 위협을 가함에 따라, 고려 귀족사회에서는 문벌 상호간뿐만 아니라 이들과 신진 귀족관료들과의 마찰이 계속되었다.

이미 인종대에 제거된 한안인파韓安仁派는 그런 부류의 세력으로 무신란 이후에 다시 등장하고 있음은 흥미로워 보인다.[114] 묘청의 난을 주도한 정지상·백수한白首限 등도 개경의 문벌 귀족세력에 대립되는 지방 출신의 신진 관료세력이었다.[115] 이들은 비록 고려 문벌 귀족사회의 모순을 인식하고 그것의 개혁을 시도하였지만, 그때마다 고배의 잔을 들 수밖에 없었다. 그러나 문벌귀족들도 누적된 사회체제의 모순과 그것에 대한 신진 귀족관료들의 도전에 부대끼면서, 점차 역사의 막후로 물러나지 않을 수 없었다. 그리하여 무인집권 후에는 오히려 지방 출신의 신진 귀족관료들이 역사의 표면에 나오게 되었다.

---

113 金潤坤, 앞의 논문(『한국사』 7, 국사편찬위원회, 48쪽).

114 E . J Shultz(薛景德), 「韓安仁派의 등장과 그 역할 -12세기 고려 정치사의 전개에 나타나는 몇가지 특징-」(『역사학보』 99·100 합집, 1983, 151쪽).

115 김윤곤, 앞의 논문(『한국사』 7, 국사편찬위원회, 69쪽).

(2) 무인집권과 대몽항쟁對蒙抗爭

무신란도 이자겸의 난이나 묘청의 난과 같이 문벌 귀족사회의 모순에서 일어났기 때문에 그 연장선 상에서 이해해야 되지만, 그것으로 야기된 결과는 현격하게 달라졌다. 말하자면 무신란으로 말미암아 고려전기의 문벌 귀족사회가 붕괴되고는, 지방 향리출신의 귀족이 서서히 등장하여 새로운 사회를 건설해 갔다. 그런데 무신란의 발발에는 이전의 이자겸이나 묘청의 난에서와는 달리 무신에 대한 문신귀족 정권의 멸시와 압박이 직접적인 동기가 되었다. 이러한 멸시와 압박 속에서도 무신들의 지위가 상승되어 갔다.[116] 이것은 역시 무신들이 반란을 성공시켜 무인정권을 성립시키는 데 크게 작용하였다.[117]

의종은 각지에 호화로운 정자나 누대를 짓고 아부하는 문신들과 더불어 유락遊樂으로 세월을 보냈다. 무신란은 의종 24년(1170년)에 폭발하였다. 이 해 8월에 왕은 문신들과 함께 보현원普賢院에 가게 되자, 무인 정중부鄭仲夫는 이의방李義方·이고李高와 모의하여 난을 일으키고, 호종한 문관 및 대소 신료나 환관들을 주살하였다. 무인통치는 처음 정중부가 집권한 이래 혼란을 계속해 갔다. 같이 난을 일으킨 이의방이 이고를 주륙하고 권력을 오로지 하자, 정중부의 아들인 정균鄭筠이 명종 4년(1174년)에 이의방과 그 일당을 살육하고 정중부 일파가 권력을 잡았다. 그렇지만 정중부 일파도 청년 장군인 경대승慶大升에게 제거되었다. 경대승이

116 예를 들어 경종이나 목종 때의 田柴科에서 文武官의 토지 析給에 현격한 차이가 있었으나 문종 30년의 更正田柴科에서는 그러한 차이가 크게 줄어들었다. 그것은 고려중기에 오면서 무신들에 대한 경제적 대우가 향상되었음을 반영해 준다.

117 邊太燮, 「고려 武班연구 -무신란 전의 무반을 중심으로-」(『아세아연구』 8의 1, 1965 ; 『고려정치제도사연구』, 일조각, 1971, 343쪽.

죽자 이의민李義旼이 권력을 오로지 했는데, 그는 최충헌崔忠獻에 의해 처단되고 이후 최씨집권 시대가 열리면서 무신정치는 비교적 안정기에 들어갔다.

무인집권 이후 구문신귀족들이 타격을 받으면서 몰락해 갔다. 자연히 이들의 무인집권에 대한 반발이 거세게 나타났다. 명종 3년 동북면병마사 김보당金甫堂의 난은 바로 그런 것이었다.[118] 김보당은 붙잡혀 피살되었는데, 죽을 때 문신으로 더불어 공모하지 않은 자가 없다고 말하였다. 이로 말미암아 많은 문신귀족이 다시 주륙되었다.[119] 구문신귀족이 도태되는 과정에서 이들과 밀착되어 있던 불교 즉 사원세력이 붕괴되어 갔다. 무신란이 일어나고 난후 승려들이 무인집권에 반대하여 빈번하게 난을 일으켰는데, 이들은 대체로 교종계의 종파에 속해 있었다.[120]

문신귀족이나 교종계 사원세력이 거세되는 과정에서 무신란 이후 고려사회는 심한 혼란을 겪었고, 이러한 혼란을 더욱 부채질한 것은 무신 상호간의 투쟁뿐만 아니라 하극상으로 인해 무수히 일어나는 천민이나 농민반란이었다. 이러한 혼란은 최씨정권이 들어서면서 일단 종식되었다. 지금까지 무신들은 중방重房을 통해 정권을 장악하였다. 자연 중방의 합의合議에 참여하는 모든 무신이 정권에 가담하였다. 그러나 최충헌은 경대승 이래의 사병집단인 도방都房을 강화하였고, 스스로 집권기구를 만

118 변태섭, 「무신란과 최씨정권의 성립」(『한국사』 7, 무신정권과 대몽항쟁, 국사편찬위원회, 1973, 94쪽).

119 金甫堂의 난은 물론 趙位寵의 난도 反武臣亂으로 생각될 수 있다. 이 두 난을 통해서 많은 문신귀족이 거세되어갔다. 다만 후자는 전자에 비해 상당히 다른 성격을 가졌음이 지적되기도 한다. 전자가 중앙에서 파견된 귀족관리에 의해 일으켜졌다면, 후자는 구문신귀족의 복구운동이라기 보다는 서북면 토착세력의 반항으로 이해된다.

120 『고려사』 崔忠獻전이나 李義方·丁彦眞전 등에는 승도들의 무신정권에 대해 항쟁하는 기사가 자주 나온다. 예를 들어 명종 4년 이후 崔忠獻이 권력을 잡고난 후에만 하여도, 王輪寺·興王寺·興國寺·歸法寺 및 弘圓寺·景福寺·安養寺·修理寺 등의 승도들이 수시로 반란을 도모하였다.

들어 교정도감敎定都監과 같은 독자적인 무인 정치기구를 출범시켰다. 그러면서 그는 항상 이부와 병부의 주요직을 겸임하고 있었는가 하면, 정방政房을 신설하여 사제에서 관리의 인사를 관장하였다. 그리하여 최씨 정권은 최충헌 이후 4대 60여년간 존속되었다.

최씨정권이 성립되어 있던 시기에 몽고와의 항쟁이 계속되었다. 고종 18년(1231년)에 몽고가 첫 침략을 감행해 오자, 고려는 단호히 항전할 것을 굳게 결의하고 도읍을 강화도로 옮겼다. 이후 1258년에 이르기까지 약 30년간에 걸쳐 몽고는 전후 6차례나 고려에 대한 침입을 감행하였다. 그 사이에 왕공과 귀족들은 전란을 피하여 강화도에서 비교적 평온한 생활을 누릴 수 있었다. 반면 피난하지 못한 일반 백성들의 고난과 시련은 이루 말할 수가 없었다.[121] 그렇지만 최씨정권은 몽고와의 강화를 거절하였다. 몽고는 고려에 대하여 왕의 친조親朝와 육지로 나와 환도할 것을 요구했는데, 이는 최씨정권의 위치를 불안하게 만드는 것으로 받아들여 졌다. 때문에 오히려 최씨 무인들은 몽고와의 항쟁을 통해 그 정권을 계속 유지시켜 가려했다. 그리하여 몽고와의 항쟁이 계속되는 와중의 최씨정권 내에 화평론자들이 발을 붙이지 못하게 되었다.[122]

그러다가 강도江都에 정변이 일어나자 김준金俊·임연林衍 일파가 최의崔竩를 죽이고 최씨정권을 타도하였다. 최씨정권의 몰락으로 몽고와의 강화가 성립되고, 전쟁이 종식되면서 고려에 왕권이 복구되었다. 왕실이 몽고세력의 적극적인 지지를 받아 왕정이 복구되는 과정에서 김준 등

---

121 강진철, 「蒙古의 침입에 대한 항쟁」(『한국사』 7, 무신정권과 대몽항쟁, 국사편찬위원회, 1973, 347쪽).

122 江華遷都를 결정할 당시 물론 반대론자도 없지 않았다. 그 대표자는 參知政事인 兪承旦과 夜別抄의 지휘관인 金世冲이었다. 崔瑀는 世冲을 목베어 죽이고 반대파를 탄압하여, 마침내 고종 19년 6월에 강화천도를 강행하였다. 그리고는 榜을 내걸어 "빨리 江華島로 들어가라 뒤에 처지는 자는 군법으로 처단할 것이다"라고 하였다.

무인세력이 타도되었다. 최씨정권의 경찰 군대였던 삼별초三別抄가 육지로 환도하는 것에 반대하여 반란을 일으켰는데, 끝까지 반항하다가 모두 거세되었다. 삼별초의 난은 그 진행 과정에서 백성으로부터 적극적인 호응과 지지를 받았지만, 한편으로 몽고에 항쟁하는 세력이 모두 거세되는 결과를 초래하였다.[123] 몽고와의 항쟁이 종식되면서 주전론자들이 모두 몰락함으로써, 그 다음 대의 고려사회는 자주성을 상실하면서 급속도로 몽고에 종속되어갔다. 이리하여 고려 정부는 원의 지배와 간섭 아래에 놓이게 되었다.

2) 산중山中불교의 등장

(1) 거사居士불교의 유행

고려중기 문벌귀족이 대두된 사회에서는 선종 세력이 약화된 반면, 교종 특히 법상종과 화엄종 세력이 강성하여 양립하였다. 두 교단이 대립하면서 싸우는 속에 화엄종과 제휴하여 천태종이 일어나게 되었다. 그런데 당시 불교계에 이러한 정통의 종파 불교와는 구별되는 또 다른 불교 조류가 있었는데, 그것이 이른바 거사불교로 불리어진다.[124] 고려 귀

---

123 三別抄의 난은 몽고에 끝까지 대항하다가 승하한 정신을 높이 사서 대단히 긍정적으로 평가되어 왔다. 말하자면 그것은 민족정기를 더 높였다는 점에서 강조되어 좋을 것이다. 삼별초는 최씨정권을 뒷받침한 비밀 경찰군대의 임무를 띠고 있었기 때문에, 어차피 몽고에 항복한 이후 그 세력기반을 잃을 것은 명백하다. 다만 그들이 고려사회에 온존하여 몽고에의 저항 세력으로 계속 남아있었다면, 出陸과 동시에 고려사회가 그렇게 급작스런 元支配 체제로 넘어가지는 않았을 것이다. 그런 면에서 삼별초의 난은 완전히 긍정적으로만 평가될 수 있는 것은 아니다.

124 최병헌, 「고려중기 李資玄의 禪과 거사불교의 성격」(『金哲埈博士華甲紀念 사학논총』, 知識産業社, 1983, 942쪽).

족사회에 불교가 크게 융성하여 문인관료는 거의 모두 불교와 관계를 갖지 않은 사람이 없을 정도였다. 그런 가운데 불교에 심취한 나머지 거사로 일생을 보내거나 심지어는 아예 출가한 경우도 적지 않았다. 고려 중기의 문벌귀족 출신의 인물 가운데 특히 거사로서 유명했던 사람은 이자현李資玄 · 이오李頫 · 윤언이尹彦頤 · 곽여郭璵 등이다.

그 중 이자현은 특히 전형적인 인물로서, 당시 최대문벌인 경원 이씨 출신이면서 일찍이 벼슬을 버리고 청평淸平의 문수원文殊院에 거주하여 스스로 청평거사라 불렀다. 거기서 그는 불교 교리의 연구와 참선의 생활로 일생을 보냈다. 이오도 역시 경원 이씨 출신으로 예종대의 개부의동삼사검교태사開府儀同三司檢校太師 수태보문하시랑守太保門下侍郎으로 은퇴하기까지 여러 관직을 역임하였다. 그도 비교적 순탄하게 관직 생활을 보냈으나 녹을 받는 것 외에 다른 산업을 경영하지 않았으며, 불경과 장소를 읽고 특히 금강경을 좋아하여 금강거사라고 자호하였다.[125] 윤언이는 당대 문벌귀족인 파평坡平 윤씨 출신으로 윤관尹瓘의 아들이며, 재상을 역임한 바 있다. 그도 역시 만년에 불법을 매우 좋아하여 벼슬을 그만둔 한 후 파평의 금강재金剛齋에 살면서 스스로 금강거사라 불렀다. 일찍이 그는 승려 관승貫乘과 더불어 공문空門의 벗을 삼아 생사에 초연하였다. 곽여는 예종이 태자로서 동궁東宮에 있을 때 그 속관屬官이 되었다. 예종이 즉위하자 오히려 그는 사직하고 성의 동쪽 약두산若頭山에 동산재東山齋를 열고 처사라 칭하고 있었으며, 그 외 당대의 대표적인 유학자들도 대체로 불교에 심취하였다.

곽여에게서는 더욱 분명하지만, 그들의 불교사상은 도가사상의 영향을 강하게 받아 은둔적 성격을 지녔다. 즉 이자현의 사상은 불교와 도가

---

125 『고려사』 권95, 李子淵전 附 李頫전.

사상이 융합된 과도기적인 것으로 이해되었다.[126] 고답적이며 은둔적인 성격을 가진 거사불교는 이른바 죽림竹林사상과 맥을 같이하는 것으로 생각되지만,[127] 무신란 이전 고려 문벌귀족 사회의 안정 속에 나타난 것이라기보다는 그것이 꿈틀거리며 괴리되어가는 모순 속에서 융성하게 되었다. 이자현은 관직을 버리고 세속을 벗어나고자 임진강을 건너면서, 스스로 맹세하기를 "이번에 가면 다시는 경성京城으로 돌아오지 않겠다" 라고[128] 하였다. 그가 다시 개성으로 돌아오지 않으려는 것은 당시 그의 일족인 이자의가 왕실을 압도하고 권력을 독점하는 비리를 경험하면서, 앞으로 닥칠 사회 모순을 예견하였기 때문일 것이다. 이자현만이 아니라 당시 문신귀족이 거사불교에 빠지는 모습은 대체로 이런 것이었을 법하다.

이자현은 청평산에 은둔하여 있으면서 특히 선수행에 관심을 가져, 예종에게 『심요心要』 1권을 저술하여 올렸다. 그것은 물론 선종사상을 다룬 저술이며, 그의 다른 저술인 『선기어록禪機語錄』 1권도 선종사상에 관한 것이다. 그는 일찍이 "설봉어록雪峰語錄을 읽었는데, '모든 천지가 눈(眼)이다. 너는 어디에 쭈그리고 앉았느냐'는 말을 듣고는 번쩍 깨달았다"라고 하였다.[129] 이로 보면 청평산에서 이자현의 생활은 오히려 선수행에 가장 비중을 두었고, 그러한 경향은 다른 거사에게서도 마찬가지로 나타났다.[130] 그렇지만 그들은 어디까지나 교종불교와 깊이 연관된 인물

126 최병헌, 앞의 논문, 947쪽.

127 최병헌, 앞의 논문, 960쪽.

128 金富轍, 「淸平山 文殊院記」(『동문선』 권64)에 "至元祐四年 以大樂署丞 棄官逃世 行至臨津過江自誓曰 此去不復入京城矣"라고 하였다.

129 김부철, 앞의 글에 "自稱嘗讀雪峯語錄云 盡乾坤是箇眼 汝向甚處蹲坐 於此言下 豁然自悟"라고 하였다.

130 崔滋, 『補閑集』 권상(『高麗名賢集』 2, 1973, 성균관대 대동문화연구원, 112~113쪽)에 "尹文康公彦頤 晩節尤嗜禪味 退居鈴平郡金剛齋 自號金剛居士"라고 하였다. 그 외 金剛經을 좋

들임을 유념해야 한다.[131] 아마 문벌귀족으로서의 출신 배경이 그들로 하여금 교종에서 벗어나 선종으로 나아가게 하지는 못했을 것이다. 말하자면 당시 거사들은 문벌귀족 사회의 비리를 예견하고는 교종불교에서 벗어나려고 선종 속으로 빠져들지만, 거기에서 미련 없이 떠나가지 못하는 한계성을 가진 과도기적 불교사상을 가졌다.

(2) 선종의 등장

문벌귀족사회가 동요되는 고려중기에 거사불교가 나타나 선종적 사상경향을 띠어갔는데, 한편 같은 시기에 선종사상이 서서히 꿈틀거리며 퍼져가고 있었다. 예종대에는 선종 승려로 크게 활약한 자가 나왔는데, 혜소慧炤국사가 바로 그런 사람이다.[132] 혜소국사는 이자현 등 거사불교와 밀접하게 관련된 인물이다. 그는 개경의 광명사廣明寺 · 춘천의 화악사華岳寺 · 전남 승주昇州의 정혜사定慧寺 등에 머물렀는데, 특히 정혜사는 그가 직접 창건한 절이다. 이 정혜사는 지눌이 창건한 정혜사定慧社와 분명히 다른 절이지만,[133] 뒤에 조계종曹溪宗 승려들에게 영향을 주면서 제6세 충

아한 李顗나 龜山寺에서 曇秀선사와 같이 교류한 郭璵도 오히려 禪修行에 깊이 매료되어 있었다.

131 李資玄이 거주한 文殊院은 광종 24년에 白巖禪院으로 창건되었다. 선종의 전통을 갖는 白巖禪院은 뒤에 普賢院으로, 다시 文殊院으로 개칭되었다. 물론 佛堂이나 암자에 '聞性'이나 '見性'의 이름이 붙여지기는 했으나, 本寺 자체가 文殊院으로 개칭된 것은 李資玄의 사상이 선종 쪽으로 아무리 기울어져도, 그 주된 사상은 교종에 두고 있음을 분명히 한 셈이다.

132 『고려사』 睿宗世家에 의하면 당시에 크게 활약한 禪僧으로 曇眞이 있는데, 그는 慧炤국사와 같은 인물로 추론되기도 한다(최병헌, 「고려중기 李資玄의 禪과 거사불교의 성격」, 앞의 책, 952쪽).

133 지눌, 「觀修定慧結社文」(『보조국사법어』에서 "至承安五年庚申 自公山移社於江南曹溪山 以隣有定慧寺 名稱混同故 受朝旨 改定慧社爲修禪社"라고 하였다.

지冲止 때에 이르면 조계종의 법맥으로 이어지게 되었다.[134]

혜소는 굴산문崛山門에 속한 승려로 알려져 있으며, 그의 제자인 탄연坦然과 지인之印은 물론 영보英甫와 영보의 법사法嗣로 뒤에 용문사龍門寺를 중창한 조응祖應 및 조응의 법사인 자엄資嚴 등은 모두 굴산문 승려로 파악된다.[135] 그런데 탄연은 그 탑비가 명종 2년(1172년)에 건립되면서 조계종에 소속되었다. 그 결과 혜소의 문도는 바로 조계종으로 그 법맥을 이어갔다.[136] 말하자면 조계종은 예종대에 미세하게 태동한 선종의 맥을 받으면서 고려 문벌귀족 사회가 전면적으로 무너지는 무신란을 거치면서 굳건하게 확립되어 갔다.

무신란이 발발한 후 집권한 무인들은 문신인 문벌귀족 및 그들과 밀착된 교종불교 세력을 억압하여 거세시킨 다음, 자기 세력기반으로 지금까지 교종세력에 눌려 지방의 산중에 명맥만을 유지하여 온 선종세력 쪽으로 눈을 돌렸다. 그리하여 선종 중심의 결사가 무신들에 의해 이루어지거나 무신정권의 비호를 받으면서 성행하게 되었다. 다음 기록을 참고하기로 하자.

> 公(崔忠獻)은 大安 3년(1211년, 熙宗 7년)에 城의 東南에 있던 옛 昌福寺를 구하여 이를 넓혀서 새롭게 했다. 今上(高宗)이 즉위한 지 2년에 장차 크게 叢林을 열어 心法을 闡揚하고자 했다.[137]

---

134 冲止, 「慧炤國師祭文」(『圓鑑國師集』 文篇, 아세아문화사, 165쪽)에 "維年月日 雞足山定慧社沙門 謹以香茶 庶羞之尊 敬祭于當山開刱始祖慧炤國師之靈"이라 하였다.

135 金映遂, 「조계선종에 취하야 -오교양종의 일파, 조선불교의 근원-」(『진단학보』 9, 1938, 162쪽).

136 김영수, 앞의 논문, 162쪽.

137 이규보, 「昌福寺談禪牓」(『동국이상국집』 권25)에 "公大安三年 得古昌福寺於城之東南 遂拓而新之 今上卽祚之二年 將大闢叢林 闡揚心法"이라 하였다.

무신들이 일으키려는 선종결사는 대체로 그 이전에는 잘 알려지지 않았던 조그만 고사古寺에서 이루어졌다. 최충헌은 개경 동남쪽에 있었던 선종의 고사찰인 창복사를 구입하여 새로 넓히고 크게 선방禪房을 열었다.

무신란 발발 직후에 정중부鄭仲夫도 개경의 중요 선종 사찰인 보제사普濟寺를 새로 고쳐 낙성회를 열었다. 당시 무신들이 산중에 전해오는 선종계의 고사를 구입하여 중흥시키고 있는 것은 사회 일반의 분위기였다. 조계종이나 백련사白蓮社는 이런 추세 속에서 결성되었다. 지눌은 신종 3년(1200년)에 정혜사를 송광산松廣山 길상사吉祥寺로 옮기고, 희종 원년(1205년)에 왕명에 의해 그것을 수선사修禪社로 개칭하였다. 이렇게 하여 성립된 조계종은 이후 한국 불교의 근간을 이루게 되었다.

백련사도 그렇겠지만 특히 수선사는 최씨정권의 지원을 받아 교단 확립의 터전을 닦았다.[138] 지눌을 이어 제2세 수선사주로 된 진각眞覺국사 혜심慧諶은 최씨 무신정권의 제2대 집권자인 최이崔怡와 긴밀한 관계를 맺고 있었다.[139] 최이는 수선사에 입사하여 진각국사를 공경하였고, 그의 두 아들 만종萬宗과 만전萬全을 송광산에 보내어 진각국사의 제자로 삼게 했다. 그 중 만전은 뒤에 환속하여 최이를 잇는 무인집정이 될 최항崔沆이다.[140] 진각국사도 이러한 최이의 귀의에 대해 그를 위해 축수재祝壽齋를 주재하는가 하면, 그가 이끄는 무신정권의 시정을 찬양하였다.

지눌이 창시한 조계선종의 교선일치사상은 정혜쌍수定慧雙修와 돈오점수頓悟漸修의 방법으로 선수행과 지혜智慧를 함께 갖춘 것이다. 그의 「원

---

138 閔賢九, 「月南寺址 眞覺國師碑의 음기에 대한 일고찰 -고려 무신정권과 조계종-」(『진단학보』 36, 1973, 28쪽).

139 安啓賢, 「조계종과 오교양종」(『한국사』 7, 무신정권과 대몽항쟁, 국사편찬위원회, 1973, 306쪽).

140 『고려사』 권129, 崔忠獻전 附沆전.

돈성불론圓頓成佛論」은 화엄사상과 선지禪旨를 일치시킨 내용을 담고 있다.[141] 그런데 지눌의 돈오점수는 선오후수先悟後修를 의미한다. 돈오란 범부가 미혹하여 마음 밖에서 부처를 찾아 헤매다가, 갑자기 선지식善知識의 가르침을 입어 바른 길에 들어가 일념으로 자기의 본성을 보는 것을 의미한다. 이 때 깨친 본성은 부처와 다르지 않으나, 시작이 없이 계속된 습기習氣를 갑자기 버릴 수 없음으로 점수를 행한다.[142] 즉 먼저 돈오한 연후에 습기를 없애기 위해 점수를 행한다. 이렇게 돈오와 점수의 문제를 해결하려는 것은 선종의 입장에서 교종사상을 융회하려는 것으로 이해할 수 있다.

지눌의 정혜쌍수는 선오후수와 같은 의미를 갖기 때문에 선종의 입장이 근본임을 분명히 하였다. 다만 선오는 화엄 10지 중에서 초발심初發心의 깨침을 중요시하고, 그 다음에 점수를 행하는 바와 비슷하다. 지눌은 금강경 외에 화엄경에 대해 관심을 보였고, 특히 중국 화엄종의 방계인 이통현李通玄장자의 화엄사상에서 많은 영향을 받았다.[143] 그래서인지 그의 『화엄론절요華嚴論節要』는 이통현장자의 『화엄론』을 주석한 것이다. 이통현장자의 화엄사상은 중국 화엄종의 방계이기 때문에 법장의 화엄사상과는 대조되는 것이며, 오히려 의상 및 균여의 화엄사상으로 이어질 수 있다.[144] 따라서 지눌의 조계종사상은 화엄사상을 대단히 중시하는데, 그것은 의상에서 균여로 이어지는 화엄사상의 경향이나 법맥과 상통할

---

141 宋天恩, 「지눌의 선사상」(『숭산박길진박사화갑기념 한국불교사상사』, 1975, 485쪽).

142 지눌, 「修心訣」(『보조국사법어』)에서 "頓悟者 凡夫迷時 四大爲身 妄想爲心 不知自性 是眞法身 不知自己靈知 是眞佛也 心外覓佛 波波浪走 忽被善知識 指示入路 一念廻光 見自本性 而此性地 原無煩惱 無漏智性 本自具足 卽與諸佛 分毫不殊 故云頓悟也 漸修者 頓悟本性與佛無殊 無始習氣 卒難頓除故依悟而修 漸勳功成 長養聖胎 久久成聖 故云漸修也"라 하였다.

143 李鍾益, 「지눌의 화엄사상」(『숭산박길진박사화갑기념 한국불교사상사』, 523쪽).

144 김두진, 『균여 화엄사상연구』, 7쪽.

수 있으며, 의천의 그것과는 맞지 않는다.[145] 의천에 의해 철저하게 배제된 균여의 저술이 무신집권기에 다시 주목을 받아, 고려대장경 속에 대체로 모아져서 판각되는 이유를 이런 면에서 이해할 수 있다.

조계종이 성립되는 것과 비슷한 시기에 요세了世는 강진에서 백련사를 열어 천태사상을 진작시켰다. 무신들이 깊이 관여했는지는 정확하지 않으나, 만덕산萬德山의 백련사는 조계종과 상당한 교섭을 가지면서 결성된 것으로 보인다.[146] 백련사가 교세를 떨치면서 사상적으로 심화되는 데 절대적으로 기여한 자는 제4세 진정眞靜국사 천책天頙이다. 그의 저술로 『선문보장록禪門寶藏錄』 3권·『선문강요禪門綱要』 1권·『해동전홍록海東傳弘錄』 4권·『호산록湖山錄』 등이 있다. 특히 그의 저술 중에 낭혜朗慧의 「무설토론無舌土論」이나 범일梵日의 「진귀조사설眞歸祖師說」이 인용되어 있다.

보리수 아래에서 석가의 깨침은 지극하지 않은 것이며, 그 후 진귀조사의 도움에 의한 깨침이 참된 것이라는 범일의 사상은 여래보다는 조사의 우위를 설정하려는 것이다.[147] 무설토론에는 낭혜가 진성왕에게, 여래선보다 조사선의 우월함을 설명하려는 내용이 담겨 있다.[148] 이러한 논설을 중요하게 인용하고 있는 천책의 천태사상은 선종의 입장을 강하게 견지하고 있다. 백련사의 천태사상은 교선일치사상이지만, 어디까지나 선종 중심의 사상이다. 같은 교선일치사상이라 하더라도 그것은 지눌

145 김지견, 「신라 화엄학의 계보와 사상」(『학술원논문집』 12, 1973, 333쪽).
김지견, 「신라 화엄학의 주류고」(『숭산박길진박사화갑기념 한국불교사상사』, 257쪽).

146 조계종 제2세조인 혜심은 白蓮社와 상당히 밀접한 관계를 맺고 있었던 듯하다. 그래서 인지 『萬德寺志』에는 그의 비문이 전재되어 있다. 또 1230년대에는 최우를 중심으로 그와 밀착된 중앙 관직자 내지 문인관료들이 백련사와 밀접한 관련을 맺고 있었다.

147 김두진, 「朗慧와 그의 禪思想」(『역사학보』 57, 1973, 42쪽).

148 김두진, 「신라하대 崛山門의 형성과 그 사상」(『省谷論叢』 17, 1986, 324쪽).

의 조계종사상보다 선종의 입장을 더 강하게 나타내 주고 있다. 그런 면에서 고려후기 백련사의 천태사상은 교종의 입장을 강하게 고려하는 의천의 천태종과 계통을 달리하는 것으로 파악된다.[149]

백련사가 결성된 이후 고려후기 불교에서 교선일치사상이 관심의 대상이 된 것은 분명하다. 그러면서 그것은 역시 선종의 입장을 강하게 견지하였고, 시대가 내려가면서도 그러한 경향은 지속되었다. 우선 임제종臨濟宗을 연 나옹懶翁의 사상에서 이를 확인할 수 있다. 나옹은 성상융회 즉 교종 내의 공관과 유식을 통합한 위에 다시 선종을 융합하려 했는데, 그 주체로서 선종의 입장을 뚜렷이 하였다.[150] 선종의 입장에서 성종과 상종사상을 모두 아우르려는 나옹의 사상은 법안종사상과 비슷한 면을 지녔지만, 그것과 법맥이 닿는 것은 아니다. 고려후기의 불교사상도 교선의 융합 내지 일치를 끊임없이 시도하지만, 어디까지나 그것은 선종의 입장이 중심이 되었다. 이와 같이 선종이 등장하여 계속 강한 영향력을 미칠 수 있었던 것은 무신란 이후 무인 중심으로 고려사회가 재편되어 새로운 지배세력이 등장해 간 사실과 연관시켜 생각해야 할 것이다.

3) 토착문화 전통의 강조

고려중기 이래 문신 문벌귀족 중심으로 현란하게 꽃피운 귀족문화는 불교의 융성은 물론이거니와 유학의 발달을 가져왔다. 그런 가운데 북방

---

149 高翊晋, 「白蓮社의 사상전통과 天頙의 저술문제」(『불교학보』 16, 1979, 161쪽)에서 『禪門寶藏錄』은 天頙의 저술이 아니라고 하였다. 다만 의천의 천태사상과는 다른, 그 보다 훨씬 더 선종의 입장을 강하게 갖는 白蓮社 계통의 천태사상을 설정하고 보면, 천책의 저술 속에 無舌土論이나 眞歸祖師說이 충분히 인용될 수 있을 것으로 생각한다.

150 김두진, 「고려 광종대 法眼宗의 등장과 그 사상」(『한국사학』 4, 1983, 정신문화연구원, 65쪽).

에서 거란·여진·몽고 등 강력한 민족이 연이어 일어나 고려의 국경을 위협하였다. 고려의 이들 북방 민족에 대한 대항자세는 이율적으로 나타났다. 일면 무력으로 그들과 대항하는가 하면, 현실적으로 그들의 무력을 쉽게 막기 어렵게 느껴질 때에는 사대의 요구를 들어주면서, 그것의 극복을 위해 문화적 전통이 유구함을 강조하였다.[151] 그런 가운데 무신란이 일어나고 최씨정권이 수립되면서 몽고와의 항쟁이 계속되었다.

고려인들이 본 몽고는 조국의 침략자인 동시에 문명의 파괴자였다. 따라서 그들은 이민족의 침략으로부터 조국을 방위하고, 야만인의 파괴 활동으로부터 문명을 수호한다는 것이 대몽항쟁을 줄기차게 진행시켜가는 명분이었다.[152] 대봉항쟁의 초기에는 몽고에 대항하려는 이러한 저항정신이 강하게 형성되어 있었다. 자연 고려의 무인들은 물론 문신들도 일방으로 몽고와 무력으로 항쟁하는가 하면, 일방으로는 민족문화의 전통을 강하게 내세우려했고, 그것이 곧 몽고인들의 막강한 무력 침공을 극복하려는 길이라 생각하였다. 현재 전하는 해인사의 고려대장경은 최씨정권의 주관하에서 이러한 목적으로 판각되었다.

야만족인 몽고의 침입을 극복하기 위해 내세워진 문화적 전통은 결국

---

151 鄭求福, 「김부식의 史學사상」(『고려시대 사학사연구 -史論을 중심으로』, 1985, 서강대박사학위논문, 95쪽)에서 『삼국사기』의 경우 북방 민족에 대한 二律的인 대항의식이 이중적 역사관을 성립시켰다고 했다. 김부식은 중국에 대해 사대를 행하면서 일방으로 그들의 침입에 대하여 抗戰하였다. 이러한 김부식의 사관은 당시의 미묘한 국제관계 속에서 평화적인 대외관계를 수립하여 전쟁을 사전에 막을 수 있었다. 한편 妙淸亂 이후 女眞의 사대요구를 거절하자는 대신들과는 달리, 金富儀는 그들의 요구를 들어주자고 했다. 그 이유로 그는 漢나라가 匈奴에게 행한, 또는 宋의 契丹에게 행한 외교 사실을 들어, 야만족이 강성할 때에는 무력이 약한 문화민족으로서 일시적으로 屈하는 것이 長圖遠策이요 국가의 보전책이라 하였다. 말하자면 북방 민족의 무력 침공에 대처하기 위해 문화의 우수함을 내세우려는 의식이 강하게 작용하였다.

152 李佑成, 「고려중기의 民族叙事詩 -東明王篇과 帝王韻紀의 연구-」(『成大論文集』 7, 1962 ; 『한국의 역사인식』 권상, 1976, 창작과 비평사, 155쪽).

고려 토착문화의 전통을 강조하는 방향으로 나아갔다. 대몽항쟁의 초기에 최씨정권과 밀착되었던 이규보李奎報의 저술을 통해 이런 면을 충분히 읽어낼 수 있다. 다음 기록을 참고하기로 하자.

> 지난 癸丑年 4월에 『舊三國史』를 얻어서 東明王本紀를 보니, 그 신이한 事迹이 세상에서 이야기되고 있는 것보다 더 하였다. 그러나 역시 처음에는 그것을 믿지 못하고 鬼幻스럽다고 생각하였다. 여러 번 耽讀吟味하여 차차로 그 근원에 들어가니, 幻이 아니요 聖이며, 鬼가 아니요 神이었다.[153]

이규보는 토착적인 신이한 내용을 기록한 『구삼국사』에서 민족문화의 전통을 찾아 구하려고 했다. 고려후기에 전통문화를 강조하려는 것은 일반적인 시대 사조였다.

다만 고려중기에 유학의 진흥으로 인한 합리주의적 사고가 팽배되어 있는 상황에서 신이한 토착문화를 어떻게 이해하여 민족문화로 정립하느냐가 중요한 과제로 남아 있었다. 일연一然은 『삼국유사』 기이편紀異篇의 서문에서 "대체로 옛날 성인이 예악禮樂으로써 나라를 일으키고 인의仁義로써 가르침을 베푸는 것인 즉, 괴력난신怪力亂神을 말하지 않는 것이다"라고 하였다. 그러면서도 제왕이 장차 일어남에 부명符命과 도록圖籙을 받아 반드시 남보다 신이해지는 것이므로, 삼국의 시조가 모두 신비스럽게 탄생했다는 것이 무엇이 괴이하냐고 하였다. 그리하여 일연은 『삼국유사』에 기이편을 마련하였을 뿐만 아니라 책 전체를 기이한 내용으로 기록함으로써,[154] 민족문화의 토착적 전통을 강조하였다. 즉 도읍을 열고

153 이규보, 「東明王篇序」(『동국이상국집』 권3)에 "越癸丑四月 得舊三國史 見東明王本紀 其神異之迹踰世之所說者 然亦初不能信之 意以爲鬼幻 及三復耽味 漸涉其源 非幻也乃聖也 非鬼也乃神也"라고 하였다.

154 이기백, 「삼국유사의 史學史的 의의」(『진단학보』 36, 1973 ; 『韓國史學의 방향』, 일조각,

국가를 세운 기록이 신이함으로써, 그것이 바로 우리나라가 본래 성인의 나라임을 천하에 알리는 결과가 되었다.[155]

민족문화 전통의 확립은 신이한 토착적 요소를 강조하는 것이었는데, 이규보는 이를 환상이 아니요 성스러운 것이며, 잡귀가 아닌 신으로 파악하였다. 이는 적어도 신이한 토착문화의 전통을 새롭게 이해하여 보다 강조하려는 규준을 제시한 것으로 보아 주목되어야 한다. 또한 그러한 규준을 제시한 배경에는 민족문화 전통에 대한 자신감이 숨어 있었을 것이다. 민족문화 전통을 새롭게 이해하려는 것과 관련하여 백문보白文寶의 다음과 같은 단군기년설檀君紀年說을 유념할 필요가 있다.

> 우리 동방은 檀君으로부터 지금까지 이미 3600년이 되어서, 이에 大周元의 기회가 됩니다. 마땅히 堯舜 六經의 道를 따르고, 功利 福禍의 說을 행하지 말아야 합니다. 이와 같이 하면 上天이 많은 복을 내리고 때를 순조롭게 하여 나라의 福祚가 연장될 것입니다(『고려사』, 권112, 열전25, 백문보전).

당시는 단군이 개국한 이래 3600년이 지난 시기임을 강하게 인식하고 있었다. 3600년은 대주원大周元의 시기임으로 한漢나라 양웅楊雄이 찬술한 『태원경太元經, 太玄經』에 의하면 문물이 새로 크게 일어나는 시기에 해당된다. 이러한 사상은 당시가 신기원의 시대라는 인식과 아울러 민족문화의 유구한 전통을 강하게 내세우게 하였다. 『삼국유사』에서 단군신화가 몽고의 침략을 극복하기 위한 정신적 기저로써 내세워지는 요인을 바로 이러한 데에서 찾을 수 있다. 또한 이규보는 「동명왕편」에서 주몽이 새

1978, 37쪽).

155 이규보, 「동명왕편서」(앞의 책)에서 "矧東明之事 非以變化神異眩惑衆目 乃實創國之神迹 則此而不述後將何觀 是用作詩以記之 欲使夫天下知我國本聖人之都耳"라고 하였다.

로운 천지를 찾아 떠나서, 국가를 건설하여 가는 과정을 도도한 문체를 사용하여 정열과 패기로 장식하고 있다. 이는 역시 민족의 강한 전통문화를 인식함으로써 몽고의 침략을 극복하려는 시대사조와 부합된 것이다.[156]

그러나 이승휴李承休는 이규보와 같이 무인정권에 의해 새로 배출된 인물이지만, 두 사람이 살아간 사회는 약간의 시대적 간격이 있다. 이 근소한 기간 동안에 고려사회는 만장의 파란을 겪으면서 급변하게 된다. 무인집권의 말기에는 몽고에의 항복과 강화도로부터 육지로 환도가 결정되고, 몽고인의 감독 밑에 강화 도성은 파괴되어 갔다. 이는 무인들의 몽고에의 항쟁이 문명과 민족의 수호라는 초기의 투철한 저항정신에서 벗어나, 오히려 집권을 연장시키려는 구실로 전락해 간 결과로 말미암아 초래되었다. 바로 이런 면에서 당시 문인들과 무인들의 몽고에의 항쟁에 대한 태도에 차이가 있게 된다. 이규보가 무인들과 혼연의 일치가 되어 몽고에 대항하였다면, 이승휴는 몽고와의 항전 면에서 무인들과 틈을 발견하였을 것이다. 그리고는 바로 고려 조정은 몽고에 항복하고 만다. 결국 이승휴는 현실에서 느낀 좌절과 괴리로 인해 은거하였다.[157]

이승휴의 서사시인 『제왕운기帝王韻紀』 속에는 고색 짙은 단군신화가 실려 있다. 그것은 『삼국유사』에 나오는 내용보다 훨씬 토착적이고, 민족문화의 전통을 강하게 내세우려는 의도를 담았다.[158] 민간전승을 토대

---

156 이우성, 「고려중기의 민족서사시」(앞의 책, 160쪽).

157 40세에 관계에 나아간 李承休는 右司諫을 거쳐 楊廣·忠淸 二道의 按察使로 있을 당시 七人의 贓吏를 탄핵하고 가산을 몰수한 것이 도리어 원망을 사게 되어 東州副使로 좌천되었다. 그후 疏를 올려 時事를 極論하다가 왕의 미움을 사 파직되었다. 이후 그는 頭陀山麓의 田土로 돌아와 容安堂을 짓고 隱居하였으며, 얼마 있지 않아 용안당을 看藏寺로 바꾸어 그가 가진 약간의 전답마저 거기에 喜捨하였다.

158 『삼국유사』에서는 檀君이 지배한 판도에 대한 언급이 없으나, 『帝王韻紀』에서는 尸羅·高禮·南北沃沮·東北夫餘·濊貊 등이 그 치하에 들어 있다고 했다. 이는 민족문화의 연원이 오래 되었을 뿐만 아니라 넓은 판도를 통치하였다고 함으로써, 고려후기 사람들의 영토관 내지 문화의식을 나타낸 것이다. 또한 『삼국유사』에서와는 달리 『제왕운기』에서는 桓因의 아

로 한 단군의 개국신화가 몽고와의 항쟁의식 속에 중시되어, 일연을 거쳐 이승휴에게로 이어져 내려왔다. 본래 토착적 민족문화의 전통이 강조됨은 무신집권 이후의 무단통치와 연관된 것이지만,[159] 북방 민족과의 항쟁 특히 몽고에의 항전이 이러한 사조를 보다 강하게 성행하도록 했다. 『제왕운기』가 단군신화를 내세우면서 민족문화의 전통을 강하게 내세우는 것도 같은 시대사조 속에서 이해될 수 있다.

다만 『제왕운기』는 민족사를 주체적으로 서술해가면서 「동명왕편」에서와 같은 열의와 패기를 보이지 못하고 있다. 민족서사시로서 가장 다루기 좋은 고구려의 을지문덕乙支文德이나 고려의 강감찬姜邯贊 등 중국 민족이나 북방 민족을 물리치는 기사가 그 속에서 빠져나갔다. 뿐만 아니라 그것의 끝부분은 원이 중국의 정통왕조가 되거나 고려가 원의 부마국이 된 것을 찬양하는 내용으로 장식되어 있다. 민족의 시조를 크게 내세우면서 한반도는 물론 만주나 산동山東반도에 이르기까지, 민족활동의 판도를 넓게 구상하려던 『제왕운기』가 민족 주체성에 대한 정열을 도외시할 수밖에 없었던 데에서,[160] 이승휴가 강조하였던 토착문화의 전통은 굴절되어 나타났다. 그리하여 원복속기의 고려사회에는 현실에의 순응과 체념 후에 오는 냉정이 퍼져가는 속에, 원을 통한 새로운 문화가 유입되고 있었다.

들 檀雄이 孫女에게 藥을 먹여 人身으로 변하게 한 후, 檀樹神과 혼인하여 檀君을 낳았다고 했다. 이 기록 역시 『삼국유사』의 내용보다 더 古本을 간직한 것으로 이해된다.

159 이 점은 고려초 光宗代의 전제정치 아래에서 토착적인 민족문화가 강조된 데서도 이해될 수 있다. 당시에 도교경전이 수입되고 均如의 불교사상에 神異한 측면이 두텁게 깔리게 된다. 그런데 균여의 저술이 그후 배척을 받다가 무신집권기에 다시 강조되는 이유 중의 하나는 이런 면에서도 찾아질 수 있다.

160 이우성, 「고려중기의 민족서사시」(앞의 책, 186쪽).

5. 사대부의 진출과 유불사상의 교섭

1) 사대부세력의 성장

무신집권기에 이미 정방이나 서방書房을 통하여 새로운 문인 관료층이 등장하였으며, 그들은 학문적인 교양을 갖추었을 뿐만 아니라 정치의 실무에도 능한 사대부로서 실용적 관료였다. 사대부가 등장할 수 있었던 것은 최이가 조성 선비의 품제品第를 정하면서, 능문能文과 능리能吏를 갖춘 자로써 첫째를 삼았던 데서 자극되었을 법하다.[161] 인간의 능력을 중시하는 무신정권은 문학과 이무吏務에 모두 통달한 사람을 이상적 관인형으로 정립시켜 나갔다.[162] 이러한 학자적 관료인 사대부는 무인정권이 타도된 이후에 정치적으로 더욱 활발하게 진출하였다. 이들은 대부분 과거에 급제한 신진 관료들이었다. 말하자면 그들은 부조의 음덕인 문벌에 힘입어서 음서를 통하여 진출하기 보다는, 학문적 실력이나 개인적 능력으로써 진출하였다.

신진 사대부들은 중앙 관부의 이직자吏職者 중에서도 나왔지만, 대부분 지방의 향리 중에서 많이 배출되었다.[163] 향리 출신의 사대부는 지방 토착세력으로 향리에 소규모의 농장을 가지고 있던 중소지주층이거나 자영농민층의 자제이었다. 고려후기가 되면 이러한 향리층이 신흥 지주

---

161 『고려사절요』 권18, 元宗元年 7월 癸酉조에 "崔怡嘗品第朝士 以能文能吏爲第一 文而不能吏次之 吏而不能文又次之 文吏俱不能爲下"라고 하였다.

162 이우성, 「고려조의 吏에 대하여」(『역사학보』 23, 1964, 21쪽).

163 예를 들어 崔氏執權期에 과거로 진출한 金敞·朴暄·宋國瞻·兪千遇 등 많은 文士들이 있다. 다만 『고려사』에 나와 있는 이들의 열전에 가계는 물론 그들의 부친이 누구였는지 조차 밝혀져 있지 않다. 이 점은 이들이 한미한 가문 출신이었거나 또는 지방토착세력 이상의 출신은 아니었을 것으로 생각하게 한다. 이후 고려후기에 새롭게 진출하는 文士들에게서도 이러한 성격이 대체로 나타나 있다.

로서의 기반을 굳히게 된다. 이들은 자기들의 성실한 노력으로 토지를 개간하거나 구입함으로써 농장을 가지게 된 자들이다. 재향 지주인 이들은 전호나 노비를 써서 농장을 경영하거나 혹은 직접 경작하였다는 점에서, 부재지주인 권문세족權門世族이 농장을 경영하는 것과는 성격을 달리했다.[164]

한편 무신집권기가 끝나고 고려가 원에 복속되는 과정을 통해, 관인들이 원의 세력을 등에 업으면서 새로운 문벌 즉 권문세족으로 성립되어 가기도 했다. 이들은 무신으로 출세하여 유력한 가문을 확립시켰던 일부 세력과, 초기 이래의 문벌귀족을 이루었던 세력으로 무신정권 아래에서 그대로 온존한 세력이었다.[165] 이러한 권문세족의 성립에 절대적으로 기여한 것은 무신란 이후 공주나 비빈·권신 등에 의한 토지겸병이 대대적으로 진행된 사회풍조였다. 그들의 토지는 양전良田을 강점하여 산천으로 경계를 삼고 양민을 유취誘取하여 전호를 삼기에 이르렀다.[166] 충선왕대가 되면 왕실과 혼인할 수 있는 가문인 '재상지종宰相之宗'은 바로 이렇게 성립된 지배세력이었다.[167]

고려후기 신진 사대부세력과 권문세족 사이에는 감정이 대립되어 있었고, 사대부들은 대체로 청렴결백한 인품의 소유자들로서 불법 수단으로 막대한 농장을 소유한 권문세족을 경멸하였다. 자연 신진 사대부들이 주장하는 개혁의 방향은 권문세족 쪽으로 향하게 되었다. 그러나 이들이 뒷날 조선의 건국에 주역을 담당하는 사대부와 계보상으로 연결되는 사회세력으로 성장하는 시기는 대체로 충렬왕대 이후로 생각된다. 권문세

---

164 이기백, 『韓國史新論』(일조각, 1967, 193쪽).
165 민현구, 「고려후기 권문세족의 성립」(『湖南文化研究』 6, 1974, 29쪽).
166 김윤곤, 「신흥사대부의 대두」(『한국사』 8, 고려후기의 사회와 문화, 국사편찬위원회, 1974, 153쪽).
167 민현구, 앞의 논문(『호남문화연구』 6, 36쪽).

족들이 막강한 원의 왕실세력과 결탁하고 있는 동안은, 이들로 말미암은 폐단을 개혁하려는 운동은 쉽게 성공하기가 어려웠다. 충선왕이 사림원詞林院을 설치하여 친원적인 권력층의 제거를 꾀하는 한편, 지방 출신의 신진세력을 등용하여 청렴을 바탕으로 하는 사대부정치를 구현하려 했으나,[168] 그 개혁운동은 실패하고 말았다.

원명교체기에 원의 세력이 점차로 약해지는 과정에서 사대부들의 개혁은 어느 정도 성공할 수 있었다. 충목왕 당시 정치도감整治都監의 개혁은 유교적 교양을 가진 신진세력인 정치관들에 의해 주도되었는데, 비록 크게 성공하지는 못했지만 뒷날 공민왕의 개혁정치로 이어지게 되었다.[169] 공민왕의 개혁정치는 대외적으로 친명반원을 표방하였고 대내적으로 권문세족의 세력을 억압하려고 했다. 우선 공민왕은 조일신趙日新 일파로 하여금 원의 왕실과 결탁해서 온갖 행패를 부리는 기철奇轍 일당을 제거하게 하고, 바로 이어 여유를 주지 않고 조일신 일당을 제거해 버렸다. 그리하여 원과의 연락 기관인 정동행성征東行省을 철폐하고 옛 관제를 복구시켰으며, 쌍성총관부雙城摠管府를 무력으로 철폐하고 압록강을 넘어 동령부東寧府(興京)를 공격하기도 하였다.

권문세족을 억누르기 위해 공민왕은 우선 정방을 폐지하였다.[170] 그렇지만 당시 복잡한 국제정세가 지속적인 개혁을 실시하기 어렵게 하였고, 그 동안 지배적 위치를 차지했던 권문세족들의 기반이 굳건했던 까닭에,

---

168 李起男, 「충선왕의 개혁과 詞林院의 설치」(『역사학보』 52, 1971, 85쪽).

169 민현구, 「整治都監의 성격」(『동방학지』 23·24合, 1980, 139쪽).

170 政房은 최씨 무신정권의 독재기구 중의 하나였으나, 무신정권이 몰락한 후에도 남아 여전히 인사권을 장악하고 왕권을 견제하였다. 최씨정권 때의 정방은 士人이나 鄕吏層의 자제를 중앙관료로 진출시키는 교량적 역할을 담당했지만, 그 이후에는 특권 귀족에 의해 新進士大夫의 진출을 억제시키는데 이용되었다. 따라서 충선왕 이후 신진사대부들의 개혁 요구가 나올 때마다 정방의 폐지를 단행하지만, 權門世族들에 의해 그것은 다시 부활되어 잘 없어지지 않은 채로 내려왔다.

그의 개혁은 많은 반발을 받아 성공을 거두지 못하였다. 이런 차제에 공민왕은 신돈辛旽의 등용과 전민변정도감田民辨整都監의 설치로 다시 개혁 의지를 천명하였다. 무명의 승려 출신인 신돈을 앞세워 권문세족 출신의 유력자를 거세시키는 한편, 토지의 점탈을 바로잡고 양민으로서 노예가 된 자들을 변정辨正하였다.[171] 그리하여 당시 많은 사람들이 신돈을 가리켜 '성인이 나왔다'라고 할 정도였으나,[172] 결국 그 개혁은 실패하고 마침내 공민왕 자신의 몰락을 가져왔다.

공민왕의 개혁 자체는 성공하지 못하였다 하더라도 신진 사대부의 성장에는 획기적인 계기를 마련해 주었다. 공민왕은 개혁을 추진하는 과정에서, 신진 사대부들을 중용하였고 특히 성균관成均館을 중영重營하였다. 이로 말미암은 성리학의 발전은 사대부들의 가치관을 정립시켜 갔다. 그리하여 신진 사대부들은 유교적 경세론을 내세웠고, 그것으로 고려후기 사회의 격심한 모순을 시정하려 했다. 즉 주목할 만한 경세론이 상소문 형식으로 신진 사대부 계열의 인물에 의해 개진되었다. 조준趙浚이 올린 전제개혁 상소문은 바로 그런 것이었고, 그것이 시행되면서 고려사회의 종말과 함께 그대로 조선의 건국으로 이어지게 되었다.

2) 유교적 명분론의 도입

고려후기 유학의 특징은 성리학을 받아들였다는 데에서 찾을 수 있다. 성리학은 인성과 우주의 근원을 형이상학적으로 해명하는 철학적 유학이었다. 그것은 정치적인 도덕으로서 군신의 의리를 강조하고 이단의 배

---

171 민현구, 「辛旽의 집권과 그 정치적 성격(하)」(『역사학보』 40, 1968, 63쪽).
172 『고려사』 권132, 辛旽전.

척에 투철하였다. 고려사회에 성리학이 전파되는 것은 충렬왕대 중엽부터였다. 남송 출신의 유학자들에 의하여 원에 알려진 성리학은 수도인 연경燕京에 왕래한 사신들에 의해 고려로 받아들여졌다. 이때 성리학의 수용에 선구적 역할을 한 사람이 안향安珦이다. 그는 충렬왕 16년(1290년)에 원으로부터 주자전서朱子全書를 가지고 와서 연구하였다. 그 뒤 백이정白頤正은 충선왕을 따라 연경에 10년을 머물면서 정주학에 관한 서적을 구해왔고, 우탁禹倬은 이천역전伊川易傳을 교수하였으며 권부權溥는 사서집주四書集註를 판각하여 보급하였다.

특히 성리학의 진흥에 크게 주목되는 것은 충선왕이 상왕으로서 연경에 머무를 때, 만권당萬卷堂을 세우고 원의 일류 학자들로 하여금 출입하게 하면서, 그들과 교류할 고려의 학자로 이제현李齊賢을 불러들인 사실이다. 이제현은 만권당을 통해 고려 성리학의 발전에 큰 역할을 담당하였다. 그는 만권당에서 원의 조맹부趙孟頫·염복閻復·요수姚燧 등과 교류하면서,[173] 춘추학 내지 성리학의 정통론 혹은 명분론을 더 잘 이해할 수 있었다. 즉 그는 춘추학의 입장에서 고려의 현실을 파악하는 것이 가장 옳은 방법으로 판단하였다.

정통이란 천명과 인심이 돌아 온 국가의 경우에 붙여질 수 있으며, 그리하여 이제현은 송을 정통으로 파악하고 요와 금을 정통으로 인정하지 않았다.[174] 고려에 이르기까지 민족사의 정통성 문제에 대해 구체적으로 언급하지 않았지만, 그는 조선초기 성리학자들의 역사인식에 지대한 영향을 주었다. 폐가입진廢假立眞을 주장하여 이른바 조선을 건국하는데 적극 참여한 사대부들의 명분론이나 불사이군不事二君을 표방하면서

173 鄭玉子, 「麗末 주자성리학의 도입에 대한 試考 -李齊賢을 중심으로-」(『진단학보 51, 1981, 40쪽).

174 鄭求福, 「李齊賢의 역사의식」(『진단학보』 51, 1981, 260쪽).

조선의 새 왕조에 벼슬하지 않은 유학자들도 모두 그 나름대로의 명분과 절의를 가진 셈이다. 명분론의 입장에 서 있어서 그런지, 그는 춘추대의를 크게 내세우면서[175] 현실적으로 고려후기 이래 사대 외교론의 이론적 근거를 마련하였다.[176]

이제현의 성리학은 경신敬愼과 수덕修德을 내세우면서, 『대학大學』과 『중용中庸』을 포함한 사서四書를 강조하였다. 다만 『대학』의 공부를 위해 격물치지格物致知·성의정심誠意正心의 도를 강조하고는 있으나[177] 아직도 성리학의 체계적인 연구 수준에는 이르지 못하여서, 당시의 유학자들이 그것에 관한 독자적인 논술을 펴기에는 힘든 형편이었다. 성리학의 발전에 중요한 계기를 마련한 것은 공민왕이 개혁정치의 일환으로 성균관을 다시 세워 운영하면서, 그것을 연구와 토론의 중심 도장으로 삼았던 데에서 찾아진다. 이 때 이색李穡을 중심으로 하여 정몽주鄭夢周·이숭인李崇仁·정도전鄭道傳·김구용金九容 등 사대부 출신의 신진 문신들이 성균관의 학관學官으로서 함께 모여 성리학을 본격적으로 연구하였다.

이색은 성리학을 크게 일으킨 장본인으로 성명性命의 이치에 깊이 천착하여 유풍을 일신시켰으며, 정몽주는 '동방이학東方理學의 할아버지'로 추존되었던 만큼[178] 당시 성리학에 대해 누구보다도 깊이 이해하고 있었다. 그러나 이들이 성리학 관계의 저술을 많이 남긴 것 같지는 않다. 뒷날 이들이 성리학자로서 높이 평가를 받았던 까닭은 고려 왕조에 대한

---

175 정구복, 위의 논문, 259쪽.

176 李齊賢은 고려의 역사를 事大의 입장에서 서술했다. 이는 『春秋』에서 공자가 강대국에 둘러싸인 魯나라에 대해 '以小事大'를 주장한 근본 뜻을 이해하여 주장한 것이다. 즉 魯나라는 사대외교를 통해 강대국 사이에서의 생존권을 보장받은 셈인데, 이것은 고려의 현실과 통할 수 있었다. 실제로 그는 立省策이 제기되었을 때 이를 반대하는 최선봉에 서서 활약함으로써, 고려 왕조를 존속시키는데 크게 기여하였다.

177 정구복, 앞의 논문(『진단학보』 51, 258쪽).

178 『고려사』 권117, 열전30, 鄭夢周전.

절의와 명분을 버리지 않았던, 의리학으로서의 성리학의 실천적 측면에 충실하였기 때문이었다.

고려말에 성리학을 학문적으로 깊이 연구하여 독자적으로 논술한 것은 정도전과 권근에 의해서였다. 정도전은 친명외교를 표방하고 배불의 입장을 분명히 하면서, 주리적主理的 우주론을 내세웠다. 권근에 이르러 성리학은 더욱 심화되어 『입학도설入學圖說』을 통해 천인심성天人心性의 합일을 주장하였다. 이러한 성리학은 새 국가인 조선을 건국한 그들의 정치 철학이요 행동 윤리였다. 오히려 신진사대부로 이어지는 이들이 지배세력으로 등장하면서, 성리학은 도입되어 실천적 의미를 크게 지니면서 뿌리를 내려갔다.

3) 무격巫覡신앙의 확산

고려시대 사상사의 주류를 이룬 것은 불교와 유교이었지만, 그 외에도 기층사회와 밀접한 관계를 가졌던 전통사상이 고려인들 정신세계의 한 쪽을 담당하고 있었다. 그러한 것으로 신라 화랑도의 유풍이라 할 수 있는 선풍仙風[179]뿐만 아니라, 노장 및 도교사상의 존재를[180] 무시할 수 없는데, 대체로 그 바탕에 무격신앙이 자리를 함께 하고 있었다. 무격신앙은 이미 제정일치시대에서부터 민족의 토착신앙으로 서민들의 생활 속에 파고들어 왔으며, 그 신비한 내지 신이한 성격으로 말미암아

---

179 『고려사』 권18, 세가18, 의종 22년 3월 戊子에 "尊尙仙風 昔新羅仙風大行 由是 龍天歡悅 民物安寧 故祖宗以來 崇尙其風久矣"라고 하였다.

180 車柱環, 「도교와 민간신앙」(『韓國民族思想大系』 3, 중세편, 1974, 28쪽).
예종 때에 이르러 도교는 교단조직을 지닌 종교로 신앙되었다. 조정에서는 道館인 福源觀을 설치하였고, 宋의 徽宗이 파견한 道士의 訓導를 받아 들렸다. 그리하여 당시에 문신귀족으로 도교에 심취한 인사들이 상당수 있었다.

단순히 길흉화복을 점치거나 쉽게 소재기복消災祈福하는 방향으로 운위되었다.

다만 사회가 발달·분화하면서 그에 따른 비합리적인 무격신앙의 내용은 더 다양하게 늘어나게 된다. 이를테면 농경을 모르는 사회에서는 농경에 따른 제의가 나타날 수 없다. 그러므로 고려시대에는 삼국시대에 비해 더 복잡한 무격신앙이 퍼져있었다.[181]

무격신앙은 그 자체로서의 교리나 논리 체계를 가진 것이 아니어서, 비록 그 유서가 깊고 기층사회에 넓은 신앙 기반을 가졌다고 하지만, 대체로 불교 내지 도교와 습합習合하여 전승되는 경우가 많았다. 그렇지 않은 경우 그것은 하층민 사이에 널리 신앙되는 것이어서 그 구체적인 모습이 긍정적으로 기술된 것은 거의 없으며, 유자에 의해 비판적으로 묘사된 것들이 전해졌다. 성리학을 전래한 안향安珦은 충렬왕 원년에 상주판관尙州判官이 되어 그 곳의 여자 무당 3인을 다음과 같이 퇴치하고 있다.

> 安珦이 곤장을 쳐서 칼을 씌우니, 무당이 신의 말을 칭탁하여 禍福으로써 위협하자, 尙州 사람들이 모두 두려워하였다. 그러나 안향은 동요하지 않았으며, 수일 뒤에 무당이 애걸하므로 이에 놓아주자 그 요사스러움이 드디어 없어졌다(『고려사』, 권105, 열전18, 안향전).

고려사회에 무격신앙이 크게 유행하게 되는 것은 토착적 시대사조를 내세우면서 전통문화가 고양되는 것과 연관된다. 무신란 이후 토착의 전통문화가 새롭게 이해되어 강조되는 분위기 속에서 무격신앙은 오히려

181 任東權, 「고려시대의 占卜俗」(『李弘植회갑기념 한국사학논총』, 1969, 229쪽).

확산되어 갔다. 최씨정권기에 이규보는 나라에서 무당들로 하여금 지방으로 옮겨가게 하여 서울에 접근하지 못하게 함으로써, 백성들의 풍속이 질박하게 되었다고 예찬하였다.[182] 이규보가 서울에서 먼 곳으로 쫓겨가게 된 무당에 대해 기록한 내용은 후에 유학자들의 비판적인 눈으로 서술된 것이지만, 한편으로 당시 무격신앙의 번창했던 모습을 생각하게 한다. 이후 그것은 유학자에 의해 배격당하면서도 오히려 뿌리 깊게 전승되어갔다.[183]

무격신앙은 어쩌면 비합리적이고 미신적 성격을 지녔기 때문에 합리적인 사상, 말하자면 유교가 정치이념으로 확립되는 과정에서 비판을 받고 업신여김을 당하지만, 유교의 합리주의가 미치지 못하는 영역에서 버젓하게 온존해 갈 수 있었다.[184] 성리학자인 안향安珦의 무격신앙에 대한 퇴치기사는 성리학의 그늘에서 그것이 더 퍼져나갈 가능성을 생각하게 한다. 무신란 이후 몽고와의 항쟁 과정에서 강조되었던 민족문화의 전통은 신이한 토착적 성격을 내세우는 것이었는데, 성리학이 본격적으로 수용되어 뿌리를 내려가자 그것의 비합리적인 요소가 그대로 받아들여질 까닭이 없다. '신이'하고 '신비'한 성격의 토착적 전통문화가 비틀거리면서 다시 제자리를 찾아 헤매는 과정 속에, 무격신앙이 충분히 확산되어 갈 소지를 마련해 주고 있다.

---

182 이규보, 「老巫篇幷序」(『동국이상국집』 권2)에 "會國家有勅 使諸巫遠徒 不接京師 予非特喜東家之滔汰寂然如掃 亦且賀京師之內 無復淫詭 世質民淳"이라 하였다.

183 그 뿌리 깊은 전승의 뒷면에는 權貴들의 경제적 이권이 개재되어 있었을 법하다. 인종 당시에 무당이 크게 성행하자 "請令有司 遠黜群巫 詔可 諸巫患之 歛財物 貿銀瓶百餘 賂權貴權貴奏曰 鬼神無形 其虛實 恐不可知 一切禁之 未便 王然之 弛其禁"(『고려사』 권16, 仁宗 9년 8월 丙子조)이라 하였다.

184 韓㳓劤, 「世宗朝에 있어서의 對佛教施策」(『진단학보』 25 · 26 · 27합집, 1964, 153쪽)에서 天變地災 · 疾病 · 죽음 등 이를 테면 일종의 극한 상태를 당하여 정치나 논리의 한계를 넘어서는 경지에서, 儒臣들도 불교적 제의를 추종하지 않을 수 없다고 했다. 유교적 정치가 확립되어가는 과정에서 무격신앙이 유행하는 것도 대개 이런 면에서 이해될 수 있다.

4) 유교와 불교사상의 교섭경향

고려시대에 불교사상과 유교사상은 서로 모순되면서 대치된 것은 아니다. 유학자들도 불교사상에 대한 조예를 갖고 있었다. 성리학이 유교적 정치이념으로 수용되는 상황 속에서도, 불교와 전면적으로 대결하였다기보다는 오히려 공존의 가능성을 모색하였다.[185] 고려시대를 통해 불교 교단의 폐단을 지적하기는 하지만, 그 사상 자체를 비판하는 경우는 거의 없었다. 성리학이 수입되는 고려후기 사회에 유학자는 물론 승려들까지도 불교와 유학을 아울러 이해하려 하였다.

교선융합의 새로운 불교사상을 전개시킨 조계종은 지눌에 의해 개창되지만, 사실 그 사상의 논리적 체계를 수립한 자는 그의 제자인 진각국사 혜심이다. 그런데 그의 사상은 유교는 물론 심지어 도가사상까지도 불교사상과 다르지 않다는 것이다. 혜심이 최홍윤崔洪胤에게 답한 다음 기록을 참고하기로 하자.

> 『起世界經』에서 말하기를 "佛言에 내가 二聖을 震旦에 보내어 교화를 펴라고 했는데, 한 사람은 노자로서 그는 迦葉菩薩이요, 또 한 사람은 공자로서 儒童菩薩이다"라고 하였다. 이 말에 의하면 유교와 도교의 宗은 佛法에서 흘러나온 것이며, 방편은 다르나 실제로는 같은 것이다.[186]

혜심은 24세가 되던 신종 4년(1201년)에 사마시司馬試에 합격한 후 태학太學에 들어가 벼슬길을 꿈꾸다가, 어머니의 병환으로 인해 고향으로 되돌

185 안계현, 「불교와 유교의 교류」(『한국불교사연구』, 同和出版公社, 1982, 266쪽).
186 慧諶, 「答崔參政洪胤」(『진각국사어록』)에서 "起世界經云 佛言 我遣二聖 往震旦行化 一者老子是迦葉菩薩 二者孔子 是儒童菩薩 據此則 儒道之宗 宗於佛法而權別實同者乎"라고 하였다.

아와 간병하였는데, 그 이듬해 어머니가 죽자 출가하여 지눌의 문하에 들었다.[187] 말하자면 그는 출가하기 이전에 이미 유학에 전념하였다. 그런데 최홍윤은 혜심의 사마시에 좌주座主였는데,[188] 뒤에는 혜심의 문하에 귀의하였다.

최홍윤과 혜심은 서로 문인으로 되기 때문에 각각 불교의 유생儒生이요 유생의 불자佛子로 불리었다. 혜심이 노자를 가섭迦葉보살로 공자를 유동儒童보살로 생각한 유불일치사상은 비록 논리적으로는 유치한 것이겠지만, 승려와 유학자들이 불교와 유학에 대해 모두 심취함으로써 불교와 유교사상은 실제로 다르지 않다는,[189] 당시의 시대사조에서 이해되어야 할 것이다. 따라서 불교의 결사운동에 유학자들이 깊이 개재하여 승려와 더불어 폭넓게 교류하고 있었다. 비슷한 시기에 강진의 백련사를 크게 일으키는 천책天頙도 어려서 유교 경전을 공부하여, 28세 이전에 국자감시國子監試를 비롯하여 예부시禮部試에 급제한 유학자였으나 요세의 문하에 출가하였다.[190] 백련사에서도 유명한 문인들이 승려와 더불어 교류하고 있었는데,[191] 물론 이러한 것은 이 시기의 사상적 특징으로 유교와 불교의 교류가 활발하였던 데에서[192] 이해된다.

고려말 성리학의 진흥에 크게 기여한 이색이 유불일치적인 견해를 가졌던 것은 주목되어야 한다. 그가 우선牛禪이란 승려에 대하여 기록한 것을 살펴보기로 하자.

187 이규보, 「曹溪山第二世 故斷俗寺住持修禪社主 贈謚眞覺國師碑銘」(『동국이상국집』 권35).
188 진성규, 「眞覺國師 慧諶의 생애와 사상」(『고려사의 제문제』, 三英社, 1986, 705쪽).
189 혜심, 앞의 글(『진각국사어록』)에서 "我昔居公門下 公今入我社中 公是佛之儒 我是儒之佛 互爲賓主 喚作師資 自古而然 非今始爾 認其名則 佛儒逈異 知其實則 儒佛無殊"라고 하였다.
190 허홍식, 「眞靜國師의 생애와 시대인식」(『동방학지』 35, 1983, 59쪽).
191 채상식, 「고려후기 천태종의 백련사결사」(『한국사론』 5, 서울대 국사학과, 1979, 141쪽).
192 허홍식, 앞의 논문(『동방학지』 35, 75쪽).

性이 湛然 부동하여 純一하고 雜됨이 없어서 五常의 전체가 되었으니, 性은 내가 마땅히 길러야 하며 유교는 불교와 더불어 조금의 차이도 없다.[193]

그는 우선을 평하면서, 유학의 근본 문제인 '성性'을 불교의 계戒 · 정定 · 혜慧로 다루었다.[194] 그리하여 이색은 유교와 불교의 양교가 결국에는 이질적인 것이 아니라 적어도 일치될 수 있다고 주장하였다. 그런가 하면 유가들에 의해 가장 비가족적이고 비사회적이라는 비판을 받았던 '효'에 대해, 국왕과 부모의 사은四恩에 보답하여야 한다는 불교정신은 유교정신과 같은 것이라 하여, 양교 사이에 아무런 차이를 인정하지 않았다.[195]

이색은 유 · 불 · 도의 3교를 조화시킨 중국 장상영張商英의 『호법론護法論』에 큰 흥미를 가졌다. 승준僧俊이 충주의 청룡사靑龍寺에서 『호법론』을 간행하면서 그 발문을 짓도록 부탁하자, 이색은 기꺼이 이에 응하였다.[196] 이러한 행동은 역시 유교와 불교가 이질적인 것이 아니라는 그의 신념에서 나왔지만, 고려중기 이래로 유교와 불교사상을 함께 이해하려는 지식인들의 동향에서 생각되어야 한다. 최씨집권 당시 무신들에게 극진한 대우를 받았던 이규보를 위시하여 이인로李仁老 · 최자崔滋 등의 유학자들이 불교에 대해 깊이 이해하고 있었으며, 이러한 사조는 고려후기를 풍미하여 이색에 이르기까지 일반적인 사상경향을 이루었다.

193 이색, 「雪山記」(『牧隱文藁』 권6)에 "湛然不動 純一無雜 而爲五常之全體者也 性吾所當養 儒與釋 共無少異焉"이라 하였다.

194 안계현, 「李穡의 불교관」(『曉城趙明基화갑기념 불교사학논총』, 1965).

195 안계현, 위의 논문, 124쪽.

196 이색, 「跋護法論」(『목은문고』 권13 ; 『동문선』 권102).

5) 배불사상의 태동

고려후기에 유학과 불교사상을 아우르려는 시대사조는 유학자들의 불교에 대한 이해를 심화시켰다. 불교에 대한 조예를 가진 만큼, 유학자들의 그것에 대한 비판의 소리 역시 질적으로 높아졌다. 고려초기에 이미 불교에 대한 비판적 논의가 없었던 것은 아니다. 최승로의 시무책에서 불사佛事의 남설濫設과 승려 수의 증가로 인한 여러 가지 폐단이 일찍부터 지적되어 왔다.[197] 그러나 이러한 지적은 불교에 대한 전면적인 부정을 위한 것이라기보다는, 그것의 국교적 지위를 인정하면서[198] 부분적으로 개진된 것에 불과하였다. 고려후기로 내려오면서 불교, 특히 교단의 폐단과 모순이 커짐에 따라 그것에 대한 비판의 소리도 커져갔다.

앞서 유불일치 사상경향을 가진 이색이 올린 상소문 가운데도 불교를 비판하는 곧, 오교양종은 이익을 추구하는 소굴이 되었으므로 신설된 사찰을 철거하라는 내용이 나타나 있다.[199] 사원경제가 비대해져서 막대한 물질적 자원이 사원으로 들어감으로써 국가 재정이 큰 타격을 받게 되었기 때문에, 이색은 그것에 대한 시정을 건의할 수밖에 없었다. 같은 시대의 이제현·최해崔瀣도 유학자로서 불교가 부유하고 사치하다고 비판하였다. 이와 관련해서 불교의 비리를 말하는 사람이 늘어났다. 성리학을 수용한 신진 사대부 세력이 증대되면서, 불교에 대한 비판이 격렬해 졌다. 특히 공양왕 3년(1391년)에 이르러서는 그 내용이 종전과는 다

---

197 崔承老의 時務策 속에는 불교의 폐단을 지적한 것이 상당한 부분을 메우고 있다. 그 중요한 것을 들면 다음과 같다. 八關會와 燃燈會의 폐지, 불교의 錢寶로 인한 이식 취득의 금지, 州縣館驛에서 승려의 숙박 금지, 金銀으로 불상의 장식 금지, 功德齊를 줄일 것 등이다.

198 안계현, 「불교와 유교의 교류」(앞의 책, 268쪽).

199 『고려사』 권115, 이색전.

른 극도로 과격한 양상을 띤 벽불론闢佛論이 나타났다.

김속명金續命 · 황근黃瑾 · 조인옥趙仁沃 · 정몽주 · 성석린成石璘 · 윤소종尹紹宗 · 윤회종尹會宗 · 김자수金子粹 · 김초金貂 · 박초朴礎 · 정총鄭摠 등이 척불론 관계의 상소를 올렸는데,[200] 그 가운데 가장 대표적인 것이 박초의 상소이다. 그는 성균생원成均生員의 자격으로 공격적인 어조의 긴 상소문을 올려 불교를 신랄하게 비판하였다. 그가 올린 척불소의 내용은 대체로 다음과 같이 요약될 수 있다.

① 滅人倫 : 출가함으로써 세대를 이을 적자가 그 아비를 배반하여 부자의 親을 끊고, 天子에 抗命하여 군신의 義를 끊고, 남녀의 道를 저버려 백년 뒤에는 인류가 끊어지게 된다.

② 夷狄의 教 : 부처는 본래 이적의 사람이어서, 중국과 언어가 같지 않고 의복이 달라 先王의 法言을 말하지 않는다.

③ 佛事의 사치 : 불교에서 樓殿宮閣을 지어 토목과 銅鐵로써 불상을 만들어 장식하는데, 그것은 백성의 재력에서 나온 것이니 國用에 심대한 타격을 준다.

④ 승도의 無爲徒食 : 승도가 (밭을) 갈지 않고 음식을 먹으며, 누에치지 않고 의상을 갖추어, 오히려 화려한 집에 편안히 거주하여 自惹하다(『고려사』 권120, 열전33, 金子粹전 참조).

박초의 척불소는 정치적으로 전혀 문제되지 않았던 것은 아니지만, 대체로 그것이 용납되는 분위기로 이어졌다. 그리하여 척불론의 최고봉을 이루는 것은 정도전의 「불씨잡변佛氏雜辨」이라 할 수 있다. 물론 그것은 조선건국 후인 1398년에 작성한 것이지만, 이미 그 이전의 척불론을

200 李種益, 「鄭道傳의 闢佛論 비판」(『불교학보』 8, 1971, 253쪽).

대변하는 것으로 성리학의 입장에서 불교를 논리적으로 비판했다. 그는 불교와 유교의 동이를 논하면서, 고려후기 불교에 대한 일반적인 척불론을 모두 수용하고는 거기에다가 인과·윤회설과 지옥설의 황탄함을 덧붙였다. 사람이 죽은 후에 혼기魂氣와 체백體魄이 다시 합하여 생물이 될 수 없으며, 군자가 선善을 행하는 것은 지옥이 존재하기 때문에서가 아니라 마음에서 우러나오는 것이라 주장했다.[201] 그런가 하면 그는 심성을 논하면서 '심난기心難氣'이므로 불가의 수심修心은 기氣로써 가려지지 않고, '기난심氣難心'이므로 도가의 기를 지知로써 뚫지 못하나, '이유심기理諭心氣'이므로 유가의 이理는 심과 기를 모두 효유曉諭한다고[202] 했다.

고려말에 정도전의 척불론은 논리적인 면에서 가장 짜임새 있는 것이지만, 오히려 불교사상의 논리보다 치밀하지 못했다.[203] 사실 당시의 성리학자들이 불교사상을 논리적인 면에서 비판하기란 어려울 수밖에 없었다. 왜냐하면 성리학을 성립시킨 송학宋學은 재래의 공맹학을 뛰어넘기 위해, 오히려 불교사상의 논리를 받아들여 체계화한 것이기 때문이다.[204] 정도전 이후 권근權近 등의 저술에 척불론적 논술이 나타나지 않는 것은 다른 정치적 이유도 있었겠지만, 이런 면에서 유념해야 한다. 그렇다면 고려말의 배불론 중 불교에 대해 타격을 줄 수 있었던 것은 사원의 비대로 인한 경제 문제 또는 불교제도의 비현실성 문제였고,[205] 한편으로 윤리적 면에서 출가해 버리면 임금에 대한 충성과 부모에 대한 효도는 누가 하느냐의 '인륜'의 문제였다.

---

201 鄭道傳, 「佛氏雜辨」(『삼봉집』 권5).
202 정도전, 「心氣理篇(『삼봉집』 권6).
203 李相佰, 「佛儒兩敎 교대의 機緣에 관한 일연구」(『東洋思想硏究』 2·3, 1938 ; 『朝鮮文化史硏究論攷』, 을유문화사, 1947, 165쪽).
204 金炳奎, 「송학과 불교」(『白性郁박사송수기념 불교학논문집』, 1959, 125쪽).
205 韓種萬, 「나말선초의 排佛·護佛사상」(『숭산박길진박사화갑기념 한국불교사상사』, 722쪽).

그러나 이러한 배불론이 당시 사회에 수용되어 불교의 진흥에 치명적인 역할을 담당한 것은 정치사의 변화, 말하자면 당시 사회를 이끌어가던 지배계층의 변화에서 찾아야 한다. 배불론은 정치이념의 교체에서 파악되어야 하며,[206] 사상 혁신운동으로 성공한 것이 아니라 정치운동으로 성과를 보게 된 것이다.[207] 공민왕대 이후 두각을 나타낸 신진 사대부 세력은 권문세족과 대결하면서 점차 그들을 누르고 조선을 건국하였다. 따라서 조선을 건국하는데 주로 참여하게 되는 성리학자들이 권문세족과 결탁되어 있는 보수적 성격의 불교를 배척하지 않을 수 없었다. 고려말의 배불론이 비록 사상적인 논리 체계를 뚜렷하게 세우지는 못했다 하더라도, 이후 불교의 진흥에 타격을 줄 수 있었던 점은 여말선초의 사회 변혁에서 이해되어야 한다.

6. 고려시대 사상의 특성

고려시대 사상사의 변천을 밝히면서 그것이 주로 고려사회의 변혁과 깊이 연관되고 있음을 알게 되었다. 그리하여 고려사회의 변화를 왕건 건국 당시의 호족연합기, 그 후 호족들을 편제하면서 문벌귀족사회가 성립하는 시기와 그것이 무너지는 무인집권기 및 새로운 사대부 세력이 진출하는 시기로 크게 구분하여, 그러한 사회체제에 따라 사상사가 정립되어 나간 모습을 추구하였다. 이를 토대로 고려시대 사상사가 갖는 특성을 부각시키고자 한다.

---

206 李種益, 앞의 논문(『불교학보』 8, 257쪽).
207 이상백, 앞의 논문, 168쪽.

우선 고려시대 불교사상의 특징으로 교선융합 사상경향을 지적하고자 한다. 그러기 위해 고려시대의 불교사상을 그 이전 시대의 그것과 비교할 필요가 있다. 신라하대에 이르기까지 대체로 골품제적 사회체제가 유지되었다. 골품제는 서울에 거주하는 귀족의 신분체제로서, 그들의 지방에서의 세력 근거지를 공식적으로 인정하는 것이 아니다. 다만 신라의 진골귀족이 지방에 세력기반을 가지지 않은 것은 아니며, 오히려 녹읍 등 거대한 경제적·군사적 기반을 가졌다.[208] 어쩌면 그들은 진골귀족임으로 해서 지방에서 세력 근거지를 가지는데 유리하였을 것이지만, 골품제의 지향하는 바는 중앙 진골귀족 중심의 왕권국가를 정립시키려는 것이었다. 때문에 신라하대의 지방호족이 골품체제 속에 편제될 수 있는 길이 열려있지 않아서, 결국 그들이 골품제를 부정하면서 새로운 사회를 건설하려고 노력하였다.

고려사회는 지방호족에 의해 건립되었다. 바로 왕건이 그런 세력이었으며, 그는 지방호족을 연합하면서 후삼국사회의 혼란을 정리하였다. 곧 지방호족은 고려사회의 중앙귀족으로 편제되었는데, 그러면서 그들은 지방에서 가졌던 세력 근거지를 여전히 그대로 가지고 있었다. 그리하여 성종이후 고려 국가체제가 정비되면서 문벌귀족은 공식적으로 본관을 갖게 되었다. 바로 이 점이 고려 귀족사회의 편제 원리로서 골품제와는 뚜렷하게 구별된다. 고려시대와 그 이전 시대의 사상은 이러한 사회구조의 차이에 따라 구별될 수 있다.

신라시대의 불교사상으로 신라중대 전제주의가 행해지는 동안에 교종이, 신라하대 지방호족이 등장한 분위기 속에서 선종이 크게 유행하였다. 말하자면 교종과 선종이 유행한 시기는 물론, 그것을 적극적으로 수

---

208 李基白, 「新羅私兵考」(『역사학보』 9, 1957 ; 『신라정치사회사연구』,, 일조각, 1974, 256쪽).

용한 계층에 있어서까지 비교적 뚜렷하게 구별되었다. 교종이 왕족이나 귀족에게 포용되었다면 선종은 지방호족 중심으로 수용되었다. 그러면서 사상적으로 서로 크게 영향을 끼쳤다기보다는 각각 독자적으로 성립하였다. 특히 교종인 화엄종과 법상종의 신앙 계층도 비교적 뚜렷하게 구별되었다. 화엄종이 진골귀족 중심으로 수용되었다면 법상종의 신앙계층은 중간층인 주로 육두품 이하의 귀족들이었다. 곧 신라시대의 불교사상은 종파 별로 거의 독자적으로 성립·발달하였지만, 귀족 중심의 왕권국가를 지향하는데 유리한 방향으로 전개되어 갔다.

이에 비해 고려시대의 불교사상은 지방호족을 국가체제 내에 안주시키면서, 왕권을 강화해 나가려는 정책 방향과 연관을 가지게 되었다. 그리하여 고려불교가 그 이전과는 달리 불교사상 내의 모순과 대립을, 특히 교종과 선종사상의 대립을 해소하려는 방향으로 발전하여 갔다. 이미 지적했듯이 호족연합기의 불교사상이 선종과 교종을 아우르려는 경향을 가졌고, 이후 고려 불교사상의 과제는 교종과 선종의 대립을 해소시키려는 것이었다.

고려불교를 대표하는 의천과 지눌은 역시 교선융합 사상경향을 가졌다. 의천은 본래 화엄종 승려였으나 선종사상을 융합하여 교관병수敎觀並修를 주장했는가 하면, 지눌은 선오후수를 주장하여 선종의 입장에서 교종 특히 화엄사상을 융합하려 했다. 지눌과 비슷한 시기에 강진의 백련사에서 성립된 천태종사상 역시 반드시 의천의 사상을 잇는 것은 아니지만, 보다 강한 선종의 입장을 견지하면서 교종사상을 융합하려는 것이었다. 그 외 고려말의 태고太古나 나옹懶翁의 사상 역시 교선융합 사상경향을 가졌으며, 엄밀히 말해 선종의 입장에서 교종 내의 성종과 상종의 대립을 해소시킨 성상융회사상을 융합한 것이다. 그런 면에서 이들의 사상은 고려초의 법안종사상과 상당히 비슷한 경향을 지녔다.

이상에서 고려시대의 불교사상은 비록 초기보다 후기로 시대가 내려갈수록, 선종의 입장을 보다 강하게 견지하려는 차이는 있지만, 교종과 선종사상을 아우르려는 경향을 가졌다. 고려불교가 교종과 선종사상을 융합하려는 특성을 지니게 되는 것은 이미 그 이전 시대에 교종은 교종대로, 선종은 선종대로 사상 체계의 충분한 발전을 이루었기 때문에 가능해졌다. 사실 한국불교의 철학적 논리 체계는 의상과 원효에 의해 비로소 수립되었는데,[209] 이들의 불교사상이 융회적 성격을 지녔다. 고려시대 불교사상의 교선융합 사상경향은 멀리는 신라시대 불교사상의 융회적 전통에서 찾아야 하겠지만, 현실적으로는 지방호족 세력이 온존한 가운데 전체적으로 고려 국가체제 내에 그들을 편제하는, 집권적인 귀족정치를 성립시켜가는 면과 연관되어 전개되었다.

조선이 건국하면서 교선융합 경향의 고려 불교사상의 특성은 변용될 수밖에 없었다. 성리학의 위세에 눌려서 불교가 위축되었다고는 하지만, 사실은 사상적으로 암흑기를 맞았다기보다는 오히려 독특한 면에서 발전하고 있었다. 고려시대 교선융합사상은 다른 종파 내지 교파의 사상을 회통시키려는 것이기 때문에 '파사현정破邪顯正'의 논리에 의거하여 성립되었다. 그렇지만 신라 내지 고려불교에 나타난 융회사상은 중국이나 인도의 호법논쟁에 나타난 '파사'의 면을 비교적 약하게 지닌 것을 유념할 필요가 있다.[210] 고려말에 성리학을 수용한 신진 사대부들에 의해 배불

209 義湘의 불교사상은 一乘圓教로 불리었기 때문에, 圓教에 기반을 둔 그의 불교사상은 융회적 성격을 가졌다. 다만 元曉의 불교사상은 一乘滿教로 불리었다. 만교는 원교에다가 別教를 첨가한데 지나지 않는다. 그렇다면 원효의 사상 역시 원교 즉 融會的 성격을 가졌다. 이렇게 하여 한국 불교사상은 융회적 전통을 갖게 되었다.

210 예를 들어 元曉의 和爭사상은 모든 교파의 차이를 부각하여 회통시키려는 것이다. 義天은 화엄종 승려에 속해 있으면서도 '性과 相은 하늘의 해와 달과 같다'고 비유하면서, 法相宗

론이 강하게 일어났으며, 이들이 조선을 건국하여 사회의 지배층으로 정립되면서 불교에 대한 비판을 늦추지 않았다. 이러한 과정에서 불교세력은 이단으로 생각되는 성리학에 대해 공격하면서 호법론을 전개시킬 수는 없었다.

조선시대 불교사상은 아예 '파사'를 제외한 '현정'의 논리를 강조하였다. 이런 점에서 고려와 조선시대 불교사상의 뚜렷한 차이가 나타난다. 곧 고려시대에 교종과 선종사상의 융합에 관심을 가졌던 불교사상의 전통은 조선시대가 되면서, 유교 즉 성리학의 그것과 다르지 않다는 논리를 낳게 하였다. 말하자면 조선의 불교사상은 유불일치론으로 이해될 수 있다. 조선초에 저자 미상인 『유석질의론儒釋質疑論』이나 함허涵虛 기화己和의 『현정론顯正論』 등은 모두 당시 유자의 배불론에 대항해서, 불교의 진면목이 유교 사상과 공존될 수 있는 것임을 제시했다.[211] 조선초 유교를 불교 내에서 회통시키려는 사상은 계속 발전하여 명종 때 보우普雨는 유불의 일원적 논리를 내세웠고, 서산西山대사의 『삼교귀감三敎龜鑑』은 유·불·도 3교의 융합사상을 전개시켰다.[212] 조선불교의 특성은 유교사상을 그 내에 아우르려는 것으로 발전하였는데, 휴정休靜의 사상은 그러한 방향에서 심화된 논리 체계를 가진 것이었다.

다음으로 고려시대 유교사상의 특징으로 합리적 정치이념을 정립하여 가는 면을 지적하고자 한다. 그러기 위해 먼저 통일신라의 유학과 비교하여 고려 유교사상의 큰 성격을 추출하고자 한다. 통일신라의 유교사상은 주로 육두품 중심으로 수용되었다. 골품제의 제약을 받던 육두품귀족

사상을 破하기 보다는 그 특성을 화엄사상 속에 융회하려고 하였다. 그 외 한국불교에서 護法論을 내세우면서 이단을 破하려는 논리는 비교적 강하게 나타나 있었던 것은 아니다.

211 한종만, 앞의 논문, 737쪽.

212 金煐泰, 『西山大師의 생애와 사상』(博英文庫 55, 1975, 247쪽).

은 신분적 제약을 극복하고 그 지위를 향상시키기 위해, 유교라는 새로운 학문의 이기로 무장하였다.[213] 그리하여 신라시대에 유교는 골품제를 비판하지 않는 것은 아니지만, 대체로 전제군주의 정치이념으로 일익을 담당했으며, 따라서 충이나 효를 크게 강조하였다.

고려시대에 유학자들은 역시 신라 육두품귀족의 후예들이지만, 이들은 신라에서처럼 진골귀족과 같은 상위의 귀족층을 비판하는 관료가 아니라, 이미 그 사회 최고의 귀족으로 변신하고 있었다.[214] 이 점이 신라와 고려사회에 수용된 유학의 성격을 차이 나게 하는 가장 큰 요인으로 작용하였다. 통일신라의 유학이 진골귀족을 제어하면서 오히려 왕권을 강화하는 성격을 지녔다면, 고려시대의 그것은 중앙집권적인 귀족정치의 실현을 지향하고 있어서 합리주의에 의거한 덕치주의를 표방해 갔다.[215]

고려 유교사상의 이런 면은 특히 성종 이후에 더욱 뚜렷이 부각되었으며, 최승로의 시무책은 바로 이러한 유교 정치이념을 구현한 것이다. 고려에서는 도덕적인 정치를 강요함으로써 왕자王者가 선정을 행하도록 요구되었다. 그렇지만 통일신라시대에 불교와 얽힌 유교사상에서 왕자는 초인간적인 권위를 가졌는데, 고려시대에 그것이 부정되고 있음은 현세적 합리주의 정신의 기반 위에서 도덕적인 국가를 수립하려는 의식이 깔려 있는데서 찾아진다. 그리하여 고려의 유교는 군주의 수덕修德을 강조하면서 귀족들을 바로 군주정치의 동참자로 부상시켜 갔다.

고려시대에는 불교사상이 보편적으로 받아들여졌으나 조선시대에는 유교사상이 크게 내세워졌다. 이러한 사상사 상의 변화는 이미 지적한 바와 같이, 고려와 조선의 사회구조 내지 그 사회를 이끌어가는 지배계

---

213 이태진, 「조선 성리학의 역사적 기능」(『창작과 비평』, 33, 1974, 844쪽).
214 이기백, 앞의 논문, 240쪽.
215 이기백, 위의 논문, 241쪽.

층의 변혁에서 찾아야 한다. 전국에 거대한 농장을 가졌고 대대로 왕실과 혼인길을 트고 있었던 고려후기의 권문세족들이 사회경제적 면에서 불교와 밀착되었다면, 이들과 대립하면서 새롭게 등장하는 사대부 계층은 지방토호이거나 이류吏類인 중소지주였다. 신진사대부들은 권문세족을 비판하는 입장을 취하면서 성리학을 수용하고 있었다. 자연 여말선초의 성리학이 척불론적 성격을 띠었다.

그러나 정도전의 성리학이 논리적으로 불교를 비판하는 성격을 갖지만, 그 이후 권근을 위시하여 조선의 성리학자들이 계속해서 척불론을 고집하지는 않았다. 때문에 고려시대의 유학을 조선시대의 성리학과 구별하기 위해 고려말에 신진사대부들이 가졌던 척불론에 초점을 맞추어서 이해하는 것은 옳지 않다. 오히려 불교사상에 밝았던 그들이 성리학을 수용하지 않을 수 없었던 사회 상황 속에서 그 특성을 찾아야 할 것이다. 그렇게 생각하고 보면 신진 사대부들은 권문세족을 비판하는 과정에서 성리학을 받아들이고 있음을 유념해야 한다.

조선의 성리학은 고려의 유학에 비해 비판적 성격을 뚜렷하게 갖추었다고 생각된다. 그러한 비판적 성격이 보다 논리적으로 세련되면서 명분론과 정통론으로 나타났다. 고려와 조선시대의 사상은 명분론과 정통론이 있느냐의 면에서 뚜렷이 구별된다. 사실 조선시대의 성리학은 퇴계退溪나 율곡栗谷에 의해 심화되었는데, 이 시기는 영남의 신진 사림파들이 대거 등장하면서, 훈구세력 중심으로 편제된 조선초기 사회에 대한 비판이 강하게 대두하고 있었으며, 그러면서 일방으로는 명분론이나 정통론에 의한 사화나 당쟁이 점점 복잡하게 전개되어 갔다.

조선시대와 비교하여 비판적 안목이나 정통론 등이 뚜렷하지 않은 고려시대의 유학은 크게 보아 합리적 정치이념의 정립에 도움을 주었다.

그러나 합리적 정치이념은 반드시 유교를 통해 정립되었다고 국한시킬 수는 없다. 어떻게 보면 이미 고려초기에 낭가郎家를 위시한 풍수지리나 무격신앙 등 토착적인 전통사상과 합리적인 유가사상이 공존하였고, 그런 속에 합리적인 유학사상이 학문적으로 성숙해짐에 따라, 비합리적일 수 있는 전통사상이 합리적인 면에서 다시 해석되거나 아니면 새롭게 변신하면서 독자적 영역을 확보해 갔다.

고려는 북진정책을 국시로 하여 건국되었다. 왕건 당시에 고구려의 구토를 회복하려는 의식이 강렬하게 형성되어, 면면히 이어져 내려갔다. 고려는 계속해서 일어나는 북방민족과 대항할 수밖에 없었다. 거란·여진·몽고와의 대결이 바로 그것이다. 그런 과정에서 현실적으로 고려는 그들의 막강한 무력을 인정하지 않을 수 없었다. 그리하여 고려는 북방민족의 침입에 대해 무력으로 대항하면서도, 한편으로는 그것을 극복하기 위해 문화민족으로서의 문화전통을 내세우려 했다. 김부의金富儀가 문화민족으로서 무력이 약할 때는 야만족에게 굴복하는 것이 민족의 앞날을 생각하는 원책이라 한 것은, 고려가 북방민족의 무력 침공에 대항하는 정신적 자세에서 이해되어야 한다. 그리하여 몽고의 침입이 한창일 때 그것을 극복하기 위해 민족적 서사시가 쓰이고 대장경이 조판되었다.

고려시대 전통문화에 대한 강한 인식은 어쩌면 북방민족과의 대결을 통해 고조되었으며, 몽고침입기에 가장 강렬하게 나타났다. 그렇지만 당대 문화의 신이한 측면이 전통문화로서 강하게 인식되고 있음은 흥미로워 보인다. 이미 그 이전 사회라 하더라도 전통문화를 크게 내세우는 시기에는 의례 민족문화의 신비한 측면이 강조되었다. 그러면서 그것은 허무맹랑한 잡귀가 아닌 성스러운 신에 대한 이야기로 정립되었다.

무신란 이후 전통문화를 강조하고 그것의 비합리적 면을 새롭게 정립시키려는 이규보나 백문보 등은 유학자였고, 그들의 사고는 김부의가 문화민족으로서의 자부감을 내세우는 것과 맥락이 닿을 듯하다. 말하자면 유학의 발달에 따른 합리주의적 사고가 확대되어 가고, 그것이 정치이념으로까지 모색되어지는 분위기가 팽배하였다. 이러한 합리적 사고의 확대와 정립은 불교사상에까지 영향을 주었다. 일연은 『삼국유사』를 저술하면서 괴력怪力과 난신亂神을 다루지 않음을 말하면서도, 신이한 민족문화의 전통을 강하게 내세우고 있었다.

이상에서 고려시대 사상의 특성을 그 이전이나 조선시대의 그것과 비교하여 간략하게 부각하였다. 불교사상 면에서 고려시대는 이미 그 이전에 교종과 선종사상이 독자적으로 충분히 발달된 기반 위에, 그것을 아우르려고 한 교선융합 사상경향을 지녔다. 고려시대 유교사상은 합리적 정치이념의 성립을 도우는 역할을 하여, 왕자王者로 하여금 선정을 펴도록 도덕적 덕치주의를 표방하였다. 그리하여 귀족들은 유교사상을 통해 군주정치에 같이 참여하였다. 고려시대 사상의 이러한 특성은 당대 사회가 호족들의 지방 근거지를 그대로 인정하면서, 이들을 중앙의 귀족으로 편성시켜 중앙집권적인 귀족정치를 지향해 가는 면과 밀접하게 연관되어 있다.

제3장
고려초기 사상사의 면모

1. 나말려초의 교종과 선종

1) 왕건의 선대세력과 선종

신라하대 초기에는 중앙귀족이었다가 지방의 연고지를 찾아 나아간 낙향落鄕호족 세력이 지방에서 뿐만 아니라 중앙에서도 상당한 영향력을 가지고 실질적으로 그 사회를 움직여 갔다. 그러나 신라말이 되면 지방민과의 유대관계를 강화하면서 등장한 토착호족이나 군진軍鎭세력이 오히려 강성해졌다. 진성왕 이후 후삼국시대가 되면 지방의 대호족이 주위의 군소 지방세력을 흡수하면서 삼한을 통합하려는 기운이 익어가고 있었다. 후삼국의 혼란을 수습하면서 새 사회를 건설해 나가는 것은 토착호족세력과 군진세력이 제휴하면서 이루어져 갔다. 왕건은 바로 이러한 세력 배경을 가지고 등장한 인물이다.

왕건의 선조인 성골聖骨장군 호경虎景은 신라하대 개성 지방의 호족이었으며[1] 조부인 작제건作帝建 때에는 개성 · 정주貞州 · 염주鹽州 · 백주白州 · 강화 · 교동喬桐 · 하음河陰 등의 백성을 동원하여 영안성永安城을 쌓고 궁실을 지을 정도로[2] 강력한 호족세력을 형성하고 있었다. 또한 작제건은 서해의 용녀龍女와 결혼한 것으로 되어 있다. 『편년통록編年通錄』에는 용녀가 막연히 서해 용왕의 딸로 되어 있으나, 이제현李齊賢이 인용한 『성원록聖源錄』에는 평주平州(平山)사람 두은점豆恩坫 각간의 딸이라 하였다.[3] 용녀의 집안은 평주지방의 호족이었는데, 서해의 용으로 나타난 것은 해상세력임을 시사해 주는 것이다. 이처럼 왕건의 선대는 개성을 중심으로 한 토착호족세력이었는데, 예성강禮成江을 배경으로 한 해상세력과 결합하여 대호족세력을 형성하였다. 또한 왕건의 부친인 용건龍建은 삼한을 병합하려는 의사를 가질 정도로 집권적인 대세력을 형성하였다.[4]

신라하대에 지방호족은 선종의 도움을 받으면서 독자세력을 형성하였다. 그들은 은근히 선종을 옹호하면서 선종사원을 경영하고 있었다. 순지順之가 주지로 있었던 오관산五冠山의 서운사瑞雲寺도 그러한 사원 중의 하나였다. 순지의 생존 연대를 정확하게 알 수는 없다. 그는 약관에 오관산에 들어가 승려가 되었고 헌안왕 2년(858년)에는 중국에 유학하였다. 65세에 입적한 것으로 되어있기 때문에, 20세에 승려가 되었고 30세에 중국에 유학한 것으로 추측한다면, 순지는 적어도 진성왕대까지는 활동하였던 것으로 생각된다. 순지의 속성은 박씨이고 패강浿江 사람이며, 조고祖考의 가업은 웅호雄豪하였고 대대로 변장邊將으로서의 명예가 그 지방

---

1 李佑成, 「삼국유사 所載 處客설화의 일분석 -고려 其人제도의 기원과의 관련에서-」(『金載元 박사회갑기념논총』, 을유문화사, 1969, 100쪽).

2 『高麗史』 卷首, 高麗世系.

3 『고려사』 권수, 고려세계에 "昕康大王之妻 龍女者 平州人豆恩坫角干之女子也"라고 하였다.

4 金杜珍, 「了悟禪師 順之의 禪思想 -그의 三遍成佛論을 중심으로-」(『역사학보』 65, 1975, 11~13쪽).

에 잘 알려져 있었다고 한다.[5] 즉 순지의 집안은 지방호족이었다. 순지가 주지로 있었던 서운사는 그 이전의 용암사龍巖寺를 고친 것이었는데, 그 단월은 왕건의 부친인 용건龍建과 조모인 용녀였다.[6]

신라하대의 선종은 '외식제연外息諸緣' 즉 밖으로부터의 거추장스런 간섭을 배제하면서 '견성오도見性悟道'를 주장하였다. 때문에 그것은 개인주의적 성향을 강하게 지니는 '내증內證'을 강조하였다. 그러나 진성왕대를 지나면서 지방의 대호족이 주위의 군소 지방세력를 흡수·통합해 가는 분위기 속에서 선종사상은 '외화外化'를 강조하는 것으로 변화하여 갔다. 순지의 선종사상을 통해 바로 이런 면을 이해할 수 있다.

『조당집祖堂集』에 나오는 순지의 사상으로 상론相論과 삼편성불론三遍成佛論이 있다.[7] 상론은 삼편성불론보다 초기에 형성된 사상으로, 지방호족의 독자세력 형성에 도움이 된 것이었다. 특히 양대사상兩大四相에서는 교학 불교의 경전이나 불타에 대한 권위 의식을 부정하고, 타방의 부처나 정토를 찾는 대신 그것을 자기 안에서 구하게 했다. 양대사상에서 교학 불교가 부정되는 것은 하근인下根人의 경우에 한해서였다. 이것은 상근인上根人의 경우 교학도 허용된다는 결론이 된다. 사대팔상四對八相 중

---

5 『祖堂集』 권20, 順之전.

6 『조당집』 권20, 順之전에 의하면 순지가 주석한 五冠山 龍巖寺의 단월은 元昌王后와 威武大王인데, 뒤에 절의 이름을 서운사로 고쳤다. 원창왕후는 景(昕)康大王인 作帝建의 부인이며 威武大王은 龍建이다.

7 우선 相論은 四對八相·兩對四相·四對五相으로 구성되어 있다. 4대8상은 所依涅槃相(○相 : 頓悟)·牛食忍草相(牛⃝相 : 頓證實際)·三乘求空相(○犇相 : 漸悟)·露地白牛相(牛⃝相 : 迴漸證實際)·契果修因相(○相 : 衆行)·因圓果滿相(王⃝相 : 衆行)·求空精行相(○牛相 : 衆行)·漸證實際相(王⃝相 : 漸證實際)이다. 양대4상은 相解遺教相(牛人⃝相 : 自己理智를 밝히지 못함)·識本還源相(人⃝相 : 열반을 인식함)·迷頭認影相(人⃝牛相 : 他方佛을 구함)·背影認頭相(人⃝相 : 自己佛을 인식함)이며, 4대5상은 擧函索蓋相(○相 : 佛體의 가능성)·把玉覓契相(○相 : 佛體의 형성)·鈌入索續相(厶⃝相 : 내재적 實我를 인식 못함)·己成寶器相(佛⃝相 : 衆行에 이르지 못함)·玄印旨相(王⃝相 : 實我를 추구함)이다.

우식인초상牛食人草相에서는 화엄사상이 융합되고, 노지백우상露地白牛相에서는 법화사상이 융합되었다. 사대오상四對五相은 순지의 선종사상 체계를 일원적으로 전개시킨 것이며, 사대팔상과 양대사상을 종합한 것이다. 그것은 성격 면에서 양대사상과 통하지만, 그 논리의 전개 방법은 삼편성불론과 비슷하다. 곧 사대오상은 삼편성불론을 성립시키기 위한 교량적 역할을 담당했다.[8]

삼편성불론은 증리證理성불·행만行滿성불·시현示顯성불로 나누인다. 증리성불은 돈오에 의해, 행만성불은 점수에 의해, 시현성불은 팔상八相의 과정을 통해 성불한다는 것이다. 또한 이 삼편성불의 경지는 모두 같다. 삼편실제론三遍實際論은 돈증頓證실제·회점증廻漸證실제·점증실제이다. '내증외화內證外化'의 사상은 돈증실제에서 나타나는데, 선종사상과 화엄사상을 융합한 것이며, 돈오 후 자리自利 이타행利他行을 위한 '중행衆行'을 행하게 한다. 회점증실제는 '회삼귀일會三歸一' 사상을 담고 있는데 선종사상과 법화사상을 융합한 것이며, 삼승인으로 하여금 돈오 후에 중행을 행하게 한다. 점증실제는 교선일치사상을 담고 있는데, 점교오漸敎悟나 돈오의 어느 것으로도 깨칠 수 있음을 말하였다.

이러한 순지의 선종사상은 지방의 대호족을 옹호하는 것이었다. 삼편성불론은 각기 독자적 방법을 추구하여 중생으로 하여금 내재적 실아實我를 발견할 수 있게 한다. 그러나 지방의 대호족을 중심으로 군소세력을 통합하는 데 필요한 사상은 돈증실제론에서 나타난 '내증외화' 사상이다.[9] 내증은 돈오의 과정이며, 내재적 실아를 추구하는 개인주의적 경향을 갖게 한다. '외화'는 주위의 세력을 포섭·융합해 가는 중행의 과정

---

8 김두진, 「了悟禪師 順之의 相論」(『韓國史論』 2, 서울대 국사학과, 1975, 111~112쪽).
9 김두진, 앞의 논문(『역사학보』 65, 43~44쪽).

이다. 회점증실제론에 나타난 '회삼귀일' 사상은 용건이 삼한을 통합하려는 의사를 도울 수 있는 것이었다. 점증실제론에 나타난 교선일치사상은 지방의 대호족이 주위의 군소 지방세력을 흡수 동화하면서 통합된 세력권을 형성하기 위한 것이다.

순지의 선종사상은 중국 위앙선종潙仰禪宗의 접화법接化法에서 영향을 받은 것이지만, 위앙선종 그대로는 아니다. 오히려 그의 선종사상은 원효 사상의 전통을 이은 면을 지녔다. 특히 원효가 법화경의 '회삼귀일' 사상을 주장한 이후, 순지에 의해 그것이 다시 주장된 셈이다. 법화의 '회삼귀일' 사상은 삼한을 통합하려는 사회사상으로 성립된 것이었다.

순지의 삼편성불론은 고려시대 불교사상의 전개에 상당한 영향을 주었다. 의천義天은 화엄종에서 출신하여 법화사상을 수용하였고, 신라말의 선종을 받아들이면서 천태종을 성립시켰다. 이렇게 성립된 천태종은 순지의 사상과 비슷한 면을 지녔다. 또 순지의 교선일치사상은 고려시대 불교의 교선융합 사상경향에 영향을 주었다. 그의 돈증실제론은 '선오후수'를 주장한 지눌의 '정혜쌍수定慧雙修'로 연결된다. 점증실제론은 점수를 닦은 후 돈오 과정을 논한 것이기 때문에, 의천의 '교관병수敎觀兼修'와 연결된다. 말하자면 순지의 선사상은 의천의 천태종이 일어나게 하는데 밑거름이 되었고, 고려시대 불교사상의 형성에 크게 기여하였다.

2) 왕건과 승려의 결합

후삼국 성립 이후가 되면 선사들은 물론 교종 승려들도 지방의 대호족과 결합해 가는 추세가 되었다. 왕건과 연결된 승려 중에는 화엄종 승려인 탄문坦文과 법상종 승려로 추측되는 석충釋冲이 있었다. 또한 왕건과 연결된 선사들은 신라 왕실과 연결된 흔적을 거의 찾아볼 수 없다. 이때가 되면 선사들은 신라 중앙왕실과 연결됨으로 해서 사실상 아무런 이익도 권위도 보장받지 못했다. 고려 건국 이전에 왕건과 연결된 승려는 형미逈微·여엄麗嚴·경유慶猷·이엄利嚴 등의 사무외사四無畏士와 행적行寂·충담忠湛 등이다. 탄문·찬유璨幽·현휘玄暉·긍양兢讓·경보慶甫·개청開淸은 고려 건국 이후에 왕건과 결합하였다.

왕건은 개성 지방의 호족으로 예성강 지역을 중심으로 한 해상세력으로서의 기반을 갖고 있었다. 왕건은 궁예의 부하로 있으면서 궁예 3년(903년, 효공왕 7년) 나주를 정벌하고, 이후 서해안 지역의 해상권을 장악하였다. 그 후 태조 3년(920년)에 강주康州장군 윤웅閏雄이 그 아들 일강一康을 보내어 왕건에게 귀부해 왔다. 이로써 강주(진주)를 중심으로 한 남해의 해상권이 왕건의 수중으로 들왔다. 이후 중국에 유학한 승려들은 왕건의 도움 없이 본국으로 돌아오기 어려웠다.[10] 이런 현상은 유학했던 지식인들의 향배가 왕건 쪽으로 기울고 있었음을 알려준다. 통일이 가까워지면서 중국 유학승뿐만 아니라 국내의 승려들까지도 왕건과 결합되어 갔다.

고려 건국 이전의 승려들은 왕건과 직접 결합되기에 앞서 다른 지방 호족세력과 연결된 흔적을 보인다. 행적·여엄·이엄·심희審希 등이 소율희蘇律熙·강훤康萱과 연결되었고 개청이 왕순식王順武과 연결된 외에,[11]

---

10 후삼국시대의 중국 유학승 중 慶甫는 견훤의 도움으로 귀국하였으며, 그 외의 모든 승려는 왕건의 도움으로 귀국하였다. 물론 고려의 통일 이후 견훤과 연결된 승려들이 기록에 남겨질 수 없으며, 경보의 경우는 결국 왕건 쪽으로 귀부해왔기 때문에 기록으로 남겨질 수 있었다. 그러나 해상권을 장악한 왕건의 도움 없이 중국 유학승들이 본국으로 귀국하기는 현실적으로 어려웠을 것이다.

11 慶甫와 開淸은 왕건의 세력권에서 벗어나 있었기 때문에 실질적으로 그들이 왕건과 직결될 수는 없었다.

왕건 이외의 인물과 연결된 흔적을 발견할 수 있는 승려가 달리 없다. 탄문·찬유·현휘 등은 모두 왕건과 직접 결합되었다.

이는 왕건이 한 나라의 실질적인 지배자라는 것과 표리 관계를 이룬다. 실질적인 지배자가 아니었을 때에는 왕건과 연결된 승려들도 이미 친분을 가진 지방호족과의 결합을 중요시하였다. 왕건이 승려들과 열심히 결합하려는 배경에는 그들과 연결된 지방호족 세력과 연합하려는 생각이 자리하고 있었다. 즉 왕건은 승려뿐만 아니라 이들과 연결된 지방호족 세력과 연합하고자 하였다.

그러므로 승려와의 결연은 오히려 왕건 쪽에서 더 적극적으로 시도하였다. 915년(신덕왕 4년)에 왕건은 실제사實際寺에 거주하는 행적을 두 번씩이나 찾아갔다.[12] 왕건은 승려들과 인연을 맺기 위해 몸소 찾아갔으며, 한 승려를 두 번씩이나 찾아가 결연을 돈독히 하였다. 이는 왕건이 승려와 결연하는데 특별한 관심을 가졌던 것을 알려준다. 이와 같은 관심은 왕건이 그들과 연결된 지방호족과의 결속을 위해 나타났다.

왕건이 즉위한 918년 이후 지방호족과 결합하는 데에는 그의 정치적 힘이 보다 크게 작용했다. 왕건이 승려들과의 결연을 매개로 그들과 연결되었던 지방호족들과의 결합을 유지시킬 필요는 없어졌다. 승려와 인연을 맺는 것에 대한 왕건의 정치적 관심은 훨씬 줄어들었고, 오히려 그것은 민심을 교화하려는 의미에서 계속되었다. 그런가 하면 고려 건국 이전 왕건과 연결된 승려는 모두 중국에 유학하였는데, 그 이후에는 중국 유학승뿐만 아니라 국내에서 수행한 승려에 대해서도 인연을 맺었다.[13]

---

12 崔仁滾, 「奉化太子寺 朗空大師白月栖雲塔碑」(『조선금석총람』 권상, 1919, 184~185쪽).
13 김두진, 「왕건의 승려결합과 그 의도」(『한국학논총』 4, 1981, 139~140쪽).

고려 건국 이후 국내의 승려에 대해 인연을 맺고자 할 때, 몸소 찾아간 것과는 달리 왕건은 조서로써 그들을 부르는 형식을 취하였다. 마땅히 조정에 나아가 왕정의 고문으로 부촉되기를 바랐기 때문에,[14] 승려들은 대개 왕건의 부름에 응하였다. 왕정에 참여시키기 위해 특별한 승려를 부른 경우도 있지만, 경우에 따라서 왕건은 조서를 내려 전국의 승려들을 불러 모이게 하기도 했다. 이 당시 왕건이 승려를 대하는 태도에 대해서는 다음 기록에서 볼 수 있다.

> 승려를 중히 여겨 불교에 귀의한 것은 梁帝의 遺風을 존중한 것이다. 五天의 象을 만들어 더욱 숭배하고 四門을 열어 英賢을 불러들였다. 이에 道人이 복주하고 禪侶가 구름처럼 모이어 上德의 종지를 爭論하고 태평의 업적을 높이 찬양하였다.[15]

왕건은 후삼국 통일과정에서 불교에 대해 특별한 관심을 쏟았다. 후삼국을 통일한 이후 왕건은 여러 차례 조서를 내려 전국의 승려를 불러 모아 융숭하게 대접하였다. 이때가 되면 승려들도 조서를 기다리지 않고 자진해서 왕건에게 나아갔다. 즉위 이후 왕건이 승려와 결합하는 태도는 그 이전에 비해 극진하지 못한 듯한 인상을 준다. 아마 이는 왕건과 승려와의 결합이 지방호족의 연합을 위해 절대적으로 중요하게 작용하지 못했기 때문일 것이다. 그러나 통일 이후 민심의 교화 면에서 왕건은 불교를 숭상하였고, 여전히 승려들을 융숭하게 대접하였다.

---

14 왕건의 부름을 받은 승려들은 "居於率土者 取拒綸言 儻遂朝天者 湏需顧問 付囑之故 吾將赴都"(「海州廣照寺 眞澈大師寶月乘空塔碑」(『조선금석총람』 권상, 127쪽)라고 하였다.

15 李夢游, 「聞慶鳳嚴寺 靜眞大師圓悟塔碑」(『조선금석총람』 권상, 201쪽)에 "重僧歸佛 遵梁帝之遺風 模五天而像飾爰崇 闢四門而英賢是召 於是道人輻湊 禪侶雲臻 爭論上德之宗 高贊太平之業"이라 하였다.

3) 사무외사와 그들의 선사상

고려 건국 이전에 왕건과 연결되어 있었던 대경大鏡 여엄麗嚴·선각先覺 형미逈微·진철眞澈 이엄利嚴·법경法鏡 경유慶猷를 해동 사무외사四無畏士라 부른다. 이들은 왕건과 돈독하게 연결되었지만, 왕건의 외척과도 인연을 맺었다. 뒤에 수미산문須彌山門을 이루는 이엄은 광주廣州지역의 대호족으로 왕건의 외척인 황보씨黃甫氏와 결연되었다. 그의 재가제자에 황보제공皇甫悌恭과 전왕자태상前王子太相인 왕유王儒가 있었다. 경유의 재가세자로는 신성대왕神聖大王(태조)·검필黔弼·유권설劉權說·왕유王儒·최언위·한계봉韓桂逢·한헌윤韓憲閏·한평韓平 등이 있었다.[16] 경유는 충주지역의 대호족인 유씨劉氏세력과 연결되었다.

여엄은 속성이 김씨이고 그 선조는 경주慶州에 살았던 것으로 보아, 본래는 진골신분이었음이 분명하다. 그는 경문왕 2년(862년)에 태어났으며, 무량수사無量壽寺 주종住宗법사에게 출가하여 처음에는 화엄을 익혔다. 헌강왕 6년(880년)에 구족계를 받았는데, 그 후 교종이 진종眞宗이 아님을 깨닫고 선종 쪽으로 기울어져 광종廣宗대사인 낭혜朗慧에게로 나아갔다.[17] 곧 그는 성주산문에 들었고, 진성왕 원년(887년)에 낭혜가 입적하자 스승의 법사인 심광深光화상에게로 나아갔다. 심광은 그의 사형嗣兄이기도 했다. 이후 얼마 되지 않은 시기에 중국으로 유학하여 운거雲居 도응道膺의 문하에 들었고, 그의 법인을 얻고는 효공왕 13년(909년)에 귀국하였다. 무주武州 승평昇平(순천)으로 귀착한 여엄은 당시 이 지역의 해상권을 장악하고 있었던 왕건의 도움을 받았다. 그의 귀국에 도움을 준 이

---

16 미상, 「長湍五龍寺 法鏡大師普照慧光塔碑」(『조선금석총람』 권상, 167쪽).

17 崔彦撝, 「砥平菩提寺 大鏡大師玄機塔碑」(『조선금석총람』 권상, 131쪽).

지역의 군사상국軍事上國인 강훤康萱은 왕건과 연결되어 있었다. 귀국 후에는 왕건의 부름에 응해 보리사菩提寺에 주지하였는데, 그의 문인으로는 흔정昕政 등 50여 인이 있었다. 여엄은 태조 13년(930년)에 입적하였다.

형미는 경문왕 4년(864년)에 태어났으며, 속성은 최씨이고 어머니는 김씨였다. 그의 집안은 광주光州에 있었는데 선대에 경주에서 이주하였다. 그는 가지산문을 크게 일으킨 체징體澄에게 나아가 출가하였으며, 헌강왕 8년(882년)에 화엄사의 관단官壇에서 구족계를 받았다.[18] 이후 그는 융현融賢장로를 찾아뵈었으며, 진성왕 5년(891년)에 중국에 들어가 도응의 법인을 전수받았다. 효공왕 9년(905년)에 귀국하였는데, 이 때 나주를 정벌하여 이곳에 머물고 있던 왕건의 도움을 받았다. 왕건의 청으로 그는 무위갑사無爲岬寺의 주지가 되었으며, 그의 문하에 용준鎔俊·화백化白 등의 제자가 있었다. 그는 경명왕 원년(917년)에 입적하였는데, 왕건과 함께 개경으로 나아가서 궁예에 의해 죽음을 당한 것으로 생각된다.

이엄은 경문왕 10년(870년)에 태어났으며, 속성은 김씨이다. 그의 선조는 경주에 살았고 본래는 진골이었으나, 웅천熊川지역으로 낙향하여 호족이 되었다. 헌강왕 7년(881년)에 가야갑사迦耶岬寺의 덕양德良법사에게 출가한 그는 정강왕 원년(886년)에 도견道堅율사에게서 구족계를 받았다. 진성왕 10년(896년)에 입조사 최예희崔藝熙를 따라 서학西學한 이엄은 도응의 법인을 받아 효공왕 15년(911년)에 나주의 회진會津으로 귀국하였는데, 이때에 그는 왕건과 결연되었다. 그는 귀국할 때에 김해부지군부사金海府知軍府事 소율희蘇律熙의 도움을 받았는데, 소율희는 왕건과 연결된 인물이었다.[19] 태조 5년(922년)에 왕건의 부름을 받아 이듬해에 사나내원舍

18 최언위, 「康津無爲寺 先覺大師遍光塔碑」(『조선금석총람』 권상, 172쪽).
19 김두진, 앞의 논문(『한국학논총』 4, 1981, 131～137쪽).

那內院에 주지하였다.[20] 곧 다시 산사로 돌아간 그는 태조 16년에 왕건의 하교를 받아 해주의 광조사廣照寺에 주지하면서 수미산문을 개창하였다. 그는 태조 19년(936년)에 입적했는데 문하에 처광處光·도인道忍 등의 제자가 있었다.

경유는 경문왕 11년(871년)에 태어났으며 속성은 장씨이고, 그의 가문은 남양南陽의 호족이었다. 진성왕 2년(888년)에 근도사近度寺의 영종靈宗 율사에게서 구족계를 받았으며, 진성왕 5년에 중국에 유학하여 도응의 법인을 전수받았다. 효공왕 12년(908년)에 무주의 회진으로 귀국하였는데, 이 때 그도 역시 왕건의 도움을 받았다. 이후 그는 왕건의 왕사가 되어 장단長湍의 오룡사五龍寺에 주지하였으며, 조정으로부터 가사 등을 하사받았다. 태조 4년(921년)에 일월사日月寺에서 입적하였으며, 그의 문하에 장현裝玄·신영神榮 등의 제자가 있었다.

위와같이 사무외사는 왕건이 장군으로 있던 시절에 연결된 인물들이다. 그들은 중국에 유학하여 모두 운거 도응의 법인을 받았으며, 왕건의 도움으로 귀국하였다. 신라하대의 선사들은 중국에 유학하여 대부분 남악南嶽 회양懷讓의 법사인 마조馬祖 도일道一의 법맥을 받아 귀국하였다. 그런데 사무외사는 도응의 법인을 받아 오고 있는데, 이 점은 나말려초의 선종사를 규명하면서 중요하게 취급하여할 문제이다.

도응의 스승인 조동曹洞 양개良介는 남악과 동학인 청원青原 행사行思의 법맥을 이었다. 다음의 〈표 1〉을 참고하기로 하자.

---

20 미상, 「海州廣照寺 眞澈大師寶月乘空塔碑」(『조선금석총람』 권상, 127쪽).

<표 1> 나말려초 선종의 법맥

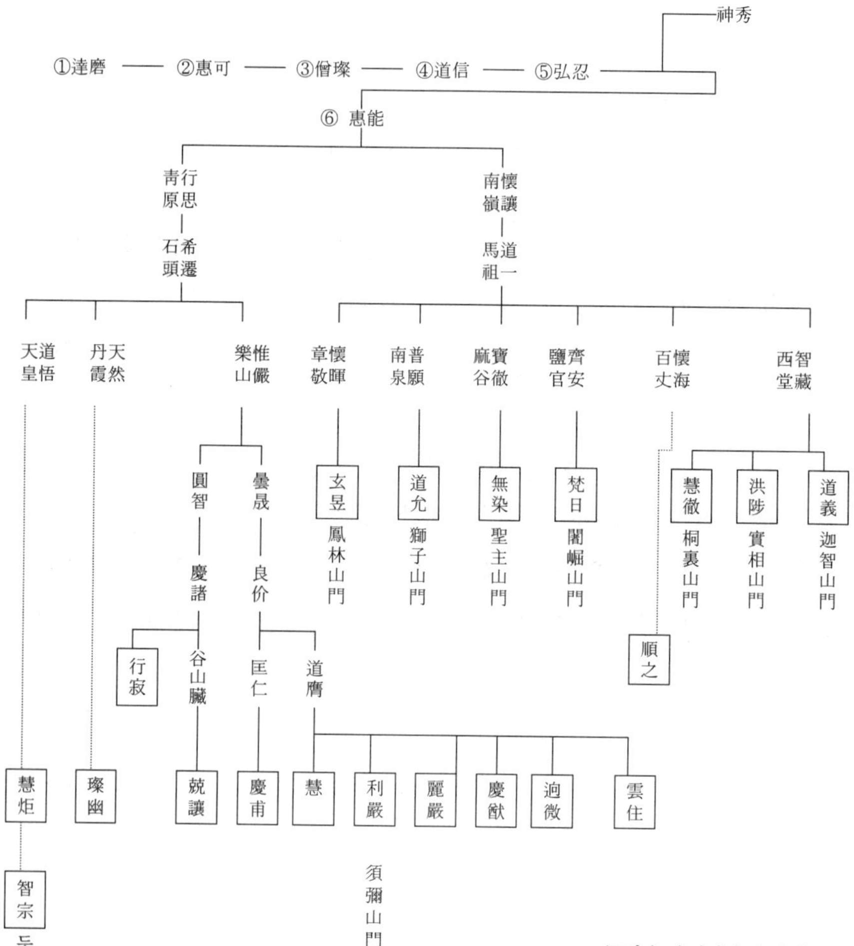

(□안은 우리나라 승려임)

구산선문 가운데 중국에 들어가지 않고 산문을 이룬 도헌道憲의 희양산문曦陽山門을 제외하면, 이엄의 수미산문 외의 7산문이 모두 마조 도일의 법맥을 받아왔는데, 신라말의 사무외사만이 유독 청원의 법맥을 이은 도응의 법인을 받아왔다. 이후 고려초의 중국 유학승들은 대체로 청원계 법맥의 법인을 받아 귀국하였다.

그러면 청원계통의 선풍을 받아들인 사무외사의 선사상을 살펴보기로 하자. 그들의 선풍에 대해서는 다음 기록이 참고가 된다.

> ① 대사가 말하기를 道는 사람에게서 멀리 떠나 있는 것이 아니며 사람이 능히 도를 弘布한다. 東山의 뜻은 다른 사람에게 있는 것이 아니다.[21]
>
> ② 一心으로 법을 중히 여겨 十載동안 同符했다.[22]
>
> ③ 어찌 他心을 빌려 한가로이 此門을 보겠는가. 본래 문자를 떠나 매번 心境을 생각하고, 끝내는 客塵을 털어버렸다.[23]
>
> ④ 대사가 비록 空을 觀照하여도 어찌 능히 本을 잊겠는가.[24]

사무외사는 도가 사람을 떠나 있지 않으며, 또한 다른 사람에게도 있지 않으므로 각자가 능히 도를 널리 편다고 하였다. 곧 다른 사람의 마음이나 다른 사람으로부터의 깨침을 부정하고 일심을 강조하고 있다. 이러한 사무외사의 선풍은 '비심비불非心非佛'을 강조한 마조 도일의 선풍과는 분명히 다른 것이다. 이는 차심此心이 시불是佛이라 하면서 일심을 강조하는 행사의 사상에서[25] 영향을 받은 것이다. 그런가 하면 법사인 희천希遷은 '즉심시불卽心是佛'을 말하면서 문문門門이 모두 일체의 경계를

---

21 미상, 「해주광조사 진철대사보월승공탑비」(『조선금석총람』 권상, 126쪽)에 "大師謂曰 道不遠人 人能弘道 東山之旨 不在他人"이라 하였다.

22 미상, 「장단오룡사 법경대사보조혜광탑비」(『조선금석총람』 권상, 165쪽)에 "一心重法 千(十)載同符"라고 하였다.

23 미상, 위의 탑비(위의 책, 164쪽)에 "何假他心 閑觀此門 本離文字 每思心境 終拂客塵"이라 하였다.

24 최언위, 「지평보제사 대경대사현기탑비」(『조선금석총람』 권상, 132쪽)에 "大師雖則觀空 豈能忘本"이라 하였다.

25 金東華, 『禪宗思想史』(太極出版社, 1975, 184쪽).

가진다고 했다.[26] 자기 안에서 불성을 찾아 깨치려는 뜻에서 사무외사의 선풍은 개인주의적 경향을 지닌다. 이 점은 그것이 신라하대의 선풍과 다를 바 없음을 보여준다. 그러나 그들은 도응의 문하에서 청원계 선풍의 영향을 받아 무심無心이나 비심非心이 아닌 시심是心을 강조하였다. 즉 그들의 선풍 내에는 북종선北宗禪의 경향이나 유가적 성향이 흡수되어 있는 듯한 느낌을 준다.

실제로 이엄은 923년에 왕건을 알현하고는 "도는 마음에 있고 일에 있지 않으며, 법은 자기로 말미암은 것이요 다른 사람으로 말미암은 것이 아니다"[27]라고 하면서, 사해를 집으로 삼고 만민을 자식으로 삼아 봉행할 것을 권하고 있다. 일심을 강조하면서 유가적 성향까지를 포용한 사무외사는 장군으로서 호족적 기반을 가졌을 때의 왕건과 결속되었지만, 그들의 선종사상 경향은 고려국가 성립 이후 왕건의 통치에 도움을 주는 것이었다.

4) 나말려초의 화엄결사

(1) 오대산의 화엄결사

「오대산사적五臺山事蹟」은 『삼국유사』에 실려 있는데, 지금까지는 신라중대의 신앙결사를 알려주는 것으로 이해되어 왔다. 그 속에는 신라사회에서 행해진 불교의 여러 신앙요소가 복합되어 있다. 오대산은 본래 문수가 거주하는 곳이었는데, 뒤에 오대의 각 대는 진신眞身의 상주처가 되었다. 곧 동대에는 관음, 남대에는 지장, 서대에는 무량수, 북대에는 석가, 중대에는 문수가 거주하였다. 또 중대에는 문수를 모시는 진여원眞如

26 김동화, 위의 책, 188~189쪽.
27 미상, 「해주광조사 진철대사보월승공탑비」(앞의 책, 127쪽).

院과 아울러 화장사華藏寺와 문수갑사文殊岬寺가 따로 있었으며, 그것은 모두 문수신앙과 관계되었다.[28]

「오대산사적」에 얽힌 불교신앙은 신라불교의 전통과 연결되는 것이겠지만, 막상 그것의 성립 시기는 신라중대에 한한 것이 아니다. 5대의 각 대가 모두 결사되는 시기는 신라말엽이다. 오대산이 문수의 주처지住處地에서 다섯 여래의 상주처로 관념되는 것은 당의 징관澄觀에 의해서였으며, 그가 활동한 9세기는 신라하대에 해당된다.[29] 오대산 내지 월정사月精寺사적과 깊이 연관된 최초의 인물은 신효信孝이다. 그가 만난 오류성중五類聖衆은 오대의 각 대에 상주하는 진신과 이어질 수 있다. 그런데 신효는 신라하대의 인물이다.[30]

신효 외에 「오대산사적」에 깊이 관여한 자는 신의信義인데, 그는 범일梵日의 문인이다. 범일은 진성왕 8년(894년)에 입적하였으므로 신의는 적어도 진성왕대 이후에 활동하였을 것이다. 신의가 입적하고 난 후 월정사 내지 오대산사적은 폐허가 되어 내려왔는데, 이를 중창한 자가 수다사水多寺의 장로인 유연有緣이다. 유연이 주석하면서 월정사는 점점 큰 절이 되었으며, 「오대산사적」 역시 완전하게 갖추어져 갔다. 후삼국의 동란기에 폐허가 된 월정사를 다시 일으켰기 때문에 유연은 아무리 시대가 빨라야 후삼국시대 말기에 활동하였고, 아마 나말려초를 살았던 인물인 듯하다.

오대산신앙 속에는 자장慈藏의 사상전통이 진하게 남아 있다. 그러나 자장이 말년에 은거하여 문수의 진신을 보려 했던 곳인 정암사淨巖寺는

28 『삼국유사』 권3, 塔像 4, 臺山五萬眞身조.
29 朴魯俊, 「당대 오대산신앙과 澄觀」(『關東史學』 3, 1988, 105~107쪽).
30 李能和, 『朝鮮佛教通史』 권하(新文館, 1918, 136쪽)의 五大佛宮山中明堂조에서 信孝는 고려 때의 公州人으로 기록되어 있다.

「오대산사적」의 중심 도량인 월정사가 아니며,[31] 거기서 그는 문수로부터 따돌림을 받고 죽어갔다. 자장은 오대산의 문수신앙과 반드시 밀착되었던 것은 아니지만, 뒤에 월정사 중심의 오대산신앙이 결성될 때에는 자장계 불교신앙이 중요하게 고려되었다.

자장은 말년에 의상계 화엄종으로부터 배척을 당했는데, 「오대산사적」에서는 자장계 불교와 다른 불교종파와의 반목을 찾아볼 수 없다. 이 점은 「오대산사적」이 형성될 당시에 자장계와 의상계 화엄종 사이의 갈등이 정리되었음을 알려준다.

오대산신앙의 형성에 중요한 역할을 한 것은 의상계 화엄종사상이다. 동대에 관음이 중요하게 모셔진 점이나 오대의 각각에 원통圓通의 불상을 모신 점 등은 의상계 화엄종사상의 특성으로 이해될 수 있다. 「오대산사적」의 성립에 실제로 깊이 관여한 신효나 유연은 모두 의상계 화엄종에 속한 인물로 생각된다. 오대산신앙 속에는 신라 법상종의 전통이 의도적으로 정리된 느낌을 준다. 신라불교 신앙으로 대단히 중시되어 온 미륵신앙이 배제되었고, 미타는 무량수로 나타나 있다. 곧 미륵과 미타의 양존을 모시는 법상종 교단의 신앙이[32] 「오대산사적」 내에 배제되어 있는 셈이다. 미륵과 미타를 모시는 법상종 교단의 맥이 궁예에게로 이어졌기 때문에,[33] 「오대산사적」이 성립되는 시기는 적어도 궁예가 축출된 고려초기여야 할 것이다.

고려말에 민지閔漬가 찬한 「오대산불궁산중명당기五臺山佛宮山中明堂記」에는 오대의 각 대에 이루어진 결사가 왕건의 도움에 의해 이루어진 것으

31 김두진, 「慈藏의 문수신앙과 戒律」(『한국학논총』 12, 1990, 23~29쪽).
32 文明大, 「신라 法相宗의 성립 문제와 그 미술(하)」(『역사학보』 63, 1974, 60쪽).
33 김두진, 「고려초의 法相宗과 그 사상」(『韓沽劤정년기념 한국사학논총』, 지식산업사, 1981 ; 『균여화엄사상연구』, 일조각, 1983, 117~118쪽).

로 기록되었다. 다음의 내용이 곧 그것이다.

> 오대산은 佛聖 眞身이 상주하는 곳이다. 월정사는 五類聖衆이 행적을 나타낸 곳이다. 하물며 이 절은 역시 오대산의 목과 입에 해당된다. 그러므로 우리 태조가 왕업을 열 때, 옛 聖訓에 의해 매년 봄과 가을로 각각 백미 200석과 소금 50석을 바쳤으며, 별도로 공양하여 복리를 쌓는 비용으로 하고, 드디어 역대의 桓規로 삼았다.[34]

왕건은 옛 성인의 가르침에 따라 매년 200석의 쌀과 50석의 소금을 바치고 그 외에도 따로 공양을 드리고 있다. 옛 성인의 가르침은 보천寶川이 남긴 「후래산중보익방가지사後來山中輔益邦家之事」일 것이다. 물론 이는 오대의 각 대에 결사하는 구체적인 내용을 담고 있었던 것은 아니지만, 산중에 전해 내려왔던 것이다. 오류성중신앙과 월정사를 목과 입으로 비유하면서 각 대에 대한 구체적인 결사는 왕건에 의해 이루어졌는데, 그러한 사실이 보천의 「오대산사적」으로 부회되어 기록되었던 듯하다. 진여원은 비록 신라중대에 설립되었겠지만, 그것과 연관된 효명孝明의 등극 사실 등은 어쩌면 궁예를 축출하면서 등장하는 왕건의 사적과 은유적으로 얽히게 되었을 것이다.

(2) 개태사의 창건

후삼국을 통일한 왕건은 민심의 교화에 관심을 가졌다. 본래 그는 불교를 숭상하였지만, 이때에 승려들과의 결연을 돈독히 하려는 것은 민심의 수합을 위한 것이기도 하였다. 사실 왕건은 오랫동안 항복하지 않았던 강릉지역의 왕순식王順式이 항부해 오자, 개청開淸을 통해 이 지방민의

34 이능화, 『조선불교통사』 권하(138쪽).

교화에 관심을 가졌다.[35] 왕건은 불법을 통해 삼한을 통일할 것과 백성을 진휼할 것을 특별히 강조하였다.

후삼국통일 이후 왕건은 후백제지역 백성들을 위무하려 하였다. 그가 경보慶甫를 극진히 대한 것도 이런 이유에서였다. 경보는 도선道詵의 풍수지리사상을 전해 받았다. 후삼국시대의 혼란기에 백성들에게 상당한 영향을 끼쳤던 것은 풍수지리사상이었다. 또한 경보는 견훤과 연결된 경력을 가졌으므로, 자연히 그는 후백제 지역의 민심을 잘 수습할 수 있었다.

왕건은 후백제를 통합한 후에 충남 연산連山에 개태사開泰寺를 세웠다. 경보와의 결연이나 개태사의 창건은 모두 왕건의 후백제 구민에 대한 교화나 민심의 수습 면에서 이루어졌다. 특히 개태사를 창건한 왕건은 친히 그 원문願文을 지었다. 그 내용을 간략히 제시하면 다음과 같다.

> ① 어려운 시기에 태어나 많은 어려움과 병란을 겪었으며, 사람들은 살아가기가 어렵게 되어 집안에서도 안도하지 못했다.
>
> ② 왕건은 하늘에 맹서하고 백성을 도탄에서 구하고자 하였다. 몸소 전장에서 矢石을 맞기도 했으며 친히 방패와 칼을 잡고 잠들기도 하였다. 그리하여 丙申年에 백제병과 교전하여 그 흉악함을 물리치고 개가의 소리를 높이 드날리었다.
>
> ③ 스스로 죄과를 뉘우친 萑蒲의 적당과 溪洞의 흉악한 자들을 품에 받아들여 추호라도 다치지 않게 하였다.
>
> ④ 佛聖이 계속 도와준 것에 보답하고 山靈이 찬조해 준 것을 갚고자 하여 유사에게 명하여 절을 창건하고 開泰라 이름을 지었으며, 그 산명을 天護라 하였다.[36]

---

35 김두진, 「왕건의 승려결합과 그 의도」(『한국학논총』 4, 1981, 150쪽).

36 『新增東國輿地勝覽』 권18, 連山縣 佛字조.

개태사의 창건 동기는 하남河南의 30여 군과 발해국인이 귀순해 왔기 때문이다. 자연 개태사를 세운 목적은 이들 귀순자의 연고지에 사는 백성들의 교화 내지 민심의 수합이었다. 왕건은 호족연합책에 의해 귀부해 온 지방세력을 보다 안전하게 확보함으로써, 창업의 기반을 다지는 기틀로 삼았다. 후삼국시대에 각기 독자 세력를 구축하고 있던 이질적인 지방세력을 보다 긴밀한 통일 고려국가의 체재 내로 묶는 데에, 왕건은 불교의 힘을 빌리고 있다. 왕건이 불법에 호소한 원문의 내용에서, 어려운 시기에 천명을 받아 삼한을 통일함으로써 백성을 도탄에서 구하게 된 것을 강조하였다. 특히 왕건은 귀순자의 포용과 아울러 이들을 조금이라도 범하고 상하게 한 바가 없음을 말했다. 이것은 그가 민심의 수합에 얼마나 관심을 가지고 있었는가를 짐작하게 한다.

개태사의 창건은 후백제인을 회유하기 위한 중요한 정치적 의미를 지니기도 하지만, 유독 그것이 화엄도량으로 나타난 데 중요한 의미를 가졌다. 고려초에 개태사에는 대장경이 판각되어 있었다. 화엄교학은 융회적融會的이어서 이질 집단의 통합사상으로 나타났다. 신라이래 그것은 전통적으로 중앙왕실에 의해 수용되었고,[37] 지방세력을 포함한 모든 사회체제를 중앙왕실 속에 통합시키는 데 유리한 사상체계였다.

왕건은 즉위하면서 화엄교학에 대한 관심을 가졌다. 태조 4년(921년)에 왕건은 탄문을 법회에 불러들여 특별히 별別화상으로 대우하면서, 승과僧科를 주관하게 하였다. 선종이 크게 유행했던 나말려초에 왕건이 화엄종에 대해 관심을 가졌던 것은 왕권의 안정과 중앙집권 정치의 실현을 위해서였다. 후삼국이 통일되면서 왕건의 화엄교학에 대한 관심은 더

37 이기백, 「신라시대의 불교와 국가」(『역사학보』 111, 1986 ; 『신라사상사연구』, 일조각, 1986, 257쪽).

각별해졌다. 개태사 창건 이후 화엄학승들이 활동하고 있었으며, 광종 4년에는 화엄승려인 겸신謙信이 국사로 봉해져 있었다.

2. 광종대의 불교통합운동과 천태학의 연구

1) 광종대의 불교통합운동

(1) 고려초기의 교선융합 사상경향

가) 선종 입장에서 교종사상의 포용

왕건은 호족연합책으로 후삼국을 통합해 갔다. 그런 과정에서 결혼정책을 추진하여 자신은 물론 전국 유력 호족의 딸과 결혼하였을 뿐만 아니라, 호족과 중앙귀족들의 자제들을 혼인시킴으로써 호족들 사이의 상호 결속을 이루었다. 아울러 왕건은 승려와의 결속을 중요시하였다. 신라하대의 지방호족은 대체로 거대한 사원을 경영하고 있었으며, 사원의 주지는 지방세력을 형성하였거나 아니면 유력한 호족과 연결되어 있었다. 왕건이 승려와 결합을 시도한 이유가 바로 이러한 데에서 찾아진다. 왕건은 승려를 통하여 그들과 결합 관계에 있는 지방호족과의 결연을 의도하였다.[38] 왕건의 승려와의 결연이나 호족연합책 등은 당시의 불교사상이 형성되는 데 영향을 미쳤다.

왕건은 불교의 종파를 초월하여 교종과 선종의 어느 승려와도 연결을 가졌다. 승려에 대한 왕건의 이러한 태도는 고려 통일기의 불교사상이

38 김두진, 「왕건의 승려결합과 그 의도」(『한국학논총』 4, 1981, 141~152쪽).

그 내에 다른 종파의 사상을 융합하려는 경향과 표리가 되어 나타났다. 고려 통일기의 불교사상은 교종과 선종을 융합하는 경향을 가졌고, 그것은 호족연합책과 연관된 시대적 소산이었다. 고려초의 교선융합 사상경향에는 대체로 두 가지 입장이 있었다. 그 하나는 선종승려가 교종사상을 융합하려는 입장이고, 또 하나는 교종승려가 선종사상을 융합하려는 입장이었다.

선종의 입장에서 교종사상을 융합하려는 대표적인 사람은 현휘玄暉이다. 신라말이래 선사라 하더라도 대개 화엄사상을 먼저 익혀 알았으며, 고려초 왕건과 연결된 선승들은 대체로 화엄을 중시하며 그것을 습득하고 있었다. 현휘의 사상적 특성을 간명하게 제시하면 다음과 같다.

> ① 오직 禪德을 尊崇하고자 佛戒를 늘 행하며, 大師의 말은 어긋남이 없고 마음으로 靈器를 전한다.[39]
>
> ② 생각건대 世間·出世間은 모두 불성으로 돌아가야 되고, 體에는 분별이 없으므로 모두 일승으로 만나게 된다. 그러므로 一託의 松門이 十經의 槐律로 된다.[40]

선사이지만 현휘는 항상 불계佛戒를 행하고 언행을 일치시키는 일을 게을리 하지 않았다. 이러한 행적은 그가 교선융합 사상경향을 지녔음을 알려준다. 일탁一託의 송문松門은 선종산문을 뜻하고 십경十經의 괴율槐律은 교종사상으로 이해된다. 송문이 괴율로 됨은 선종을 중심으로 교종사상, 특히 화엄종사상을 융합하려는 것이다. '일탁의 송문'내에 '십경의 괴율'이 포함될 수 있으며, 세간과 출세간의 모든 현상이 불성으로 돌아

---

39 최언위, 「忠州淨土寺 法鏡大師慈證塔碑」(『조선금석총람』 권상, 156쪽).
40 최언위, 위의 탑비(위의책, 153쪽).

가 일승으로 만나게 된다. 이것은 '하나(一) 속(中)에 일체가 있고 한 티끌 속에 시방十方의 세계를 포함시킨다'는 화엄사상과 다를 바 없다.

현휘는 선종사상 내에 화엄사상을 융합시켜 하나로 돌아감을 강조하였다. 다음 기록을 유념해 보기로 하자.

> 千萬의 一流도 바삐 흐르다 보면 門閾을 지나지 않게 되어 큰 차이를 나타낸다. 만약 禪關에 경건히 參謁하여 우러러 돌이켜 보고 매번 들어 曉誨하여 수행한다면, 급기야는 鐘을 쳐 크게 울린다 하더라도 바다에 들어가 같은 맛이 된다.[41]

현휘는 삼라만상을 천만 갈래로 흐르는 개천의 물로 비유하여, 그것이 바다에 이르기까지 비록 차이가 있으나 바다에 들어가면 동일하게 된다고 하였다. 현휘에게서 문제되는 것은 자기 안에 있는 불성을 깨치는데 그치는 것이 아니다. 중생이나 모든 법은 같은 진성眞性을 가졌으므로, 그는 그 안에서 동질성을 발견하여 융합하려 했다. 그렇기 때문에 바위에 떨어지는 물이 돌아가야 할 바다를 바로 생각할[42] 정도로, 동질성을 내세워 큰 하나로 돌아가는 것을 강조했다.

일찍부터 충주 유씨劉氏세력과 연결되어 있던 현휘는 효공왕 10년(906년)에 중국에 들어가, 도건道乾의 법을 받고는 태조 7년(924년)에 귀국하였다. 귀국하자마자 왕건은 그를 국사에 봉하여 충주의 정토사淨土寺에 머물게 했다. 이때 현휘는 왕건을 위해 법왕法王의 교화를 말하였다. 그것은 왕건을 위해 어진 인사를 등용하는 등의 구체적인 정책의 건의였다. 태조 24년(941년)에 입적하기까지 그는 이곳에서 만년을 보냈다. 태

---

41 최언위, 위의 탑비(위의 책, 154쪽).
42 최언위, 위의 탑비(위의 책, 155쪽).

조 3년(920년) 이후가 되면 해상권이 왕건의 수중으로 들어가게 되므로, 현휘의 귀국은 왕건의 요청에 의해 이루어졌을 것이다. 충주의 정토사는 고려의 통일 이전에도 왕건의 세력권 내에 들어 있었지만, 직접적으로는 충주 유씨들에 의해 경영된 절이다. 현휘는 충주 유씨세력과 깊이 연결되었으면서도 왕건과 돈독하게 결합하였으며, 그의 교선융합 사상경향은 왕건의 호족연합책을 이념면에서 뒷받침하는 연립적인 통일사상이었다.[43]

현휘뿐만 아니라 고려초기 선사들의 사상은 연립적인 통일사상 경향을 띠어갔다. 특히 왕건과 깊이 연결되었던 여엄·경유·형미·이엄 등 사무외사[44]의 사상경향은 현휘의 사상과 비슷한 면을 보여준다. 사무외사는 중국에 유학하여 모두 운거雲居 도응道膺으로부터 선종사상을 전수받아 왔다. 그런데 도응의 사상 속에는 "일체는 즉 만법萬法이요, 만법은 즉 일심이며, 일심은 즉 일체성一切性이다"[45]라고 하여, 화엄사상과 융합되는 면이 내포되어 있다. 왕건이 현휘를 국사로서 경배하였을 뿐만 아니라 사무외사를 존경하였던 이유는 이러한 그들의 사상경향에서도 찾아진다.

고려초의 선사들은 이들처럼 강하게 주장하지는 않았을지라도, 대체로 교선융합 사상경향에 관심을 가졌다. 해룡왕사海龍王寺의 개산조開山祖인 보요普耀선사는 오월로부터 대장경을 가지고 돌아왔다.[46] 보요가 대장경을 가지고 들어온 데에서 당시에 선사들이 불교경전을 외면할 수 없는 분위기가 형성되어 있었다는 것을 생각하게 한다.

---

43 김두진, 「玄暉(879~941)와 坦文(900~975)의 불교사상 -고려초의 교선융합사조와 관련하여-」(『高柄翊선생회갑기념 사학논총』, 한울, 1984, 397쪽).
44 미상, 「장단오룡사 법경대사보조자광탑비」(『조선금석총람』 권상, 164쪽).
45 김동화, 『선종사상사』(1975, 295쪽).
46 『삼국유사』 권3, 塔像4, 前後所將舍利조.

나) 교종의 입장에서 선종사상의 포용

교종 승려들도 선종사상을 융합하려 했다. 신라하대 선종이 유행하는 분위기 속에서 교종은 위축될 수밖에 없었으나, 고려초에 화엄종을 위시한 교종세력이 점차 대두하여 갔다. 특히 화엄종 세력이 커졌는데, 후삼국의 통일을 이룩한 왕건은 충남 연산에 개태사를 세우고 그 원문을 직접 찬술하였다. 개태사는 후백제 유민을 회유하기 위한 목적에서 창건되었는데, 화엄도량으로 나타났다.[47] 왕건이 직접 원문을 찬술하였을 정도로 중요시된 개태사는 통일국가의 화엄 진흥책과 연결되었을 법하다. 왜냐하면 화엄사상은 통일신라 이래로 중앙왕실과 연결될 수 있는 성격을 지녔기 때문이다.

고려초가 되면 선종사상뿐만 아니라 화엄종사상까지도 교선융합 사상경향을 띠어갔다. 말하자면 화엄종의 입장에서 선종사상을 융합하려는 사상경향이 나타났다. 이에 속한 대표적 인물이 탄문坦文이다. 탄문의 교선융합 사상경향은 다음 기록에서 알 수 있다.

> ① 釋氏의 三藏에 六△가 있는데 △△△△는 △禪의 根이요, 밖으로 경론은 律敎의 문이다. 누가 그 전부를 실로 갖추었겠는가, 오직 대사이다.
>
> ② 迦耶山寺에 이르니 그 승도들이 仙樂을 갖추어 부처를 영접하듯이 했다. 이에 幡旗가 구름처럼 나부끼고 鉢螺가 번개처럼 울렸으며, 敎·禪의 1천여 인이 奉迎하여 절로 들어갔다.[48]

탄문은 장의산사莊義山寺에서 주로 화엄을 수학하고 15세 되던 해에 신

---

47 文明大, 「開太寺 石丈六三尊佛立像의 연구 -毘盧舍那丈六三尊佛像과 관련하여-」(『美術資料』 29, 국립중앙박물관, 1981, 9~10쪽).

48 金廷彦, 「海美普願寺 法印國師寶乘塔碑」(『조선금석총람』 권상, 224~230쪽).

엄信嚴율사로부터 구족계를 받았다. 그는 묘각妙覺과 아울러 율의律義를 갖추었다. 곧 교종과 선종사상을 아우르는 소양을 가진 셈이다. 이후 장의산사의 수도생활이 그에게 교선융합 사상경향을 갖게 하는데 도움을 주었다. 그는 경전을 하루 동안 읽으면서 반드시 수행을 했고, 신엄율사도 그에게 "하루 동안 현행을 행함이 30명의 장정을 대적할 수 있다"고 가르쳤다. 그는 '심전心傳'과 아울러 경전에 대한 이해를 넓혀 갔다. 탄문의 사상적 특성을 총체적으로 지적한 머리 부분의 비문 기록에는 그가 선근禪根과 아울러 율교律敎를 갖춘 인물로 부각되었다.

밖으로 경론을 추구함이 율교라면 안으로 자성을 깨치는 면이 선근이다. 이와 연관시켜 그의 법호인 탄문과 자字인 대오大悟는 교선융합 사상경향과 연관하여 붙여졌다. 즉 '탄문'은 교종의 뜻에서 붙여진 것이고 '대오' 즉, 자성의 깨침은 신라하대 이래 선종산문에서 강조된 것이다. 그러므로 탄문은 교선융합 사상경향을 내세우면서 고려초기에까지 상당한 영향력을 발휘하고 있던 선종산문의 포용에 관심을 두었다.

실제 탄문은 광종 26년(975년)에 보원사普願寺로 돌아올 때 교종과 선종의 승려 1,000여 명으로부터 영접을 받았다. 보원사는 의상 이후 화엄십찰 중의 하나로 줄곧 화엄도량으로 중요시되었으며, 개경으로부터 해로를 통해 곧바로 연결이 가능한 곳에 위치하였다. 이러한 이유로 고려왕실은 일찍부터 보원사에 대해 관심을 가졌다. 그런데 보원사 내에는 교종뿐만 아니라 선종 승려도 상당수 거주하였던 것이다. 이들 선종 승려들은 물론 신라하대 이래의 구산선문에 속해 있었던 자들로 보인다. 교종과 선종 승려가 대립하지 않은 채 한 곳에 거주할 수 있다는 것은 대단히 중요하다. 그것은 광종대 말이라는 시대적 여건 속에서 이해되어야겠지만, 탄문사상의 교선융합 사상경향과도 밀접한 관련을 가진다.

탄문은 화엄의 입장에서 교종사상을 받아들여 종합하였다. 태조 18년(935년)에 사백산四伯山의 신랑태대덕神朗太大德이 「각현覺賢의 여열餘烈」을 편찬하여 방광方廣의 비종秘宗을 펴고 있었는데, 입적할 때가 되어 탄문을 초청했다. 탄문이 신랑에게 나아가 화엄 세 본을 들려주니, 신랑이 부끄러워했으며 이로 말미암아 화엄대교가 번성하게 되었다.[49] 심전자心傳者로 표현된 신랑은 선종 승려로 생각된다. 그가 편찬한 「각현의 여열」은 선종 조사의 행적을 모은 승전이었을 것이다. 이러한 저술을 편찬하기 위해 신랑은 고려초기까지의 선종사상의 전통에 대해 깊이 이해하였을 것이다. 선종의 흐름에 대해 일가견을 가진 신랑이 탄문을 청하여 듣고자 한 것은 선종 계통이 아닌 화엄사상이었다.

탄문은 화엄종 승려이지만 선종 사원과 깊은 관련을 맺고 있었다. 광종 19년(968년)에 귀법사歸法寺에 주석한 후에도[50] 탄문은 선종 사원과의 연결을 의도하고 있었다. 화엄종 승려이지만 선종과의 인연을 넓게 가지는 과정에서 선종의 신랑과 교류하였다. 그런데 막상 신랑이 탄문에게 감응된 것은 화엄 세 본을 듣고나서였으며, 탄문이 신랑에게 화엄을 설함은 마치 석가가 가섭에게 설법한 것이나 혹은 정명淨名이 문수에게 묵대하고 있는 것으로 비유되었다.[51] 이는 선종사상에 대한 우위를 말한 것으로, 탄문은 화엄사상의 입장에서 선종사상을 융합하였음을 알려준다.

---

49 김정언, 위의 탑비(위의 책, 226쪽).
50 金龍善, 「광종의 개혁과 歸法寺」(『고려광종연구』, 일조각, 1981, 106쪽).
51 김정언, 앞의 탑비(앞의 책, 226쪽).

(2) 균여의 통합불교

가) 균여의 저술

「균여전均如傳」에 의하면 균여의 저술로 『수현방궤기搜玄方軌記』 10권·『공목장기孔目章記』 6권·『오십요문답기五十要問答記』 4권·『탐현기석探玄記釋』 28권·『교분기석敎分記釋』 7권·『지귀장기旨歸章記』 2권·『삼보장기三寶章記』 2권·『법계도기法界圖記』 2권·『십계도기十界圖記』 2권·『십구장기十句章記』 1권·『입법계품초기入法界品抄記』 1권이 있었다고 한다. 『수현방궤기』·『공목장기』·『오십요문답기』는 지엄智儼의 교학에 대해 주석한 저술이며, 『법계도기』·『입법계품초기』는 의상의 교학을 주석한 저술이고, 그 나머지는 법장法藏의 교학에 대해 주석한 저술이다.

이중 『교분기석』·『삼보장기』·『지귀장기』·『십구장기』·『법계도기』가 현재 전하고 있다. 또 최남선崔南善의 「균여전해제均如傳解題」에 의하면 『법성게초法性偈抄』 3권이 현전한다고 기록되어 있는데,[52] 아마도 그것은 『법계도기』의 이본이 아닌가 생각된다. 균여의 저술 중 현재 전하는 것은 의상이나 법장의 저술에 대한 해설이지만, 그 내용은 단순한 주석이나 모방이 아니라 균여 자신의 저작이다. 해설서이긴 하지만 균여저술의 체제도 원저자인 의상이나 법장의 저술과 상당히 다르게 구조되어 있다.[53] 또 균여의 저술에 지대한 영향을 준 것은 의상계의 신라 화엄사상이지만, 그 외에 원효나 법장의 교학 역시 그의 저술에 영향을 주었다. 특히 성상융회사상은 법장의 저술에서 영향을 받았다.

그 중 특별히 의상이 지었다는 『입법계품초기』는 전하지 않으므로,

---

52 赫連挺,. 「均如傳」(崔南善 編, 『新訂 三國遺事』 附錄, 民衆書館, 1946, 55쪽).

53 김두진, 「균여의 생애와 저술」(『역사학보』 75·76합집, 1977 ; 『균여화엄사상연구』, 일조각, 1983, 51~52쪽).

현전하는 『법계도기』에 대해 언급하고자 한다. 본래 의상은 『대승장大乘章』 10권을 방대하게 저술하였지만 지금 전하지 않으며, 그 내용을 210자로 줄인 것이 「법계도」이다.[54] 이에 대해 주석한 저술이 『법계도기』이다. 이 책은 의상의 「법계도」가 만들어지는 경위를 서술하고, 다음으로 「일승법계도합시일인一乘法界圖合詩一印」이라는 제목에 대한 해설과 그 내용으로 화엄경 및 십지론十地論에 의거한 원교종요圓敎宗要를 나타내고자 한 것을 제시하였다. 마지막으로 도인圖印에 대해 해석하였는데, 적색은 지정각智正覺으로, 검은 글자(黑字)는 중생으로, 종이는 기계器界로 표현되었다. 도인에는 굴곡이 있는데, 이는 일승행자一乘行者가 중생기衆生機에 따라 방편수행方便修行해 감을 표방한 것이다.[55]

균여 저술 속의 어떠한 내용도 한 곳에 단독으로 나타나지 않고 여타의 다른 사상과 유기적으로 연결되어 있다. 그 중 특징적으로 나타나는 것을 들면 다음과 같다.

① 法界사상 ; 균여 화엄교학의 전체 체계를 제시한 것으로, 『십구장원통기』에 최초로 갖추어져 그의 저술 전반에 걸쳐 나타나고 있다.

② 緣起사상 ; 數錢論과 밀접하게 연결시켜 논리를 전개시켰는데, 『지귀장원통초』를 제외한 모든 저술에 기록되었다. 그 내용은 연기론보다는 性起論에 치중되었다.

③ 性相融會사상 ; 중국 武周朝의 전제정치에 유용했던 법장의 성상융회사상을 중요하게 취급하였다. 이는 고려 光宗代의 전체정치를 이해하는데 도움을 주며, 뒷날 知訥의 화엄교학에 영향을 준 것이다.

④ 內證外化사상 ; 균여저술 속에 독립된 장이나 소절로 언급되지는 않지

54 김두진, 「균여화엄사상의 체계와 논리」(『균여화엄사상연구』, 일조각, 1983, 284쪽).
55 김두진, 「균여의 생애와 저술」(『역사학보』 73·74합집, 1977 ; 『균여화엄사상연구』, 30쪽).

만, 그의 모든 사상은 이와 연관하여 서술되었다. 이는 교선일치 사상경향과 연결되는 것이다.

균여 저술 속에는 의상을 비롯하여 신라의 여러 승려들의 사상이 인용되어 있다. 즉 그의 저술을 통하여 신라 교학 장소章疏의 성격을 밝힐 수 있다. 『십구장원통기』는 지엄智儼의 화엄교학에 의거하여 서술하였지만, 의상의 제자인 법융法融이 주석註釋한 것이다. 횡진법계론橫盡法界論과 수진법계론竪盡法界論은 『십구장원통기』에 특별히 나타난 사상이다. 횡진법계론과 수진법계론은 각각 의상과 법장의 화엄사상의 논리구조를 분명하게 대비시켜 이해하게 한다. 『도신장道身章』은 균여저술에 가장 많이 인용된 저술인데, 화엄사상과 법화사상을 융합하는 내용을 담고 있다. 균여는 의상의 제자이지만 10대 제자 중에는 포함되지 않았던 도신의 교학을 매우 중시한 셈이다.[56]

균여저술은 나말려초에 화엄교학이 정리되는 모습을 사실적으로 알려준다. 신라말 해인사海印寺에는 화엄종의 두 종장宗匠이 거주하고 있었다. 관혜觀惠로 대표되는 남악파南岳派와 희랑希朗으로 대표되는 북악파北岳派의 화엄교학이 즉 그것이다. 왕건의 복전福田이 된 북악파와 견훤의 복전이 된 남악파의 두 화엄교파는 서로 기름과 물이 되어 반목하였는데, 균여는 북악의 법손으로서 남북악파의 화엄사상을 회통하였다. 그런데 남악 관혜의 수전론을 소개하고 있어서, 이는 두 화엄학파의 사상적 성격을 이해하는데 도움을 준다.

---

56 김두진, 위의 논문(『균여화엄사상연구』, 1983, 62쪽).

나) 균여의 정치 · 사회적 입장

균여는 태조 6년(923년)에 황주의 형악荊岳에서 태어났으며, 속성은 변씨邊氏로 아버지는 환성煥性이며 어머니는 점명占命이다. 그의 가문은 대호족이 아닌 지방의 군소토호였으며, 일찍부터 불교와 밀접한 관계를 가졌다. 황주지역의 불교사원은 대부분 그 곳의 강호였던 황보씨와 연결되었기 때문에, 균여도 그들과 연관되어 있었다. 균여는 당형인 선균善均을 따라 부흥사復興寺의 식현職賢화상의 문하에서 출가하였는데, 그 후 영통사靈通寺의 의순義順에게 수학하였다. 의순도 황보씨와 연결되어 있었는데, 정종 4년(949년)에 균여는 그를 통해 대목황후大穆皇后와 인연을 맺었다. 이후 균여는 광종과 돈독하게 연결되었다.

광종 4년(993년)에 균여는 국사 겸신謙信의 천거로 기청제祈晴祭를 주관하였다. 후주後周가 사신을 파견하여 광종을 책봉하려 할 때 마침 비가 오자, 균여가 원음圓音으로 강연하니 하늘이 맑아졌다고 한다.[57] 광종 4년경이면 화엄종 승려인 겸신이 국사에 봉해질 정도로 광종의 화엄사상에 대한 관심이 높아졌다. 그러한 사상적 분위기 속에서 균여는 광종과 접근할 수 있었다. 책봉의례를 위한 국가적인 기청제를 주관한 점으로 미루어, 이 때 균여는 광종대 전제정치의 태동에 관여하였다. 광종은 기청제를 마친 균여의 가족 10여 인에게, 칙명으로 가각 밭 25경頃과 노비 45명을 내리는 등의 후한 은전을 베풀었다.

균여가 실제로 광종대 전제정치의 핵심 인물로 부상한 것은 광종 9년(958년)에 불일사佛日寺에서 소재消災도량을 주관하고 난 후이다. 이 때 광종이 균여를 찾아뵙고 경중敬重을 더하여 총애함이 고금에 뛰어났다고 한다.[58] 불일사는 광종 2년(951년)에 어머니 유씨劉氏의 원당으로 창건된

57 혁련정, 「均如傳」, 感通神異分者.

절이다. 당시 균여의 나이는 만 35세에 지나지 않았다. 원로도 아니요 그렇다고 높은 승직에 있지도 않은 균여를 찾아본 광종의 의도에는, 종교 외의 정치적 포석이 더 강하게 깔렸을 것이다. 광종 9년 이후 전제 개혁정치는 박차를 거듭한 듯 급속히 진전되었는데, 그 이데올로기를 성립시키는데 균여의 사상이 중요한 역할을 담당하였다.[59]

균여의 저술은 광종 9년에서 13년 사이에 집중적으로 설교된 내용을 기록한 것이다. 광종 14년(963년)에 귀법사가 창건되어, 균여는 그 곳의 주지로서 남은 생을 보냈다. 이로 보아 균여는 귀법사를 창건하는 주역이었을 것으로 짐작된다. 즉 귀법사는 전제정치를 이념적으로 뒷받침할 균여의 성상융회사상을 펴기 위해 창건되었다. 황보씨세력과 연결된 균여를 광종이 측근세력으로 흡수한 것은 전제정치의 성격을 이해하는데 도움을 준다. 국초 이래 군소 토호세력은 지방의 강호들과 연결되어 있었을지라도, 그들과 이해 면에서 반드시 일치하지는 않았다. 광종도 황보씨와 결연되었지만 그들과 이해를 완전히 같이 하지는 않았던 균여를 회유하여 결합함으로써, 측근세력을 보강하고 상대적으로 황보씨와 같은 강호세력을 효과적으로 약화시킬 수 있었다.

그러나 균여는 전제정치의 핵심 인물이면서도 강호였던 황보씨와의 관계를 완전히 청산하지 않았다. 측근 세력의 이러한 성향은 광종의 전제정치에 상당한 영향을 주어 광종 말년에 강호들은 점차 세력을 회복해 갔다. 광종 19년(968년) 이후 균여는 귀법사 내의 정수正秀와 대립하고 있었다. 정수는 균여보다 더 광종과 밀착된 인물이며, 그의 거세는 광종대의 전제주의에 반발하는 강호세력의 압력에 의한 것이었다. 정수

58 혁련정, 「균여전」, 감통신이분자.
59 김두진, 「균여화엄의 史的 의의」(『韓國華嚴思想硏究』, 동국대 불교문화연구소, 1982, 157쪽).

외에 최행귀崔行歸 등 광종의 행신倖臣들이 거세되면서 전제정치는 실패로 기울었다.[60] 광종 24년(973년) 균여의 입적은 이런 면에서 생각되어야 한다. 균여는 비록 강호와의 연결을 청산하지 않은 인물이지만, 광종대의 전제주의와 운명을 같이 하였다.

다) 성상융회사상

균여의 사상은 광종대 전제정치를 위한 체제의 통합과 관계되면서 강한 융합사상으로 나타났다. 그러한 융합사상으로서의 성격을 가장 뚜렷하게 나타낸 것이 성상융회性相融會사상이다. 본래 중국의 성상융회사상은 교종 내부의 대립을 해소하기 위해 화엄종사상 내에 법상종사상을 융합하려는 것으로, 이미 법장法藏에 의해 체계화되었는데 무주조武周朝의 전제정치를 옹호하는 성격을 지닌 것이었다.[61] 균여는 주로 법장의 저술을 주석하면서 성상융회사상을 주장하였다.

신라 이래의 한국 불교사상에서 균여는 원종圓宗으로서의 성격을 강하게 나타냈다.[62] 때문에 그의 저술에는 모두 '원통圓通'이라는 이름이 붙었다. 균여는 원종으로서의 성격을 표방하면서 의상 화엄사상의 융회적 성격을 충실히 계승하였다. 이처럼 화엄사상의 수용 면에서 균여의 성상융회사상은 법장의 그것에 비해 오히려 더 융회적 사상으로 나타났다. 그렇지만 법장의 사상경향을 무시하지 않은 데에서 균여 화엄사상의 의의를 찾을 수 있다.

균여는 의상과 법장의 화엄사상의 구조를 횡진법계관橫盡法界觀과 수진

---

60 김두진, 「고려광종대 전제왕권과 호족」(『한국학보』 15, 일지사, 1979 ; 『균여화엄사상연구』, 100~102쪽).

61 鎌田茂雄, 『中國華嚴思想史の硏究』(東京大出版會, 1970, 147쪽).

62 張元圭, 「華嚴敎學 완성기의 사상연구」(『불교학보』 11, 1974, 16쪽).

법계관竪盡法界觀으로 나누어 설명하였다. 의상의 횡진법계관은 "하나를 부를 때 일체가 일명一名으로 불려진다"라고 했다. 횡진법계관에서는 전체의 하나하나를 파악하기 보다는 원칙적인 하나를 파악하고, 그것으로써 전체를 이해하려 한다. 반면 법장의 수진법계관에서는 "하나를 부를 때 일체가 각각 불려진다"라고 했다.[63] 수진법계관에서는 전체를 파악하고자 할 때 그 구성된 하나하나의 의미에 집착해서, 그것을 각각 달리 이해하려 한다. 지엄智儼은 의상과 법장에게 각각 '의지義持'와 '문지文持'라는 이름을 붙여 주었는데, 이도 역시 그들이 가진 법계관의 차이와 연결된 것이다.

균여는 횡진법계관과 수진법계관을 종합한 화엄사상 체계인 '주측周側'을 주장했다. 그것은 횡진법계관를 근간으로 수진법계관까지를 융합하려는 사상이다. '주周'는 횡진법계관을, '측側'은 수진법계관을 뜻하므로 '주측'은 두 법계관를 융합한 것이며,[64] '주측'사상 내에서 두 법계관은 반드시 구별될 필요가 없게 되어 결국에는 하나로 통합된다.[65]

균여의 사상이 '주측'에 기초하고 있다는 것은 의상의 사상을 근간으로 법장의 사상까지를 융합하려는 것이다. 그리고 원칙적인 하나 속에 전체를 통합하면서도 그 하나하나의 의미를 음미해 보려고 한 것이다. 말하자면 만물의 여러 법상에 대한 파악이 균여의 화엄사상 속에 결여된 것은 아니다. 그러나 여러 법상이 원칙적인 '이理' 속에서 융회되어 하나로 파악될 때 사事나 이理는 모두 민멸되어 존재를 초월하기 때문에,

---

63 균여, 『法界圖圓通鈔』 권하, 20엽 좌에 "呼一時 一切口許 有二義 一者藏師 呼一名時 一切各各 自名口許 二者相師 呼一名時 一切共 一名口許"라 했는데, 전자를 竪盡法界, 후자를 橫盡法界라 한다.

64 균여, 『旨歸章圓通鈔』 권상, 8엽 우.

65 김두진, 「균여의 法界觀」(『역사학보』 77, 1978 ; 앞의 책, 303~308쪽).

그것은 혼연된 일체一體로 나타나게 된다.

'성性'은 이理이고 '상相'은 사事이기 때문에 성상융회사상은 이와 사의 융합사상 즉 이사무애理事無碍사상으로 연결된다. '상'이 실체를 갖지 않는다면 '성'은 주체가 되는 점이 다를 뿐, '성'과 '상'이 다 같이 민멸되어 혼연된 일체를 이룬다. 따라서 균여의 성상융회사상은 성상무애性相無碍사상으로 불러야 마땅하다. 균여는 이러한 성상융회사상을 상재부재문相在不在門·상시불시문相是不是門·공불공문空不空門의 3문으로 나누어 설명하였다. 상재부재문은 사상事相이 자성을 가지지 않으므로 융회가 가능한 것을 논했다. 상시불시문은 사상의 민멸을 논했다. 공불공문은 '성'과 '상'이 혼연된 일체로 융합되는 주체를 논했다.[66]

라) 성속무애사상

균여의 화엄사상 내에는 신이한 내용을 강조하여 수용하였다. 그는 순수 교리적이라기보다는 토착적인 신앙을 흡수하여[67] 사상체계를 완성시켰다. 균여사상의 신이한 측면은 광종대 중기에 토착적 사조가 크게 일어나는 것과 연관된다. 이때에 등장하는 토착신앙이나 균여사상의 신비적 측면은 광종의 전제주의와 관련해서 이해해야 한다.

토착적이거나 신이적인 면을 강조하는 균여의 사상은 서민 백성에게 친근감을 줄 수 있다. 실제로 균여는 향가를 지어 성속聖俗을 구별하지 않고 하나로 묶고자 하여 성속무애聖俗無碍사상을 내세웠다. 「보현원가普賢願歌」에서 사師의 마음은 본래 부처의 경지와 같으니 세속과 가깝게 하기 위해[68] '속俗'과 '진眞(聖 혹은 僧)'을 융합하려 했으며, 더 나아가 동방과 서방, 남녀나 귀천까지를 융합하려는[69] 강력한 통합

66 김두진, 「균여의 '性相融會'사상」(『역사학보』 90, 1981 ; 앞의 책, 222~226쪽).
67 허흥식, 「고려전기 불교계와 天台宗의 형성과정」(『한국학보』 11, 1978, 93쪽).
68 혁련정, 「균여전」 譯歌現德分者.
69 혁련정, 위의 글.

사상을 내세웠다.

균여는 성속무애사상을 펴면서 특히 서민 대중을 의식하고 있었다. 그는 학문에 뜻을 둔 사람들을 부처에게로 귀의시키고자 「보현원가」를 지었는데, 그 마지막은 항순중생가恒順衆生歌와 보개회향가普皆迴向歌로 끝을 맺고 있다. 이 두 향가의 내용은 중생을 부처에게로 귀의시키려는 것이다.[70] 균여의 교학에 있어서 중생과 부처는 크게 구별되는 것이 아니어서, 깨달으면 부처가 되고 미혹하면 중생이 된다. 따라서 중생은 언제든지 부처가 될 수 있다.

균여의 성속무애사상은 불교계의 융합은 물론 세속계까지를 융회하려는 강력한 통합사상인데, 성상융회사상을 기반으로 성립되었다.[71] 성상융회사상은 교종 내부의 모순을 해결하려는 융합사상이지만, 광종대 당시 토착적 신앙의 등장과 연결되어 신이한 성격을 지니면서, 끝내는 성속무애사상으로까지 나타나게 되었다.

광종대 중기의 토착적 신앙경향은 전제주의와 밀착되어 있었다. 균여의 성상융회사상은 비록 토착적이고 신이한 면을 강조하면서도, 결코 중국 법장으로 이어지는 정통파 화엄사상의 보편성을 완전히 무시한 것은 아니었다. 왜냐하면 이는 의상의 사상을 근간으로 법장의 사상을 융합한 것이기 때문이다. 즉 균여의 화엄사상은 법장 화엄사상 중 여러 법상을 강조하는 사실적 측면을 흡수하면서 법상종사상까지를 융합한 것이다.

---

70 혁련정, 위의 글.

71 김두진, 「균여화엄의 史的 의의」(『한국화엄사상연구』, 동국대 불교문화연구소, 1982, 166쪽).

2) 천태학의 연구

(1) 법안종의 성립

가) 법안종의 등장

광종대 초기까지 선종이 유행하고 있었다고는 하지만 구산선문이 모두 흥했던 것은 아니다. 광종은 그 중 봉림산문鳳林山門과 희양산문曦陽山門에 대해 큰 관심을 나타내어, 광종 원년(950년)에 고달산高達山의 증진證眞대사 찬유璨幽를 국사에 봉하고, 그 다음 해에는 봉암사鳳岩寺의 정진靜眞대사 긍양兢讓을 서울로 불러 제석원帝釋院에 머물게 했다. 즉위 초에 광종의 불교에 대한 관심은 정도政道를 구하는데 두었다. 이는 피비린내 나는 왕위계승의 와중에서 광종의 즉위를 정당화하려는 이념을 모색하려는 것이며, 보편적인 법을 내세우는 불교이념을 통하여 치국의 모책을 수립하자는 것이었다.

다만 광종이 구산선문 중 특별히 봉림산문이나 희양산문에 대해 관심을 나타낸 것은 두 산문이 교선일치 내지 성상융회의 사상경향을 띠었기 때문이다. 이들이 주장하는 성상융회 사상경향은 선종의 묵수墨守를 위한 공관空觀의 인식이어서, 뒷날 전제정치의 이념을 제공하는 균여의 성상융회사상과는 입장을 달리할지라도 그것을 성립시키는데 이바지하였다.[72] 광종이 두 산문에 대해 보다 큰 관심을 나타낸 이유가 바로 이러한 데에서 찾아진다. 그런데 선사들이 선종의 입장에서 성상융회사상을 포용하려는 경향은 법안종法眼宗을 성립시키는데 작용하였으며, 더욱

72 김두진, 「고려 광종대 法眼宗의 등장과 그 성격」(『한국사학』 4, 한국정신문화연구원, 1983, 13쪽).

이 현휘의 교선융합 사상경향이 광종대의 법안종사상을 대두시키는 데 영향을 주었다.

광종대의 교선일치 사상경향인 법안종이나 천태종에 대해서는 일찍부터 주목해 왔다. 『조선불교통사朝鮮佛敎通史』는 고려초에 법안종이 많이 전해졌는데, 당시의 법안종 승려로 혜소慧炤·영조靈照·영소靈炤 등을 들었다.[73] 이는 광종대에 법안종이 대두하고 있음을 지적한 것이다. 이 외에도 법안종 승려로서 중국에 유학하고 돌아온 사람들로 도봉道峯 혜거慧炬·적연寂然 영준英俊·진관眞觀 석초釋超·지종智宗 등이 있다. 이들은 고려초 법안종 성립에 크게 기여한 인물들인데, 고려사회에서 활약한 시기는 석초를 제외하면 대체로 광종대 말에 해당된다.

그렇지만 광종대 중기에 법안종은 이미 고려 국내에 알려졌으며, 광종도 이에 대해 관심을 가졌다. 광종은 중국의 연수延壽를 흠모하여 사신을 파견하고 제자의 예를 폈으며, 고려 승려 36인을 그 문하에 보내어 법인을 받아 귀국하게 하였다.[74] 이러한 기록은 그 연대가 정확한 것은 아니지만, 지종이 광종 10년(959년)에 오월국으로 들어가 연수의 문하에 수학하게 된 사실을 말한 것으로 생각된다. 지종 외에 석초도 중국 천대 덕소德韶의 법사인 용책龍冊 효영曉英의 문하에서 수학한 후, 귀국하여 광종대 중기에 활동하였다.

광종대 중기에 활동한 법안종 승려들은 교선일치보다는 오히려 성상융회 사상경향을 가졌으므로, 법안종사상은 전제정치를 이념면에서 도왔던 균여의 사상과 배치되지는 않았다. 따라서 광종은 법안종에 대해 관심을 가졌다. 또 지종은 법안종 승려로서가 아니라 선승으로서, 성상융

73 이능화, 「高麗初多傳法眼脈」(『조선불교통사』 권하, 신문관, 1918, 344~346쪽).

74 道原, 『景德傳燈錄』 권26, 杭州永明寺延壽禪師.

회 사상경향을 가졌기 때문에 광종에게 발탁되었다. 그는 긍양의 법손法孫으로서 찬유와도 연결되었고, 그러한 인연으로 말미암아 승과에 합격하여 광종과 인연을 맺었다.

그러나 실제로 법안종이 크게 등장한 시기는 광종 19년(968년) 이후이다. 광종 19년에 혜거惠居가 국사에 봉해지고 그의 문도인 영준 등이 연수의 문하로 유학하였다. 그리고 광종 22년(971년)에는 도봉원道峯院 · 고달원高達院 · 희양원曦陽院의 세 부동문不動門을 설정하였는데, 이는 법안종의 기준에서 설정된 것이었다.[75] 이때의 법안종사상에서는 교선일치 사상경향이 크게 강조되었다. 광종 10년(959년)에 연수 문하로 유학한 지종이 광종 21년에 귀국하였다. 10년이 넘도록 중국에 체류한 그가 갑자기 귀국하게 된 것은 아마도 국내에서 교선일치 사상경향이 용납되었기 때문이다. 그는 처음 중국에 들어갈 때와는 달리 연수 문하에서 정혜론定慧論 등 교선일치 사상체계에 대해 관심을 가지고 있었다.

이러한 지종의 사상은 성상융회사상이 지배적인 광종대 중기의 고려사회에서 용납되기 어려웠으므로 귀국하지 못하다가, 교선일치 사상경향이 대두되면서 귀국하게 되었을 것이다. 광종 19년 이후 교선일치 체계의 법안종사상이 등장하게 된 것은, 점차 세력을 만회하여 가던 호족세력과 유기적으로 관련되었다. 이때가 되면 호족세력은 비록 역사의 표면에 나타나지는 않았지만, 왕권에 제약을 가할 정도로 성장하였다. 이후 광종과 밀착된 인물들이 역사의 그늘에 숨어 표면에 나타나지 않은 실력자, 즉 호족세력의 압력을 받아 하나 둘씩 처단되어 갔다.

---

75 김두진, 앞의 논문(『한국사학』 4, 31~32쪽).
道峯院은 法眼宗 사찰이다. 다만 高達原과 曦陽院은 성상융회 사상경향으로 말미암아 광종초에 왕실과 연결되었다. 그런데 선종의 입장에서 성상융회사상을 포용하는 것이 바로 법안종사상이었다. 즉 그것은 '禪的 理事觀'으로 불린다.

<표 2> 법안종의 계보

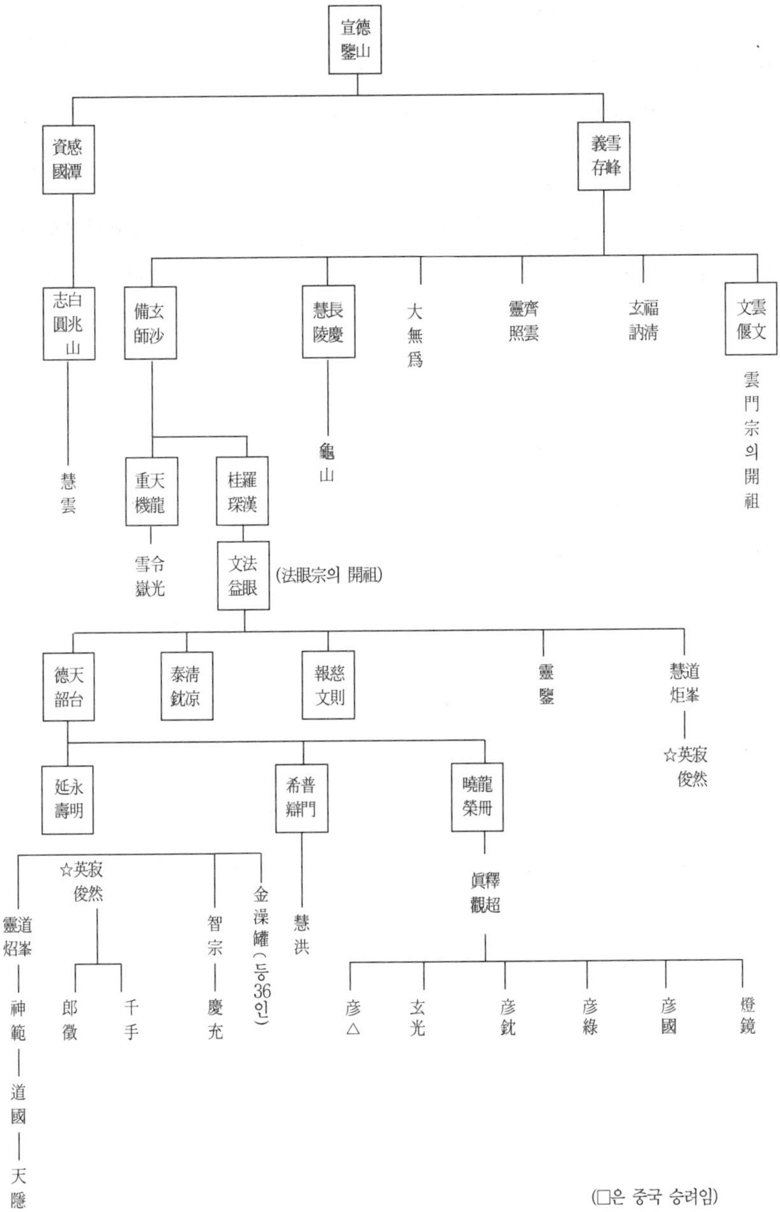

(□은 중국 승려임)

나) 법안종사상

광종대에 활동한 법안종 승려들의 비문은 서너 개가 현전한다. 광종대의 법안종사상은 이들 비문을 중심으로 하여 추구될 수 있고, 미약한 부분은 중국 법안종사상의 이해를 통해서 보강할 수 있다. 중국의 법안종은 청원靑原 행사行思의 법맥을 이은 설봉雪峰 의존義存의 법손인 문익文益에 의해 개창되어, 천태 덕소德韶와 영명永明 연수延壽로 이어지면서 확립되었다. 문익이나 덕소·연수 등은 모두 고려초 법안종의 성립에 큰 영향을 끼쳤다. 그 중에서도 연수의 사상이 광종대 법안종을 성립시키는데 크게 기여하였다.

중국에서는 당대 초에 법상종이 풍미하였는데, 그 뒤 화엄종이 등장하면서 교종 내부에서 화엄종과 법상종의 대립을 해소하려 했다. 법장이나 징관澄觀의 사상은 각각 '성상융회性相融會'나 '성상결판性相決判'으로 특징지어진다. 연수는 선승이지만 교계의 대립을 자기 나름대로 소화하여 종합하고자 하였고, 그러한 결실을 『만선동귀집萬善同歸集』으로 저술하였다. 『만선동귀집』에서는 교종과 선종의 문제를 다루었지만, 그 주된 관심은 '공空'과 '유有' 즉 '성'과 '상'의 융합에 비중을 두었다. 때문에 광종은 『만선동귀집』을 읽고 거기에 매력을 느꼈다고 한다. 그러나 연수의 또 하나의 저술인 『종경록宗鏡錄』에는 교선일치의 사상체계가 더 강하게 담겼다. 그것은 선종의 입장에서 천태나 화엄 및 법상종사상을 융합하려는 것이다. 연수는 교선융합사상을 내세우지만, 그 중 '교'는 화엄사상과 법사종사상을 융합한 교계의 대립을 해소한 것이다. 곧 그는 선종의 입장에서 성상융회사상을 포용하려 했다.[76]

---

76 延壽는 교종 내부의 모순을 극복하고자 성상융회사상에 더 비중을 두어 『萬善同歸集』을 저술하였다. 그러한 사상 기반 위에 교선일치사상을 구축하였는데 이것이 『宗鏡錄』으로 종합되었다.

지종은 연수의 문하로 나아갈 당시에 법안종의 성상융회 사상경향에 매료되었다. 또한 지종보다 조금 시대가 앞서는 석초는 성상융회의 사상체계에 관심을 가졌다. 아마도 광종대 중기의 법안종에 대한 관심은 여전히 성상융회 사상경향에 비중을 두게 하였다. 그러나 법안종사상에는 교선일치 사상경향이 담겨 있고, 그것은 선종의 입장을 강하게 견지하면서 교종사상을 융합하려는 것이었다.

고려 초의 법안종 승려들도 처음엔 성상융회사상에 관심을 두었지만, 점차 시대가 내려오면서 교선일치의 사상체계에 흥미를 가졌다. 영준은 말할 것도 없거니와 지종도 처음 출국할 당시에는 성상융회 사상경향에 몰두해 있었지만, 연수 문하에서 수학하는 동안 점차로 교선일치 사상경향에 심취하였다. 지종뿐만 아니라 광종대 말에 활동한 법안종 승려들은 대체로 교선일치 사상경향을 지녔다. 그들은 교종 내부의 융합 즉 성상융회사상을 완전히 배제하지는 않았으며, 교선일치 사상경향을 가졌으나 어디까지나 선종의 입장에 서 있음을 명백히 했다.

(2) 고려초기의 천태교학

고려초 의통義通과 체관諦觀은 중국에 들어가 활동하였는데, 의통은 중국 천태종의 13대 교조가 되었고 체관은 천태종 교본이라 할 수 있는 『천태사교의天台四教儀』를 저술하였다. 중국에까지 역수입된 의통과 체관의 천태사상을 논하면서, 고려초기 사회에서 천태학의 연구가 활발하고 그 수준의 높았다고 생각하는 견해[77]가 있는 반면 고려초에는 종파로서 천

77 김철준, 「고려초의 천태학연구」(『동서문화』 2, 계명대, 1968 ; 『한국고대사회연구』, 지식산업사, 1975, 342~343쪽).

태학이 성립되지 않다는 견해도 있다.[78] 다만 불교종파로서 오교구산이 성립되어 있었다는 통설을 부정하면서 고려초에는 선종과 화엄종 외에 천태학 연구가 활발하였는지는 의심스럽다. 그러나 광종대 법안종의 성행은 천태종에 대한 이해를 증진시킨 것이 분명하다.

고려 건국 초에 천태사상이 성행하였는지는 분명하지 않다. 나말려초에 무려 30여 명에 달하는 선종 승려들의 비문이 전하지만, 그들 가운데 법안종 승려인 지종을 제외하면 천태사상에 접한 자는 현휘와[79] 찬유[80] 정도이며, 이들도 천태교문을 잠깐 거쳐 가는데 지나지 않는다. 그러나 고려초에 후삼국을 통합하려는 기운과 연관하여 법화나 천태사상의 '일심삼관법一心三觀法'이 유포되어 있었다. 다음 기록에서 이를 확인할 수 있다.

> (能兢이 말하기를) "지금 동쪽의 韓 땅도 일찍이 三分된 고로 우리 태조(王建)가 창업할 때에 행군한 福田인 四大法師에 의한 一心三觀法이 있었는데, (그것은) 聖君이 삼한을 합하여 한 나라를 이루는 것과 풍토가 서로 맞습니다. 만약 法을 구하여 유행시킨 즉 後嗣가 죽순처럼 번창하고, 수명이 연장되어 왕업이 끊이지 않으며, 항상 일가를 이룰 것입니다"라고 하였다.[81]

고려후기 민지閔漬가 기록한 위의 내용은 다소 사료적 가치가 떨어지기는 하지만, 천태종의 본거인 국청사國淸寺 관계 기사인 까닭으로 그 전부터 있어오던 국청사의 사승寺乘이든가 기타의 기록을 참고하여 서술되었을 것이다.[82] 왕건에게 '회삼귀일會三歸一' 사상을 전한 능긍能兢은 법화

---

78 허흥식, 「고려전기 불교계와 천태종의 형성과정」(『한국학보』 11, 일지사, 1978, 80~96쪽).
79 최언위, 「충주정토사 법경대사자증탑비」(앞의 책, 153쪽).
80 김정언, 「驪州高達寺 元宗大師惠眞塔碑」(『조선금석총람』 권상, 209쪽).
81 閔漬, 「國淸寺金堂主佛釋迦如來舍利靈異記」(『동문선』 권68).

내지 천태종 계통의 승려였다. 수는 남조의 진陳·제齊를 병합하여 천하를 통일하기 위해 국청사를 세우고 일심삼관법의 천태학을 진작시켰다. 이러한 풍토는 후삼국 통일의 과업을 눈앞에 둔 왕건의 처지와 비슷하였기 때문에, 능긍은 천태교학을 유행시킬 필요를 역설하였다.

의통이나 체관은 능긍을 배출한 고려초기 천태교학의 분위기 속에서 성장하였다. 즉 능긍보다 약간 시대가 앞서는 순지順之의 사상은 법화사상을 포용하고 있다. 그의 회점증실제론廻漸證實際論은 '회삼귀일' 사상을 담고 있다.[83] 그런가 하면 이미 신라 중대에 원효는 낭지朗智법사로부터 『법화경』에 대한 강의를 들었고, 『법화종요法華宗要』를 저술하였다. 원효의 법화사상은 '회삼귀일'의 논리에 근거하고 있으며, 지의智顗의 교학에서 상당한 영향을 받아 형성되었다.[84] 신라중대 이래로 비교적 성행하였던 법화사상의 전통은 고려초기의 천태교학을 일으키게 하였다.

신라말에 오월에 들어간 의통은 천태 덕소가 거주하던 운거사雲居寺에 머물렀으며, 지금은 전하지 않으나 『관무량수경소기觀無量壽經疏記』·『광명현찬석光明玄贊釋』 등의 저술을 남겼다. 이보다 뒤인 광종 12년(961년)에 오월왕 전숙錢俶은 당의 선승인 현각玄覺이 지은 『선종영가집禪宗永嘉集』을 읽다가 '동제사주同除四住'라는 술어의 의미를 몰라, 천태관계 교적을 고려에서 구하였다. 이에 고려는 961년(광종 12년)에 사문 체관을 파견하여 천태논소天台論疏를 가지고 나계螺溪에 이르게 했다.[85] 체관은 광종 12년에 오월왕의 요청으로 고려에서 파견되었다. 이상에서 제시한 것 외에 체관의 활동에 관한 절대 연대가 알려져 있지 않다. 그가 광종 12년에

---

82 김철준, 「고려초의 천태학연구」(『한국고대사회연구』, 336쪽).
83 『祖堂集』 권20, 順之전.
84 李永子, 「한국 천태사상의 전개」(『日本學』 2, 동국대, 1982, 77~81쪽).
85 志磐, 『佛祖統紀』 권23, 歷代傳敎表(『大正新修大藏經』 권49, 249쪽 중).

중국에 들어갔는지에 대해서는 확실하지 않지만, 이때를 전후한 시기에 중국에 들어갔을 가능성은 충분히 생각할 수 있다.

체관은 중국에서 일생을 마쳤으며 고려로 돌아오지 않았다. 그가 중국에 들어가고 난 후의 고려와 오월국의 정치·사회상황은 상당히 달라졌다. 또한 고려사회에서는 광종대 중기의 전제정치가 한창 행해지고 있었다. 한편 오월왕 전숙은 강력한 지방세력을 형성하고 있었지만, 새로 일어나는 송 태조에게 입조해야만 했다. 그 후 약 20년이 지나 나라가 없어지자, 전숙은 가족을 이끌고 서울로 옮겨가 살지 않으면 안 되었다. 이렇게 다른 정치상황 속에 체관의 사상은 고려사회에서 보다는 오월국의 사회에서 더 필요하게 되었다.

그러나 중국에서의 체관과 의통의 행적은 광종대 천태교학의 발달을 충분히 생각하게 한다. 광종대에는 법안종이 대두하였고, 교선일치 사상 경향이 등장하였다. 특히 탄문의 경우처럼 화엄종의 입장에서 선종사상을 융합하려는 경향도 있었다. 광종대의 이러한 불교계의 분위기는 천태교학의 진흥을 가능하게 했다. 법안종과 천태종은 비록 선종과 교종이라는 입장의 차이를 갖지만, 사상 면에서는 대단히 근접되어 있었다.[86] 훗날 의천의 교학은 이러한 불교학의 전통에서 나온 것이다.

---

86 천태종이 華嚴의 입장에서 선종사상을 융합하려는 것이라면, 法眼宗은 선종의 입장에서 교종을 융합하려는 교선일치 사상이다. 다만 법안종은 禪的 理事觀으로 표현되는데, 그것은 선종과 성상융회 사상의 융합을 의미한다. 그러므로 그것은 선종과 화엄사상을 융합하려는 천태사상의 경향과 부합되는 면을 많이 지녔다.

(3) 체관의 『천태사교의』

오월왕 전숙의 요청으로 중국에 들어간 체관은 '동제사주同除四住'의 뜻을 해설하기 위해 『천태사교의天台四教儀』를 저술하였다. 그는 원교圓教를 밝혀서 그 속에서 '동제사주'의 뜻을 부각시켰다.[87] '사주'는 일체처지一切處地 · 욕애주지欲愛住地 · 색애주지色愛住地 · 무색애주지無色愛住地인데, 그 각각의 경지를 모두 같은 것으로 본 데에 체관사상의 독특한 면이 있다. 4주에 대한 이러한 해석은 이미 『영가집永嘉集』 속에 나와 있다. 그러나 중국 천태종에서는 그것을 중요하게 생각하지 않았는데, 체관이 주목했던 것이다. 또한 일체처一切處와 속俗 · 욕欲은 장교藏教로서 삼승교에 속하지만 무색無色은 일승교에 속하므로, 체관의 사상은 '회삼귀일'의 논리로 전개되었다.[88]

체관은 중국에 들어가 천태종 12대 교조인 의적義寂의 문하에서 10년 동안 머물다가 입적하였는데, 『천태사교의』는 이 기간 중에 쓰여졌다. 그는 일찍이 『천태사교의』를 저술하여 상자 속에 넣어 두었다고 했으므로,[89] 적어도 그것은 그의 입적에 가까운 시기가 아니라 중국으로 들어가 곧 저술되었음이 분명하다. 그렇다면 『천태사교의』를 저작한 체관의 학문적 식견은 이미 고려사회에서 길러진 셈이다. 체관은 언제 태어났는지 정확하게 알 수 없지만, 일생의 마지막 10년을 중국에서 보내기까지 고려에서 활동했다. 아마 그는 만년에 중국에 들어갔으며, 가장 원숙한 정신세계를 가진 청장년 시기를 고려에서 보냈는데, 그것은 대체로 고려 건국으로부터 광종대 초기에 해당되는 때가 된다.

---

87 志磐, 『불조통기』 권10, 諦觀전(『大正新修大藏經』 권49, 206쪽 중).
88 김두진, 「체관의 천태사상」(『한국학논총』 6, 1984, 46~47쪽).
89 志磐, 『불조통기』 권10, 체관전.

『천태사교의』는 5시·8교에 대한 설명을 통해 원교를 내세우려는 것이므로 화엄종의 입장에서 서술된 것이었다. 5시는 화엄시華嚴時·녹원시鹿苑時·방등시方等時·반야시般若時·법화열반시法華涅槃時이다. 화엄시는 돈부頓部에 해당하지만 화엄사상 전반에 관한 것이 아니라, 사물의 존재에 대한 가장 초보적인 인식을 추구하는 것이다. 녹원·방등·반야시는 점교漸敎에 관한 것이다. 법화열반시는 '회삼귀일' 사상을 포용하고 있지만, 화엄의 원교적인 성격을 강하게 내포하고 있다.

8교는 돈교·점교·비밀교秘密敎·부정교不定敎의 화의사시化儀四敎와 장교藏敎·통교通敎·별교別敎·원교圓敎의 화법사시化法四敎로 나눠진다. 화의사교가 부처의 경계에 이르는 방편이라면, 화법사교는 그 의미를 추구하는 것이다. 대체로 8교는 교학 특히 화엄교학의 보살 수행에 입각하여 설명되었다. 체관은 8교 가운데 원교를 가장 강조하였는데, 이것 역시 화엄의 보살행에 비추어 설명하였다. 물론 원교의 내용 속에 일심삼관법도 나타나 있으며, 그 마지막을 일승관법一乘觀法으로 장식하고 있다. 교선일치 사상경향은 십승관법十乘觀法에 나타나 있다. 그러나 체관의 교선일치 사상경향은 수행과정을 강조하기 때문에, 그 밑바닥에는 교학 특히 화엄사상을 강하게 깔고 있다.[90]

체관이 저술한 『천태사교의』는 상·하 2권으로 되어 있었는데, 상권은 천태 일가의 교판敎判을 밝힌 것이고 하권은 남·북 제사諸師의 종취宗趣 사이에 존재한 미묘한 차이를 부각시킨 것이다. 그 중 상권만이 유통되어 지금까지 전해지고 있다.[91] 체관 이후 『천태사교의』는 천태종의 교전과 같이 취급되어, 천태학인은 반드시 그것을 읽어야만 했다.

---

90 김두진, 앞의 논문(『한국학논총』 6, 58쪽).

91 馮夢禎, 「刻天台四敎儀引」(『大正新修大藏經』 권46, 774쪽 중).

그리하여 이 책에 대한 많은 역주서나 연구서가 나오게 되었다. 중국 천태종의 정통인 산가파山家派의 주석서로는 종간從諫의 문하인 종인宗印의 제자 원수元粹가 지은 『사교의비석四教儀備釋』이 있고, 방계인 산외파山外派의 주석서로는 종의從義가 지은 『사교의집해四教儀集解』가 있다. 그 외 종인의 문하에서 분파한 왕강王岡 몽윤蒙潤이 지은 『사교의집주四教儀集註』가 있다.[92] 이를 『천태사교의』의 3대 주석사라 하는데, 일본에까지 전해져 일본 내 천태사상의 연구를 활발하게 하였다.

3. 현종대 이후 화엄종·법상종의 대두와 불교계의 모순

1) 귀족불교의 융성

(1) 화엄종의 성행

가) 화엄학파의 계승

고려초의 화엄종의 여러 교단은 일단 균여에 의해 정리되었다. 신라 말에 화엄종은 해인사에 주석한 희랑希朗과 관혜觀惠가 서로 대립하면서 각각 북악北岳과 남악南岳으로 나뉘어 다투었는데, 북악의 법손인 균여가 남·북악파의 교리를 통합하여 융회불교인 성상융회사상을 성립시켰다. 그러나 균여가 활동하던 시기에 화엄종단 내에 대립이 없었던 것은 아니다. 교선융합 사상경향을 가진 법인法印국사 탄문坦文은 균여와 특별히

92 島地大等, 『天台教學史』(中山書房, 1976, 213~218쪽).

교류한 것 같지는 않지만, 그의 스승인 신엄信嚴대덕과 문도인 영손靈損·일광一光 등과 더불어 화엄종취華嚴宗趣를 내세웠다.

균여는 귀법사에 주지하면서, 같은 절에 거주하는 정수正秀와 대립하고 있었다. 균여가 토착신앙을 강하게 표방하였다면 정수는 순수교리적 신앙을 내세웠는데, 정수방正秀房을 중심으로 여기에 모인 한 무리의 세력이 균여를 참소하다가 처형되었다.[93] 정수도 화엄종 승려였지만 탄문과 연관되었는지는 분명하지 않다. 광종대 이후 균여나 탄문의 법맥이 계승되는 모습은 잘 알려져 있지 않다.

탄문은 원효보살과 의상대덕의 발자취를 찾아 수련했으며,[94] 『화엄경』을 풀이한 후인의 이론서보다 경전에 몰두하였고 『대반야경大般若經』의 강주講主를 맡았다. 그의 교학은 화엄학에 기반을 두었지만 다른 경전에도 폭넓은 관심을 보인 점에서, 원효의 사상에 접근하여 있다.[95] 이로 보면 탄문은 뒷날 의천의 화엄교학과 비슷한 사상경향을 가졌다. 화엄의 입장에서 선종사상을 융합하려던 탄문의 사상은 바로 의천의 사상과 맥이 닿을 수 있을 듯하다. 특히 탄문은 구룡산사九龍山寺에 오래 주석하였는데, 그 곳에서 화엄을 강론하였을 뿐만 아니라 『화엄경』 세 본을 사경寫經하였다.[96] 구룡산사는 뒷날 의천의 스승인 경덕景德국사 난원爛圓의 탑비가 세워지는 구룡산 복흥사福興寺였을 것으로[97] 생각되며, 따라서 탄문과 난원은 서로 연결되었다.

균여의 계승자로 창운昶雲이 있다. 창운은 문종 27년(1074년)에 균여의 생애를 기록한 전기를 혁련정赫連挺에게 전해 주었으며, 이를 토대로 혁

93 혁련정, 「균여전」, 感應降麗分者.
94 김정언, 「해미보원사 법인국사보승탑비」(『조선금석총람』 권상, 225쪽).
95 허흥식, 「화엄종의 계승과 소속사원」(『고려불교사연구』, 일조각, 1986, 195쪽).
96 김정언, 앞의 탑비(『조선금석총람』 권상, 225쪽).
97 「景德國師墓誌」(허흥식 편, 『韓國金石全文』 중세편 권상, 아세아문화사, 1984, 500쪽).

련정은 「균여전」을 완성하였다. 창운은 '신중경주주神衆經注主'로 불렸으므로 『신중경』을 중요시한 인물이었다. 『신중경』은 80권 화엄경에 포함된 밀교적인 경향이 강한 내용을 담고 있으므로, 그가 사상적으로 신이한 토착신앙을 중요시한 균여를 정통으로 계승하였다.[98] 창운은 남원南原 사람이고 광종 때에 급제한 유방헌柳邦憲의 손자이다. 그는 문종 8년(1054년)에 왕륜사王輪寺의 선장選場에 나아가 대덕이 되었고, 선종을 위해 홍호사弘護寺를 창건하였으며 숙종 9년(1104년)에 입적하였다. 그의 문도로 308명이 있었는데, 그 중 경전의 뜻에 정통한 자가 100여 인이나 되었다.[99] 이로 보면 창운은 화엄종 내에서 종파를 이룰 정도의 많은 문도를 거느리고 있었음이 분명하다.

창운이 활동하던 당시는 의천의 화엄종이 큰 세력으로 성장하고 있던 때였다. 의천이 따르며 배우고자 하니 창운은 그를 깨우쳐 주었는데 의천 또한 일대 종장宗匠의 하나가 되었다.[100] 즉 의천은 창운과 구별되는 일문을 이룬 것으로 짐작하게 한다. 창운은 개경 중심의 고려문화가 난숙기로 접어든 시기에 살면서, 토착적인 신이를 강조한 고려초기의 화엄종 사상경향을 계승하였다. 창운과 함께 균여를 흠모하여 그의 전기를 남겨준 혁련정도 이러한 불교 경향에 동조하였던 인물이었다.

의천을 중심으로 한 화엄종파는 가장 번성하였고 또 많은 기록을 남겼다. 의천의 스승은 경덕국사인 난원이다. 그는 당시 문벌귀족인 안산安山 김씨로서 김은부金殷傅의 아들이며 병부상서를 지낸 김충찬金忠贊은 그의 형이다. 난원의 스승은 홍수弘睡인데 그에 대해서는 알려진 바가

98 허홍식, 「화엄종의 계승과 소속사원」(『고려불교사연구』, 195쪽).

99 「弘護寺等觀僧統昶雲墓誌」(『한국금석전문』 중세편 권상, 537쪽).

100 「홍호사등관승통창운묘지」(위의 책, 535쪽)에 "時大覺國師 一代宗匠之是一也 亦嘗從而訓之"라고 하였다.

거의 없다. 난원이 직접 의천을 지도하였는지는 확실하지 않지만, 난원의 문인이었던 창운·이기理奇·낙진樂眞 등이 의천에게 보다 더 영향을 끼쳤던 것으로 여겨진다.

원경元景왕사 낙진은 속성이 신씨申氏이고 이천군利川郡의 호족출신이었다. 문종 20년(1066년)에 난원이 입적하고 대각국사가 그 법맥을 잇자, 낙진은 의천의 문하로 나아갔다. 곧 낙진은 지기로서 또는 협력자로서 의천과는 사법嗣法 형제였다. 숙종이 잠저에 있을 때 백일도량을 열고, 낙진으로 하여금 그것을 주재하게 하였다. 또한 의천이 몰래 상선을 타고 송나라에 건너가자, 왕명을 받은 낙진이 혜선慧宣·도린道隣 등과 더불어 그를 쫓아갔으나 뒤따르지 못했다. 또한 항주杭州 혜인원惠因院의 진수晋水법사는 선종 3년(1086년)에 귀국하는 의천 편에 향로를 부쳐, 낙진에게 전하였다.[101] 숙종 5년(1100년)에 낙진은 왕명을 받고 『석원사림釋苑詞林』 250권을 편찬하는 것을 도왔는데, 문인인 각순覺純으로 하여금 그것을 상세히 교정하게 하였다. 그런가 하면 경율론經律論 등 삼장三藏 5,450권을 늘 강독하면서 후학을 가르쳤다.

의천에 관한 자료는 많이 전하는데, 비문으로 「흥왕사대각화상묘지興王寺大覺和尙墓誌」, 김부식金富軾이 찬한 「영통사대각국사비靈通寺大覺國師碑」와 임존林存이 찬한 「선봉사비僊鳳寺碑」가 있다. 그 가운데 화엄종의 입장을 강하게 나타내고 있는 것은 「영통사대각국사비」이며, 「선봉사비」는 천태종의 입장에서 찬술된 것이다. 의천은 문종의 넷째 아들로서 중국에 들어가 진수 정원淨源의 문하에서 수학하였다. 의천은 정원을 따라 혜인원에 머물면서 경론 7,500여 권을 조판 인쇄하여 비치하였다. 귀국 후에도 그는 혜인원에 대한 후원을 계속하였고, 이에 연유하여 혜인원은 혜

101 미상, 「陜川一般若寺 元景王師碑」(『조선금석총람』 권상, 319쪽).

인고려화엄교사慧因高麗華嚴敎寺로 불렸다. 의천은 정원을 통해 많은 불전을 수합하였다.

숙종 6년(1101년)에 의천은 개성 홍원사洪圓寺에 구조당九祖堂을 짓고 화엄 구조사九祖師 상像을 모셨는데, 그것은 마명馬鳴·용수龍樹·천친天親·불타佛陀·혜광慧光·두순杜順·지엄智儼·법장·징관澄觀이다. 이는 정원의 칠조설七祖說을 모방한 것이지만, 거기에 천친·불타·혜광을 추가한 대신 종밀宗密을 제외시켰다. 이 점은 의천의 화엄사상이 두순에서 법장을 거쳐 징관에게로 이르는 성상융회사상에 유념하였음을 알려준다. 천친이나 혜광 등 유식이나 지론종地論宗 승려가 포함된 것은 성性과 아울러 상相을 유념하려는 의천의 사상경향과 연관된다. 다만 정원 당시 중국 화엄종은 종밀을 중요시하면서 교선일치 사상경향으로 나아가고 있었는데, 의천은 오히려 종밀을 제외시킴으로써 법장이나 징관대의 성상융회나 성상결판 사상에 집착하였다.

의천의 제자로 두드러진 인물은 무애지無㝵智국사 계응戒膺이다. 그는 태백산太白山에 각화사覺華寺를 개창하고 많은 문도를 키웠으며, 소백산 남쪽의 용수사龍壽寺는 그의 제자들이 개창한 절이다. 숙종의 넷째 아들로서 출가한 원명圓明국사 징엄澄儼도 의천의 제자이다. 그는 인종대에 흥왕사에 10여 년을 주석하면서 화엄의 큰 뜻을 펴고 있었다. 그 외에 의천의 행장 10권을 쓴 혜소慧素나 문집을 정리한 혜관慧觀은 모두 그의 문도이다. 의천의 또 다른 제자로 교웅敎雄이 있다. 그의 제자인 통소通炤승통 지칭智偁은 주로 의종대에 활동하였으며, 당시 불문佛門의 영수가 되었다.

균여나 탄문 이후 의천이 등장하기 전에 활동한 원융圓融국사 결응決凝이 주목된다. 그는 강릉 김씨가문 출신이며 광율光律의 아들이다. 정종 7

년(1041년)에 왕사에 봉해졌으며 문종대에 국사에 봉해졌다. 결응은 주로 부석사에 주석하였으며 의상의 법맥을 이었다.[102] 『화엄경』 입법계품入法界品을 중시하여 인용한 것도[103] 그가 의상계의 실천수행적인 화엄사상을 내세우고 있음을 알려준다. 의상계의 화엄종은 균여계의 화엄종파로 이어지는 것이어서, 의천의 화엄종파로 이어지는 것 같지는 않다. 의천 당시에 결응의 법맥을 받아 의상계 화엄종파에 속해 있었던 사람은 잘 발견되지 않는다. 결응의 문인은 광증廣證·원창元昶·혜영惠英 등 1,438인이 있었다고 한다. 아마 결응은 뒷날의 의천과 구별되는 비교적 큰 세력의 문도를 규합했는데, 그렇다고 이들이 균여계의 화엄종파에 속해 있었는지는 불분명하다.

나) 균여파와 의천파의 대립

광종대의 화엄종은 균여로 대표되지만, 그와 상당히 성격을 달리하는 탄문이 있었다. 탄문의 사상경향은 오히려 의천의 그것과 비슷한 면을 가졌다. 탄문의 법맥이 의천에게로 꼭 이어지는지는 확실하지 않다. 고려중기에는 의천의 화엄종이 융성하였다. 그는 『신편제종교장총록新編諸宗教藏總錄』을 저술하여 당시까지의 불교 경전이나 고승의 장소章疏를 정리하는 작업에서 균여의 저술을 제외시켰다.

의천은 균여에 대해 매우 비판적이었는데 다음 기록에서 이를 확인할 수 있다.

---

102 林顥, 「順興浮石寺 圓融國師碑」(『조선금석총람』 권상, 271쪽)에 "相師傳法嗣暨于國師 國師故始末 住此寺焉"이라 하였다.

103 임호, 위의 탑비(『조선금석총람』 권상, 271쪽)에 "華嚴經入法界品云 或見阿彌陁 觀世音菩薩灌頂授記者"이라 하였다.

해동의 선대 諸師가 남긴 기록은, 그 학문이 精博하지 못하고 억설이 더욱 많아서 한탄스러운 것이다. 그리하여 몽매한 후생을 지도할 만한 것은 백에 한 책도 없어서, 중생이 능히 聖教로써 거울을 삼아 自心을 보지 못하고 일생 동안 구구하게 남의 보배만 세고 있다. 세상에서 말하는 均如·梵雲·眞派·靈潤 등 諸師의 책은 잘못된 것이다.[104]

문종대에 불교계 내지 화엄종단을 장악한 의천은 균여파를 철저하게 배격하였던 것이다. 문종대를 전후한 시기에 균여파에 속한 화엄종 승려를 많이 찾아볼 수는 없다. 그러나 균여파도 의천이 견제해야만 할 정도로 왕성하게 활동하고 있었다. 창운과 혁련정의 활동이 이를 알려준다. 혁련정은 숙종 5년(1100년)에 요에 사신으로 다녀왔으며, 예종 즉위년(1106년)에는 장락전학사판제학원사長樂殿學士判諸學院事가 되었다. 장락전이나 제학원은 서경의 분사分司기구로서, 그는 김지金摯와 더불어 서경을 대표하는 문인이었다.[105] 혁련정의 이런 면은 의천과 상반될 수 있다. 혁련정은 의천과 거의 같은 시기에 살았고, 의천은 김부식과 서로 통할 수 있는 관계를 유지하였다. 김부식이 의천의 사상을 계승한 세속인이라면 혁련정은 균여의 사상을 계승한 세속인이라 할 수 있다.[106]

균여파와 의천파의 대립은 서경파와 개경파라는 정치적 대립관계에서도 생각될 수 있다. 아울러 이는 균여와 의천의 사상의 차이에서도 추구되어야 한다. 우선 의천은 균여의 성상융회사상과 다른 교관병수사상을 성립시켰다.[107] 균여의 화엄사상은 신라 의상의 사상을 계승하였던 반면

104 의천, 『大覺國師文集』 권16, 示新參學徒緇秀조.
105 허흥식, 「화엄종의 계승과 소속사원」(앞의 책, 196쪽).
106 허흥식, 위의 논문(『고려불교사연구』, 196쪽).
107 균여가 教觀幷修와는 달리, 중국 초기의 화엄학 즉 지엄과 법장화엄을 그대로 받아들여 경론에만 치우친 관념적 教學을 성립시켰기 때문이라는 설이 있다(崔柄憲, 「고려시대 화엄

의천은 중국 화엄종의 정통파인 법장의 화엄사상을 계승하였다고 자부하고 있었다. 의천이 유학한 진수 정원은 법장파를 계승한 인물이다. 의상과 법장은 지엄 문하에서 수학한 동문이지만, 그 사상경향은 매우 대조적이었다.

의상이 횡진법계관을 주장하여 하나 속에 전체를 융회하려는 사상경향을 가졌다면, 법장은 수진법계관을 주장하여 전체의 구성원 하나하나의 차별을 부각시키려 했다. 전자가 연기된 모든 법상의 실체를 전혀 인정하지 않음으로써 근본적인 하나 속에 통합된다는 성기취입性起趣入을 주장했다면, 후자는 연기된 모든 법상의 실체를 인정하여 그 차별상을 설정하려는 연기건립緣起建立을 주장했다. 화엄사상의 구조에서 의상과 법장 사상의 차이는 바로 균여파와 의천파 사상의 차이로 이어질 수 있다.

성과 상의 문제는 교학불교 내의 대립을 해소하려는 입장에서, 화엄종뿐만 아니라 법상종에서도 중요하게 취급되었다. 일반적으로 화엄사상에서 균여의 사상을 제외하면, 상相의 민멸泯滅을 말하지만 성性은 주체로 보기 때문에 민멸한다고 말하는 경우가 드물다. 법장의 경우는 더욱 그렇다. 그런데 고려중기의 법상종 특히 소현韶顯은 성과 상이 합해져 하나가 되면서도, 상은 물론 성도 민멸되는 것이라 했다. 이러한 법상종 사상은 균여의 성상융회사상과 맥락이 닿는다. 현종대 이후 크게 등장한 법상종 승려들은 균여의 사상에 대해 오히려 호감을 가졌다. 자연 숙종대에 법상종과 대립하고 있던 의천이 균여의 사상을 배격하였다.

학의 변천 -均如派와 義天派의 대립을 중심으로-」,『한국사연구』 30, 1980, 69쪽). 그러나 실천적인 義湘의 화엄사상을 이어 받으면서 融會佛教를 성립시킨 균여의 사상은 관념적인 것으로 규정할 수는 없다. 오히려 균여는 향가를 지어 僧俗無碍를 주장했으며, 신이한 토착적 사조를 강조했다.

천태사상과의 관계에서도 균여와 의천의 입장은 다르다. 의천은 중국에 들어가 자변慈辯 종간從諫에게서 천태를 전수받았다.[108] 종간은 산가파山家派의 거장인 사명四明 지례知禮의 법손이다. 중국의 천태사상은 산가파와 산외파山外派로 나뉘어 논쟁하고 있었는데, 처음에는 산가파가 이긴 듯했다. 의천 당시에 후산외파가 일어나면서 그 논쟁은 재연되어 열기를 더해 갔다. 산가파가 구상론적具相論的이었다면 산외파는 구성론적具性論的 성격을 가졌다. 여러 법상의 차별을 전제로 하는 구상론적 산가파의 사상이 의천의 사상과 가깝다면, 그것의 차별을 인정하지 않은 구성론적인 산외파의 사상은 균여의 사상과 비슷하다.[109]

의천은 법장으로부터 이어지는 중국 정통파의 화엄종뿐만 아니라, 천태종의 경우도 중국 정통파를 계승했다고 자부하였다. 그런 면에서 그의 사상은 보편성을 강조하였다. 이에 비해 균여의 사상은 광종대의 특수한 정치적 여건과 연결되어, 보편적이라기보다는 융회적이고 토착적 신앙을 강조하는 신비적인 성격을 띠었다. 이런 면에서 고려중기에 균여파와 의천파가 불교 사상경향에서 뿐만 아니라 그들의 정치적 입장 등 여러 면에서 대립하게 되었다.

(2) 법상종의 대두

가) 고승의 배출

현종대에 현화사玄化寺가 개창되면서 법상종이 크게 일어났다. 현종은 왕건의 아들인 안종安宗 욱郁과 경종의 왕비였던 헌정獻貞왕후 황보씨皇甫

108 朴浩, 「開城興王寺大覺國師墓誌」(『조선금석총람』 권상, 294쪽).
109 김두진, 「균여의 '性相融會'사상」(『역사학보』 90, 1981 ; 『균여화엄사상연구』, 일조각, 1983, 272~274쪽).

氏 사이에 태어났다. 그러나 사련이 알려져 안종은 사수현泗水縣(지금의 사천)으로 유배되어 그 곳에서 죽었고, 헌정왕후도 현종을 낳고는 곧 세상을 떠났다. 어릴 때 현종은 헌애獻哀왕후의 핍박을 받아, 12세에 법상종 사찰인 숭교사崇教寺에 출가하였다. 이후 삼각산 신혈사神穴寺로 옮겼고, 여기에서 현종은 승려들의 보호를 받아 시해 음모를 여러 번 무사히 넘겼다. 즉위한 현종은 안종의 묘를 사수현에서 개경 영취산靈鷲山 아래의 건릉乾陵으로 옮기고, 그 원찰로서 현화사를 개창하여 부모의 명복을 빌었다. 고려중기에 법상종이 크게 일어나게 된 것은 바로 현화사의 개창이 계기가 되었다.

법상종은 현화사를 중심으로 왕실의 비호 하에 종세를 급속도로 확장하였지만, 문벌세력과도 연결되었다. 현종은 즉위 후에 거란의 침입을 받아 남쪽으로 피난가는 도중에 안산安山 김은부金殷傅의 딸을 취하여 왕비로 삼았다. 김은부는 경원(仁州) 이씨와 인척이어서 뒤에 현종은 경원 이씨와도 중첩된 혼인을 맺었다. 안산 김씨와 경원 이씨는 삼각산 남쪽의 한강 유역을 중심한 토호들이었는데, 이들은 법상종과 깊은 관계를 맺고 있었다.[110] 그런가 하면 최사위崔士威가 현화사의 창건을 담당했는데, 이후 수주水州 최씨 가문도 법상종과 깊이 연결되었다. 그의 증손인 상지尙之는 승통이 되었고, 현손인 관오觀奧도 법상종의 승려로 활약하였다. 현종 이후 문벌세력으로 성장하여 왕실의 외척이 된 경원 이씨는 대대로 법상종 승려를 배출하였다. 법상종은 이들과 연결하여 세속의 후원세력을 갖게 되었다.

현화사를 창건함과 동시에 그 곳에 주석한 자는 대지大智국사 법경法鏡이다. 그는 삼각산 삼천사三川寺의 주지였는데 현화사 주지로 봉해지면서

---

110 허흥식, 「瑜伽宗의 계승과 소속사원」(앞의 책, 216쪽).

왕사가 되었다.[111] 이는 아마 현종이 천추태후와 김치양의 박해를 피해 다니던 시절에 삼각산에서, 그와 특별한 인연을 가졌기 때문일 것이다. 이때부터 현화사는 학도들이 몰려와 1년이 못되어, 1000명이 넘는 대사찰이 되었고, 당시의 고려 불교계에서 가장 융성한 교단으로 발전해 갔다.

고려시대에 법상종이 떨치게 되는 것은 혜소慧炤국사 정현鼎賢에 의해서이다. 정현의 속성은 이씨이며 어머니는 김씨이다. 처음 그는 광교사光教寺의 충회忠會에게 나아가 출가하였으며, 칠장사漆長寺(일명 七長寺)의 융철融哲에게서 유식학을 배웠다. 정현은 이곳을 본사로 활동했으며 덕종 때는 법천사法泉寺의 주지가 되었다. 지금의 원주군原州郡 법천리에 있던 이 절이 당시 법상종 사찰 가운데 중요한 위치를 점하여서인지, 이어 그는 현화사 주지가 되어 법상종 교단을 이끌었다. 특히 정종 때에는 삼각산에 사현사관沙峴寺館을 개창하였는데, 뒤에 국가의 후원을 받아 홍제원弘濟院으로 개창하였다. 그는 문종 2년(1048년)에 왕사, 문종 8년에 국사로 봉해졌다. 그의 문하에 영념靈念·불운咄雲·인조仁祚 등의 제자가 있었으며, 특히 영념은 뒤에 현화사 주지를 역임하였다.

정현 다음으로 현화사의 주지가 된 사람은 지광智光국사 해린海麟이다. 해린은 속성이 원주 원씨元氏이다. 그의 할아버지는 원길元吉, 아버지는 원휴元休로서 모두 향리였으며, 어머니는 이씨이다. 어려서 이수겸李守謙 밑에서 공부를 하였으며, 출가의 뜻을 품고 법천사의 관웅寬雄에게 나아가 유식학을 전수받았다. 해린은 법천사를 본사로 활동하였는데, 개경의 해안사海安寺나 수다사水多寺 등의 주지를 역임하였다. 문종 2년(1048년)에는 이자연李子淵이 다섯째 아들인 소현이 그의 제자가 됨으로써, 법상종

111 『고려사』 권4, 현종 11년 10월 을축조에 "以玄化寺僧法鏡爲王師"라고 하였다.

교단은 대문벌 귀족인 경원 이씨의 후원을 받게 되었다. 문종 8년에 그는 현화사의 주지가 되었으며, 문종 10년에 왕사가 되고 문종 12년에 국사가 되었다. 해린의 문하에는 1370여 명에 달하는 제자가 있었다.

고려 법상종이 법맥을 갖추면서 융성하게 된 것은 혜덕慧德왕사 소현韶顯에 의해서이다. 그는 11세에 해안사海安寺의 해린에게 출가하였다. 문종 23년(1069년)에는 왕흥사王興寺 대선장大選場에서 급제하였고, 문종 25년에는 해안사의 주지가 되었다. 문종 33년에는 금산사金山寺로 옮겨 주지하였으며, 선종이 즉위하자 현화사의 주지가 되었다. 소현은 일찍이 금산사의 남쪽에 광교원廣敎院을 창설하고 자은慈恩 규기窺基가 지은 『법화현찬法華玄讚』·『유식술기唯識述記』 등 장소 32부 352권을 고증·간행하였다.[112] 소현이 유식학의 장소 등을 간행하여 유통케 한 것은 신라말 이래로 침체되었던 법상종을 선양한데 큰 의의를 갖는데, 의천이 화엄종 입장에서 장소를 수집하여 속장경을 간행한 것과 비교될 만하다.

소현은 현화사에 주석하면서 전국의 법상종 사찰을 보다 잘 통어하기 위해 그 내에 선리궁繕理宮을 설치하였다. 그리고는 석가여래 및 현장玄奘·규기와 더불어 해동의 육조상六祖像을 그려서, 법상종의 각 사찰에 봉안하게 했다.[113] 소현이 정한 해동 6조가 누구인지는 명시되어 있지 않으나, 다만 법상종의 연혁에 대해 다음과 같이 기록되어 있다.

> 당의 文皇 때에 신라왕의 주청으로 瑜伽論 일백 권을 보내와 … 점점 이 땅에 성행하게 되었다. 이미 원효법사가 앞에서 이끌었고 太賢大統이 이를 이어서, 이후에 燈燈이 전해져서 世世로 法嗣가 흥하게 되었다.[114]

---

112 「金溝金山寺 慧德王師眞應塔碑」(『조선금석총람』 권상, 299쪽).
113 위의 탑비(위의 책, 300쪽).
114 위의 탑비(위의 책, 299쪽).

이로 보면 법상종 6조 중 원효와 태현太賢이 들어있음이 분명하다. 이들을 제외한 나머지 4조는 원측圓測·도증道證·경흥憬興·진표眞表로 추존되기도 한다.[115] 이와는 달리 소현이 법상종의 법맥으로 해동 6조를 성립시켰기 때문에, 나머지 4조 중의 제6조는 그의 스승인 해린을, 제5조는 정현을, 제4조와 제3조는 관웅과 진표를 들었을 것으로 생각되기도 한다.[116] 소현이 해동 6조의 법맥을 정하여 그 화상을 전국의 법상종 사찰에 걸게 한 것은 법상종 교단의 확립과 연관하여 중요하게 생각된다. 신라시대의 법상종 교단은 태현계와 진표계로 나뉘어 있었다. 전자는 궁예로 이어지면서 고려초에 그 법맥이 계승되지 못했으며, 후자에 속한 법맥이 소현에게로 이어져 왔다. 소현은 법상종의 법맥을 재정비하면서 화엄종과 더불어 고려 귀족불교를 대변하게 하였다.

소현의 문하에는 1,800여 명에 달하는 제자가 있었다. 이들 가운데 도생導生승통 규竀가 주목된다. 그는 문종의 여섯째 아들로서 의천의 동모제同母弟이다. 규는 문종 24년(1070년)에 현화사 소현의 문하에서 출가하였다. 그와 소현은 외숙과 생질의 관계였다. 규는 선종 2년(1085년)에 법주사法住寺의 주지가 되었으며, 예종 6년(1111년)에는 금산사 주지가 되었다. 다음 해인 예종 7년 8월 반란사건에 연루되어 거제현巨濟縣에 귀양가서 그 곳에서 생을 마쳤다. 그는 의천에 비해 지방의 사찰을 전전하다가 불운하게 일생을 마쳤다. 그 외에 중대사 천상闡祥과 삼중대사 순진順眞이 있었다.[117] 천상은 현화사 주지를 역임하다가 인종 19년(1141년)에 입적하였고, 순진은 청주 김씨로서 삼촌인 영념英念 및 조카인 덕겸德謙과

115 허흥식, 「瑜伽宗의 계승과 소속사원」(『고려불교사연구』, 215쪽 주21).
116 김두진, 「고려초의 法相宗과 그 사상」(『한우근박사정년기념 사학논총』, 1981, 218~219쪽).
117 이들 외에 법상종 승려로 祐翔·尙之·世梁 등이 알려져 있다. 또한 靈念은 英念과 동일한 인물로 생각되기도 한다.

함께 현화사의 승려였으나 숙종의 즉위를 전후하여 입적하였다.

나) 법상종의 사상경향

현상계의 차이를 그대로 인정하는 법상종 사상은 하찮은 미물이라도 그 존재 가치를 부여한다. 이러한 사상은 인간관계에 그대로 적용되어 근기에 이둔利鈍을 설정하고 둔한 근기를 가진 사람이라 할지라도 자기에게 맞는 수행을 통해 성불하게 되니, 반드시 이근利根을 거쳐 성불에 이르는 것이 아니라고 한다. 법상종 사상의 이러한 특징이 그 사회의 중류 이하의 신분에 속한 사람들에게 받아들여져서, 그들의 사회적 지위를 정당화할 수 있게 하였다. 그리하여 신라중대에서부터 고려중기에 걸쳐 활동한 법상종 승려들은 대체로 중류 이하의 신분출신이었다.

신라 법상종 교단 중 고려시대에도 그 법맥이 계승되고 있었던 것은 미륵과 지장의 양존을 받드는 진표계 교단이었는데, 이 교단에서는 점찰법占察法이 성행했으며 아울러 엄격한 계율이 강조되었다. 고려중기에 대두된 법상종도 계율을 중시하였다. 성종 15년(996년)에 정현은 미륵사彌勒寺의 승과에 임하면서, 묵조默照나 화두話頭와 같은 선문의 사상이나 문풍을 배격하였으며 계를 지켜 가질 것을 강조하였다. 속리산 아래의 큰 냇가에서 고기잡이하는 사람을 만난 정현은 곡식으로 그가 잡은 고기를 바꾸어 방생하였다.[118]

잡은 고기를 방생할 정도로 법상종에서 강조하는 계율은 엄격한 것이다. 그리고 그 계율은 미륵이 설주說主인 유가보살계瑜伽菩薩戒였다. 다음 기록이 이를 알려준다.

---

118 金顚, 「竹山七長寺 慧炤國師塔碑」(『조선금석총람』 권상, 275쪽).

① 彌勒尊像을 그려 완성시키고 (결락) 승려들을 모아 禮儀하게 하여 귀의시켰다. … 彌勒如來의 名號를 念하면서 戒를 넓게 펴려했다.[119]

② 戒定을 연마하고 慈氏를 본받아 그 분신으로 행동하려 했다.[120]

미륵여래의 이름을 염송하면서, 넓게 펴려했던 소현의 계행戒行은 유가보살계였다. 미륵의 분신으로 행동할 만큼 미륵의 감화를 생각하면서 계정戒定을 연마하였으므로, 해린도 유가보살계를 닦고 있었다.

현상계의 차별을 그대로 인식하려는 법상종 사상은 개체의 존재 의미를 크게 부여하는 특성을 지녔다. 하찮은 미물이라도 그 독특한 영역을 가진다. 그리하여 비정물非情物인 물·불·산·바위 등이 인간을 위해 설법할 뿐만 아니라, 비정물도 정물과 같이 성불할 수 있게 된다. 본래 '비정성불非情成佛'의 근거는 사물과 주체를 구별하지 않으려는데 있으며 색심色心을 동일하게 보려는 데에서 나왔다. 이러한 '색심불이色心不二'의 사상은 결과적으로 법상종 사상을 변하게 만드는 중요한 계기를 제공하였다. 그리하여 법상종 사상은 색계에서 공관계空觀界로까지 그 인식의 폭을 확대시켜 갔다.

법상종 사상의 이러한 면은 화엄종 내지 다른 불교 종파와의 융회를 가능하게 했다. 무정과 비정은 서로 통하는 것이고 분별이 없기 때문에, 법상종의 비정설법非情說法은 원교 내에서 정물과 비정물이 모두 회통할 수 있게 한다. 이와 같이 법상종 사상이 원교로 포용되어 화엄종사상과 융회될 수 있게 되면서 신법상新法相사상으로 불리게 되었고, 이와 구별되는 이전의 법상종사상은 구법상사상으로 관념되었다.

구법상사상에서는 오성각별五性各別을 주장하기 때문에 사물 자체의 의

119 『금구금산사 혜덕왕사진응탑비』(『조선금석총람』 권상, 300~301쪽).
120 鄭惟産, 「原州法泉寺 智光國師玄妙塔碑」(『조선금석총람』 권상, 284쪽).

미가 추구된 반면, 그것의 회통은 불가능했다. 그러므로 원측법사는 "선종善種은 선과善果, 악종惡種은 악과 惡果를 생기게 한다"라고[121] 할 정도였다. 이와는 달리 신법상사상에서는 "삼성三性이 즉 삼무성三無性이다"라고[122] 했는데, 무성은 진공이기 때문에 대소와 동이를 초월하므로, 결국 삼성이 하나로 파악되었다. 이러한 신법상사상의 융회적 성격은 법화나 천태의 '회삼귀일' 사상으로 이어지며, 이는 고려시대 교학불교 내의 대립을 해소하려는 성상융회사상의 성립과도 밀접한 관련이 있다.

2) 불교계의 모순

(1) 거사불교의 유행

고려중기 문벌귀족이 대두한 사회에서는 선종 세력이 약화된 반면, 교종 특히 법상종과 화엄종 세력이 강성하여 양립하였다. 두 교단이 대립하면서 싸우는 속에 화엄종과 제휴하여 천태종이 일어나게 된다. 그런데 당시 불교계에 이러한 정통의 종파 불교와는 구별되는 또 다른 흐름으로서 이른바 '거사居士불교'가 있었다. 고려 귀족사회에 불교가 크게 융성하여 문인관료는 거의 모두 불교와 관계를 갖지 않은 사람이 없을 정도였다. 그런 가운데 불교에 심취한 나머지 거사로 일생을 보내거나 심지어는 아예 출가한 경우도 적지 않았다. 고려중기의 문벌귀족 출신 인물 가운데 거사로서 유명했던 사람은 이자현李資玄 · 이오李頫 · 윤언이尹彦頤 · 곽여郭璵 등이다.

그 중 이자현은 거사불교의 전형적인 인물로서, 당시 최대 문벌인 경

---

121 균여, 『敎分記圓通鈔』 권7, 8엽 우.
122 균여, 위의 책, 권6, 2엽 우.

원 이씨 출신이면서도 일찍이 벼슬을 버리고 청평淸平의 문수원文殊院에 거주하며 청평거사라 자호하였다. 거기에서 그는 불교의 이치를 연구하면서 참선 생활로 일생을 보냈다. 이오도 경원 이씨 출신으로 예종 때에 개부의동삼사검교태사開府儀同三司檢校太師 수태보문하시랑守太保門下侍郎으로 은퇴하기까지 여러 관직을 역임하였다. 그도 비교적 순탄하게 관직 생활을 보냈으나 녹봉을 받는 것 외에 다른 산업을 경영하지 않았으며, 불경과 장소章疏를 읽고 『금강경』을 좋아하여 금강거사라고 자호하였다.[123]

윤언이는 당대 문벌귀족인 파평 윤씨 출신으로 윤관尹瓘의 아들이다. 재상을 역임하였던 그도 만년에 불법을 매우 좋아하여, 치사한 후에는 파평의 금강재金剛齋에 살면서 스스로 금강거사라 불렀다. 일찍이 그는 승려 관승貫乘과 더불어 공문空門의 벗을 삼아 생사에 초연하였다. 곽여는 예종이 태자로 동궁에 있을 때 그 속관이었는데, 예종이 즉위하자 사직하고는 성의 동쪽 약두산若頭山에 동산재東山齋를 열고 처사라 칭하였다. 당대의 대표적인 유학자도 대체로 불교에 심취해 있었다. 그러한 사람으로 권적權適이나, 귀산사龜山寺의 담수曇秀선사와 교류하였던 김부철金富轍과 홍관洪灌 등을 들 수 있다.

곽여에게서 뚜렷이 나타나지만, 그들의 불교사상은 도가사상의 영향을 강하게 받아 은둔적 성격을 지녔다. 곧 이자현의 사상은 불교와 도가사상이 융합된 과도기적인 것으로 이해된다. 고답적이며 은둔적인 성격을 가진 거사불교는 이른바 '죽림竹林사상'과 맥을 같이하는 것으로 생각된다.[124] 그리고 거사불교는 무신란 이전 고려 문벌귀족사회의 안정 속에서 나타난 것이라기보다는, 문벌귀족사회의 모순 속에서 점차 융성하

---

123 『고려사』 권95, 열전8, 李子淵 附 顗전.
124 최병헌, 「고려중기 李資玄의 禪과 거사불교의 성격」(『김철준박사화갑기념 사학논총』, 지식산업사, 1983, 960쪽).

게 되었다. 이자현은 관직을 버리고 속세를 벗어나고자 임진강을 건너면서, 스스로 "이번에 가면 다시는 경성京城으로 돌아오지 않겠다"라고 맹세하였다.[125] 그가 다시 개성으로 돌아오지 않으려 했던 것은, 그의 일족인 이자의李資義가 왕실을 압도하고 권력을 독점하는 비리를 경험하면서, 앞으로 닥칠 사회모순을 예견하였기 때문일 것이다. 이자현뿐만 아니라 당시 문신귀족이 거사불교에 빠져드는 모습은 대체로 이런 것이었다.

이자현은 청평산에 은둔하여 지내면서 선수행에 관심을 가져, 예종에게 『심요心要』 1권을 저술하여 올렸다. 이는 물론 선종사상을 다룬 저술이며, 그의 다른 저술인 『선기어록禪機語錄』 1권도 선종사상에 관한 것이다. 그는 깨달음에 대해서는 다음과 같이 기록하였다.

> 『雪峰語錄』을 읽었는데, '모든 천지가 눈(眼)이다. 너는 어디에 쭈그리고 앉았느냐'는 말을 듣고는 번쩍 깨달았다.[126]

이로 보면 청평산에서 이자현의 생활은 오히려 선수행에 가장 비중을 두었고, 그러한 경향은 다른 거사에게서도 마찬가지로 나타났다.[127]

거사들이 선수행에 관심을 두었던 것은 교종계의 상황에 대해 품었던 회의적인 생각 때문인 것으로 여겨진다. 고려사회가 점차 안정기로 접어들면서 교종이 번성하지만, 그것은 왕실 내지 문벌귀족가문과 밀착되어

---

125 金富轍, 「淸平山文殊院記」(『동문선』 권64).

126 김부철, 위의 글(위의 책).

127 崔滋, 『補閑集』 권상(『高麗名賢集』 2, 성균관대 대동문화연구원, 1973, 112~113쪽)에 "尹文康公彦頤 晩節尤嗜禪味 退居鈴平郡金剛齋 自號金剛居士"라 하였다. 그 외 『金剛經』을 좋아한 李頫나 龜山寺에서 曇秀禪師와 같이 교류한 郭璵도 오히려 禪修行에 깊이 매료되어 있었다.

여러 가지 폐단을 낳았다. 고려중기 왕실과 경원 이씨 사이에 있었던 정치적 알력이 불교계로 확산되어, 의천이 흥왕사에 있지 못하고 해인사로 퇴거하기에 이르렀던 것이다. 또 거사들은 그들이 처한 정치상황에 대해서 불만을 품고 있었다. 문벌귀족과 왕실의 정치적 싸움이나 문벌귀족 사이의 권력 투쟁 등이 재현되는 속에, 그들은 정계를 떠나 은둔 생활을 하게 되었다.

그렇지만 그들은 어디까지나 교종불교와 깊이 연관된 인물들임을 유념해야 한다.[128] 아마 문벌귀족으로서의 출신 배경이 그들로 하여금 교종에서 완전히 벗어나 선종으로 나아가게 하지 못하였다. 말하자면 거사들은 문벌귀족사회의 비리를 예견하고 그것과 깊은 연관이 있는 교종불교에서 벗어나려고 선종 속으로 빠져들었지만, 거기에서 미련 없이 떠나지 못하는 한계성을 가진 과도기적 불교사상을 가졌다.

(2) 선종계의 움직임

문벌귀족사회가 동요되는 고려중기에 거사불교가 나타나 선종수행을 병행하는 사상경향을 띠어가는데, 한편으로는 선종사상이 서서히 퍼져가고 있었다. 특히 예종대에는 선종 승려의 활동이 비교적 활발해졌다. 그 이유는 우선 예종이 선종에 대한 관심을 가진 데에서 찾아진다. 그는 혜조慧照 등 선종 승려를 지원하거나 선종사찰인 안화사安和寺 등을 중수하였으며, 선종 사원으로 자주 행차하였다. 뿐만 아니라 예종이 이자겸 일

128 이자현이 거주한 文殊院은 광종 24년에 白岩禪院으로 창건되었다. 선종의 전통을 지닌 백암선원은 뒤에 普賢院으로, 다시 문수원으로 개칭되었다. 물론 불당이나 암자에 '聞性'이나 '見性'의 이름이 붙여지기는 했으나, 本寺 자체가 문수원으로 개칭된 것은 이자현의 사상이 아무리 선종 쪽으로 기울어져도, 그 주된 것은 교종에 뿌리를 두었음을 분명히 나타내 주고 있다.

파를 견제하기 위해 의도적으로 지원하였던 한안인韓安仁·윤언이 등 신진세력은 선종과 친밀한 관계에 있었다.

예종대에 크게 활약한 선종 승려는 혜조국사이다.[129] 그는 이자현 등 거사불교와 밀접하게 관련된 인물이다. 혜조는 예종의 명을 받들어 서쪽으로 유학하여 요본遼本 대장경 세 부를 구해 가지고 돌아왔는데, 그 1부는 정혜사定慧寺에 소장되었다. 혜조는 개경의 광명사廣明寺·춘천의 화악사華岳寺·전남 승주의 정혜사 등에 머물렀는데, 정혜사는 그가 직접 창건한 절이다. 이 정혜사는 후일 지눌知訥이 창건한 정혜사定慧社와는 다른 절이다.[130] 뒤에 조계종 승려들에게 영향을 주면서 제6대 충지冲止 때에 이르면 정혜사의 혜조도 조계종의 법맥으로 이어지게 되었다.

혜조는 굴산문崛山門에 속한 승려로 알려져 있으며, 그의 제자인 탄연坦然·지인之印은 물론 영보英甫와, 영보의 법사로 뒤에 용문사龍門寺를 중창한 조응祖應 및 조응의 법사인 자엄資嚴 등은 모두 굴산문의 승려로 파악된다.[131] 그런데 탄연 등은 그의 탑비가 명종 2년(1172년)에 건립되어 조계종에 소속됨으로써, 혜조의 문도는 바로 조계종으로 그 법맥이 이어졌다. 말하자면 조계종은 예종대에 미세하게 활동하던 선종의 법맥을 이어 받으면서, 고려 문벌귀족사회가 전면적으로 무너지는 무신란을 거치면서 굳건하게 확립되어 갔다.

---

129 『고려사』나 『高麗史節要』에는 예종대에 활동한 禪僧으로 慧照國師는 보이지 않고, 曇眞이 예종 2년(1107)에 王師로, 예종 9년에 국사로 책봉되었음이 나타나있다. 이로 미루어 曇眞과 慧照國師는 같은 사람일 것이다. 『삼국유사』에 나와 있는 慧照국사는 冲止가 지은 『圖鑑錄』에는 慧炤국사로 나와 있다. 慧炤국사와 慧照국사는 같은 사람임이 분명하다. 다만 慧照국사는 문종대까지 크게 활동한 七長寺의 慧炤국사와는 다른 인물이다. 즉 이때의 혜소국사는 법상종 승려였다.

130 知訥, 「觀修定慧結社文」(『普照國師法語』).

131 金映遂, 「曹溪禪宗에 就하야 -오교양종의 一派, 조선불교의 근원-」(『진단학보』 9, 1938, 162쪽).

대감大鑑국사 탄연坦然은 인종 24년(1146년)에 왕사가 되었으며 입적 후에 국사로 추증되었는데, 속성은 손씨이다. 그는 어릴 때 문장을 잘해 세자 시절의 예종과 함께 지내기도 했다. 19세 되던 해에 안적사安寂寺에서 출가했으며, 이후 탄연은 선열禪悅을 동경하여 광명사의 혜조국사에게 나아가 선법을 전수받았다. 예종이 즉위한 후 그는 개둔사開頓寺·선암사禪岩寺의 주지를 맡았다. 인종이 즉위하자 탄연은 천화사天和寺·보리사菩提寺 등을 주지하였으며, 인종 13년에는 보제사普濟寺·제석원帝釋院·형원사瑩原寺 등을 겸하여 주지하였다. 인종 17년(1139년)에는 광명사로 이주하여 의종 13년에 입적하였다. 그의 저술로 『사위의송四威儀頌』과 『상당어구上堂語句』가 있었는데, 송의 선사 개심介諶이 이를 보고 찬탄하였다고 한다.

혜조의 문인인 광지廣智대선사 지인之印은 예종의 아들이다. 지인은 예종 5년(1110년)에 9세로 출가하여 15세에 불선장佛選場에서 승과에 합격하였다. 예종 14년(1119년)에 법주사法住寺에 머물렀으며, 주로 인종·의종대에 크게 활동하였다. 지인은 의종 3년(1148년)에는 광지라는 법호를 받았으며, 그 후 개경에서 멀지 않은 금강사金剛寺에 머물렀는데, 의종은 매일 이곳으로 사람을 보내어 안부를 물었다고 한다. 의종 12년(1158년)에 입적하기까지 그는 종친으로서 선종계를 크게 진작시켰다.

혜조를 중심으로 한 그 제자들의 법맥은 대체로 굴산파를 이었는데, 이들과는 달리 비슷한 시기에 활동한 원응圓應국사 학일學一은 가지산파迦智山派의 법맥을 잇고 있다.[132] 학일은 이씨이며 서원西原 보안保安 사람이다. 11세에 진장眞藏에게 나아가 출가했으며, 선종 2년(1084년)에는 광명사에서 실시한 승과에 합격하였다. 예종 원년(1106년)에 가지사迦智寺에

132 金相永, 「고려 예종대 선종의 부흥과 불교계의 변화」(『淸溪史學』 5, 1988, 66~67쪽).

머물렀으며, 그 후 귀산사龜山寺·내제석원內帝釋院·안화사安和寺 등을 주지하였다. 인종 즉위년에 왕사에 봉해졌으며, 인종 4년(1126년)에 운문사雲門寺로 나아가 이후 인종 22년 입적할 때까지 그 곳에 머물렀다. 학일에 의해 중흥된 가지산파는 그 후 일연에 의해 그 종세를 크게 떨치게 되었다.[133]

고려 중기에 서서히 부흥한 선종은 혜조국사를 중심한 굴산파와 학일을 중심한 가지산파로 나뉘었는데, 그 주류는 굴산파 선종 승려들이었다. 당시의 선종은 문벌 중심의 교학불교를 외면하지 않아 교선융합 사상경향을 가졌다. 굴산파 선종은 일찍부터 교선융합적인 사상경향을 띠었는데, 가지산파의 학일도 교선융합적인 사상경향을 가졌다.[134] 고려중기 선종 사상의 이러한 분위기는 무신란 이후 조계종의 '선오후수' 사상을 성립시키는데 영향을 주었다.

4. 고려초기의 유교적 정치사상의 성립

1) 나말려초 유교적 정치이념의 정착

신라중대 이후 왕실의 전제정치가 강화되는 속에 강수强首와 설총薛聰 등 육두품귀족을 중심으로 유교가 전래되어 서서히 수용되었다. 대가야 출신인 강수는 문장가로 입신하여 당나라에 보내는 외교문서의 작성을 담당하였다. 그는 대장간 집 딸과 결혼하였는데, 가난하고 천한 것은 부

133 김상영, 위의 논문(위의 책, 68쪽).
134 김상영, 위의 논문(위의 책, 74~75쪽).

끄럽지 않으나, 도를 배우고 행하지 않은 것은 진실로 부끄럽다고 하였다.[135] 원효의 아들인 설총도 화왕花王의 신하인 장미꽃과 할미꽃의 비유로써, 왕에게 아첨하는 신하보다 정직한 신하를 가까이 할 것과 물질적인 욕망보다는 도덕적인 규범을 권하였다.[136]

신라중대의 전제정치는 왕실이 진골 귀족세력을 억압하면서, 육두품세력을 전제정치의 관료로 등장시켰다. 왕실은 진골귀족과 연관된 신라의 토착적 전통 대신에 중국 제도를 습용習用하는 등 한화漢化정책을 추진하였다. 전제왕실이 육두품 중심으로 수용된 유교를 주목하는 이유를 이런 면에서 이해할 수 있다. 신문왕 때에 국학國學이 설치되었고, 원성왕 때에는 독서삼품과讀書三品科를 설치하였다. 그러나 신라사회에서 유교는 불교와 더불어 내외內外의 도라고 하여 뚜렷하게 구별되었다. 때문에 설총은 아버지에게 세상 밖의 도라고 할 수 있는 불교보다는 세상 안의 도인 유교를 공부하겠다는 뜻을 전하였다.

신라하대가 되면 육두품六頭品 출신 유학자들이 당에 들어가 숙위학생宿衛學生을 지내면서 적극적으로 유학을 수용하였다. 신라말의 최치원崔致遠을 비롯하여 최승우崔承祐 · 최언위崔彦撝 등이 그들이다. 최치원은 무너져 가는 신라국가를 재건하고자 하였다면, 최승우나 최언위는 신라국가의 테두리를 벗어나 각각 견훤과 왕건에게 유교적인 정치이념을 제공하고 있었다. 이점은 신라하대에 육두품 출신의 유학자들이 실제로 사회를 움직여 간 지방호족에 대한 선호도를 달리하게 만들었다. 최승우나 최언위와는 달리 중앙집권적 신라국가의 재건을 꿈꾸는 최치원은 지방호족에 대해서 개방적이지는 않았다.

---

135 『三國史記』 권46 强首전.
136 『삼국사기』 권46, 薛聰전.

불교와 유교를 뚜렷하게 구별하였던 것과는 달리 최치원은 난랑비鸞郎碑의 서문에서 유교와 불교 및 도교를 모두 포함하는 가르침으로 풍류도風流道가 있음을 지적하였다. 그 중에서도 특히 그는 유교와 불교를 함께 이해하고자 하여, 여래가 주공周公이나 공자와 더불어 드러낸 이치는 다르지만 돌아가는 길은 하나라고 하였다. 그리하여 심약沈約의 말을 인용하여 "공자는 그 실마리를 논했고 석가는 그 이를 바를 다했다"라고 하였다.[137] 지증대사탑비智證大師塔碑에서 최치원은 육시六是를 언급하였다. 불교신앙의 영험을 말한 육이六異와는 달리 육시는 최치원의 유교사상이 불교신앙과 혼합하여 나타난 것이다.

육시는 행장行藏 · 지보知報 · 단사檀捨 · 개발開發 · 출처出處 · 용사用捨의 옳음을 의미한다. 행장은 나아가고 물러남, 지보는 은혜를 갚음, 단사는 단월이 희사함, 개발은 선심善心을 냄, 출처는 출행과 거주함, 용사는 쓰고 버림에 관한 미덕을 소개한 것이다. 비록 지증대사의 행적으로 서술되었기 때문에 육시는 불교신앙의 모습을 언급한 것이지만, 유교적 덕목으로 보아도 충분히 가능한 내용으로 구성되어 있다. 뒷날 고려 현종 14년(1023년)에 문창후文昌候로 봉해져[138] 현유儒賢의 종조宗祖로 받들어진다고 하더라도, 최치원은 유불을 같이 이해하려는 태도를 지녔다. 이는 그가 진골귀족 중심의 사회체제를 개혁하려면서도 신라국가의 틀 속에 머무는 결과를 초래하였다.

견훤과 연결된 최승우의 사상을 알기는 어렵다. 이에 비해 최언위는 고려초기의 유교적 정치이념의 성립에 기여하였다. 견훤과 왕건이 서로 주고받은 편지에는 유교적 정치이념을 다소 추측할 수 있다. 무엇보다도

---

137 崔致遠, 「河東雙谿寺 眞鑒禪師大空塔碑」(『朝鮮金石總覽』 권상, 1919, 67쪽)에 "如來之與周孔發致雖殊 所歸一揆 … 沈約有云 孔發其端 釋窮其致"라고 하였다.

138 『高麗史』 권5, 顯宗 14년, 2월 丙午조.

백성을 편안하게 하려는 뜻이 강하게 표출되었다. 최승우의 작성이라고 추측되는 왕건에게 전한 견훤의 편지는 백성을 도탄에서 구하고, 종사를 바로 세우기 위해 신라를 공격하였음을 천명하였다. 그리하여 의풍義風으로써 육부를 타이르고, 경순왕을 즉위시킴으로써 잃은 임금을 다시 세워 위태한 나라를 일으켰음을 강조하였다. 이는 최승우의 정치이념을 추측하는 실마리가 될 것이다.

견훤에게 준 왕건의 편지에도 백성의 생활을 안정시키려는 의지는 오히려 견훤의 편지에서보다 더 강하게 나타나 있다. 국토가 동란의 소용돌이 속에 놓여 농지가 황폐해졌기 때문에 난리와 재앙을 막고 백성을 편안하게 하기 위해, 자식까지 볼모로 잡히면서 화친하였다는 사실이 강조되었다. 뿐만 아니라 왕건은 하늘이 빌어주심을 받들어 장수의 권세를 독점하여 국가를 경륜經綸하는 기회에 참여하게 되었지만, 이는 아래로 백성들의 추대에 못 견디어 이루어진 것임을 분명히 하였다.[139] 삼한을 통합한 후에 왕건은 연산連山에 개태사開泰寺를 세우고 친히 그 원문願文을 작성하였다. 원문에는 왕건이 간악한 자를 제거하고 기울어진 자를 받침으로써, 병화로 살기 어렵게 된 백성을 구하고 마음대로 농상農商을 행할 수 있게 하려는 뜻이 담겨있다.[140]

백성의 생활을 안정시키려는 것은 바로 군주가 그들의 신망을 얻는 길이기도 하다. 백성들에 의해 추대되었음은 백성의 신망을 특별히 받았다는 징표로 활용되었다. 실제로 왕건은 자손에게 은밀히 전한 십훈요十訓要의 제7조에서 다음과 같이 언급하였다.

---

139 『삼국사기』 권50, 甄萱전.
140 『新增東國輿地勝覽』 권18, 連山縣 佛宇조.

임금은 民心을 얻는 것이 가장 어려운 일이다. 민심을 얻으려면 무엇보다도 諫言을 좇고 참소를 멀리하여야 한다. 간언을 좇으면 현명하게 되고, 참소는 꿀과 같으나 믿지 않으면 자연히 그치게 될 것이다.[141]

민심을 얻기 위해 참소나 아첨을 물리치고 간언을 좇아야 함은 유교적 정치이념의 기본이라 할 수 있다. 이는 이미 신라중대에서부터 수용하여 정착되어 온 것이다. 나말려초의 혼란기를 겪으면서, 백성이 농토에 정착하여 편안한 삶을 영위해 가는 것이 우선적으로 고려되었다. 이는 바로 민심을 얻는 첩경이기도 하다. 때문에 훈요의 제7조는 계속해서 "백성에게 일을 시키되 시기를 가려서 행하며, 부역과 조세를 가볍게 하는 동시에 농사일이 어려운 것을 알게 하면, 자연히 민심을 얻어 나라는 부강하고 백성은 편안하게 된다"라고 하였다.[142]

고려건국 후 왕건 때의 유교적 정치이념은 민심의 규합을 위한 조처를 강구하는 것으로 나타났다. 이는 바로 백성의 생활을 안정시키려는 것과 직결되었다. 그리하여 다음과 같은 정책을 표방하였다.

① 옛 제도를 마련하였다.
② 經史를 널리 읽게 하였다.

건국 직후에 고려국가의 통치체제는 우선적으로 정비되었겠지만, 백성의 생활 안정과 연관하여 경제제도에 대한 관심이 고조되었다. 때문에 백성을 농토에 정착시키면서 부역과 조세를 경감하려는 제도의 마련을 모색하였다. 훈요의 제9조는 옛 제도에 따라 백관의 녹봉제도를 마련하려는

141 『고려사』 권2, 太祖 26년 4월조.
142 『고려사』 권2, 태조 26년 4월조.

것도 같은 의미에서 파악된다.

제도의 마련은 백성의 원망과 비방의 소지를 없애는 길이기도 하다. 이렇듯 민심을 규합하려는 의도에서 출발하여서인지, 고려초기의 유교적 정치이념은 풍속의 교화나 치국에서의 근검과 절약을 강조하였다. 고려 건국 직후 제도를 개혁함에 있어서도 왕건은 옳고 그런 것을 상세히 알아서 풍속을 지도하고, 백성을 훈계할 때에도 호령하는 것을 반드시 삼가야 한다고 하였다.[143] 나라를 다스리면서 마땅히 절약에 힘써야 하는 이유는 백성이 부유하고 창고가 충실함으로써 비록 수재나 가뭄으로 인한 기근이 들더라도 근심이 없어지기 때문이다.[144]

평화 시기에 이웃 나라와의 전란에 대비하려는 것도 백성의 편안을 가져오고 민심을 얻는 결과를 초래한다. 또한 훈요 제9조는 부역의 면제와 더불어 병졸을 보호할 것과 함께, 매년 가을에는 무예가 출중한 자들을 검열하여 관리로 등용할 것을 언급하였다. 이어 훈요의 제10조에는 경전과 역사서를 널리 읽게 하였는데, 이는 옛일을 상고하여 지금의 교훈으로 삼으려는 것이다. 그러면서 주공周公이 대성인으로서 「무일편無逸篇」을 지어 조카인 성왕成王에게 올려 그를 경계하게 하였으니, 왕건은 마땅히 이를 그림으로 그려 붙여, 신하들이 출입할 때에 보고 반성하게 하였다.

왕이 안일하지 않고 근면할 것을 강조한 「무일편」은 생산과 요역을 담당하는 백성의 고통을 체험하고, 그 어려움을 깨닫게 하려는 내용으로 구성되어 있다. 이후 고려 왕실은 「무일편」을 병풍으로 작성하여 걸어두고는 경계로 삼았다. 고려초기의 유교적 정치이념은 민심을 규합하려는 의도에서 성립되었지만, 백성의 생활을 안정시키고 농토를 기반으로 편

---

143 『고려사』 권1, 태조 원년, 6월 戊辰조.
144 『고려사』 권1, 태조 원년, 6월 乙丑조.

안한 생활을 영위시키려는 민본정신이 발로한 것이다. 즉 백성이 건전해야 부강한 나라가 되는 의미를 추구한 셈이다.

2) 성종대의 유교적 정치사상

(1) 이상적인 군신상君臣像의 확립

왕건의 호족연합책으로 이루어진 고려국가는 광종대의 전제정치를 거치면서 지방에 세력 근거지를 둔 호족출신의 귀족세력이 도태되어갔다. 그러나 광종대의 전제개혁 조치는 황보씨皇甫氏 등의 대호족세력 기반을 가진 귀족들의 반발을 받으면서 실패로 끝났다. 이후 경종과 성종대에 고려의 국가체제가 정비되면서, 통치이념으로 유교적 정치사상을 설정하였다. 이러한 정치사상이 정립하는데 최승로가 크게 기여하였다. 그는 신라 육두품 출신인 최은함崔殷諴의 아들이며, 최치원·최승우·최언위 등을 위시한 최씨가문의 학문적 전통을 이었다. 광종대에 국가의 문한文翰을 맡았고, 성종이 즉위하면서 인사를 담당하는 선관選官의 어사御事가 된 그는 982년(성종 원년)에 왕의 요청으로 상서문을 올렸다.

최승로가 올린 상서문은 성종 이전 다섯 임금에 대한 오조정적평五朝政績評과 시무始務 28조로 구성되어 있는데, 성종대의 유교적 정치사상을 알려주는 유용한 자료이다. 시무책 중 6개는 현재 전하지 않는다. 태조에서 경종대까지의 정치를 평하면서 최승로는 태조대를 대체로 긍정적으로 서술하였다. 그 외 광종대 초기 8년간의 정치와 교화가 청백하고 공평하다고 언급하면서 "종친과 귀족이라 해서 사정을 두지 않고, 항상 강호强豪들을 억제하였다. 소원하고 미천한 자라 해서 버리지 않았고 의탁할 데가 없는 사람에게 혜택을 베풀었다"라고 하였다.[145]

최승로가 건의한 유교적인 이상국가는 중앙집권적 국가체제에서 왕권의 안정을 꾀하는 것이었다.[146] 때문에 종친은 물론 권세 있는 귀족이나 강호들의 발호를 경계하였다. 그렇지만 그는 광종대중기 이후의 정치를 혹평하였고, 특히 혜종이나 정종의 아들이 보전되지 못했거나 경종대에 종친이 처단된 사실을 비판적으로 기술하였다. 전제왕권에 의해 귀족세력이 가혹하게 거세되는 것뿐만 아니라 거꾸로 경종대에 권신權臣의 압력을 받아 천안군天安君과 진주군鎭州君 등이 처단된 사실에 대해서도 부정적으로 바라보았다. 그리하여 어떠한 사람도 자기의 삶이나 뜻을 즐기거나 펴게 함으로써, 내외가 다 같이 기뻐하고 사람과 신명이 서로 경축하는 국가를 만들려고 하였다.[147] 이는 하늘이 내리서 사람들에게 베푸는 유교정치의 이상을 실현하려는 것이다.

성종대의 유교적 국가론은 바로 태조대 이후 백성의 평안을 추구해 온 민본정신을 구현하려는 것이다. 오조정적평을 읽은 성종에게 "마땅히 선한 것을 취하여 행하고 좋지 않는 것을 교훈으로 삼아, 급하지 않는 일은 그만두고 도움이 안 되는 노역은 폐지하여, 오직 임금은 위에서 편안하고 백성은 아래에서 기뻐하도록 해야 한다"는[148] 것을 제시하였다. 이러한 바탕 위에서 이상적인 군주상과 신하의 덕목을 추구하였다. 최승로의 군신관은 봉사 제14조에 피력되었는데, 조금 장황하지만 다음과 같다.

---

145 『고려사』 권93, 열전6, 崔承老전.

146 이기백, 「崔承老와 그의 정치사상」(『崔承老上書文硏究』, 일조각, 1993, 167쪽).

147 『고려사』 권93, 최승로전.

148 『고려사』 권93, 최승로전.

또한 비슷한 내용이 『고려사』 권3, 성종 2년, 2월 戊子조의 조서에도 나타나 있다. 즉 성종은 모든 백성이 자기의 삶을 즐기고 직분을 이행할 것을 바라면서, 또한 한 사람이라도 죄에 빠지거나 가난하게 산다는 것을 들을 때에는 책망을 느낀다고 하였다. 그리하여 성종은 몸이 비록 궁궐에 있으나 마음은 늘 백성에게 가있음을 고백하였다.

① 『주역』에 이르기를 "聖人은 인심을 감동시킴으로 천하가 화평하게 된다" 라고 하였으며, 『논어』에 이르기를 "無爲로써 자연에 맡겨 천하를 다스린 자는 舜임금이다. 무엇으로 그리하였을까? 자기 몸을 삼가면서 南面하고 왕위에 앉아 있을 뿐이다"라고 하였습니다. 성인이 하늘과 사람을 감동시킨 것은 그가 純一한 德이 있고 私心이 없기 때문입니다.

② 만약 聖上께서 겸손한 마음을 가져 항상 공경하고 두려워하면서 신하를 禮遇한다면, 누가 자기의 성심과 힘을 다 바쳐 조정에 나와서는 좋은 계책을 진언하고, 물러나서는 국정을 구할 길을 마련하지 않겠습니까? 이것이 이른바 임금은 禮로써 신하를 부리고, 신하는 충성으로써 임금을 섬긴다는 것입니다.

③ 바라건데 성상께서는 매일같이 근신하여 교만하지 말며, 아래 사람을 대할 때에는 공손할 것을 생각하고 혹시 죄를 범한 자가 있으면 그 輕重을 법에 의해 논하십시오. 이리 하면 태평의 위업을 바로 이룰 수 있을 것입니다.[149]

위의 내용은 군주상과 함께 군신관계 및 앞으로의 덕치德治에 대해 세 부분으로 언급한 것이다. 우선 가장 이상적인 군주상으로 인위적이라기보다는 자연의 도에 맡겨 다스리는 순임금을 제시하였다. 즉 남면하여 앉아만 있어도 천하가 잘 다스려진다는 것이다.

성인이 천하를 화평하게 하여 인심을 감동시키듯이 임금이 사심을 갖지 않고 순일純一한 덕을 갖추어야 함을 내세웠다. 바로 덕치를 강조한 것이다. 때문에 임금은 매일같이 근신하고 삼가며, 교만하지 않도록 덕망을 가져야 한다. 다음 내용이 이를 구체적으로 제시해 준다.

시작할 때의 착한 마음으로 끝마침을 잘하는 아름다움을 생각하여 매일같

149 『고려사』 권93, 최승로전.

이 삼가며, 비록 쉴 수 있어도 쉬지 말고 존귀한 군주가 되었어도 스스로 존대하지 마십시오. 才德을 풍부히 가졌어도 교만하거나 자랑하지 말고, 오직 자기를 공손히 하는 마음만 가져 백성을 걱정하는 생각을 끊지 않는다면, 복은 구하지 않더라도 스스로 이르고 재앙은 기도하지 않아도 저절로 소멸될 것이니, 聖壽가 어찌 만년이나 되지 않겠으며 王業이 어찌 百世에 그칠 뿐이겠습니까?[150]

성종대에 갖추어진 이상적인 군주는 교만하거나 존대하지 않고, 스스로 삼가고 근심하는 덕목을 갖추었다. 오히려 군주는 백성을 걱정하고, 신하를 공경하며 예우禮遇하였다. 이는 전제군주나 바로 정치의 실무에 관여하는 임금의 모습이 아니다. 때문에 최승로는 군주가 직접적으로 백성을 다스리는 것이 아니라고 하였다.[151] 집집마다 찾아가 매일 볼 수는 없는 것이기 때문에, 임금이 백성을 다스리는 법은 각 지방에 수령을 파견하여 백성의 이해利害를 살피게 하는 것이다.[152]

국왕은 직접 백성을 대하는 것이 아니다. 그러므로 수령을 보내어 백성의 사정을 살폈다. 수령에 그치지 않고 정치는 국왕을 대신해서 신하가 하는 것이다.[153] 때문에 군신관계가 새롭게 정립되어 갔다. 국왕은 신하를 공경하고 예우하지만, 예로써 대하는 것 자체가 신하를 부리기 위함이었다. 신하는 충성으로써 임금을 섬겨야 하였다. 그것이 신하의 임금에 대한 충간忠諫으로 나타났다. 이는 서경에서 "나무가 먹줄을 좇으면 발라지고, 임금이 간하는 말을 좇으면 성스러워 진다"는 의미를 구현하려는 것이다. 이러한 군신관계는 잘못을 바로 잡으면서 위급한 일을 구

150 『고려사』 권93, 최승로전.
151 이기백, 「최승로와 그의 정치사상」(앞의 책, 169쪽).
152 『고려사』 권93, 최승로전.
153 이기백, 「최승로와 그의 정치사상」(앞의 책, 172쪽).

제하는 데에 신하들이 성심과 성의를 다하게 하였다.

현종은 교서를 내려 "나라가 위급하게 되었을 때에 이를 구해서 지키지 못한다면, 재상은 무엇에 쓰겠는가"라고 반문하였다.[154] 성종대의 유교적 정치사상은 도덕정치를 실현하려는 것으로, 도덕적인 정치의 실현은 군주뿐만 아니라 신하에게도 덕망과 근신을 요구하게 만들었다. 군주가 겸허하게 그 의견을 들어야 할 것으로 되어 있는 신하들도 역시 도덕정치의 실천자여야 한다.[155] 유교정치의 도덕률은 국왕이나 신하에게 모두 적용되는 것이다. 나라가 잘 다스려지는 것은 현명한 임금의 성덕에서 나왔다고 하면서도, 역시 잘 다스려지도록 도운 신하의 공로에 좌우되었다.[156] 이후 고려의 유교사상은 도덕률을 강조하는 실천적 윤리사상을 성립시켜갔다.

(2) 인재양성을 강조

성종대의 유교정치는 실제로 정치를 담당한 귀족관료인 신하에게 보다 엄격한 유교적 윤리를 강요하였다. 도덕률의 보편적 이상을 추구하는 국왕보다는 신하의 경우에 보다 세분된 모습의 윤리 규정이 적용되었다. 자연히 도덕률의 수용에 따라 신하를 구분하려거나 그들의 업무를 구체적으로 제시하기에 이르렀다. 성종대에 김심언金審言은 바로 그런 임무를 담당하였다. 우선 그는 신하를 육정六正과 육사六邪로 나누었으며, 신료에게 자사육조정刺史六條政을 제시하였다.[157]

육정은 성신聖臣 · 양신良臣 · 충신 · 지신智臣 · 정신貞臣 · 직신直臣이며, 육

---

154 『고려사』 권4, 현종 2년, 4월 丁巳조.
155 이기백, 「최승로와 그의 정치사상」(앞의 책, 174쪽).
156 『고려사』 권2, 경종 즉위년 10월 甲子조.
157 『고려사』 권93, 열전6, 金審言전.

사는 구신具臣 · 유신諛臣 · 간신姦臣 · 참신讒臣 · 적신賊臣 · 망국지신亡國之臣이다. 또한 자사육조정은 다음과 같다.

① 백성의 질병과 고통 및 失職者를 살필 것

② 墨綬 長吏 이상에 居하는 官政者를 살필 것

③ 백성에게 해를 끼치거나 크게 奸猾한 도적을 살필 것

④ 농토에 관한 犯法이나 四時에 따른 禁法을 살필 것

⑤ 백성이 孝悌하고 廉潔하며 行修가 바르고 특이한 재주가 있는 자를 살필 것

⑥ 아전이 錢穀을 장부에 기입하지 않고 고의로 흩어버리는 자를 살피는 것

육정과 육사의 설정은 신하의 유교적 도덕률에 가치를 두고는 그 정도를 차별하여 설정한 것이고, 자사육조정은 관리들이 가져야 할 실무에 관한 덕목을 구체화한 것이다. 이는 국가를 실질적으로 다스리는 신하 즉, 귀족관료에 대한 관심이 증폭됨에서 나타났다. 자사육조정은 아전이나 관리는 물론 농토나 전곡錢穀에 대해 살필 것을 요구하고 있는데, 이는 백성 생활의 안정을 위한 것이다. 신하들도 군주와 마찬가지로 백성의 평안을 추구하는 면에서 유교정치의 도덕률을 유념해야 한다. 다만 군주가 원론적인 근신이나 겸양을 덕목으로 가졌다면, 신하들에게는 그것이 함양된 구체적인 정책의 모습으로 나타났다고 보인다.

육사와 육정 즉, 세부의 덕목에 따라 성신이나 양신 및 충신에서부터 간신 혹은 적신 등으로 세분한 것은 성인이기를 바라는 군주와는 달리, 신하들 개인에 따라 지닌 유교적 실천 덕목을 보다 갈고 닦아야 한다는 의미를 지녔다. 자사육조정의 제5조가 백성들 중 수행하면서 재주가 있

는 자를 찾으려는 덕목으로 만들어졌다. 그리하여 효행과 공경·청렴·결백 등의 유교적 실천 윤리를 지니게 하였다. 이는 바로 유교적 덕치국가를 이끌어 가는데 중심적 역할을 실제로 담당해야 하는, 신료를 기르고 뽑는 인재양성론으로 이어져서 주목된다. 성종은 인재의 중요성에 대한 관심을 다음과 같이 표명하였다.

> (내가) 침식을 거르면서도 정사에 정력을 기울여 언제나 신하들의 좋은 의견을 듣고자 한다. 높아도 낮게 들으며 가까이 있어도 멀리 보아 착한 인재(賢良)에 의거하려고 한다.[158]

성종은 유교정치를 실현하는데 현량賢良 즉 인재 등용에 지대한 관심을 나타내었다. 신하들의 좋은 의견을 받아들여 정치에 반영하기 위해서는 인재의 등용이 무엇보다도 중요하다. 물론 인재 등용에 대한 정책은 성종대에 집중적으로 나타나지만, 그 관심은 일찍이 태조 때에서부터 실마리를 보였다.

건국 초에 관제를 정비하는 것이 급선무였는데, 이를 맡을 인재가 절대적으로 필요하였다. 관제를 설정하고 직무를 분담시키고자 유능한 사람을 임명해야 하고, 풍속을 시정하고 백성을 편안하게 하기 위해 현명한 사람을 선발하는 문제가 시급하였다. 바로 이런 문제로 고민한 태조는 홍유洪儒·배현경裵玄慶·신숭겸申崇謙·복지겸卜智謙 등에 의해 옹립된 직후 내린 조서 중에서 "오직 사람을 앎에 밝지 못하여 관리들을 살핌에 실수가 많음으로써, 어진 사람이 등용하지 못해다는 탄식이 일어나고 인재를 얻는 도리에 어그러질 것을 두려워한다"라고 하였다.[159] 그리고는 크

158 『고려사』 권3, 성종 2년, 2월 戊子조.
159 『고려사』 권1, 태조 원년, 6월 辛酉조.

고 작은 학교를 광범하게 창설하여 왕실 자손에서부터 백성의 자제들에 이르기까지 경서를 읽고 도를 배우게 하니 인재가 풍족하게 되었다.[160]

국초 이래의 이러한 전통이 성종대에 인재등용에 대한 지대한 관심으로 나타났다. 인재를 양성하기 위해서 학교뿐만 아니라 관리로 뽑으려는 과거제가 이미 광종 9년(958년)에 도입되었다. 성종은 학교와 과거제를 재정비하고자 하였다. 다음 내용을 참고해 보기로 하자.

> ① 임금이 천하를 교화하는 데에는 학교가 제일 급선무이다. 堯舜의 遺風을 계승하고 周孔의 道를 닦으며, 국가의 憲章 제도를 설정하여 군신 상하의 의례를 분간하여야 하는 바이다. 賢儒가 아니면 어찌 이러한 규범들을 창안할 수가 있겠는가?[161]
>
> ② 해마다 甲乙科를 보여서 여러 수재를 선발하고 매일 숨은 선비들을 널리 구하여, 그들을 영재로 우대하라. 박식한 儒生을 찾아내어 부족한 정치를 돕게 하되 항상 나태하지 않고 피곤하지 않게 하라.[162]

성종은 공자의 정신에 부합하여 학문을 장려하려는 뜻에서 학교를 확장하고자 하였다. 즉 학교의 부흥을 통해 천하를 교화하려는 것이다. 유학의 진흥을 위해 학교를 확충하는 것이 국가를 다스리는 첩경이다. 그러기 위해 선생들을 많이 두고 학생들을 광범하게 모집하여, 이들에게 토지를 지급하여 학문을 교수하고 배우게 하였다. 무엇보다도 학문이 깊은 사람을 선생으로 삼아 파견하는 것을 중요하게 생각하였다.

나라를 다스리는 임금은 유학의 인仁·의義·예禮·지智·신信과 같은

160 『고려사』 권3, 목종 6년, 정월조.
161 『고려사』 권3, 성종 11년, 12월 丙寅조.
162 『고려사』 권3, 성종 8년, 4월 壬戌조.

오상五常의 덕망을 익히고 육경六經 등에 근거하여 규범을 만들었다. 그렇기 때문에 순임금은 상상上庠과 하상下庠을 두었고 하후씨夏后氏는 동서東序와 서서西序를 설치하였으며, 은殷나라는 양학兩學을 경영하였을 뿐만 아니라 주나라는 동교東膠와 서교西膠를 세웠다. 이렇듯 학교를 세워 교수함으로써 인재를 키우고, 학문을 부흥시켜 국가의 헌장과 제도를 갖추었다. 유교정치의 실현은 학문의 부흥과 인재의 양성으로 구체화되었지만, 결국은 인재를 등용하는 것에 관심을 두게 하였다. 성종은 이미 시행하고 있는 과거제는 물론 천거제薦擧制를 함께 고려하였다. 갑을과를 통해 준재를 선발하는 한편으로 숨은 인재를 찾았다.

광종대에 실시된 과거제는 활발하게 운용되었던 것은 아니다. 과거합격자의 수가 극히 적었던 점이 이를 알려준다. 성종대까지에도 배우는 자는 많으나 과거시험을 보는 자는 드물거나 또는 과거에 응시하지만 급제하는 자는 적었다. 이런 모습은 그후에도 다소 지속되었다. 천거를 통해 인재를 확보하려는 이유를 이런 데에서 발견할 수 있다. 이는 배울만한 학교가 없거나 공부가 미숙하기 때문에 나타난 현상이다. 그러나 유학이나 학술을 밝히고 발전시키기 위해 재주를 비교할 수 있는 과거로써 인재를 선발하려는 것이 더 우선시되었다. 학교를 세워 인재를 양성하고 과거제나 천거제를 통해 인재를 등용하려는 것은 모두 공자의 정신에 부합하여 학문을 장려하려는 뜻을 가졌다.

3) 유교적 실천윤리의 전개

유학을 일으켜 옛 제도를 상구하여 정비하는 것이 국가를 다스리는 기본이 된다. 성종은 지방의 각 주현州縣에 학교를 세우면서, 삼경三京 10

도의 모든 관료들에게 학업을 장려시켰다. 경서뿐만 아니라 문학·유학·의학·복서卜筮에 이르는 학술을 익히게 하였다. 유학의 장려는 현명한 인재를 등용시키는 동시에 선량한 관료들을 승진시키는 길을 넓히는 방법이었다. 아울러 사사로운 이익에 치우쳐 학문의 해석이 이단으로 흐르거나 선생이 교수를 게을리 하여 학생들의 학업이 부진하는 것을 막고자 하였다.

인재 양성을 위한 학교에 대한 관심은 국자감國子監 중심으로 계속 이어졌고, 이에 더하여 문종대에는 사학私學 12도가 출현하였다. 이를 대표하는 최충崔沖은 악성樂聖·대중大中·성명誠明·경업敬業·조도造道·솔성率性·진덕進德·대화大和·대빙재待聘齋의 구재九齋를 편성하고는, 구경九經과 삼사三史를 중심으로[163] 시부詩賦와 사장詞章을 공부시켰다. 사학 12도의 번성은 관학 진흥책으로 이어져 예종 4년(1109년)에는 주역周易·상서尙書·모시毛詩·주례周禮·대례戴禮·춘추·무학재武學齋의 칠재七齋가 성립되었고, 인종 때에는 경사육학京師六學이 정비되었다. 7재 중 무학재를 제외한 나머지는 모두 경서의 이름으로 편성되었다.

성종대 유교정치의 구현은 학교를 포함한 옛 제도를 상고하여 정비하려는 속에 도덕적인 덕목을 강조하였고, 이는 이후 실천적 윤리를 내세우는 방향으로 진전되었다. 이제현은 성종대의 정치에 대해 "종묘와 사직社稷을 세웠을 뿐만 아니라 학비를 넉넉히 주어 선비를 양성하였다. 또한 복시覆試를 보여 인재를 선발하고, 수령들에게 백성들을 잘 돌보게 하였으며, 효절孝節을 표창하여 풍속을 아름답게 하였다"라고 하였다.[164] 성종은 유교의 실천 윤리 즉, 효와 절의를 강조하면서 풍속을 교화하는

---

163 九經은 주역·상서·毛詩·禮記·周禮·儀禮 혹은 孝經·春秋左傳·공량전·곡량전이고, 三史는 史記·漢書·후한서이다.

164 『고려사』 권3, 성종 16년, 10월 戊午조.

데 관심을 지속시켰다. 다음 내용을 참고해 보기로 하자.

> 君臣과 부자가 서로 사랑하고 공경하는 풍습을 알았으며, 禮樂과 詩書는 국가를 경영하는 사업을 창안할 수 있었다. 소이 인륜의 규범과 王道의 紀綱은 훌륭히 빛나서 가히 볼만한 것이 있었다.[165]

국자감을 통해 교수하는 과정에서 유교의 실천적 윤리를 확립하였고, 이는 바로 유교정치의 통치이념으로 전개되었다. 시서詩書는 물론 특히 예악禮樂은 국가 통치와 바로 연결되어, 인륜과 풍속을 교화하는 방법을 수립하는 데에 활용되있다. 군신은 모두 두려운 마음을 가져 항상 삼가고 근신하는 유교적 덕목을 갖도록 강요받았으며, 아래로는 풍속을 아름답게 하여 백성들로 하여금 예의를 알도록 힘썼다. 군신관계를 부자관계로 묶어, 거기서 찾아낸 사랑과 공경하는 윤리가 바로 효孝와 충忠으로 이어졌다. 이후 유교적 왕도정치와 예교禮敎질서를 정립하면서,[166] 고려중기에 이르기까지 예치禮治는 유교사상의 실천 윤리를 전개시키게 하였다.

예치로써 가장 중시된 것은 효도이다. 『효경孝經』에 대해서는 이미 신라중대 이래 주목되었고, 경덕왕대의 태학에 둔 삼과三科의 과목에 『논어』와 『효경』이 공통과목으로 선정되었다. 고려초기에도 한 국가의 풍속으로 효도를 가장 모범으로 규정하면서, 장가를 가지 않고 어머니를 봉양하거나 개가하지 않는 과부가 시부모를 모시는 등의 효도를 표방하는 일화는 많이 나타나 있다. 성종대 유교적 정치이념의 중심이 된 것도 역시 효도인데 다음 조서의 내용이 이를 알려준다.

---

165 『고려사』 권3, 성종 6년, 8월 乙卯조.

166 尹南漢, 「유학의 성격」(『한국사』 권6, 고려귀족사회와 문화, 국사편찬위원회, 1975, 284쪽).

> 임금은 만백성의 우두머리요 만백성은 임금의 심복이다. 백성들이 착한 일을 하면 그것은 바로 나의 복이요, 악한 일을 하면 그것은 역시 나의 걱정이다. 부모 봉양하는 자를 현창함으로써 풍속을 아름답게 하는 뜻을 표시하는 바이다. 시골의 어리석은 백성들도 오히려 늘 효도하려고 하는데, 하물며 벼슬하는 신하들이야 자기 조상을 받드는 것을 게을리 할 수 있겠는가? 능히 가문에서 효자가 된다면 반드시 국가의 충신으로 될 수 있을 것이다. 모든 관리와 백성들은 나의 말을 명심하라.[167]

백성의 평안을 위해 군신이 모두 근신하고 잠시라도 게을리 하지 말아야 되겠지만, 한편으로 조정의 규율을 엄격히 하여 백성들의 기대에 부합하면서 스스로 태평을 누리게 하는 것은 서로 이반되지만 같은 논리로의 귀결이 가능해진다. 임금은 만백성의 우두머리이고, 신하는 물론 만백성은 임금의 심복이기 때문에 효와 충의 논리를 연결시켜 이해하게 하였다. 『효경』에 바로 이러한 논리가 갖추어져 있다.[168] 때문에 집안에서 효도하는 자가 역시 나아가 국가에서 충성한다는 것이다.

공자가 인仁의 근본이 효孝에 있다고 할 정도로 유가사상의 중핵을 이루는 것은 효도이다. 『효경』에 담겨 있는 효도는 부모나 조선祖先에 대한 자손의 윤리 규범이다. 그러나 효도는 충으로 발전하고 확대되어 감으로써 결국 가장 친근한 가족윤리로부터 군주에 대한 윤리규범으로 자연스럽게 연결되었다.[169] 충효관념은 신라중고시대로부터 신라하대에 이르기까지 계속해서 나타나지만, 당시에는 상하의 계층을 묶음으로써 국가공동체를 성립시키려는 의도를 더 강하게 표출하였다. 그런데 가부장

---

167 『고려사』 권3, 성종 9년, 9월 丙子조.

168 李熙德. 「유학사상의 발전」(『한국사』 권16, 고려전기의 종교와 사상, 국사편찬위원회, 1994, 228쪽).

169 이희덕. 「유학사상의 실천적 전개」(『한국사』 권16, 국사편찬위원회, 1994, 230쪽).

적인 윤리사상으로써의 효사상은 고려초기에 법과 예제禮制에 중요한 근간으로 자리 잡아 갔다.

재주를 가지고 임금을 섬기는 것이 충성의 시작이요 세상에 이름을 날려 부모의 명예를 나타내게 하는 것이 효도의 마지막이다.[170] 이렇듯 유교정치에서 충효로써 인재를 기르고 벼슬을 내리게 하는 『효경』의 효사상이 실천윤리로써 중시되었지만, 군주가 실천해야 하는 행동 규범이 자세하게 기록된 『예기』도 주목되었다. 성종 7년(988년)에 이양李陽은 성종에게 농사짓기가 어렵다는 사실을 깨닫게 하기 위해 적전籍田의례를 시행할 것과 아울러 다음과 같이 월령月令을 지키라고 주청하였다.

> 聖人은 아래로 지리를 살피고 위로 천문을 보아 시기의 변화에 통달하고, 임금은 仁을 행하고 은혜를 베풀어 사람들이 도리를 다하게 하려는 것입니다. 月令에 따라 正月 중순 이후에는 犧牲에 쓰기 위해 암컷을 잡지 말며 伐木을 금지하십시오. 또한 새끼 짐승과 알을 가진 짐승을 잡거나 많은 사람을 동원하지 말고 해골을 묻는다고 하였습니다. 원컨대 지금 일 년의 첫 계절에 널리 봄 행사를 행하는 명령을 반포하여 사람들로 하여금 계절의 禁令과 자연의 법칙을 알게 하십시오.[171]

상소문을 본 성종은 이양의 간언이 경전에 근거한 것임으로 그대로 채택하여 시행하였다. 그리하여 적전을 친히 갈거나 왕후가 몸소 길쌈을 하는 의례를 시행하였고, 가축의 생식에 해를 주지 않도록 암컷이나 알을 가진 짐승을 잡지 않으며 새로 돋아나는 어린 싹을 다치지 않게 하였다. 농사에 방해를 받지 않도록 요새지의 축성 외에는 많은 사람을 동

170 『고려사』 권3, 성종 6년, 8월 乙卯조.
171 『고려사』 권3, 성종 7년, 2월 壬子조.

원하지 않았으며, 언 땅으로 말미암아 마른 뼈가 드러나지 않게 함으로써 죽은 시체가 산사람의 기분을 거슬리지 않게 하였다. 이는 임금이 오교를 시행함에 있어서 예禮나 의義에 앞서 인仁을 베풀며, 아울러 하늘에 정해져 있는 4시에 따라 봄에는 양기와 온화한 덕을 펴게 하려는 것이다.

실천윤리는 유교정치의 구현과 표리가 되어 강조되었다. 이는 예치禮治를 실현하려는 것이다. 성종을 이어 목종은 자기의 욕심을 극복하면서 하늘과 사람을 감동시킬 수 있게끔 예치를 행하였다. 그리하여 자신의 잘 못을 수정할 수 있도록 신하들의 상소를 구하였다. 현종도 백성을 자식처럼 양육하는 한편, 아름다운 풍속과 도덕을 훼손하지 않기 위해 조심하고 삼가하였다. 아울러 재상과 지방의 수령에게 훈계를 내려 인재의 선발뿐만 아니라 백성을 자식같이 사랑할 것과 항상 반성함으로써 직책에 충실할 것을 요구하였다. 유교의 실천윤리가 바로 현실 정치로 이어지고 있었다. 충효를 바탕으로 성립된 예치는 시대가 내려갈수록 군신간의 절도를 세우는 방향으로 나아갔다.

제4장
고려후기 사상사의 흐름

1. 고려후기 사원세력과 송광사

1) 고려 후기의 사원세력

(1) 무신란 전후 불교계의 동향

한국 불교는 신라 말까지 교종과 선종이 각각 논리적인 사상의 발달을 성숙시켰기 때문에, 고려시대에 오면서 교종과 선종의 논리를 절충하는 방향으로 사상적인 발전을 거듭하였다. 곧 고려시대에 한국불교의 발전 방향은 교종과 선종사상을 융합融合하려는 쪽으로 나아갔다. 이미 고려초기에는 교종의 입장에서 선종사상을 융합하려는 사상경향과 선종의 입장에서 교종사상을 융합하려는 사상경향이 있었으며, 전자가 탄문坦文으로 대표되었다면 후자는 현휘玄暉로 대표되었다.[1]

1 김두진, 「玄暉(879~941)와 坦文(900~975)의 불교사상」(『高柄翊先生回甲紀念 史學論叢』, 1984, 395~405쪽).

교종의 입장에서 선종사상을 융합하려는 사상경향의 불교는 일단 의천義天에 의해 집대성되었다. 그는 송에 유학하여 진수晋水 정원淨源의 문하에서 화엄종사상을 익혔으며, 자변慈辨 종간從諫으로부터 천태사상을 전수받아 귀국하여서는 천태종을 개창하였을 뿐만 아니라, 광범위하게 경전을 수집하여 『속장경續藏經』을 간행하였다. 의천은 중국 화엄종과 천태종의 정통파를 계승했다는 자부심을 가지고[2] 당시 문벌귀족 중심의 불교를 개혁하고자 하였다. 의천의 불교계에 대한 개혁은 문벌귀족 체제를 개혁하면서 왕권강화를 마련하는 계기를 만들고자 하였으나, 본질적으로는 문벌귀족과 동일한 기반에서 출발하였기 때문에 한계성을 가진 것이었다.[3]

고려중기 이후 불교는 교종을 중심으로, 특히 문벌귀족의 뒷받침을 받으면서 번성하였다. 의천의 화엄종이나 천태종 이외에 법상종이 당시의 권문權門인 경원 이씨와 결탁하여 크게 떨치고 있었다. 그리하여 문벌귀족과 결탁된 불교 종단 사이에 대립이 일어나게 되고, 그런 과정에서 의천은 법상종 세력에 밀려 흥왕사興王寺에 있지 못하고 해인사로 쫓겨 가기도 하였다. 의천이 다시 흥왕사로 돌아오게 된 것은 숙종이 즉위함으로써, 경원 이씨들의 세력이 한 풀 꺾이고 난 다음에서야 가능하였다.

이러한 법상종 세력의 흥륭은 문벌귀족과 결탁된 12세기 고려 불교계의 단면을 보여주는 것이다. 일반적으로 화엄종 등 교종 불교는 문벌귀

2 淨源은 중국 화엄종의 정통파인 法藏의 사상적 전통을 이었으며, 從諫은 중국 天台宗의 정통파인 山家派의 거장인 四明 知禮의 法孫이다. 따라서 그가 중국 천태종의 非正統派인 山外派의 사상에 접했다는 견해는 잘못된 것이다.

3 蔡尙植, 「13세기 信仰結社의 성립과 사상적 경향」(『高麗後期佛敎史硏究』, 一潮閣, 1991, 14쪽).

족 세력과 연결되어 있었다. 1170년에 정중부鄭仲夫 등이 주도한 무신란은 그 동안 군인 내지는 무신세력의 성장과 이들의 문신귀족에 대한 불평과 불만이 누적되어 일어났다. 무신정권이 성립된 초기의 고려사회에는 무신 상호 간에 정권투쟁이 치열하게 전개되었으며, 하극상 등으로 인한 농민과 천민의 난이 이어져서 오랫동안 안정되지 못하였다. 그러다가 최충헌崔忠獻이 등장하여 최씨정권이 성립하면서 점차 안정을 되찾아 갔다.

무신란으로 말미암아 고려사회는 급격하게 변화되었다. 우선 무신들은 김부식金富軾으로 대표되던 문신 문벌귀족 세력을 억압하여 거세시켰으며, 자연 이들과 연결되어 있었던 화엄종을 위시한 교종 불교세력을 은근히 탄압하였다. 물론 불교계에 대한 개편은 무신란 초기에 급격하게 이루어지지 않았지만,[4] 1196년 이후 최충헌이 등장하면서 대대적으로 추진되었다. 무신들은 이전의 문벌귀족 세력을 몰아내면서 그들과 결합되어 있었던 교종 불교세력을 억압하였다.

최충헌이 등장하면서 불교계에서의 저항이 계속되었는데, 그것은 주로 화엄종 등 교종 계통의 승려들에 의해 일어났다. 물론 최충헌이 등장하기 이전인 명종 4년(1174년)에도 중광사重光寺 · 홍호사弘護寺 · 귀법사歸法寺 · 홍화사弘化寺의 승도 2,000여명이 이의방李義方 형제를 죽이려고 쳐들어 왔다가 격퇴되기도 했다.[5] 그렇지만 무신정권에 대한 승려들의 반항은 주로 최충헌 때에 일어났다.

---

4 무신란이 일어난 이후인 1171년에 천태종의 德素가 王師로 책봉되었는가 하면, 「開城靈通寺住持智偁墓誌」(『조선금석총람』 권상, 1919, 417쪽)에 "己酉歲 典領中選…壬子勢 四月 又掌宗選 是月始有△錦之志"라고 하였다. 곧 1189년과 1192년에도 화엄종의 智偁이 考試官이 되어 僧科를 주관하였다.

5 『고려사』 권128, 列傳41, 叛逆2, 李義方전.

명종 27년(1197년)에 최충헌이 흥왕사에 가려했을 때 승통僧統 요일寥一이 두경승杜景升과 함께 그를 죽이려 하였다. 또한 희종 7년(1211년)에도 왕과 결탁한 승도들이 입궁한 최충헌을 죽이려 했으나, 그는 구사일생으로 살아나갔다.[6] 이 외에도 신종 6년(1213년)에는 부석사浮石寺·부인사符仁寺·쌍암사雙岩寺의 승도들이 변란을 일으켰는가 하면,[7] 고종 4년(1217년)에 거란병이 침입해 오자 흥왕사·홍원사弘圓寺·경복사景福寺·왕륜사王輪寺·수리사修理寺의 승도로서 종군한 자들이 최충헌을 죽이려고 하였다.[8]

물론 위에 기록한 반항을 주도한 승도들이 반드시 교종세력에 속해 있었는지는 분명하지 않지만, 중광사나 홍호사·귀법사를 위시하여 지방의 부석사·부인사 등이 교종 계통의 사찰로 파악된다. 또한 선종계통의 사찰에 주석한 승도들이 무신정권에 항쟁한 경우가 구체적으로 나타나지 않는다.[9] 무신정권에 대하여 항쟁한 사원세력은 교종세력이 중심을 이루었으며, 그것은 당시 불교계의 형세와 긴밀한 관계가 있었다.

문신귀족과 결탁된 사원은 막대한 경제력을 지니고 고려사회에 강력한 영향력을 갖고 있었다. 무신란으로 문신귀족이 몰락하고 사원을 비호하던 왕실의 권위가 추락하면서 사원세력은 큰 타격을 받아 몰락할 수밖에 없었다.[10] 실제로 경제적 기반과 인적人的 자원을 갖추었던 교종계 사원만이 당시 무신정권에 대항할 수 있는 거의 유일한 세력이기도 했지만, 그들의 항쟁은 끝내 성공을 거두지는 못하였다.

---

6 『고려사』 권129, 열전42, 반역3, 崔忠獻전.
7 『고려사』 권100, 열전13, 丁彦眞전.
8 『고려사』 권129, 열전42, 반역3, 최충헌전.
9 閔賢九, 「月南寺址 眞覺國師碑의 陰記에 대한 一考察 -고려 무신정권과 曹溪宗-」(『진단학보』 36, 1973, 25~30쪽).
10 민현구, 위의 논문, 27~28쪽.

(2) 신앙결사의 유행

문종대에 완숙하였던 고려문화는 예종대를 거치면서 흔들리기 시작하였다. 그러한 기운은 불교계에서도 예외는 아니었다. 예종대에는 문신귀족과 결합된 교종불교가 청담적淸談的이고 은둔적 성격을 갖춘 거사居士불교로 나타났는가 하면, 선종 불교가 서서히 꿈틀거리면서 일어나고 있었다. 고려중기에 문벌귀족 출신 인물 가운데 거사를 자처한 자가 많은데, 그 중 유명했던 사람으로 이자현李資玄 · 이오李頫 · 윤언이尹彦頤 · 곽여郭璵 등이 있었다.

특히 이자현은 관직을 버리고 속세를 벗어나고자 임진강을 건너면서, 스스로 맹세하기를 "이번에 가면 다시는 경성京城으로 돌아오지 않겠다"라고 하였다.[11] 그가 다시 개성으로 돌아오지 않으려는 것은 이자의李資義가 왕실을 압도하고 권력을 독점하는 등, 문벌귀족 사회의 비리를 경험하면서 앞으로 닥칠 사회 모순을 예견하였기 때문이다. 이자현 만이 아니라 당시 문벌귀족이 거사불교에 빠지는 모습은 대체로 이런 것이었다.[12]

거사들은 문벌귀족 사회의 비리를 예견하고는, 이와 결탁해서 성행한 교종불교에서 벗어나려고 선종 속으로 빠져들었지만, 거기에서 미련 없이 떠나가지는 못하는 한계성을 지니고 있었다. 거사불교의 유행과 비슷한 시기에 선종사상이 서서히 퍼져나가고 있었다. 그리하여 혜조慧照국사가 선종 승려로서 예종대에 크게 활약하였다.[13] 혜조와 그의 문하인

---

11 金富轍, 「淸平山文殊院記」(『東文選』 권64)에 "棄官逃世 行至臨津 過江自誓曰 此去不復入京城矣"라고 하였다.

12 김두진, 「고려시대 사상의 역사적 특징」(『傳統과 思想』 3, 1988, 한국정신문화연구원, 65쪽).

13 『고려사』 睿宗世家에는 당시에 크게 활약한 선종 승려로 曇眞이 기록되어 있는데, 그는 慧照국사와 같은 인물로 추론되기도 한다.

탄연坦然·지인之印·영보英甫와 뒤에 용문사龍門寺를 중창한 조응祖應 및 그의 법사인 자엄資嚴 등은 모두 굴산문 승려들로 파악되며, 바로 조계종으로 그 맥이 이어졌다. 예종대 선승의 활동은 수선사계修禪社系 선종 승려들과 법맥이나 사상 면에서 연결이 가능하고, 조계종이 발전해 나가는 데 직접적인 영향을 주었다.[14]

불교계에서 이러한 산중 불교의 등장은 신앙결사의 유행을 가져 왔다. 물론 의천이 국청사國淸寺에서 천태종을 개창한 정신도 결사로 이어지는 것으로 파악되기도 하지만, 진정한 의미에서 결사는 인종대 이후에 주로 이루어졌다. 수정사水精社나 반룡사盤龍社·수암사水嵓寺 등의 결사가 이를 알려준다. 수정사는 지리산에 있던 절로 폐사가 된 오대사지五臺寺址에 세워졌으며, 인종 원년(1123년)에 짓기 시작하여 인종 7년(1129년)에 준공을 보았다.[15] 사주인 이진억李津億은 비서감秘書監 성晟의 아들인데, 현화사의 혜덕慧德왕사에게 수학하고 26세에 불선과佛選科에 합격하였다. 수정사에는 선강원禪講院의 고승과 무려 삼천 명에 이르는 일반 신도가 입사入社하여 거주하고 있었다.

반룡사는 고령의 미숭산美崇山에서 결사되었으며, 수암사의 결사는 고성固城에서 이루어졌다. 그 창건된 구체적 시기는 확실하지 않지만 대개 명종에서 강종 년간일 것으로 추정된다.[16] 반룡사는 승통 요일寥一에 의해 개창되었고, 특히 수암사는 박문비朴文備가 고성의 지방관으로 부임하였을 때 화엄결사로 개창되었다. 이상에서 기록한 결사가 비록 교종불교와 관련을 가졌다 하더라고, 실제로 그 곳에서는 염불에 의해 왕생하려는 정토신앙과 아울러 선종 수행이 강조되었다. 반면 무신란 이후 무신

14 金相永, 「고려 睿宗代 선종의 부흥과 불교계의 변화」(『淸溪史學』 5, 1988, 83~86쪽).
15 權適, 「智異山水精社記」(『東文選』 권64, 및 『新增東國輿地勝覽』 권30, 晉州牧, 佛宇 五臺寺조).
16 秦星圭, 「고려후기 修禪社의 결사운동」(『한국학보』 36, 1984, 일지사, 11~14쪽).

집정자들에 의한 선종 중심의 결사가 성행하였다.

무신들은 문신인 문벌귀족 및 그들과 밀착된 교종불교 세력을 억압하여 거세시킨 다음, 자기 세력기반으로 지금까지 교종세력에 눌려 지방의 산중에서 명맥만을 유지하여 온 선종세력 쪽으로 눈을 돌리게 되었다. 다음 기록을 참고하기로 하자.

> 公(최충헌)은 大安 3년(1211년, 熙宗 7년)에 성의 동남에 있던 昌福寺를 구하여, 이를 넓혀서 새롭게 했다. 今上(高宗)이 즉위한 지 2년에 장차 크게 叢林을 열어 心法을 闡揚하고자 했다.[17]

무신들이 일으키려는 선종 결사는 대체로 그 이전에는 잘 알려지지 않았던 조그만 오래된 절이었다. 최충헌은 개성 동남쪽에 있었던 옛 사찰인 창복사昌福寺를 구입하여 새로 넓히고 크게 선방禪房을 열었다.

무신란 발발 직후에 정중부鄭仲夫도 개경의 중요 선종사찰인 보제사普濟寺를 새로 고쳐 낙성법회를 열었다. 당시 무신들이 산중에 전해오는 선종계의 옛 사찰을 구입하여 중흥시키는 것은 사회 일반의 분위기였다.[18] 다음으로 고려후기에 이르면 무신정권 밑에서 다시 등장하는 문신들이 불교의 결사 운동에 참가하기도 하였다. 곧 김영의金令義는 소림사小林寺를 창건하여 거기에 거처하였다.[19] 수선사修禪社나 백련사白蓮社도 이러한 시대적 추세 속에서 결성되었다.

---

17 李奎報, 「昌福寺談禪牓牓」(『東國李相國集』 권25)에 "公大安三年 得古昌福寺於城之東南 遂拓而新之 今上卽祚之二年 將大闢叢林 闡揚心法"이라 하였다.

18 김두진, 「고려시대 사상의 역사적 특징」(앞의 책, 67쪽).

19 林椿, 「小林寺重修記」(『西河集』 권5).

2) 수선결사의 성립

(1) 수선사의 결사

12세기 후반의 신앙 결사는 불교계에 대한 개혁운동으로 다양하게 전개되었다. 그것은 기존의 개경 중심 불교계의 타락상과 모순에 대한 비판 운동으로서, 지방 불교적인 새로운 경향을 지녔다. 지눌은 1182년(명종 12년) 정월에 개경의 보제사普濟寺에서 개최한 담선법회談禪法會에 참석하여 승과에 합격하였다.[20] 그 때 동학 10여인과 더불어 명리를 버리고 산림에 은거하여 결사를 맺고자, 다음과 같이 약속한 것이 수선사를 이루는 계기가 되었다.

> 諸公이 내 말을 듣고 모두 그렇다 하여 말하기를, "다음 날 이 언약을 능히 이루어 숲 아래에 은거하여 同社를 결성하게 된다면, 의당히 그 이름을 定慧라고 부르자"라고 하였다. 그리하여 맹세하는 글을 지어 결의하였다.[21]

그러나 보제사에서의 결의는 지켜지지 않은 채 선불장選佛場의 동학들은 뿔뿔이 흩어져 근 10년이라는 세월이 흘렀다. 1188년(명종 18년) 봄에 선불장의 동학 중의 한 사람인 촌공村公 선백禪伯이 공산公山의 거조사居祖寺에 주석하면서, 하가산下柯山 보문사普門寺에 머물고 있던 지눌에게 글을 보내어 정혜사定慧社를 결성하고자 권고하였다. 그 해 봄에 지눌은 동행하겠다고 하는 수행자와 함께 거조사로 옮기고는, 옛 서원을 같이 하던 사람들을 불러 모아 법회를 열었다. 1190년(명종 20년)에 지눌은 「정혜

---

20 金君綏, 「順天松廣寺 普照國師甘露塔碑」(『조선금석총람』 권하, 1919).

21 知訥, 「勸修定慧結社文」(『高麗普照國師法語』)에 "諸公聞語 咸以爲然曰 他日 能成此約 隱居林下 結爲同社 則宜以定慧名之 因成盟文 而結意焉"이라 하였다.

결사문定慧結社文」을 반포함으로서 정혜사를 결성하기에 이르렀다.[22]

거조사는 너무 좁아 여러 사람을 수용하기 어렵게 되자, 지눌은 문제門弟인 수우守愚로 하여금 강남江南의 여러 곳을 두루 살펴 안선安禪할 곳을 찾게 하였다. 수우가 마침 송광산松廣山에서 한 폐사를 찾아내니, 그것이 곧 길상사吉祥寺였다. 지눌은 1200년(신종 3년)에 정혜사를 송광산의 길상사로 옮겼다. 본래 길상사는 신라말 경에 혜린慧璘대사에 의해 창건되었으며, 고려 인종대에 석조釋照대사에 의해 중창되었다. 길상은 문수사리文殊師利의 역어譯語이기 때문에 아마 길상사는 화엄종에 속한 사찰이었을 것이며, 혜린이나 석조도 화엄종 승려였을 것이다.

지눌은 승과에 합격한 후 전남 나주에서 혜능慧能의 『육조단경六祖壇經』을 익혔고, 1185년(명종 15년)에 하가산의 보문사에 우거하여서는 이통현李通玄장자의 『화엄론華嚴論』을 접했다. 정혜사를 이전하는 곳으로 길상사가 택해진 이유는 바로 이러한 화엄사상과의 인연에서 찾아진다. 지눌은 선종 수행을 강조하지만, 화엄교학을 중요하게 생각하였다. 길상사로 옮기고 난 뒤의 사정에 대해서는 다음 기록이 유념된다.

> 承安 5년 庚申(神宗 3년, 1200년)에 이르러 公山으로부터 결사를 江南의 曹溪山으로 옮겼다. 그런데 이곳의 이웃에 정혜사가 있어 명칭이 서로 혼동되기 때문에, 朝旨를 받들어 정혜사를 고쳐 修禪社라 했다. 그러나 勸修文은 이미 유포되었기 때문에, 그 옛 이름대로 彫板 인쇄하여 널리 반포한다.[23]

---

22 지눌, 「勸修定慧結社文」에는 居祖寺에서 定慧社를 결성하고는 그 社規를 제시하고 있는데, 대략 다음과 같은 내용으로 이루어져 있다.

一. 선종·교종·유교·도교에 몸담았거나 세상을 싫어하는 高人으로서 속세를 벗어나 마음을 닦는 道를 오로지 하고자 한다. 이 뜻에 부합한 자는 비록 지난 날 서로 모였던 인연이 없었다 하더라고 결사에 그 이름을 넣도록 허락한다.

一. 비록 한 자리에 모여 공부하지는 못하더라도 항상 생각을 모아 마음 비추어 보기를 힘쓰면서 바른 인연을 같이 닦기를 권고한다.

지눌이 송광산에서 정혜사를 옮겨와 결성하였는데, 그 이웃에 이와는 또 다른 정혜사가 있었다. 아마 지눌이 정혜사를 옮겨오기 이전부터 길상사의 이웃에 있었던 정혜사는 예종대에 활약한 혜조국사가 창건한 절임이 분명한데,[24] 뒤에 조계종 승려들에게 영향을 주면서 수선사의 제6세 충지冲止 때에 이르면 조계종의 법맥으로 이어지게 되었다.[25] 정혜사가 뒷날 조계종의 법맥으로 이어지기는 했지만, 당시 지눌의 정혜사와는 다른 절이었다. 때문에 지눌은 정혜사를 수선사로 이름을 고쳤다. 1205년(희종 원년)에 정혜사는 왕명에 의해 수선사로 개칭되었는데, 이 때 수선사의 중창에 최우崔瑀가 깊이 관여하였다.[26] 말하자면 수선사는 지눌 당시에 최씨정권과 결합하여 중창되었다.

(2) 수선사의 사회·경제적 기반

정혜사를 수선사로 중창하는데 최우가 깊게 관여하였음에도 불구하고, 최씨정권이 수선사와 친밀하게 되는 것은 지눌이 입적한 이후 혜심慧諶 때에 이르러서였다. 그러나 그것은 정확한 견해는 아니다. 물론 수선사가 혜심 때에 이르러서 최씨정권과 더욱 밀착되는 것은 사실이지만, 이미 지눌 당시에도 불교계에 새로운 기풍을 진작시키면서 명성을 얻고 있었다. 현재 전하는 수선사에 관한 가장 오래된 자료는 『수선사중창기修禪社重創記』인데, 그것의 찬자는 최선崔詵이고 글씨를 쓴 자는 최우이다.

최우는 물론 국왕을 능가하는 실권자였다. 최선은 최유청崔惟淸의 아들

23 지눌, 「勸修定慧結社文」 末尾에 "至承安五年庚申 自公山移社於江南曹溪山 以隣有定慧寺 名稱混同 故受朝旨 改定慧社 爲修禪社 然勸修文 旣流布故 仍其舊名 彫板印施耳"라고 하였다.

24 김두진, 「고려시대 사상의 역사적 특징」(앞의 책, 66쪽).

25 冲止, 「慧炤國師祭文」(『圓鑑國師集』 文篇, 아세아문화사, 165~166)에 "維年月日 灘足山定慧社沙門 謹以香茶 庶羞之奠敬 祭于當山 開刱始祖 慧炤國師之靈"이라 하였다.

26 許興植, 「修禪社 重創記의 史料 價値」(『韓國中世佛敎史硏究』, 일조각, 1994, 296~297쪽).

로서 그의 가문은 무신란을 통해 별다른 피해를 입지 않았을 뿐만 아니라 오히려 무신집권 전반기의 비중 있는 학자 관료였다. 또한 그는 이규보李奎報·이인로李仁老 등 당대 최고 수준의 신진 문인들의 좌주座主였다.[27] 그런가 하면 수선사의 상량문上樑文과 기記가 왕명에 의해 작성되었다. 지눌이 입적하기 2년 전에 이와 같이 국왕을 위시하여 최씨정권의 집정자나 당대를 대표하는 문사가 수선사의 중창과 그 기문의 작성에 관여하고 있었다.

수선사는 지눌의 문도인 수우와 곽조廓照·천진天眞 등에 의해 1197년(명종 27년)부터 1205년(희종 원년)까지 9년 만에 준공되었는데, 옥사舍屋 80여 간과 불우佛宇·승료僧寮·재당齋堂 및 주방과 창고가 차례로 건립되어 그 찬란함이 뛰어났다. 그 해 10월 1일부터 다음 해 초기까지 120일간의 준공법회가 열렸으며, 지눌이 입적하기 5년 전에는 이미 국가의 명령으로 개당법회가 열렸다.

수선사 중창의 후원자로서 물심양면으로 협력한 사람들이 대략 다음과 같이 나타나 있다.

① 1270년(熙宗 3년) 이 碑를 세우기 이전에 입적한 道侶坐化者로 夢船·端諶·涌岩寺의 仁敏·念佛山 岬寺의 正誠·佛庵寺의 解空·彌屹寺의 可休·居祖寺의 得才·修禪社의 覺純·富有縣의 安逸戶長인 爵修 등이 있다.

② 僧俗後援者로 白岩寺 性富와 錦城의 安逸戶長 陣直升을 들 수 있다. 性富는 梓匠으로 發心하여 念佛에 종사하였는데, 수선사는 모두 그의 설계와 기술로 건축되었다. 陣直升은 그의 처와 함께 禁酒·斷葷의 계율을 지키고 般若心經을 守持하면서 白金 10斤을 비용으로 시주하였다.

③ 그 밖의 南方 州府의 사람으로서 부자는 施財하여 경제적으로 후원하였

27 허흥식, 위의 논문, 290~294쪽.

고, 貧者는 勞動力을 제공하여 힘썼다.[28]

수선사의 중창에 특히 주목되는 부분은 금성錦城과 부유현富有縣의 안일호장安逸戶長이 관여한 사실이다. 부유현은 당시에 수선사가 있었던 곳으로 지금의 나주인 금성의 속현屬縣이었다. 호장은 그 지역의 우두머리 향리로서 토호였다. 말하자면 가장 영향력 있는 재지 지주세력이 수선사의 중창에 깊이 관여하였다. 안일호장은 호장 중의 원로로서 이들의 경제력과 지방에서의 여론 형성에 미치는 영향은 중대하였다.[29] 진직승陣直升은 백금 10근을 시주할 정도의 경제력을 지녔는데, 그의 처인 진의금珍衣金은 남편과 함께 후에 지눌이 『화엄론절요華嚴論節要』를 펴낼 때에 간행 비용을 부담하였다.[30]

기존의 문벌귀족 체제와 결탁된 불교계를 비판하면서 등장한 신앙 결사였던 수선사는 문벌귀족들에 대해 불만을 가지면서, 서서히 성장해 온 지방 사회의 향리층은 물론 이들과 이해가 일치하는 지방의 신흥 독서층讀書層의 지지를 받았다.[31] 우선 지눌이나 혜심慧諶이 독서층 출신이었으며,[32] 특히 혜심은 최홍윤崔洪胤·이규보 등과 깊이 교류하고 있었다. 그런가 하면 수선사가 결성되기까지 지눌은 용암사나 염불갑사念佛岬寺·불암사佛庵寺·거조사 등 주위의 지방에 산재한 사찰의 도움을 받고 있었다.

또한 수선사가 표방한 불교의 새로운 경향은 지방에 산재한 사찰을 중심으로 전국적인 지지를 받았다. 다음 기록은 이를 알려주기에

---

28 崔詵, 「曹溪山 修禪社重創記」(『朝鮮寺刹史料』 권상, 1911, 275~276쪽).

29 허흥식, 「修禪社 중창기의 사료 가치」(앞의 책, 299쪽).

30 金知見編, 『華嚴論節要』(寶蓮閣, 1978, 459쪽).

31 蔡尙植, 「修禪結社 성립의 사회적 기반」(『高麗後期佛教史硏究』, 일조각, 1991, 40쪽).

32 지눌의 아버지 鄭光遇는 京西 洞州人이었고 國學 學正을 지냈으며, 또한 慧諶은 司馬試에 급제한 경력을 가졌다.

충분하다.

> 己丑년 6월 15일에 번개가 내려치고 大石이 붕괴되었다. 이 날에 大師(定印)가 병이 들었다. 7월 2일 아침에 일어나 깨끗하게 목욕하고는, 문인 玄原을 불러 편지 세통을 가지고 국왕 및 相國인 晋陽公과 高僧인 松廣社主에게 전하여 영원히 떠나감을 고하게 했다.[33]

1229년(고종 16년)에 왕사 정인定印대선사가 임종 때에 문인 현원玄原으로 하여금, 국왕과 최우崔瑀(崔怡) 및 송광사주에게 편지를 보내어 세상을 떠난다는 사실을 알리고 있다.

물론 고종 16년이면 지눌이 세상을 떠난 지 20년이 되었긴 하지만, 당시의 국왕 및 최고 실력자인 최우와 같은 비중으로 언급된 송광사주는 불교계의 최고 지도자였음을 알려준다. 수선사가 불교계에서 중요한 지위를 갖게 된 것은 역시 혜심이 제2세의 사주가 되면서였겠지만, 그러한 전통은 지눌 당시에 수선사가 불교계에서는 물론 정치·사회적으로 중요한 위치를 가졌음에서 찾아진다.[34]

최씨집권 기간 중에도 특히 최우는 수선사와 밀착되어 있었으며, 당시의 사주는 진감국사인 혜심이다. 혜심은 최우의 적극적인 후원을 받았다. 작성 년대는 확실하지 않으나. 1221년(고종 8년)에서 1223년에 기록되었을 것으로 보이는 「수선사단월급유지비修禪社檀越及維持費」는 수선사의 당시 재정 규모를 알려준다. 이에 의하면 본전本傳으로 각종 보寶에서 받아들이는 조租가 4700석에 이른다. 그 외 최우가 수선사 내에 〈축성유향

33 이규보, 「故華藏寺住特王師定印大禪師 追封靜覺國師碑銘」(『동국이상국집』 권35)에 "己丑六月十五日 震雷暴作 大石崩落 是日 師視微疾 七月二日 晨起盥洗 召門人玄原 裁書三道 囑國王及今相國晋陽公 高僧松廣社主 告以長邁"라고 하였다.

34 秦星圭, 「고려후기 수선사의 결사운동」(앞의 책, 27~28쪽).

보祝聖油香寶〉와 〈국대부인송씨기일보國大夫人宋氏忌日寶〉·〈동생매씨기일보同生妹氏忌日寶〉를 만들고, 각종의 토지를 시납施納하였다.

〈축성유향보〉는 왕의 복을 기원하는 것이지만, 〈국대부인송씨기일보〉와 〈동생매씨기일보〉는 최우의 어머니인 국대부인 송씨와 동생의 기일을 지키기 위한 명목으로 설치된 것이다. 이를 유지하기 위해 승평군昇平郡 내의 여러 촌이나 이웃 군현에 속한 전답을 거기에 시주하였다. 그런가 하면 최우의 측근인 노인수盧仁綏·김중귀金仲龜·서돈경徐敦敬 등도 각종 보의 이름으로 수선사 이웃 군현의 전답과 염전鹽田 등을 시납하였다. 뿐만 아니라 이들이 시납한 노비가 13구이었으며, 뒤에 식발하여 법명을 현해玄海라고 한 신준교申俊敎가 노비 4구를 시납하였다.

또한 「상주보기常住寶記」는 1224년(고종 11년)에 작성된 것으로 추정되는데[35] 혜심이 최우에게 보의 설치에 관한 보고를 올리고, 이에 대한 왕의 윤허允許를 얻는 내용을 담고 있다. 곧 혜심은 왕명에 의해 전라도 안찰사按擦使 전보귀田甫龜로 하여금 관내의 황폐해진 작은 사찰들을 조사하여, 이들 사찰에 상주보를 설치하고 거기에 곡식을 분곡分穀시켜 그 이자를 통해 계속 사찰을 유지하도록 조치하였다. 여기에서 지정된 11개의 사찰은 당시 수선사의 영향력 아래에 있었다.[36]

이로 보면 최충헌 집정 말기부터 시작하여 최우 집정기에 이르면서, 수선사는 최씨정권의 적극적인 지원에 힘입어 대규모의 경제력을 가진 대사원으로 변모하였다. 최우는 1245년(고종 32년)에 원찰願刹인 선원사禪源社를 세웠는데, 그것은 수선사의 분사分社 내지 출장소와 같은 것이었다.[37] 그런가 하면 최우는 그의 두 아들인 만종萬宗과 만전萬全을 수선사

35 韓基汶, 「고려시대 寺院寶의 설치와 운영」(『歷史教育論集』 13·14합집, 1990, 375~376쪽).
36 채상식, 「수선결사 성립의 사회적 기반」(앞의 책, 47쪽).
37 김영수, 「오교양종에 취하야」(『진단학보』 8, 1937, 99쪽).

로 보내어 혜심의 제자로 삼았다. 이들은 쌍봉사雙峯寺와 단속사斷俗寺에 머물렀는데, 만전은 뒤에 환속하여 최우를 잇는 무신집정이 된 최항崔沆이다.[38]

혜심도 이러한 최우의 귀의에 대해 그를 위해 축수재祝壽齋를 주재하는가 하면, 그가 이끄는 무신정권의 시정을 찬양하였다. 혜심 이후에도 무신정권과의 친밀한 분위기는 계속 유지되어, 제4, 제5세주인 혼원混元과 천영天英이 차례로 주석하면서 수선사의 사원세력 규모는 그 절정에 이르게 되었다. 그렇지만 최씨정권이 몰락한 1258년(고종 45년) 이후에는 일연一然 계통의 가지산문迦智山門이 부각하게 됨으로서, 수선사의 황금시대는 서서히 퇴조하여 갔다.

3) 보조국사 지눌의 선종사상

(1) 지눌의 생애와 저술

지눌은 1158년(의종 12년)에 황해도 서흥군瑞興郡에서 탄생하였으며, 아버지는 경서京西 동주洞州 사람으로 국학國學 학정學正인 정광우鄭光遇였고 어머니는 개풍군開豊郡부인 조씨趙氏였다. 그는 1173년(명종 3년, 당시 16세)에 굴산문의 선승이었던 종휘宗暉에게 출가하였으며,[39] 1182년(명종 12년)에 보제사普濟寺의 담선법회談禪法會에 참가하여 승선僧選에 합격하였다. 그 뒤 담양군譚陽郡 창평昌平의 청원사淸源寺에 머물면서 『육조단경六祖壇經』을 탐독하였다. 1185년(명종 15년)에 지눌은 하가산下柯山 보문사普門寺에

38 『고려사』 권129, 열전42, 최충헌전 附崔沆전.
39 지눌의 비문에는 師僧이 '曹溪雲孫宗暉'라고 하였으나, 金坵, 「臥龍山慈雲寺王師 贈諡眞明國師碑銘」(『동문선』 권117)에는 "年甫十三 投舅氏 品日雲孫 禪師宗軒 披剃受具 聰慧絶人學通內外 遂爲堀山 叢席之首"라고 하였다.

주석하여 이통현李通玄의 『화엄론』를 읽고 원돈관문圓頓觀門을 깨달았다.

득재得才의 청을 받고 공산의 거조사로 옮긴 지눌은 1190년(명종 20년)에 정혜사定慧寺를 결성하고는 「정혜결사문定慧結社文」을 지었다. 다시 그는 1198년(신종 1년)에 거조사에서 지리산 상무주암上無住庵으로 옮기고는, 여기서 대혜大慧의 어록을 읽고 깨친 바가 많았다. 1200년에 정혜사를 길상사吉祥寺로 이주하였으며, 1205년(희종 1년)에 송광산 길상사를 조계산 수선사로 고쳐 사액賜額을 받았다. 1210년(희종 6년)에 지눌은 대중과 함께 선법당善法堂에서 문답을 끝낸 후 입적하였다.

지눌의 저서로 「정혜결사문」·「계초심학입문誡初心學入門」·「수심결修心訣」·「진심직설眞心直說」·「원돈성불론圓頓成佛論」·「간화결의론看話決疑論」·「염불요문念佛要門」·「화엄론절요華嚴論節要」·「법집별행록절요병입사기法集別行錄節要幷入私記」 등이 알려져 있다. 「정혜결사문」은 수선사를 결성하기까지의 과정과 결사의 취지를 제시한 것으로 정혜쌍수의 정신을 담고 있다. 「계초심학입문」은 1205년에 수선사의 낙성과 함께 사중社衆의 일상 행위를 규정한 수선사의 청규법淸規法이다. 그것은 처음에 사미승沙彌僧이 지킬 계율을 제시하고, 다음으로 중료승衆寮僧, 그 다음으로 사당승社堂僧이 가져야 할 규범을 지적했다.

「수심결」은 '불즉시심佛卽是心'임을 깨닫게 하는 내용으로 구성되어 있는데, 처음에는 불성에 대해 언급하였고, 다음으로 하택荷澤의 영지靈知를 해석하고, 그 다음으로 '돈오점수'를 해석하였다. 돈오점수는 '선오후수'를 의미하는데, 후수문後修門 중에 다시 '정혜등지定慧等持'를 제창함과 동시에 자성정혜自性定慧와 수상정혜隨相定慧를 분명히 하였다. 「진심직설」은 1205년(희종 1년)에 지은 것으로 무명실성無明實性이 곧 불성이며 환화공신幻化空身이 곧 법신으로 되는 중생 본래의 천진불天眞佛을 설명하였다.

지눌이 진심眞心이라 함은 망심妄心에 대한 진심이 아니라, 그 상대적 개념을 초월한 절대적인 일심一心 즉, 공적영지空寂靈知한 마음을 가리켰다.[40]

「진심직설」은 전부 15장으로 되어 있다. 그 제1장 진심정언眞心正言에서 제6장 진심재미眞心在迷에 이르는 여섯 장은 순수이성純粹理性에 대해 설명한 것이다. 제2장 진심이명眞心異名에서는 반야경에 나타난 보리나 또는 열반경에서 말하는 불성이 다 같이 진심을 가리킨 것이라 했다. 제6장 진심재미에서는 범부가 진심을 깨닫고 있지 못함을 마치 흰 구슬이 진흙 속에 파묻혀 있는 것과 같다고 하였다. 다음 제7장 진심식망眞心息妄으로부터 제11장 진심정조眞心正助에 이르는 다섯 장은 실천이성實踐理性에 관한 것이며, 진심의 실현 방법을 논하였다. 나머지 끝의 네 장은 보살의 공덕을 적은 것이다. 「진심직설」을 통해 지눌은 참선에 있어서의 마음가짐을 진심이라고 명확하게 제시함으로써 선을 닦는 공부를 설명하고자 했다.[41]

「원돈성불론」은 화엄론에 의거하여 당시 청량淸凉학파의 다겁성불론多劫成佛論을 배척하고 이통현장자의 일생성불론一生成佛論을 주장한 것이다. 지눌은 1207년(희종 3년)에 이통현의 『화엄론』을 주석한 『화엄론절요』를 간행하여 그 서문을 작성하였다. 지눌은 화엄이 중생의 원돈오입圓頓悟入하는 문으로서는 가장 심경心鏡이 되는 것이라고 생각하였다. 이렇듯 『화엄론』을 중시하였다. 뿐만 아니라 『육조법보단경六祖法寶壇經』은 1207년에 간행되었는데, 지눌은 혜심의 청으로 그 발문 발문跋文을 썼다. 또한 그는 육조의 제자였던 혜충慧忠을 언급하여 『육조단경』의 참뜻을 이해시

40 안계현, 「조계종과 오교양종」(『한국사』 7, 무신정권과 대몽항쟁, 국사편찬위원회, 1973, 302쪽).

41 안계현, 위의 논문, 302~303쪽.

키려 하였다.[42]

「법집별행록절요병입사기」는 일찍이 규봉圭峯선사 종밀宗密이 역은 『법집별행록法集別行錄』을 지눌이 간추려서, 아울러 거기에 자기의 의견을 붙인 것이다. 1209년(희종 5년)에 기술된 이 저술은 지눌이 최후에 지은 것으로써 당시의 불교개론에 해당된다. 『법집별행록』은 종밀이 그의 스승인 하택荷澤 신회神會의 선종사상을 널리 펴기 위해, 그것을 다른 여러 종파의 사상과 서로 비교하여 놓은 것이다. 지눌이 「법집별행록절요병입사기」를 엮은 것은 돈오와 점수와의 상호 관계를 보다 뚜렷이 밝힘으로써, 당시 고려 불교계의 지도이념을 제시하려는 것이었다.[43]

지눌은 처음에 『법집별행록』의 강요綱要 곧 사종四宗의 종요를 수록하는 동시에, 하택종荷澤宗을 근간으로 하여 공적영지空寂靈知와 돈오점수의 뜻을 천명하였다. 다음으로 수증문修證門 중 교와 선의 뜻을 낱낱이 채록하여 청량의 견해, 특히 그의 돈점석頓漸釋의 잘못을 열거하였으며, 규봉의 돈점석을 이끌어 청량의 뜻을 반박하였다. 그 다음으로 『만선동귀집萬善同歸集』의 돈점석을 들어 규봉의 뜻을 더욱 풍부하게 하였으며, 마음을 깨치려는 자의 정로와 관행觀行에서 벗어나 경절문徑截門에 대해 언급하였는데, 우리의 마음 속에 제각기 지니고 있는 공적영지한 본성을 마니보주摩尼寶珠의 예를 들어 설명하였다.

「간화결의론」은 당시의 교학 불교에서 선가의 견성성불見性成佛을 돈교頓敎의 증리성불證理成佛로 비유하고, 또한 원교의 밖에 몰래 전한 선교가 있다는 것을 부인한 사상 등을 논파하였다. 그리하여 대혜大慧 종고宗杲의 경절문을 중시하였다. 「염불요문」은 10종 염불의 내용을 소개하면서,

---

42 안계현, 위의 논문, 303쪽.

43 朴性焙, 「牧牛子의 悟와 修에 대하여」(『한국사상』 6, 1963 ; 『韓國思想叢書』 II, 1973, 90~91쪽).

일념으로 아미타불을 전념하여 자심미타自心彌陀와 자성정토自性淨土를 현지에서 얻어 보려는 것이다. 그 외에 지눌의 저술로써 문인들이 수록한 것으로 「상당록上堂錄」과 「법어가송法語歌頌」이 있었으나 현재 전하지 않는다.

(2) 지눌의 선종사상

지눌은 『육조단경』과 이통현의 『화엄론』 및 대혜 종고의 어록에서 많은 깨침을 받아 그의 사상을 형성시켰으며, 그것을 성적등지문惺寂等持門 · 원돈신해문圓頓信解門 · 경절문徑截門의 삼종문三種門으로 설명하였다.[44] 성적등지문은 주로 돈오점수를 논했다. 원돈신해문은 이통현의 원돈관圓頓觀을 근간으로, 또한 경절문은 대혜 종고의 어록을 중심으로 하여 간화선의 경지를 설명하였다.

지눌의 조계선종은 교선일치 사상경향을 가졌는데, 정혜쌍수와 돈오점수의 방법으로 선수행과 함께 지혜를 갖추도록 했다. 그의 돈오점수는 선오후수를 의미하는데, 그 중 돈오에 대해서는 다음과 같이 설명하였다.

> 頓悟는 범부가 미혹했을 때 四大를 몸이라 하고 妄想을 마음이라 하여, 自性이 참 法身임을 알지 못하고 자기의 靈知가 眞佛임을 알지 못하여, 마음 밖에서 부처를 찾아 풍랑처럼 헤맸다. 그러다가 갑자기 善知識의 가르침을 입어 바른 길에 들고 一念으로 돌이켜 제 본성을 보면, 이 性地에서는 원래 번뇌가 없고 無漏한 지성이 본래부터 갖추어져 있어서, 여러 부처와 더불어 털끝만큼

44 김군수, 「순천송광사 보조국사감로탑비」(『조선금석총람』 권하, 1919, 950쪽)에 "然其勸人 頌持常以金剛經立法 演義則意 必六祖壇經 申以華嚴論 大慧錄相羽翼 開門有三種 惺寂等特門 圓頓信解門 經截門 依而修行信入者多焉"이라 하였다.

도 다르지 않음을 알게 된다. 그러므로 이것을 돈오라 부른다.[45]

돈오란 범부가 미혹하여 마음 밖에서 부처를 찾아 헤매다가, 갑자기 선지식의 가르침을 입어 바른 길에 들어가 일념으로 자기의 본성을 보는 것을 의미한다. 자기의 영지를 발견하려 함은 곧 하택 신회에 의해 주창되어 규봉으로 이어진 공적영지를 깨침으로서, 정혜를 등지等持하여 불성을 밝히려는 것이다. 공적영지는 정定이 체體가 되고 혜慧도 곧 용用이 되는 것을 말한다. 체에 상즉한 용이므로 혜가 정을 여의치 않고, 용에 상즉한 체이므로 정이 혜를 여의치 않는다. 정이 곧 혜이므로 적寂하되 항상 지知하고, 혜가 곧 정이므로 지하되 항상 적한 것이다.

자기의 영지에 대한 깨침은 곧 돈문기頓門機에서 정혜를 함께 닦는 것으로 나타났다. 그것은 선오후수의 의미로 되었다. 지눌은 점수에 대해 다음과 같이 설명하였다.

> 漸修는 비록 깨달은 본성이 부처와 더불어 다르지 않으나 시작이 없을 정도로 계속된 習氣를 갑자기 버리기 어려우므로, 깨닫고 닦음에 의하여 점차로 勳功을 이루고, 장차 聖胎를 길러 오랜 세월을 지나는 동안에 성인이 되므로 점수라 부른다. 비유하자면 어린 아이가 첫 돌을 만났을 때 모든 기관이 갖추어져서 타인과 더불어 다를 바가 없으나, 그 힘이 충분하지 못한 까닭에 제법 세월이 지난 뒤에야 비로소 사람이 되는 것과 같다.[46]

---

45 지눌, 「修心訣」(『보조국사법어』, 權相老 교정, 54쪽)에 "頓悟者 凡夫迷時 四大爲身 妄想爲心 不知自性 是眞法身 不知自己靈知 是眞佛 心外覓佛 波波浪走 忽被善知識 指示入路 一念廻光 見自本性 而此性地 元無煩惱 無漏智性 本自具足 卽與諸佛 分毫不殊 故云頓悟也"라고 하였다.

46 지눌, 「수심결」(앞의 책, 54쪽)에 "漸修者 雖悟本性 與佛無殊 無始習氣 難卒頓除故 依悟而修 漸熏功成 長養聖胎 久久成聖 故云漸修也 比如孩子 初生之日 諸根具足 與他無異 然其力未充 頗經歲月 方始成人"이라 하였다.

비록 돈오에 의해 깨친 본성은 부처와 다르지 않으나, 시작이 없이 계속된 습기習氣를 갑자기 버릴 수 없기 때문에 점수를 행해야 했다. 지눌은 중생이 본성을 깨쳤다고는 하지만, 그 동안 속세에서 묻은 습기는 그대로 지니고 있기 때문에 이를 제거하기 위해 점수의 필요성을 주장하였다. 이와 같이 돈오와 점수의 문제를 해결하려는 것은 선종의 입장에서 교종사상을 융합하려는 것으로 이해할 수 있다. 돈오와 점수는 정혜를 모두 갖추는 것이며, 정定으로써 어지러운 생각을 다스리고 혜慧로서 무지를 다스려, 정靜과 동動이 같은 경계가 됨으로써 불성을 볼 수 있게 한다.

지눌의 정혜쌍수는 선오후수이기 때문에 선종의 입장을 분명히 하였다. 그런데 그것은 화엄 십지 중에서 초발심初發心의 깨침을 중요시하고, 그 다음에 점수를 행하는 바와 비슷하다.[47] 화엄을 중시하는 지눌의 원돈관圓頓觀은 원돈신해문에 잘 피력되어 있다. 지눌은 『금강경』 외에 화엄경에 대해 특별한 관심을 보였고, 특히 이통현장자의 화엄사상에서 많은 영향을 받았다.[48]

지눌의 원돈성불관은 이통현장자의 『화엄론』을 따른 것이지만, 그것은 성기론적性起論的 성격을 지니고 있어서, 연기론적緣起論的인 법장의 화엄론을 배척하면서 의상의 화엄관을 받아들이고 있다. 다음 기록을 참고해 보기로 하자.

> 이에 의해 賢首가 세운 바 뜻은 二用三遍等이니, 普周法界의 無碍한 德이 모두 중생의 마음을 따라 自性이 淸淨하여 圓明한 體를 일으키는 것이다. 만약 화엄의 논한 바 一眞 無障碍한 법계가 중생의 마음속에서 性淨한 本覺으

47 김두진, 「고려시대 사상의 역사적 특징」(앞의 책, 68쪽).
48 李鍾益, 「지눌의 화엄사상 연구」(『崇山朴吉眞박사화갑기념 한국불교사상사』, 1975, 523쪽).

로 정해져서 그 體가 각각 다르게 된다는, 현수조사의 이러한 설명은 눈멀고 귀먹은 자를 유인하고 속이는 거짓말쟁이가 되게 한다. 그러므로 根機에 따라 教를 세움에 있어 廣略이 다르다고 하나 그 源泉은 하나이다.[49]

지눌은 법장의 연기관을 심하게 비판하였다. 법장은 연기된 이용삼편문二用三遍門에 의해 차별의 여러 법상法相이 일어남을 강조하였다.[50] 무장애無障碍한 법계가 중생의 마음속에서 차별의 법상을 일으킨다는 법장의 설명은 중생을 속이는 것이라고 하면서, 지눌은 그 차별의 근원은 하나라고 하였다. 이는 즉 성기론적 성불관을 제시한 것이다. 지눌은 의상의 '일즉일체다즉일一卽一切多卽一'이나 '일중일체다중일一中一切多中一' 또는 '일미진중함십방一微塵中含十方'의 성기론적 논리를 인용하여 이를 설명하였다. 그러면서 중생의 마음 속에 발견될 수 있는 본성이 본래 담적湛寂하여 이름과 상을 초월한 법계의 원천임을 제시하고, 그것이 돈교의 경지라 했다.[51]

이통현장자의 화엄사상은 의상의 화엄사상의 영향을 받아 형성되었다.[52] 이는 중국 화엄종의 방계이기 때문에 법장의 화엄사상과는 대조되는 것으로, 오히려 균여의 화엄사상과 맥을 같이 하는 것이다.[53] 지눌의

49 지눌, 「圓頓成佛論」(『보조국사법어』, 140~141쪽)에 "據此賢首所立之義 如是二用三遍等 普周法界 容融無碍之德 皆從衆生心中 自性淸淨 圓明體起也 若是華嚴所論 一眞無障碍法界 定與衆生心中 性淨本覺 其體各別 而賢首祖師 作是說者 則是誑誘盲聾 妄語人矣 故知隨機設敎 廣略稍異 其源一也"라고 하였다.

50 법장은 二用을 海印森羅常在門과 法界圓明自在門으로, 三遍을 普周法界遍·出生無盡遍·含容空有遍이라 하였다. 그것은 연기된 여러 법상의 무진한 차별을 설정하는 것이지만, 서로 무애하다고 하였다.(지눌, 「원돈성불론」, 같은 책, 140쪽).

51 지눌, 「원돈성불론」(같은 책, 142쪽)에 "湘師所立法性 圓融無名無相 絶諸待對 唯證智所知 非餘境界者 亦是親證自性 本來湛寂離名絶相處 而爲事事無碍 法界之源 豈以離言 同於頓教耶"라고 하였다.

52 김두진, 「의상 화엄사상의 불교사상사적 위치」(『義湘, 그의 생애와 화엄사상』, 1995, 民音社, 249~250쪽).

조계종 사상은 화엄사상을 대단히 중시하는데, 그것은 의상에서 균여로 이어지는 화엄사상의 맥과 상통할 수 있으며, 의천의 화엄사상과는 맞지 않는다.[54] 의천에 의해 철저하게 배제된 균여의 저술이 무신집권기의 조계종에서 조성하는 대장경 속에 대체로 모아져서 판각되는 이유를 이런 면에서 이해할 수 있다.

지눌은 경절문을 통해 간화선을 주장하였다. 화두로 깨닫게 하는 간화선에 대해서는 다음을 참고하여 이해해 보기로 하자.

> ① 禪門에는 역시 中流·下流의 무리가 감당하기 어려운 바인 마음으로 전하여 가만히 부촉한 것이 있는데, 혹은 언어를 떠나 思慮를 끊음으로서 마음을 고요히 하여 진리에 들어가므로, 목전에서 연기된 여러 법상은 능히 透得할 수 없기 때문이다. 徑山 大慧禪師가 깨우쳐 말하기를 "억지로 쉬어 가는 자는 空寂함을 잊고 해석(지식)을 만드는 것이다. 禪은 혹 늘 쓰는 凡夫의 平常心을 인식하여 도에 이르는 것이다"라고 하였다.[55]
>
> ② 禪門에 徑截하여 들어가는 자는 처음에 여러 법상의 뜻을 듣고 해석함이 없이, 바로 無慈味한 화두로써 다만 일거에 깨달을 따름이다. 고로 言義와 心識 및 思惟가 없어지고 見聞과 解行이나 시간의 전후가 없어져, 홀연히 화두가 噴地에 一發하면, 전에 논한바 一心 法界가 洞然하여 圓明해 지는 때문이다.[56]

마음에서 마음으로 전한 선禪은 표현될 수 있는 것은 아니다. 곧 선을

---

53 김두진, 『균여화엄사상연구』(일조각, 1983, 7쪽).

54 김지견, 「신라 화엄의 계보와 사상」(『학술원논문집』 12, 1973, 333쪽).

55 지눌, 「看話決疑論」(같은 책, 175쪽)에 "禪門亦有密付 難堪中下之流 或以離言絶慮 冥心入理 而於目前 緣起事法 未能透得故 徑山大慧禪師 訶曰 硬休去歇去者 此是守忘懷空寂而生解者也 禪或認凡夫 日用平常心 以爲至道"라고 하였다.

56 지눌, 위의 글(174쪽)에 "禪門徑截得入者 初無法義聞解當情 直以無慈味話頭 但提撕擧覺而已 故無語路義路心識思惟之處 亦無見聞解行生等 時分前後 忽然話頭 噴地一發 則如前所論 一心法界 洞然明故"라고 하였다.

선이라 하면 선이 아니게 된다. 본래 무아의 경지인 선은 묵조선默照禪을 이른다. 그러나 묵조선은 중류나 하류 근기를 가진 자들에게 쉽게 깨달을 수 있는 것이 아니다. 간화선이 필요하게 되는 것은 바로 이러한 이유에서 찾을 수 있다. 지눌은 대혜 종고의 간화선 사상에서 많은 영향을 받았다. 지눌 당시에 중국의 임제종臨濟宗은 양기파楊岐派와 황룡파黃龍派로 나뉘어 교리적 논쟁을 거듭해 왔다. 그 중 양기파의 사상이 간화선을 내세우는 경향을 지녔다. 1135년에 입적하는 불과佛果 극근克勤의 『벽암집碧岩集』은 간화선을 주장하는 기본이 된 저술이며, 그의 뒤를 이어 대혜선사가 강하게 간화선을 주장하였다.[57]

지눌은 임제종의 양기파가 주장한 사상에서만 영향을 받았다기보다는, 선종의 순수성을 내세우면서 교선일치 사상경향이나 교관겸수를 주장하는 황룡파의 사상에 대해서도 유념하고 있었다.[58] 평상심이 바로 도道라 함은 중생에게 내재한 본성을 보아 깨치자는 것이다. 지눌은 돈오 후의 점수를 내세워 원돈신해圓頓信解를 주장하고 마침내 경절徑截한 활문活門에 들어가야 하는 것을 주장했다. 곧 경절한 활문에 들어감으로써 자기의 본성을 친히 보게 된다.

경절한 활문에 들어가기 위한 방편으로서 화두가 사용되었다. 간화선은 화두를 매개로 전개되었다. 화두는 범부로 하여금 일시에 깨닫게 하여 언어와 심식의 구별이 없어지게 하고, 시간의 전후가 없어져 일심의 법계가 원명해 지게 한다. 지눌은 간화선을 주장하여 묵조선을 깨뜨렸으며, 아울러 교관겸수의 길을 열게 함으로써 평상심 속에서 선을 발견하게끔 했다.

---

57 金東華, 『禪宗思想史』(太極出版社, 1975, 383쪽).
58 김동화, 위의 책, 363쪽.

4) 고려 후기 송광사의 선종사상

(1) 혜심의 선종사상과 법등法燈의 계승

수선사의 제2세 사주인 진각眞覺국사 혜심慧諶은 명종 8년(1178년)에 전남 화순군和順郡에서 태어났으며 자호自號는 무의자無衣子요, 속성은 최씨이다. 부친은 향공진사鄕貢進士인 완琬이요 모친은 배씨裵氏이다. 신종 4년(24세)에 사마시司馬試에 합격하여 태학관太學館에 들어갔다. 어머니가 병을 얻어 돌아가자 수선사에 나아가 어머니에 대한 상을 입고는, 이어 머리를 깎고 보조普照국사에게 출가하였다. 1208년(희종 4년)에 보조국사는 진각국사로 하여금 수선사의 법석法席을 잇게 하고 규봉암圭峯庵으로 퇴거하려 하였지만, 혜심은 이를 말려 극히 사양하였다.

1210년에 지눌이 입적하자 수선사를 주지하였다. 이로 부터 공경의 귀족과 문사들이 국사의 도화를 사모하여 몰려들었다. 당시의 문하시중 진양공晋陽公 최우崔瑀가 귀의하였으며 참정參政 최홍윤崔洪胤 등이 국사의 문하에 들어왔다. 특히 최홍윤은 재상이 되기 전 사마시를 주관하였는데, 혜심은 그의 문생이었기 때문에 두 사람은 서로 문하가 된 셈이다.[59] 1215년(고종 2년)에 대선사를 제수받았으며, 1219년에는 단속사斷俗寺에 주석하였다가 그 다음 해에 수선사로 돌아왔다. 이후 공산公山과 전주全州 등 여러 곳에서 법회를 주관하였으며, 1234년(고종 21년)에 월등사月燈寺로 이거한 후에 입적하였다.

혜심도 지눌의 사상을 계승하여 부처와 중생이 다르지 않으며, 우리의 마음이 일체의 법인이요 절대적인 진여이기 때문에 본심을 아는 것이 부처를 아는 것이라 했다. 이처럼 혜심은 즉심즉불卽心卽佛을 내세우

59 慧諶, 「答崔參政洪胤」(『曹溪眞覺國師語錄』, 書狀 참조 이하 『語錄』으로 통일).

면서, 그것에 그치지 않고 '비심비불非心非佛'에 대해 언급하였다. 이에 대해서는 다음 내용이 참고될 수 있다.

> 마음도 아니고 부처도 아니고 물건도 아니라면, 사방 바다의 물결에 일렁이는 달도 없는 것이다. 그러므로 大慧 宗杲는 "마음이 부처라고 망령되이 찾지 말고, 마음도 아니요 부처도 아니니 따로 찾지 말라. 큰 화로의 불꽃 위에 눈꽃이 나르는 듯, 한 점의 시원함이 뜨거운 번뇌를 없앤다"라고 하였다.[60]

마음을 찾을 때에는 마음도 놓고 부처도 놓아, 마음도 아니고 부처도 아닌 대허경大虛境에 있어야 하며, 이렇게 되면 즉심즉불은 결국 '비심비불'의 본연을 얻어야 성취될 수 있다.[61]

혜심이 주장하는 '비심비불'은 즉심즉불을 성취하려는 방법으로 나타난 것이요, 그 저편에는 '무심無心'을 제시하고 있다.[62] 그리하여 그는

> 無心한 것이 가장 중요합니다. 안으로 무심하면 밖으로 無事하리니 무사가 가장 큰 일이요, 무심이 진심입니다. 무심이란 마음도 없고 마음의 없음이 다했다는 것도 없는 것입니다. 이것이 참된 無心입니다.[63]

라고 하였다. 마음속의 본성을 깨치려는 것은 무심이 진심眞心임을 아는 것이고, 그것은 '무무심無無心'의 경지이다.

---

60 혜심, 『어록』, 上堂에 "不是心 不是佛 不是物 四溟無浪月輪孤 大慧老人道, 卽心卽佛 莫妄求 非心非佛 體別討 紅爐焰上雪花飛 一點淸涼 除熱惱"라고 하였다.

61 한기두, 『한국불교사상연구』(일지사, 1980, 249쪽).

62 鄭赫, 「고려후기 眞覺國師 慧諶의 佛儒同源 사상」(『北岳史論』 3, 1993, 199쪽).

63 혜심, 「上康宗大王心要」(『어록』 書壯)에서 "是知直下無心 最爲省要 內若無心 外卽無事 無事之事 是名大事 無心之心 是名眞心 所謂無心者 無心無無心 亦無無心盡 是眞無心"이라 하였다.

무심에 의한 본성을 깨침은 대혜 종고의 어록을 인용하여 "화로의 불꽃 위에 떨어진 한 송이의 눈이 시원함을 발하여, 뜨거운 번뇌를 없애는 것"으로 비유되었다. 한꺼번에 뜨거운 번뇌를 없애려는 태도는 경절문을 떠올리게 한다. 무심에 대한 경구는 간화선에 대한 수용으로 이어지게 한다. 간화선은 문자나 간략한 기록을 매체로 사용하기 때문에 불입문자不入文字의 정신과는 상반되는 것이지만, 수선사가 교종 등 다른 교파에까지 관심을 확대시키는 계기를 제공했다.[64]

혜심의 간화선사상은 유학적 지식을 깔면서 전개되었다. 이미 그는 사마시에 합격한 유학자로서 출가하였다. 혜심의 불교나 유교에 대한 견해는 다음에서 읽을 수 있다.

> 나는 옛날 公의 문하에 있었고 공은 지금 우리 社(수선사) 중에 들어 왔으니, 公은 불교의 儒生이요 나는 儒子의 佛子입니다. 서로 손과 주인이 되고 스승과 師資가 됨은 예부터 그러하였고, 지금에야 비롯된 것은 아닙니다. 그 이름만을 생각한다면 불교와 유교는 아주 다르지만, 그 실제를 알면 유교와 불교는 다르지 않다고 보아야 하지 않겠습니까?[65]

혜심은 불교와 유교가 비록 외형은 다르나 그 실제는 다르지 않다고 함으로써, 유교와 불교의 공통점을 제시하고자 하였다. 그는 북송시대의 유儒·불佛·도道의 3교를 아우르한 유학자 무진無盡거사의 진의眞意·진아眞我·진고眞固·진심眞心을 불언佛言과 일치시켜 해석하였다. 그는 의사를 민멸시켜 심중에 요지了智가 분명해 짐을 진의라 하였고, 아我를 잊어 대

---

64 허흥식, 「고려중기 선종의 부흥과 看話禪의 전개」(『奎章閣』 6, 서울대 도서관, 1982 ; 『고려불교사연구』, 일조각, 1986, 491~494쪽).

65 혜심, 「答崔參政洪胤」(『어록』 書壯)에 "我昔居公門下 公今入我社中 公是佛之儒 我是儒之佛 互爲賓主 換作師資 自古而然 非今始爾 認其名則佛儒迴異 知其實則儒佛無殊"라고 하였다.

아를 이루면 진아라 하였다. 또한 형체가 없어지나 성품은 없어지지 않음을 진고라 하였으며, 성지聖智는 원명圓明하여 결단하므로 진심이라 하였다.[66] 이러한 혜심의 사상은 유불동원佛儒同源사상으로 이해될 수 있으며, 종전 불교 내의 교선융합 사상경향과는 달리 유학을 불교에 접목시키고자 하였다.[67]

고려후기에 수선사에서는 지눌에서 부터 16국사가 배출되었다. 혜심 이후에 송광사에 주석한 14국사는 다음과 같다.

청진(淸眞, 3세) · 진명(眞明, 4세) · 원오(圓悟, 5세) · 원감(圓鑑, 6세) · 자정(慈靜, 7세) · 증각(證覺, 8세) · 담당(湛堂, 9세) · 혜감(慧鑑, 10세) · 자원(慈圓, 11세) · 자각(慈覺, 12세) · 각진(覺眞, 13세) · 정혜(淨慧, 14세) · 홍진(弘眞, 15세) · 보각국사(普覺國師, 16세)

청진국사 몽여夢如는 출신이 잘 알려져 있지 않으며 1252년(고종 39년)에 입적하였다. 그는 혜심의 『선문점송禪門拈頌』을 보완하여 간행하였으며, 이규보李奎報와 친밀하게 교류하였고, 특히 선원사禪源社의 주맹主盟이 되었다.

진명국사 혼원混元은 1191년(명종 21년)에 황해도 수안현遂安縣에서 태어났는데, 속성은 이씨이다. 그의 부친은 경시서승京市署丞이었던 사덕師德이며 모친은 김씨로서 합문저후閤門祗侯인 열보閱甫의 딸이다. 그는 1203년(선종 6년)에 종헌宗軒선사에게 출가하였고 일찍이 청진국사를 사사師事하였다. 1252년(고종 39년)에 청진국사가 입적하면서 그에게 수선사를

66 혜심, 위의 글(『어록』 서장)에 "佛言摩訶迦葉 久滅意根 圓明了知 不因心念 豈非無盡 所謂眞意乎 忘我能成大我 豈非眞我乎 縱汝形銷命謝 此性云何銷滅 豈非眞固乎 聖智圓明決斷 豈非眞必乎"라고 하였다.

67 정혁, 「고려후기 진각국사 혜심의 불유동원사상」(앞의 책, 207~214쪽).

부촉하였다. 고종 45년에는 단속사에 주석하기도 했으며 1271년(문종 12년)에 입적하였다.

원오국사 천영天英은 1215년(고종 2년)에 전북 남원에서 태어났으며 속성은 양씨이다. 부친은 택춘宅椿인데 산질散秩로 향리에 머물렀으며 뒤에 예빈경禮賓卿이 되었고, 모친은 김씨로서 황해도 동주洞州 출신이다. 1229년(고종 16년)에 진각국사에게 출가하였으며 그후 선원사나 단속사 등에 주석하였다. 대원사大原寺와 불대사佛臺寺를 중건했고, 1286년(충렬왕忠烈王 12년)에 입적하였다.

원감국사 충지冲止는 1226년(고종 13년)에 전남 장흥군長興郡에서 태어났으며, 속성은 위씨魏氏이다. 그의 부친은 소紹인데 벼슬이 호부 원외랑員外郎에 이르렀고, 모친은 송씨로서 이부 원외랑 자옥子沃의 딸이다. 충지는 속명이 원개元凱인데 9세에 글을 배워 17세에 사마시를 거쳤고, 19세에 예부시禮部試에 장원으로 급제하였다. 이후 그는 일본에 사신의 일행으로 나아갔으며, 한림원翰林院에 들어가 활동하다가, 1254년(고종 41년에 선원사의 주법主法으로 있던 원오국사에게 출가하였다. 1266년(원종 7년)에 감로사甘露社의 주지로 있다가 1272년에 수선사로 옮겼다. 1286년(충렬왕 12년)에 원오국사가 세상을 떠나자 수선사를 주법하였고, 1293년(충렬왕 19년)에 입적하였다.

수선사의 7세 이후의 주법들에 대해서 그 행적이 분명하지 않은 자들이 많고, 또 그들의 비문은 당대가 아닌 훨씬 후대에 세워지기도 했다. 그런데 6세까지의 주법들은 대부분 지방사회의 향리층이거나 독서층 출신들로 나타나 있다.[68] 그런가 하면 역대 주법들의 결사에 당시 고려 정부의 고급 관리나 문신관료가 대거 참여하였다. 수선사의 사상경향이 교

68 채상식, 「修禪結社 성립의 사회적 기반」(『高麗後期佛敎史硏究』, 42쪽).

관을 아우르면서 간화선을 내세우고, 한편으로는 유불동원 사상경향을 이어가게 하는 것은 그 결사에 독서층은 물론 정부의 문신 관료층들이 참여하였던 데에서도 찾아질 수 있다.

(2) 고려후기 불교계와의 관계

무신란이 일어나면서 고려후기 사회에 불교의 신앙결사 운동이 일어났고, 그 결실이 수선사의 성립을 가져왔다. 불교계를 정화하려는 수선사 결사는 한국불교사상사에서 큰 봉우리를 지으면서 이후 지대한 영향을 미쳤다. 그런데 수선사의 결사운동과 짝하여 이루어진 것이 강진康津의 백련사白蓮社 결사운동이었다. 백련사의 결사는 수선사의 결사운동에서 많은 영향을 받았다.

우선 그것을 주도한 요세了世는 지눌의 수선사 결사에 직접 참가한 인물이다. 지눌이 공산公山의 거조사居祖寺에서 정혜사定慧社를 결성하자, 요세는 영동산靈洞山 장연사長淵寺에서 천태종지를 내세우고 있으면서, 직접 지눌에게도 나아가 수년동안 동거하면서 참선하였다.[69] 그 뒤 1200년(신종 3년)에 지눌이 길상사吉祥寺로 이거하자, 요세는 강진의 만덕산萬德山 백련사로 나아갔다. 이로 보면 백련사의 결사는 요세가 정혜사에 참가한 경험을 바탕으로 결성되었다.

이렇게 성립된 백련사는 이후에도 수선사와 밀접한 연관을 가지면서 발전되었다. 특히 수선사의 제2세 주법인 진각국사 혜심은 백련사와 친

---

69 閔泳珪, 「고려 雲黙和尙無寄輯佚」(『승산박길진박사화갑기념 한국불교사상사』, 1975, 3쪽)에서는 1198년에 지눌이 公山의 3佛念岬에 거주한 것이 아니라 智異山의 無住菴에 주석한 것으로 밝히면서, 了世는 무주암에서 지눌과 함께 거주하였다고 하였다. 그러나 崔滋의 「了世碑銘」이나 閔仁鈞의 「官誥」에도 "卽投身於靈洞 冬安夏安 嘗息影於公山 晝懺夜懺"이라 하였다. 이로 미루어 보아 요세는 공산에서 지눌과 함께 거주한 것은 사실이지만, 아마도 1198년에 거주했다는 「요세비명」의 년대가 잘못되었음이 분명하다.

밀한 교류를 가졌다. 백련사의 제2세조인 천인天因은 요세에게 나아가 삭발한 뒤, 송광산 수선사의 혜심의 문하에 들어 조계선지曹溪禪旨를 체득하고는, 다시 만덕산으로 돌아와 천태선에 전념하였다.[70] 또한 백련사 결사의 사실을 가장 잘 포괄적으로 기록하고 있는 『만덕사지萬德寺志』에는 진각국사 혜심의 탑비가 실려 있다.[71] 그래서인지 백련사 결사의 신앙이나 사상적 특징은 수선사의 교선일치 사상경향에서 많은 영향을 받아 이루어졌다.

백련사 결사의 사상적 골격은 법화사상에서 찾을 수 있다. 대체로 보현도량의 개창을 기점으로 그 이전에는 지눌 계통의 수선사를 통해 선종사상에 관심을 표명하였으나, 그 이후에는 정토관淨土觀을 강조하였다.[72] 요세의 불교관이 천태사상을 표방하기는 하지만, 이전 의천의 천태사상과는 계통을 달리하고 있다. 백련사의 천태사상은 수선사의 사상에서 영향을 받았기 때문에 선종의 입장을 강하게 내세우고 있다. 백련사 제4세조인 천책天頙이 범일梵日의 진귀조사설眞歸祖師說을 새롭게 내세우고 있음은 그 결사가 수선사의 교선일치사상보다도 더 강한 선종의 입장을 견지하였을 것으로 추측하게 한다.[73]

수선사는 물론 백련사도 무신집정이나 그들과 연관된 문신관료들과 연결되어 결사되었다. 그리하여 몽고와의 항쟁을 겪으면서 무신정권이 무너져 가는 분위기 속에서 이들 결사의 진로에는 우여곡절이 나타나기

70 채상식, 「白蓮結社 성립과 사상적 경향」(『고려후기불교사연구』, 85쪽).
71 『萬德寺志』 권6.
72 채상식, 「백연결사 성립과 사상적 경향」(위의 책, 80쪽).
73 天頙이 지었다는 『禪門寶藏錄』에는 梵日의 眞歸祖師說을 인용하고 있다. 물론 진귀조사설은 그 이전의 문헌에 나타나 있지 않기 때문에, 비록 범일이 주장했다고는 하지만 천책의 사상경향과 연결시켜 이해해야 한다. 그러면서 그것은 범일의 사상경향을 이끌어 내는 데에도 유념될 수 있다.

마련이었다. 그런 과정에서 백련사의 모습이 굴절되는가 하면 다양한 모습으로 변화되었다. 백련사가 동백련사東白蓮社를 결사하고, 그 뒤 묘련사妙蓮寺가 창건되는 것이 이를 알려준다. 묘련사는 중앙의 고관귀족이나 부원세력과 연관되어 개창되었다.

무신정권에 대한 비판이 고조되면서 수선사도 위축될 수밖에 없었다. 충렬왕대가 되면 불교계를 이끌어 갔던 것은 국존國尊으로 추대된 일연一然의 가지산문迦智山門이었다. 인종 연간이 되면 학일學一을 중심으로 한 가지산문과 탄연坦然을 중심으로 한 굴산문崛山門이 서서히 선종을 선양하고 있었는데, 지눌의 조계종은 굴산문의 전통과 밀착되어 결사되있다. 그렇지만 1122년(인종 즉위년)에 학일이 왕사로 책봉되고는, 1129년에 운문사雲門寺로 퇴거하면서 여기를 중심지로 삼아 가지산문이 성행하였으며, 일연 때에 이르러 불교계의 주도적 위치로 부각되었다. 그렇지만 일연은 수선사와 깊이 연결되었으며 지눌의 계승자로 자처하였다.

당시 수선사는 불교계에서 주도적 위치를 누리고 있었다. 가지산문은 독자성을 표방할 정도의 교단 세력을 구축하지 못했으므로 자연히 수선사의 영향권 속에 포함되었다. 일연은 1249년(고종 35년)에 정안鄭晏의 초정으로 남해南海의 정림사定林社로 나아가면서 수선사와 직접 연결되었다.[74] 그러나 1258년(고종 45년)에 왕정이 복고되면서 일연은 박송비朴松庇의 초청으로 강화도의 선월사禪月社에 주석하면서 수선사를 관할하였다.

박송비는 김준金俊 등과 함께 최씨정권을 타도한 인물이며 1268년(원종 8년)에는 김준 역시 제거되었다. 이 해에 일연은 왕명에 의해 운해사

74 鄭晏의 부친인 叔瞻은 최우의 장인이었으므로 그는 최씨정권과 밀착된 인물이다. 또한 정안은 南海 分司를 중심으로 대장경의 조판을 주도하였으며, 修禪社의 혜심과도 깊은 교류를 맺고 있었다. 따라서 정림사에 거주하게 되면서 一然은 수선사와 특별한 인연을 맺게 되었다.

雲海寺에서 교종과 선종의 승려를 모아 대장낙성회大藏落成會를 주관하였다. 일연은 최씨정권이나 김준 등 무신세력과 정치적 이해관계를 달리하면서도[75] 사상적으로 수선사를 계승하였기 때문에, 박송비의 후원을 받으면서 불교계를 주도할 수 있었다.

일연 이후 조계종은 굴산문에 대한 계승뿐만 아니라 가지산문 법맥에 대한 계승을 표방하기도 하였다. 그리하여 조계종의 창시자를 지눌로 보아 온 것이 지금 학계의 정설로 되어 있지만,[76] 태고를 내세우는 주장도 있다.[77] 그런가 하면 구산선문을 통합하면서 한국 불교의 법통을 나옹懶翁에서 이끌어 내려 하기도 한다.[78] 사실 고려 말의 조계종은 굴산문을 계승한 나옹과 가지산문을 계승한 태고太古로 대표되는 양대 산맥을 이루었으나, 조선건국 초에 나옹의 법손들이 불교계의 주도적 역할을 담당해 갔다.

나옹은 지눌이 중흥시킨 굴산문의 계승과 깊은 관련이 있다. 이와는 대조적으로 태고의 계승자는 조선초기에 왕성하게 활동한 것 같지는 않지만, 조선중기에 서산대사 휴정의 법맥으로 이어졌다. 태고의 사상경향은 지눌의 수선사의 사상과는 다소 거리가 있지만, 크게 벗어난 것은 아니어서 가지산문의 전통을 계승하고 있다. 나옹은 당시 원을 거쳐 고려에 들어와 활동하고 있었던 지공指空의 법맥으로 이어지고 있다. 그들의 사상 경향은 삼학관三學觀을 중시하여 계율과 교학 그리고 선종사상을 불가분의 관계로 파악하였고, 특히 인도의 무생계無生戒를 토대로 실천적인 계행戒行을 내세웠다.

---

75 채상식, 「일연의 사상적 경향」(앞의 책. 136~137쪽).

76 이종익, 『大韓佛教曹溪宗 中興論』(보연각, 1976).
徐宗梵編, 『曹溪宗史 - 資料集』(中央僧伽大學, 1985).

77 性徹, 『한국불교의 법맥』(장경각, 1990).

78 허흥식, 「14 · 15세기 조계종의 계승과 법통」(『東方學志』 73, 1991).

나옹이 주도한 고려 후기의 불교계는 임제종臨濟宗 사상을 수용하였다. 임제종의 황룡파黃龍派와 양기파楊岐派의 교리 논쟁은 고려후기에 까지도 계속되었는데, 전자가 조사선의 우위를 내세우면서 교관병수를 주장했다면, 후자는 간화선을 논하면서 유불동원설儒佛同源說을 내세우기도 했다. 지눌 당시만 하더라도 수선사의 사상 경향은 임제종의 황룡파와 양기파의 사상 경향을 모두 아울렀다. 그렇지만 나옹 이후 고려후기의 불교계는 임제종 중 양기파의 사상경향을 더 중시하고 있었다.

간화선의 경향이나 유불동원사상은 고려말 이후 조선 초기의 사상경향과 밀착되었다. 아마 김시습金時習의 활선活禪은 간화선이 보다 실천적 사상으로 나타난 면이다. 활선은 글을 쓰거나 밭갈이를 하는 등 동작하는 중에도 선정의 경지에 이른다는 것이다. 그런가 하면 여말선초의 척불론이나 조선 초기의 『현정론顯正論』·『유석질의론儒釋質疑論』 등은 유불동원 사상경향이 기초가 되어 나타난 것이다. 사실 조선초기의 불교사상은 불교와 유교의 논리를 아우르는 방향에서 전개되었고, 그것이 완숙하게 큰 봉우리를 이루면서 정리되는 것은 서산西山대사 휴정의 『삼교귀감三敎龜鑑』이다. 서산은 유교·도교·불교의 논리를 각각 전개하였지만, 그 교의의 결론을 동일하게 정리하였다.

2. 백련사결사와 그 사상 경향

1) 법화신앙 결사의 유행

염불에 의해 정토에 왕생하려는 신앙결사는 일찍부터 성행하였다. 우리나라에 정토신앙이 본격적으로 퍼져나가는 시기는 왕실 중심으로 수용된 불교가 귀족불교를 거쳐 대중화되는 통일신라시대라고 할 수 있다. 또한 사바세계에 거주한 석가신앙을 가장 잘 나타내고 있는 영취산靈鷲山의 법화신앙도 크게 성행한 것 같지는 않다. 우리나라와는 달리 중국에서는 일찍부터 법화신앙과 염불에 의한 정토신앙이 유행하였다. 중국 동진東晋의 혜원慧遠은 여산廬山에 동림사東林寺를 세우고 백련사白蓮社를 결사하였다. 그는 402년에 혜영慧永 등 승려와 유유민劉遺民 · 뇌차종雷次宗 · 장계석張季碩 등의 18현사賢士를 중심으로 신도들을 규합하여, 입사入社한 203명과 입사하지 아니 한 3명이 아미타불阿彌陀佛 앞에서 염불하면서 서방정토에 왕생하기를 구하였다.[79]

혜원은 염불을 선법禪法의 십염十念 중의 하나라고 하여, 염불삼매를 선정禪定에 드는 것으로 이해하였다.[80] 즉 좌선을 통해 정토를 구하려는 것이다. 이후 수당에서 오대로 내려오면서 중국에서 화엄결사를 비롯하여 미타신앙에 의거한 염불결사가 유행하였다. 성상省常은 송 태종 순화(淳化, 990~994년) 연간에 항주杭州 소경사昭慶寺에서 정행사淨行社를, 존식尊式은 사명四明 보운사寶雲寺에서 정업회淨業會를, 지례知禮는 절강성浙江省 연경원延慶院에서 염불결사念佛結社를 세우는 등 미타신앙을 일반 백성에

79 湯錫予, 『漢魏兩晋南北朝佛敎史』(漢聲出版社, 台北, 1973, 366~367쪽).
80 탕석여, 위의 책, 371쪽.

게 널리 보급함으로써, 서방왕생을 기약하는 정토결사가 유행하였다.[81] 중국에서와는 달리 우리나라에는 정토신앙이 교단으로 형성될 정도로 왕성하지는 않았지만, 불교가 귀족은 물론 서민 대중 속으로 넓게 펴져 가는데 중요한 역할을 담당하였다.

신라에 정토신앙은 공덕에 의한 사후왕생신앙과 함께 수행에 의한 현신왕생신앙이 있었으며, 전자가 주로 귀족들에 의해 수용되었다면 후자는 서민대중 중심으로 수용되었다.[82] 이들은 모두 아미타불에 의한 서방정토에의 왕생을 구하였다. 이들의 결사운동은 신라하대에 이르러서야 가능하였다. 그러나 오대산 결사는 신라중대에 이루어진 것으로 기록되었다. 자장이 신라로 돌아올 즈음에 정신왕淨神王이 폐위되자, 태자인 보천寶川이 왕위를 동생인 효명孝明에게 양보하고는 오대산의 다섯 봉우리에 각각 암자를 지어 결사하였다. 『삼국유사』에서는 이때가 성덕왕 4년(705년)으로 기록되었으며, 「오대산사적」자체를 성덕왕의 즉위와 연관시켜 이해하려고도 한다.[83]

오대산의 동·남·서·북·중대에 각각 행해진 원통사圓通社·금강사金剛社·수정사水精社·백련사白蓮社·화엄사華嚴社의 결사는 적어도 신라말에 이르러서야 완전하게 이루어졌으며, 그 중 화엄결사인 중대의 진여원眞如院은 비교적 일찍 설치되었다.[84] 서대에 아미타불을 모신 수정사는 염불에 의한 서방정토로의 왕생신앙이 널리 펴져 있었음을 알려 주는 동시

---

81 蔡尙植, 「13세기 신앙결사의 성립과 사상적 경향」(『高麗後期佛教史硏究』, 일조각, 1991, 23쪽).

82 이기백, 「신라 淨土신앙의 두 類型」(『역사학보』 99·100 합, 1983 ; 『新羅思想史硏究』, 일조각, 1986, 143~157쪽).

83 신종원, 「신라 오대산사적과 성덕왕의 즉위 배경」(『崔永禧先生華甲紀念 한국사학논총』, 탐구당, 1987, 124~127쪽).

84 김두진, 「신라하대 오대산신앙과 화엄결사」(『伽山李智冠스님화갑기념 韓國佛教文化思想史』 권상, 1992 ; 『신라 화엄사상사연구』, 서울대 출판부, 2002, 251~254쪽).

에, 북대에 석가불을 경배하는 백련사의 결사가 행해지는 것도 주목을 끈다. 오대의 각 결사에는 염불과 예참禮懺이 행해졌다. 결사신앙이 수행을 목적으로 성행하였다. 서방정토를 구하려는 미타신앙이 공덕보다는 수행을 우선시하였던 것은 중요하게 생각된다. 왜냐하면 공덕에 의한 귀족 중심의 사후 왕생보다는 일반 서민 중심의 수행을 강조함으로써 현신왕생신앙이 더 강조되었기 때문이다.

신라하대에 만일萬日 미타도량의 결사운동은 정토신앙을 중앙귀족으로부터 지방의 지식인이나 서민 대중 속으로 확신시키는 역할을 담당하였다. 경덕왕 때에 강주康州 지역의 선사善士 수십 인이 서방정토를 구하고자 미타사를 창건하고는 만일동안 기약하여 염불하면서 수행하였다. 이때 귀진貴珍 아간阿干의 가비家婢인 욱면郁面이 산몸으로 서방정토에 왕생하였다. 귀진이 만일 미타도량을 결사한 때는 애장왕 9년(808년)이라고 하는데, 그 이전에도 관음의 현신이라고 하는 팔진八晋이 일천 명의 무리로 결사하여 수행 정진하였다. 그는 무리를 두 붕도朋徒로 나누어 그 하나는 노력勞力으로, 다른 하나는 정수精修로 불렀다. 노력도 중의 한 사람이 계를 얻지 못하여 부석사의 소로 전생하였다가, 불경을 싣고 간 행적으로 말미암아 귀진의 가비인 욱면으로 태어났다.[85]

미타 만일도량의 결성은 염불하면서 만일동안의 정진과 수행을 통해서 서방정토에 왕생하려는 목적을 지닌 것이다. 재산을 기탁하는 등의 공덕이 아니라, 평생을 수행한 공로로 말미암아 정토에 왕생하기를 기원하였다. 자연히 중앙의 귀족보다는 강주 지역의 선사인 지방 지식인이 중심이 되어 결사운동을 전개하였고, 노비인 욱면이 성불하여 서방정토로 나아갈 수 있었다. 이렇듯 신라하대에 이르면 지방 지식층이나 서민

85 『삼국유사』 권5, 郁面婢念佛西昇조.

대중을 위해 서방정토를 추구하는 염불 결사신앙이 퍼져나갔다. 고려초기에도 이러한 신앙결사는 대체로 유지되었다. 고려 성종 1년(982년)에는 중 성범成梵이 도성사道成寺에 이르러 만일 미타도량을 열고 50여년을 정근하였는데, 마침 현풍玄風의 신사信士 20여명이 이를 위하여 결사하였다.[86]

염불 결사운동에서 관음의 화신인 팔진이 도중을 노력도와 정수도로 나누어 수행한 것은 법화신앙 결사로 이어질 수 있어서 흥미롭다. 신라시대는 물론 고려초기에도 관음의 영험신앙이 법화결사에 영향을 끼치고 있었다. 관세음불은 서민 대중의 소소한 소원을 들고는 해결하여 주면서, 서방정토로 안내하는 역할을 담당하기도 한다. 한편으로는 법화결사신앙과 연관하여 석가불을 모시는 경향이 나타났다. 오대산 북대의 백련사 결사는 바로 이런 것이었다. 최승로의 후손들이 석가 만일도량을 열었다. 즉 최제안崔齊顔은 나말여초에 폐허로 내려온 천룡사天龍寺를 중흥하여, 그 곳에 석가 만일도량을 결사하였다.[87]

염불에 의한 정토를 추구하려는 결사에는 흔히 관음신앙이 짙게 드리워져 있다. 관음의 영험신앙은 자체로도 법화신앙과 연관되지만, 특히 석가도량과 연결되어 법화결사를 성행하게 하였다. 그런 면에서 관음의 영험신앙에 의해 태어난 최승로의 손자인 최제안이 석가 만일도량을 열고 있음은 주목된다. 사실 신라에서도 낭지朗智가 울산蔚山의 영취산에서 법화신앙을 펴면서 보현도량을 열었다. 물론 이때의 보현도량이 법화결사로 이어진 것인지는 분명하지 않지만, 원성왕 때에 국사인 연회緣會는 낭지의 법화신앙을 이어받아 보현행普賢行을 닦았다. 또한 고구려의 파약

---

86 『삼국유사』 권5, 包山二聖조.
87 『삼국유사』 권3, 天龍寺조.

波若이나 백제의 혜관惠觀 등은 법화경을 염송하였고, 신라에서는 관음의 영험신앙이 크게 번성하였다.

고려초기에는 법화 영험신앙이 광범하게 전승되면서 법화결사로 나타나고 있음이 흥미롭다. 상주尙州의 호장戶長인 김의균金義均은 늘 법화경을 읽었을 뿐만 아니라 그것을 염송하는 법화결사를 조직하고는, 법화도를 기로도耆老徒와 소장도小壯徒의 둘로 나누어 정진 수행하게 하였다. 또한 개경의 성남에 선비들이 법화경을 염송하고 강의하면서 법화결사를 조직하였다. 예종대를 지나면서 거사불교가 유행하고 선종이 서서히 대두하면서 결사신앙도 퍼져나갔다. 의천의 천태종 개창 이후에 수정사水精社나 반룡사盤龍社·수암사水嵓寺 등의 결사가 이루어졌다.

권적權適은 예종 때에 법화경을 읽고는 법화신앙을 가졌다. 송나라에 들어가 국학國學에서 수업을 받아 빈공과에 수석으로 합격한 그는 본국으로 돌아올 때에 황제로부터 관음상과 법화탑 등을 받았다. 그가 소개한 수정사는 지리산 자락의 폐사된 오대사지五臺寺址에 세워졌는데,[88] 인종 7년(1129년)에 사주인 이진억李津億이 거기에 법화결사를 개설하였다. 수정사에는 선강원禪講院의 고승과 무려 삼천 명에 이르는 일반 신도가 입사하였다. 반룡사는 승통僧統 요일寥一에 의해 고령의 미숭산美崇山에서 결사되었으며, 수암사는 박문비朴文備가 고성의 지방관으로 부임하였을 때 화엄결사로 개창되었다. 특히 무신란 이후 무인 집권자들에 의한 선종 중심의 결사까지 성행하였다.

선종 결사는 대체로 이전에 잘 알려지지 않았던 조그만 고사古寺를 중흥시키면서 이루어졌다. 무신란 발발 직후에 정중부鄭仲夫는 개경의 중요

88 權適, 「智異山水精寺記」(『동문선』 권64 및 『新增東國輿地勝覽』 권30, 晋州牧, 佛宇 五臺寺 조).

선종 사찰인 보제사普濟寺를 새로 고쳐 낙성법회를 열었을 뿐만 아니라, 최충헌은 개성 동남쪽에 있었던 옛 사찰인 창복사昌福寺를 구입하여 넓히고는 크게 선방禪房을 열었다. 무신정권 밑에서 다시 등장하는 문신들이 불교의 결사운동에 대거 참가하였다. 이러한 결실이 수선사修禪社의 결사로 이어졌다. 그렇지만 선종이나 단순한 화엄결사에 만족하지 못하는 신앙이 백련사의 결사로 나타났다. 나말에서 고려전기에 성행한 염불에 의한 정토로의 왕생을 추구하거나 석가불의 상주처常住處를 설정하려는 법화결사의 전통이 백련결사를 가능하게 하였다.

2) 요세의 백련사 결사

(1) 요세의 생애

백련사는 요세了世에 의해 결사되었다. 요세는 자가 안빈安貧이며 속성은 서씨徐氏로 1163년(의종 17년) 신번현新繁縣(陝川郡의 속현)의 호장인 필중必中과 동향의 서씨인 어머니 사이에서 태어났다. 12살(1174년, 명종 4년)에 강양江陽(합천)의 천락사天樂寺에서 균정均定을 스승으로 출가하여 천태교학을 수학하였다. 이때 강양군수인 임종비林宗庇가 한번 그를 보고 중히 여겼다고 한다. 22살(1184년, 명종 14년)에는 승과에 급제하고는 불교(천태)의 종지에 뜻을 오로지 두었다. 여러 법석의 강의에 두루 참석하여 몇 년이 안 되어, 이치를 깨달아 일가를 이루는 명망을 얻었다. 1198년(신종 1년) 봄에 개경의 고봉사高峯寺에 나아가 법회를 열었는데 유명한 승려들이 구름처럼 몰려들었다. 그 해 가을에 동지 10여명과 함께 고봉사를 떠나 명산을 유력하다가, 영동산靈洞山 장연사長淵寺에 머물러 법석을 열고 후진을 힘써 가르쳤다.

때마침 지눌知訥이 공산公山에 있으면서 요세에게 게송偈頌을 보내어 수선修禪하기를 권하였다. 그 게송에 이르기를

> 물결이 어지러우면 달이 드러나기 어렵고 밤이 깊어야 등불이 더욱 빛나리, 권하노니 그대여 마음 그릇을 가지런히 하여 甘露漿이 쏟아지게 하지 마소서.[89]

라고 하였다. 이는 분명 지눌이 요세의 천태 수행을 비판한 것이다.[90] 감로장이 쏟아지지 않게 하기 위해 마음을 닦는 선수행을 권하였다. 그러면서 어지러울 때에는 잘 들어나지 않지만 밤이 깊어지면 더욱 밝게 빛나는 등불을 내세워, 요세로 하여금 정혜결사定慧結社에 동참하도록 종용하였다. 요세가 이를 받아보고는 마음에 흡족하여, 나아가 지눌의 법우法友가 되어 정혜결사에 참여하였다. 천태학으로써의 일가를 이룬 요세가 쉽게 지눌의 정혜사로 나아가는 사정에 대해서는 단정적으로 제시하기는 어렵다. 다만 선수행 중심의 결사신앙이 의천 이래의 천태교관에서 행한 화엄 중심의 수행에 비해 신선하게 느껴졌을 가능성을 가졌다.

1200년(신종 3년)에 지눌이 순천의 송광산으로 정혜사를 옮겨가므로 요세는 그를 따라 갔다. 그러나 도중에 요세는 남원南原 귀정사歸正寺 주지 현각玄恪의 초청으로 귀정사에 머물면서, 『묘종초妙宗鈔』를 강의하는가 하면 화장암華長庵에 꼼짝하지 않고 앉아 참선하면서 마귀를 항복시키기도 하였다. 현각이 어떤 인물이었는지는 분명하지 않다. 귀정사에 거주

89 崔滋, 「萬德山 白蓮寺圓妙國師碑銘」(『東文選』 권117)에 "波亂月難顯 室深燈更光 勸君整心器 忽傾甘露漿"이라 하였다.

90 高翊晋, 「圓妙國師 了世의 白蓮結社 -사상적 특질을 중심으로-」(『韓國天台思想研究』, 동국대 출판부, 1983, 207쪽).

하면서 요세는 법화결사를 생각하였을 것이다. 현각이 그를 삼생지법화사三生持法華師로 생각하였던 것은 이러한 추측을 가능하게 한다. 귀정사는 천태종 계통의 사찰이었고, 이러한 인연은 또한 천태종 계통의 사찰인 용암사龍巖社의 도인 희량希亮과 쉽게 교류하게 하였다. 이때부터 요세는 사상적으로 수선修禪에서 크게 전환하였으며, 1208년(희종 4년, 46세) 봄에 월생산月生山의 약사난야藥師蘭若에 거주하면서 그 계기를 마련하였다. 즉 그는 더욱 『묘종초』를 즐겨 강의하고는 수선사로부터 천태결사로 방향을 전환하였다.

요세는 약사암에서 만덕산으로 거처를 옮겨 백련결사를 조직하였다. 탐진耽津(지금의 강진)의 신사信士인 최표崔彪·최홍崔弘·이인문李仁聞 등이 그를 찾아뵙고는 만덕사萬德寺의 옛터에 절을 지어 부흥하기를 요청하였다. 요세가 가서 살펴보고 1211년(희종 7년)에 공사를 시작하였으며, 제자인 원형元瑩·지담之湛·법안法安 등을 시켜 공사를 감독하여 80여 간의 절을 완성하였다. 1216년(고종 3년)에 준공이 되자 요세는 낙성법회를 개최하였다. 1221년 봄에 대방帶方(지금의 남원) 태수 복장한卜章漢의 요청에 의해 관내에 도량을 열었다. 1223년(고종 10년)에 최표 등이 돌아오기를 요청하므로, 요세는 다시 만덕사로 돌아가 도량을 열었고, 1228년(고종 15년)에 유생 수명이 개경에서 내려와 제자가 되면서부터 문도가 몰려들어 번성하였다.

뒤에 백련사의 제2세주가 되는 정명靜明국사 천인天因과 제4세주가 되는 진정眞靜국사 천책이 당시에 유생으로서 요세의 문하에 들었으며, 천인과 같이 유학을 공부하던 허적許適 등이 동행하였다.[91] 천인은 속성이

91 林桂一, 「萬德山白蓮社靜明國師詩集序」(『동문선』 권83)에 "卽謝世 與同舍生許迪 前進士申克貞 拂衣長往 抵萬德山 參圓妙國師"라고 하였다.

박씨이고 연산군燕山郡 출신인데, 1221년(고종 8년) 국자감시國子監試에 합격하여 성균관에 들어갔다가, 예부시禮部試를 포기하고 요세의 문하로 나아갔다. 허적은 천인과 동사생同舍生이었다. 천책은 신극정申克貞인데 상주尙州 관내의 산양현山陽縣의 토호 출신이다. 그는 국자감시에 합격하여 성균관에 들어갔으며, 뒤에 예부시에 합격하여 진사가 되었다. 즉 이들은 지방 독서층 출신이었다.[92] 백련사의 결사에는 고관과 대작大爵이 참여하지 않는 것은 아니지만, 대체로 유학지식인이나 지방의 토호 이하의 신분층에 속한 인물들이 많이 참가하였다. 요세의 아버지 서필중徐必中은 호장이어서, 그의 집안은 지방토호였다. 백련사의 결사에 주도적으로 가담한 최표나 최홍·이인천 등도 지방토호로 이해된다.

1232년(고종 19년) 4월 8일에는 백련사 내에 공식적으로 보현普賢도량을 설치하였으며, 법화삼매法華三昧를 추구하면서 극락정토에 왕생하기 위해 법화참法華懺을 닦았다. 1236년(고종 23년)에 요세는 천책으로 하여금 백련결사문白蓮結社文을 찬술하여 공표하게 하였다. 이로써 지눌이 「권수정혜결사문勸修定慧結社文」을 유포시켜 정혜사를 결성한 것처럼, 명실상부한 백련사가 결사되었음을 정식으로 알린 셈이다. 이후 백련사는 고려후기에 지눌의 송광사에 버금할 정도로 번성하였다. 요세는 30여년동안 교화하면서 5곳에 절을 지었으며 득도한 제자 38명, 입사한 고관이나 대중 300여명을 거느렸고, 인연을 맺은 인사는 헤아릴 수가 없을 정도였다.

1237년(고종 24년) 여름에 고종은 75세의 고령인 요세에게 선사의 직함과 함께 세찬歲饌을 내렸다. 1240년(고종 27년) 8월에는 보현도량에서 『계환해묘법연화경戒環解妙法蓮華經』을 조판하였는데, 그 발문을 최이가 직

---

92 채상식, 「13세기 신앙결사의 성립과 사상적 경향」(『고려후기불교사연구』, 27~28쪽).

접 지었다. 만년에 요세는 최씨정권과 유대를 가졌다. 1245년(고종 32년)에 그는 원문院門의 일을 천인에게 맡기고 별원別院에 퇴거하였으며, 그 해 7월 7일에 입적하였다. 요세는 지극히 검소하게 수행하였고 방장에 옷 3벌과 바리 하나만 가지고 있었으며, 법화경을 염송하거나 미타를 염불하는 것으로 일과를 삼았다.

(2) 요세의 결사신앙

가) 보현도량의 설치

신라 낭지는 울산의 영취산에 보현도량을 개설하였는데, 석가도량으로서의 보행행원은 고려전기에도 계속해서 이어져 내려왔다. 균여는 보현행원가를 향가로 작성하여 민간에 전승시켰다. 최제안의 석가 만일도량은 석가의 상주신앙이 유행하였음을 생각하게 한다. 그는 석가 상주도량을 열고 법화경을 염송하면서 보현관행을 닦았다. 석가의 영취산 설법의 내용을 바로 수용하였기 때문에 법화경은 대승불교의 정신을 가장 보편적으로 제시한 경전이다. 법화경에는 수행을 내세우는 보현관행 외에 관음보살의 영험신앙을 포용하였고, 정토신앙을 추구하였다.

고려초기에 관음 영험신앙을 곁들인 법화도량이 성행하였고 천태관법이 나타났다. 방편을 제시하여 불성을 깨닫게 하려는 법화경은 삼승을 통해 일승을 제시하려는 것이며, 삼승인이 모두 성불하게 한다. 이러한 회삼귀일會三歸一사상은 일심삼관법의 천태사상을 성립시켰다. 요세의 백련결사는 천태교관을 바탕으로 성립하였으나 그것에 머물고 있지는 않다. 다음 내용을 참고해 보기로 하자.

> 고려에서 玄光·義通·諦觀·德善·智宗·義天의 무리들이 바다를 건너가 道를 묻고, 천태 三觀의 뜻을 배워서 이 땅에 전해 국가를 복되게 한 것은 그 내력이 오래되었다. 그러나 보현도량을 열어 널리 禪誦을 권하는 일은 없었다. 오직 대사는 종교가 쇠퇴해 가는 때를 당하여 크게 法幢을 세우고, 법을 듣지 못한 세속을 놀라게 함으로써 뿌리 없던 信心을 낳아 祖道를 중흥시켰다. 本願力으로 말세에 태어나서 여래의 시킨 바대로 여래의 일을 행하기를 어찌 이와 같이 하지 않겠는가?[93]

고려초기에 체관과 의통에 의해 고조된 천태사상은 의천의 천태종을 개창하기에 이르렀다. 의천이 국청사를 창건한 이후에 천태종 교단은 보다 강성하였다. 그것은 화엄종을 중심으로 선종을 아우르는 교관겸수사상을 성립시켰다.

요세의 백련결사가 천태종의 전통과 연결된 것은 사실이지만, 이를 고수하기 보다는 보현도량의 수립에 더 큰 의미를 두었다. 그는 보현행원의 수행에 머물지 않고, 염불을 행하면서 선정을 추구하였다. 그것은 바로 조도祖道를 중흥시키는 길이기도 하였다. 보현도량을 통해 추구한 요세의 조도는 천태관법은 물론 수선사의 선관과도 구별되는 것이다. 선송禪誦은 선관을 닦는 수행과 정토에 왕생하기 위한 염불을 같이 행하는 것이다. 선송을 통해 내세우는 조도는 단순히 선수행만으로 이루어지는 것이라기보다는 염불을 통해 정토에 이르게 한다. 이리하여 요세는 비록 지눌의 정혜결사에 참석하였지만, 곧 결별하고는 백련결사를 추진하였다.

93 최자, 「만덕산 백련사원묘국사비명」(앞의 책, 권117)에 "本朝有玄光義通諦觀德善智宗義天之徒 航海問道 得天台三觀之旨 流傳此土 奉福我國家 其來尙矣 至如開普賢道場 廣勸禪誦 蓋闕如也 惟師當宗敎寢夷之日 立大法幢 駭未聞之俗 生無根之信 使祖道中興 施及無根 非承本願力 應生季末 爲如來所使 行如來事者 安能如是哉"라고 하였다.

정토에의 왕생은 부처의 상주신앙과 연결되어 있다. 요세의 조도는 본원력本願力으로 말세에 태어나서, 여래가 시키는 대로 여래의 일을 행한다고 하였다. 여래를 행한다는 것은 여래가 자재하기 때문이다. 다음 내용은 이런 면을 이해하게 한다.

> 방안에 조용히 앉아 정신을 차려 妙觀을 닦고 문득 念言하기를 "만약에 천태의 妙慧를 깨치지 못하면 永明 延壽의 120病에서 어찌 벗어날 수 있겠는가"라 하고, 因하여 스스로 깨우쳐 妙宗(초)을 강의하다가, "是心이 부처를 만들며, 시심이 是佛이다"라는 대목에 이르러서는 흡족하여 절로 웃음이 나옴을 알지 못할 정도였다. 이후로 묘종(초)을 설법하기 좋아하고 언변과 지혜가 막힘이 없었다. 여러 사람에게 강권하여 懺法을 닦기를 맹렬히 하여 매일 53부처에게 12번씩 禮敬하였다. 비록 모진 추위와 혹서라도 일찍이 나태하지 않았으니, 禪流들이 徐懺悔라고 불렀다.[94]

요세는 묘관妙觀을 닦고 염불하면서 천태교의를 깨침으로써 영명永明 연수延壽의 120병에서 벗어나고자 하였다. 연수는 『종경록宗鏡錄』이나 『만선동귀집萬善同歸集』·『선종유심결禪宗唯心訣』 등의 많은 저술을 남겼고, 120병은 『선종유심결』에서 제시된 사종邪宗 견해 120가지를 가리킨 것인데, 진망眞妄이나 유무有無·권실權實·교선敎禪과 같은 일체의 분별식分別識을 총 망라한 것이다.[95] 120병에서 벗어남으로써 일진본심一眞本心을 드러낼 수 있다.

---

94 최자, 위의 비명(『동문선』 권117)에 "嘗宴坐一室 陶神妙觀 忽自念言 若不發天台妙解 永明壽百二十病 何由逃出 因自警悟 及講妙宗 至是心作佛 是心是佛 不覺破顔 自後樂說妙宗 辯慧無礙 抑籲衆修懺 懇至精猛 日禮五十三佛十二遍 雖祈寒酷暑 未嘗懶倦 禪流號爲徐懺悔"라고 하였다.

95 고익진, 「원묘국사 요세의 백련결사」(『한국천태사상연구』, 211~213쪽).

요세는 일진본심 즉 마음을 중시하면서 정토를 추구하였다. 마음이 부처를 만들며, 마음이 곧 부처이다. 이는 바로 부처의 상주신앙과 연결될 수 있다. 천태의 일념삼천一念三千설도 이와 연관하여 이해된다. 요세는 북송의 사명四明 지례知禮의 영향을 많이 받았다. 그는 지례의 저술인 묘종을 즐겨 강의했다. 묘종은 지례가 1021년에 지의智顗의 『관무량수경소觀無量壽經疏』에 주석을 붙인 『묘종초妙宗鈔』 6권을 가리키는데, 이것은 지의의 천태지관天台止觀을 바탕으로 한 정토관을 계승한 내용을 담고 있다.[96] 당시 중국 천태종은 산가파와 산외파로 나뉘어 있었는데, 백련사는 지례가 속했던 산가파의 사상을 수용하였다.

산가파들이 천태사상과 정토신앙을 아우르는 성향을 지녔음에 비해 산외파들은 전통적으로 화엄교학, 그 중에서도 특히 이통현장자의 사상에 가까운 불교사상과 연결되어 있었다. 이 점은 요세의 사상이 지눌과 함께 교선일치적인 경향을 지녔을 지라도, 수선사와 결별하는 계기가 되었을 듯하다. 왜냐하면 지눌은 이통현의 『화엄론절요華嚴論節要』를 중시하여 그 사상경향을 수용하였기 때문이다. 요세는 천태교관을 닦음과 동시에 염불에 의한 정토로의 왕생을 함께 추구하였다. 백련결사에 정토신앙이 나타나 있고, 관음의 영험신앙이 다소 포함되었다. 이는 아미타불을 염송하여 서방정토에 태어나는 것으로 파악되기 쉽다.

그러나 백련결사에는 석가 만일도량의 전통이 강하게 전해져서 부처의 상주신앙이 노정되었다. 예참으로 행하는 미타에 대한 염불이 반드시 타방정토로의 왕생을 목적으로 하지 않음으로써 부처의 상주신앙은 정토신앙과 선정을 함께 닦을 수 있게 만들었다. 그러기 위해 맹렬하게 참법을 닦게 하였다. 실제로 그는 매일 53부처에게 12번씩 예경하고 비록

---

96 채상식, 「白蓮社 성립과 그 사상적 기반」(『고려후기 불교사연구』, 74쪽).

혹한이나 더위라도 조금도 나태하지 않았다. 때문에 당시의 선승들이 이를 서참회徐懺悔라고 불렀다. 백련사에서는 법화참법이 중시되었다. 물론 요세 이전의 고려 천태종에서 예참법禮懺法이 행해졌지만 그 내용은 알 수 없다. 백련사의 법화참법도 자세한 내용을 알기는 어렵지만, 대체로 정토를 추구하면서 아울러 실천 수행하는 것으로 이해된다.

천태종에는 정토신앙이 줄기차게 전승되지만, 백련결사에서는 정토와 참법을 함께 권하는 특성을 찾을 수 있다. 법화참법의 필요성은 백련사가 정혜결사와는 성격을 달리하는 계기를 마련하였다. 지눌은 정토를 따로 설정하지 않았다. 정토는 마음을 따라 나타나기 때문에, 정혜定慧 속에 존재하는 것이다. 때문에 마음이 중요하고 염불할 필요가 없게 된다. 지눌이 돈오와 정혜를 내세웠다면 요세는 정토와 참회를 강조하였다. 특히 참회에 의해 죄업을 씻음으로써 정토에 왕생할 수 있게 하였다. 이러한 차이는 수선사와 백련사 결사의 신앙 대상을 달리하게 만들었다.

수선사가 어느 정도 지식을 가져 스스로 발심發心할 수 있는 우수한 근기根機를 전제로 결성되었다면, 백련사는 자력으로 해탈하기 어려운 범부를 대상으로 결사되었다고 한다.[97] 그런데 수선사나 백련사의 결사에 참여한 인물은 공히 중앙의 귀족이나 고관도 있지만, 대부분 지방의 토호나 지식인인 독서층이었다. 백련사에는 수선사와는 달리 범부 즉 서민이나 하층민이 다소 많이 참여하고 있음은 유념된다. 실제로 신라중대 이래 정토신앙은 공덕으로 사후에 정토로 왕생하려는 중앙 귀족이나 고관이 참여하였지만, 대체로 고통 받는 서민 대중 중심으로 수용되었다. 그들은 현실의 고통으로부터 탈출하려는 의도에서 현신으로 정토에 왕생하려는 신앙을 가졌다. 요세가 정토와 아울러 강조하는 참회법은 서민

97 고익진, 「원묘국사 요세의 백련결사」(앞의 책, 221쪽).

대중의 수행을 염두에 둔 것이다.

나) 법화삼매의 추구

요세는 법화삼매를 추구하려는 목적에서 보현도량을 개설하였다. 법화삼매는 법화경에 입각하여 일심으로 예참禮懺·송경誦經·좌선坐禪하여 보현·석가·다보多寶·분신分身·시방불十方佛이 현전現前함으로써 얻어지는 것이다. 법화경의 마지막 제28품은 보현보살이 불멸 후 500세가 지난 오탁汚濁한 세상에서 법화경을 가졌거나 혹은 염송·사경寫經·해설하는 사람들을 수호한다고 설한다. 법화경을 염송하거나 이해하면 보현보살이 현전하여 지켜주는데, 이 때 보현보살을 봄으로써 삼매와 타라니를 얻는다. 그러므로 보현보살현전삼매普賢菩薩現前三昧를 법화삼매라고 부른다.[98] 천태 지자는 보현현전을 법화삼매라고 언급하면서 『법화삼매참의法華三昧懺儀』를 저술하였다.

천태종에서는 참회의례를 행한다. 법화삼매참의는 삼칠일三七日 동안 법화참법을 닦으면서, 엄정嚴淨한 도량에 들어가 예불하고 수행 증진하면서 참회하는 것이다. 요세는 1232년(고종 19년) 백련사에 보현도량을 개설하면서 그 사상적 성격을 분명하게 들어내었다. 보현도량에서 행해지는 법화삼매에 대해

> 壬辰年 여름 4월 8일에 비로소 普賢道場을 결성하고 法華三昧를 닦아 정토에 왕생하기를 구하였다. 오로지 天台三昧儀에 의지하여 長年에 걸쳐 法華懺을 수행하고, 전후로 권하여 發心시켜 이 경을 외운 자가 천여 명이나 되었다.[99]

---

98 고익진, 「원묘국사 요세의 백련결사」(앞의 책, 224~225쪽).

99 최자, 앞의 비명(『동문선』 117)에 "以壬辰夏四月八日 始結普賢道場 修法華三昧 求生淨土 一依天台三昧儀 長年修法華懺 前後勸發 誦是經者千餘指"이라 하였다.

고 하였다. 백련사는 법화참을 닦으면서 정토에의 왕생을 내세웠다. 4월 8일에 결성된 보현도량은 석가 만일도량과 같은 성격을 가졌다. 법화삼매를 닦아 정토에의 왕생을 구하는 동시에 천태삼매참의에 의지하여 법화참을 수행하였다.

백련사에서 법화경을 외우고 깨달아 법화삼매를 얻은 자가 천여 명이나 되었다. 천태종에서는 흔히 법화경을 염송하거나 사경한 공덕으로 법화삼매에 들어 정토에 왕생한다. 요세는 강종康宗의 서녀庶女로서 최충헌의 소실이 된 정화택주靜和宅主의 도움을 받아, 백련결사를 외호하고자 아미타불상과 함께 금자법화경을 조성하였다. 이때 백련사에 봉안되는 금자법화경은 도리천에 안치되는 것으로 생각되었다.[100] 도리천에 안치되는 백련사의 금자법화경이 법화삼매의 추구와 연관됨직하다. 또한 백련사 결사에 주동적인 역할을 담당한 최표崔彪는 죽은 아들의 정토왕생을 위해 법화경을 사경하였다. 사경이 끝나자 그의 아들은 정토에 왕생하였는데,[101] 이는 바로 법화삼매의 추구로 이루어진 것이다.

천태삼매참의에서 마음을 닦는 데에는 사참事懺과 이참理懺이 있다. 그중 이참은 심식을 부정하는 관법의 수행에 관한 것이지만, 사참은 예불과 송경 및 참회 등으로 삼매의 경지를 구하는 것이다. 요세의 법화참법은 법화삼매참의에서와 같이 사참에 더 비중을 두었다. 다음 내용을 참고해 보기로 하자.

> 7월 3일에 객실로 옮겨 微疾을 보이면서 비스듬히 누워 외치기를 "諸法의 實相은 청정하고 湛然하여, 이를 말하는 것은 理를 잃었고 이를 보이는 것은

100 了圓. 『法華靈驗傳』 권상, 天帝邀經而入藏조에 "所寫金字法華 已安忉利天第二額梨藏中"이라 하였다.

101 요원, 위의 책 권하, 珍禽顯瑞조에 "夢亡子告曰 因寫經力 得爲純善美丈天身"이라 하였다.

宗을 어그러뜨렸다. 우리 宗 法華經의 一大事는 분수에 따라 妙解를 얻으니 오직 이것 뿐이다"라고 하였다.[102]

삼칠일동안 정진하는 법화삼매참의와는 달리 요세는 오랜 기간에 걸쳐 법화삼매를 구하는 참회를 계속하였다. 그는 사참을 보다 강조하였고, 참회멸죄행懺悔滅罪行을 닦고 있었다.[103] 이는 철저한 범부수행을 강조한 것이다. 때문에 요세는 법화경에서 내세우는 일대사一大事를 강조하였고, 이는 근기의 분수에 따라 묘해를 얻는 것으로 중시되었다. 요세는 매일 법화경을 염송하고, 신주神呪 일천 편과 미타불의 이름을 일만 번 외었다. 이렇듯 그는 매일 정성스럽게 수행하였으며, 10승으로서 행동을 바르게 하고 삼관으로써 정신淨愼을 닦아 삼매에 들고자 하였다.[104]

그러나 요세는 이참을 부정하지는 않았다. 청정한 제법의 실상을 깨쳐야 하기 때문이다. 다만 이를 말하고 보이려는 것이 잘못임을 지적하였다. 고려초기까지 천태의 십승관법十乘觀法은 화엄교리를 수용하여 돈교를 제시한 것이어서, 원돈지관圓頓止觀으로 이해된다. 일대사 즉 수많은 사상事相이나 법상을 법화삼매의 구현이라는 측면에서 이해하기 위해, 요세의 법화참법은 그 중심에 선 지관止觀으로 승화되어야 한다. 요세가 입적하면서 천인과 대화를 나눈 다음 내용을 참고해 보기로 하자.

法服을 입고 跏趺坐하여 西向으로 앉아 여러 사람에게 고하기를 "50년 山林에 썩은 이 물건이 오늘 가려하니, 각자 노력하여 법을 위해 힘쓰라"고 하

---

102 최자, 앞의 비명(『동문선』 권117)에 "至七月三日 就客室示微疾 倚臥唱云 諸法實相 淸淨湛然 言之者失理 示之者乖宗 吾宗法華一大事 隨分妙解 唯此而已"라고 하였다.

103 고익진, 「원묘국사 요세의 백련결사」(앞의 책, 227~228쪽).

104 天因, 「祭先師圓妙國師文」(『동문선』 권109)에 "善誘循循 半行半坐 旧制是遵 十乘軌行 三觀陶神 深入三昧 精修日新"이라 하였다.

였다. 천인이 말하기를 "임종 때에 禪定에 든 마음이 즉 정토인데, 다시 어디로 가시렵니까?"라고 하니, 대사가 말하기를 "이 생각만 동요하지 않으면 바로 이곳에 삼매가 현전한다. 나는 가지 않아도 가는 것이며 저(佛)는 오지 않아도 오는 것이니, 감응으로 도에 접함은 실로 마음 밖에 있는 것이 아니다"라고 말을 마치자, 즉시 생각을 걷고 도장을 찍은 듯이 선정에 들었다. 가까이 가서 보니 이미 입적하였다.[105]

천인은 요세가 입적하려하자, 선정에 든 마음이 즉 정토이므로 달리 서방정토를 찾아 떠날 필요가 없다고 하였다. 이에 대해 요세는 타방정토가 따로 존재하지 않음을 말하고는 입적하였다. 즉 정토는 마음 밖에서 찾을 수 있는 것이 아니다. 이는 마음이 부처를 만들며 현전한 부처가 타방 부처가 아니기 때문에, 마음이 즉 부처라는 관념으로 이어지게 된다. 요세는 정토를 자신의 마음속에서 구하였다. 사바세계에 태어나 인간을 제도하는 석가의 상주신앙은 바로 마음속의 정토를 설정한다. 사바세계가 정토라는 신앙은 마음속에 정토가 있다는 것이다. 미륵정토와는 달리 당대에 현전하는 현실정토는 마음속에서 구현된 것이다. 때문에 요세는 마음 밖에 정토가 있지 않다고 하면서도, 생각이 동요하지 않으면 이곳에 삼매가 현전한다고 하였다. 법화삼매가 현전하게 되는 곳은 석가 상주의 보현도량일 수밖에 없다. 거기에 자신은 가지 않아도 가는 것이고 부처는 오지 않아도 오는 것이다. 가지 않아도 가게 되며 오지 않아도 오게 되는 자신과 부처는 가지도 오지도 않게 된다.

입적하여 정토에로 왕생하였지만 요세는 가지도, 아니 가지도 않았다.

---

105 최자, 앞의 비명(『동문선』 권117)에 "着法服升坐跏趺 面西而坐 告衆云 五十年山林朽物 今日行矣 各自努力 爲法勉旃 天因問云 臨終在定之心 卽是淨土 更欲何之 師云 不動此念 當處現前 我不去而去 彼不來而來 感應道交 實非心外 言訖卽歛念 然印如入禪定 就視之已化矣"라고 하였다.

법화삼매로 부처가 현전한 이곳이 바로 가고 옴이 없는 현실정토이겠지만, 또한 정토는 선정禪定에 든 마음이며 마음속에 구현되는 것이다. 요세가 인용한 다음 내용을 참고해 보기로 하자.

> 원효의 澄性歌를 부르며 말하기를 "法界의 身相은 알기 어려우니, 寂然하여 無爲하거나 無不爲하다. 저 부처의 身心에 따름으로 해서 반드시 저 국토에 태어나는 것이 아니다. 매번 앉으나 누우나 힘이 다할 때까지 염불하기를 그치지 않았다.[106]

원효의 징성가의 내용을 자세하게 추구하기는 어렵지만, 요세의 법화참법 수행을 이해하는데 도움을 준다. 위의 내용은 법화참법의 이참理懺 수행을 알려주는 것으로 보인다. 징성가를 통해 요세는 타방 불국토에로의 왕생을 원하지는 않았다. 그러나 힘이 다할 때까지 정토로의 왕생을 위한 염불을 계속해야 함을 내세웠다. 이점은 요세가 사참事懺수행으로 정진하는 모습을 떠올리게 한다. 그리하여 알기 어려운 법계의 여러 신상身相에 대해 접근하고 있다.

비록 요세는 사참수행을 중시하지만 그 중심에 이참수행을 설정하였다. 원효가 추구한 법계 본성의 구현은 삼매로 이어질 수 있는데, 무위無爲한 것이면서도 무불위無不爲한 것이라 하였다. 행하는 것도, 아니 행하는 것도 없는 법화삼매를 현전시키게 한다. 이는 요세가 입적하면서 다다른 정토 곧 가고 옴이 없는 현실정토라 할 수 있다. 법화삼매를 통해 현전한 현실정토와 마음속에 구현한 정토에의 왕생은 선정을 통해 이루어지고 있다. 부처는 법계에 두루 하지 않는 곳이 없으며, 타방의 부처

106 최자, 위의 비명(『동문선』 권117)에 "又唱元曉澄性歌云 法界身相難思議 寂然無爲無不爲 至以順彼佛身心 故必不獲已生彼國 每坐臥袞袞唱念不輟"이라 하였다.

라 하더라도 마음에 의해 만들어진다. 요세가 정토라고 한 선정에 든 마음은 행하지도 아니 행하지도 않을 뿐만 아니라 가고 옴이 없어, 자신과 부처를 동일시한다. 바로 이점은 백련사의 보현도량이 정토와 선정을 하나로 묶게 하는 실마리를 제공하였다.

3) 백련사의 사상경향

(1) 천책의 천태사상

가) 선정일치禪淨一致사상의 강조

염불에 의한 미타정토의 추구는 타방정토여서 내재적 불성을 깨치려는 선종사상과는 조화되기 어려운 면을 지녔다. 요세가 지눌의 정혜결사에 참여하였다가 다시 독자의 보현도량을 결사하게 되는 계기는 타방정토신앙을 천태의 원돈지관圓頓止觀 속에 수용하려는 방도를 모색한 데에서 찾을 수 있다. 천태사상의 일념삼천설은 요세의 고민을 해결하는데 돌파구를 제시하였다. 화엄사상을 곁들인 수선사의 돈오점수사상은 결코 타방정토신앙을 절박하게 끌어들일 필요를 갖지 않는다. 때문에 요세는 법화사상 위주의 천태교관으로 눈을 돌렸다.

백련사에 보현도량은 석가 상주신앙을 포용하여 정토와 선정을 묶으려는 의도에서 개설되었다. 보현도량에서 정토신앙을 구하는 모습은 다음과 같이 나타나 있다.

> 하물며 三觀을 꿰뚫고 보현도량을 세워, 일체 중생을 이끌면서 말하기를 "彌陀의 淨土를 기약하는 것은 오늘뿐만 아니고 多生을 거쳐 오랫동안 어려

운 수행의 짐을 져야 한다. 뱀처럼 어리석음을 탓하지 말고 공양의 인연으로 嚴王의 本事를 간절히 본받기를 바란다. 한 달 동안 참다운 공덕으로 六時에 淨行을 닦게 하라"고 하였다.[107]

천책은 보현도량에서 삼관을 통해 미타의 정토를 구하도록 종용하였다. 그 길은 오늘날 단번에 이루어지기보다는 오랫동안 수행과 정진을 통해 이루어진다는 것이다. 즉 어리석음을 탓하지 않고 염불 공양하면서 참다운 공덕으로 정행淨行을 닦아야 한다. 그리하여 백련사의 보현도량에는 불경을 외우는 소리가 낭랑하게 끊이지 않았다. 마치 염불소리는 향기를 품고 바람이 되어 또는 비가 되어 스며들므로, 짐승이나 아귀는 물론 용신龍神들이 즐겨 들었다. 그 결과 팔부 대중이 의연하여 자리를 흩뜨리지 않았다고 하였다.

천책이 염불과 함께 수행과 정진을 강조한 정행은 정토를 구현하려는 동시에 천태교관에 의해 선정에 들고자 하는 염원을 함께 담은 것이다. 정행은 정토와 선정을 연결시키게 한다. 선정일치사상은 요세에서부터 실마리를 이어받아 서서히 백련사의 사상적 특징으로 자리하였다. 뒤에 무외無畏국사 정오丁午는 법화예참을 거행하면서 법화예와 법화참은 물론 법화삼매 속에 삼관과 천태지관이 모두 무애하게 된다고 하였다.[108] 이는 업장業障이나 보장報障 또는 번뇌장煩惱障을 소멸하고 성공性空이나 색공色空·필경공畢竟空을 청정淸淨하게 하는 선정이나 정토에 들게 한다.

백련사의 예참이나 삼관까지를 무애하려는 사상경향은 선정일치사상

---

107 天頙, 「壬辰年普賢道場起始疏」(『湖山錄』 권4)에 "況洞三觀兮 立普賢道場 導一切 曰期彌陀淨剎 非但今日 蓋亦多生 眷言易憊之資 但竭難遭之想 荷擔無兮 嗟不啻蛇奴之至愚 供養有緣切欲效嚴王之本事 寔辨眞功於一月 俾勤淨行於六時"라고 하였다.

108 無畏, 「祖師禮懺祝上疏」(『동문선』 권111)에 "一禮一懺 業障報障 煩惱障之滅除 三止三觀 性空相空 畢竟空之淸淨 如斯施作 無碍照詳"이라 하였다.

으로 연결되는 것이지만, 요세 이후 천인이나 천책 등을 거치면서 특징적으로 성립되었다. 우선 천인에 관한 다음 내용을 참고해 보기로 하자.

> 시자가 묻기를 "四土의 靜境이 現前해 있는데 어느 곳으로 遊戱하시렵니까"라고 하니, 대답하기를 "唯一性境"이라 하였다. 또 대중에게 고하기를 "병든 중이 10여 일이나 곡기를 끊으면 다리가 매우 무력해 진다. 그러나 法身의 도움으로 다리의 힘은 점점 건강해 진다. 장차 이 같은 다리의 힘으로 天堂도 얻고 佛刹도 얻으며, 五蘊을 깨끗하게 하고 三界의 흔적을 없앤다"라고 하였다. 또 한 偈로써 설하기를 "반달 밝고 흰 구름 낀 가을에 바람 불고 샘물소리 나는 그 곳은 어디인가? 시방세계에 무량광불의 국토가 미래의 佛事를 다 했구나"라고 하였다.[109]

천인이 입적하려 할 때에 문인들이 묻기를 사방에 정토가 현전해 있는데 어디로 가느냐고 물었고, 이에 대해 유일한 성경性境으로 간다고 대답하였다. 이는 바로 사방에 현전한 정토가 마음 속에, 혹은 선정에 있음을 사사한 것이다. 그 곳은 요세가 설정한 가고 옴이 없는 정토이다. 참회법으로 법화삼매에 들면 병든 육신이 따로 있을 수 없다. 병든 중이 건강한 다리의 힘을 회복해 가는 것이 오랫동안의 참회와 정진 수행에 의한 법신의 도움으로 표현되었다. 법화삼매에 들면 천당도 불찰도 정토도 모두 얻을 수 있지만, 삼계는 물론 오온의 경계와 흔적이 사라지게 된다. 천인이 구현한 정토는 시방세계에 미타정토로 현전하였지만, 다시 마음 속에 설정된 것이다.

---

109 임계일, 「만덕산 백련사정명국사시집서」(앞의 책, 권83)에 "侍者問 四土淨境現前 未審遊戱何土 答唯一性境 又告衆云 病僧絶粒十餘日 脚甚無力 然得法身冥資 脚力稍健 將此脚力 天堂亦得 佛刹亦得 五蘊廓淸 三界無迹 說一偈曰 半輪明月白雲秋 風送泉聲何處是 十方無量光佛刹 盡未來際作佛事"라고 하였다.

타방 정토신앙을 선정 즉 천태지관 속에 조화시키기 위해서는 불성 상주신앙이 작용하였다. 염불에 의해 수행 정진함으로써 도달하는 정토 신앙은 상품뿐만 아니라 하품 근기, 즉 하층민이나 서민 대중이 적극적으로 결사에 참여하게 만들었다. 이점은 요세가 수선사와 결별하면서 보현도량을 열게 하였다. 정관正觀은 천인이 이미 상품 근기로 하생하였다고 하였다.[110] 천인의 제자인 정관이 어떤 인물이었는지에 대해서는 더 자세히 알 수는 없다. 이름으로 보아 천인의 선정을 더 깊이 수행한 인물일 것으로 생각한다. 입적한 후 이미 상품 근기로 하생하였다고 한 것은 현실정토를 타방으로 설정하지 않았을 뿐만 아니라 바로 선정과 연결시켜 파악한 셈이다.

불성 상주신앙을 정토로 연결시키고 있음은 천책에게서 보다 뚜렷하게 나타난다. 그는 다음과 같이 불성이 상주함을 언급하였다.

① 중생의 利根과 鈍根이 같지 않아 어찌 다툼이 없으며, 滿字와 半字가 각각 달라 어지러움을 면하기 어렵다. 누가 醍醐의 참 맛을 보았겠는가? 모두가 酥酪의 단 맛에 머문데 불과하다. 靈山의 지극한 도량에도 깨치지 못하니, 恒河沙와 같은 중생의 모두가 성불하지 않는 자가 한 사람도 없도록 方便門을 열었다. 참된 正路가 자연스럽게 먼지나 이슬에도 나타난다. 그런즉 담장이나 기와 · 자갈과 같은 더러운 물질에도 불성이 갖추어져 있고, 벌레나 살모사와 같은 盲聾의 동물에게도 불법이 머무르고 있다.[111]

② 무릇 끓는 고기국이 된 생지옥이나 물고 뜯기는 傍生, 혹은 귀신이나

---

110 임계일, 위의 글(『동문선』 권83)에 "弟子正觀 夢遊何方 似有人大諱云 因和尙已得上品下生"이라 하였다.

111 천책, 「壬辰年普賢道場起始疏」(『호산록』 권4)에 "以利根鈍根之不同 何多騂駮故 滿字半字之各異 未免紛紜 誰能染指於醍醐 皆止甘心於酥酪 比及靈山之極唱 餘二即非眞 咸使恒沙之衆生 無一佛成佛 方便門開也 眞正路坦然 所以塵塵 自然露露 然則牆壁瓦礫之穢惡 無非佛性俱存 蛞蜣蝮蠑之盲聾 不離法位常住"라고 하였다.

혹은 인간과 諸天 또는 貴賤 내지 네 발에서 여러 발 달린 짐승에 이르기까지, 유형과 무형의 모두가 적멸의 근원을 알고 眞常의 德을 證得하였다.[112]

백련사의 보현도량에서는 서민 대중의 정토왕생에 대해 많은 관심을 나타내었다. 이근이나 둔근을 가졌거나 대승과 소승 즉, 만자와 반자를 가진 중생의 차별상과 그로 인한 다툼이나 깨달음의 차이를 지적하였다. 당장은 영취산의 설법으로 깨치지 못한다고 하더라도, 불성이 상주했기 때문에 방편문이긴 하지만 끊임없는 염불과 수행 및 정진으로 누구나 정토에 이르게 한다. 때문에 중생은 모두 성불한다.

중생이 모두 성불하고 정토에 왕생하게 되는 것은 정토를 바로 현실 속에 재현하고 불성을 만물 속에 구현시킨 데에서 가능해진다. 천책은 벌레나 짐승은 물론 축생이나 귀신에 이르기까지 불성을 가졌을 뿐만 아니라 담장이나 자갈 등도 불성을 가졌다는 무정불성설無情佛性說을 언급하였다. 축생이나 동물은 물론 무정물도 적멸의 근원 즉 정토를 가졌다는 주장은 유념된다. 때문에 티끌이나 이슬 속에 나타난 참된 정로正路는 정토로의 왕생과 이어진다. 불성 상주신앙은 정토 현전신앙과 바로 연결되었다. 불성이 상주하는 곳에 정토가 구현되며, 따라서 정토와 불성을 같이 추구하였다.

정토에의 왕생이 불성을 추구하는 길이요 불성을 깨치는 것이 정토에로의 왕생이 된다. 이는 바로 법화삼매를 이루는 것이고 선정에 드는 마음이다. 다음 내용은 이런 면을 이해하게 한다.

六根은 淸淨하여 성과가 멀지 않고 가까이 있음을 믿으니, 어찌 이 마음을

112 천책, 「水陸齋疏」(『호산록』 권4)에 "凡贚贚虎虎之苦獄 及跛跛齧齧之傍生 或鬼神幽陰 或人天貴賤 乃至四足多足 有形無形 皆知寂滅之源 咸證眞常之德"이라 하였다.

> 가벼이 하겠는가? 이는 결코 작은 일이 아니며 한 구절을 들어도 보살의 수기를 미리 받은 셈이니, 하물며 三昧를 닦는다면 어찌 찰나에 돈오하여 성취함이 없겠는가? 마치 한 눈이 먼 거북이가 나무를 만난 행운과 같다. 다행히 妙法은 오백년 후에 연꽃으로 장식한 六牙象을 탄 大聖에 의해 三七日만에 내려왔다. 번거롭게 말하지 않아도 이미 感通이 이루어졌으니, 어찌 축원하여 스스로 쓰지 않을 수 있겠는가.[113]

보현도량에서는 염불에 의한 수행과 정진에 의해 정토를 추구하였다. 불법이나 천태 관법이 5백년의 세월을 두고 이루어졌음을 언급하면서, 아울러 법화삼매참법에 의해 삼칠일만에 삼매에 들고 관법을 증득할 수 있다고 하였다. 그리하여 이룬 정토는 타방정토가 아니기 때문에 마음의 수행으로 현전하게 된다. 천책은 아미타경을 염송하면서 왕생하기를 원하는 정토는 아미타불을 마음 속에 받아드려서, 쉬지 않고 정진함으로써 생기는 것이라 하였다.[114] 이는 바로 마음속에 정토를 설정한 셈이다. 이를 천책은 유심정토唯心淨土라고 불렀고, 스스로에게 내재한 자성미타自性彌陀를 보는 것이라 하였다.[115]

천책은 찰나에 돈오로 말미암아 삼매에 들 수 있다고 하였다. 그는 마음을 중시하였다. 육근이 본래 청정하여 본심을 깨치는 것이 돈오이며, 그로 말미암아 삼매에 들게 되면 정토가 현전한다. 정토는 멀리 있

---

113 천책, 「임진년보현도장기시소」(위의 책, 권4)에 "六根必淸淨 信哉近果之非遙 何輕此心 不是小事 凡聞一句者 尙愛菩提之預記 況修三昧 則焉知刹那之頓成 如遇木一眼龜 妙法幸五百年後 駕承蓮六 牙象大聖來三七日中 早已臨頭 不煩饒舌 旣感通之伊邇 盍祝願之自陳"이라 하였다.

114 천책, 「勸誦彌陀經願文」(『호산록』 권4)에 "某切發願心 廣勸誦持 約每月大齋日 俱會一處 同愛八戒 同誦雄詮 廻向淨土 苟能日日如是 心心不休 則必不得已生淨土矣 彌陀來迎 極樂伊邇 冀諸道俗 載意載意"라고 하였다.

115 천책, 「金字華嚴法華經慶讚疏」(『호산록』 권4)에 "更願敦元靈駕 直達唯心淨土 親覩自性彌陀"라고 하였다.

지 않고 가까이 즉, 마음속에 내재한 것이다. 정토와 선정이 법화삼매에 이르면 구별되지 않는다. 정토를 구하거나 선정에 드는 길은 한가지이다. 백련사의 보현도량은 천태 관법을 통해 선정을 닦으면서도 정토에의 왕생을 함께 추구하였다. 천책은 보현도량을 개설하여 국왕이나 문무 관료는 물론 서민 대중이나 일반 백성 또는 부모 형제에 이르기까지, 세간 출세간의 만민이 서로 주반이 되어 정토에 왕생할 것을 축원하였다.

다만 백련사의 결사에 많은 문무 관료가 참여하고 있다.[116] 이 점은 수선사결사와 다름이 없으며, 두 결사의 주도층은 지방의 토호나 독서층讀書層 이상의 신분 출신으로 이루어졌다. 그러나 천책은 정토에의 왕생을 기원하면서 타향에서의 고생을 벗어나거나 또한 현실의 고통에서 벗어나 자기 집을 찾아가기를 갈망하였다.[117] 이 점은 상대적으로 공덕에 의해서라기보다는 참회에 의한 서민 대중들의 정토에의 왕생을 생각할 수 있는 부분이다. 보현도량이 서민 대중의 참여를 목적으로 참회법에 의해 정토를 구현한 것이 수선사와는 다른 길을 걷게 하였다.

나) 조사선 우위의 교선일치사상

백련사의 천태사상은 수선사와 마찬가지로 교선일치사상이다. 그러나 수선사와는 달리 화엄사상 외에 법화사상에 대한 관심을 더 표방하였다. 천책은 금자金字로 쓴 화엄경과 법화경을 함께 찬하는 글을 남겼다. 또한 보현도량에 정토에의 왕생을 구현함으로써 백련사는 선정일치 사상

---

116 백련 결사에 깊이 참여한 문무 관료를 들면 다음과 같다. 林桂一(『고려사』 권76, 백관지 1, 正言조)·金錄延·李藏用(『고려사』 권102, 立伝)·柳暾(『고려사』 권105, 입전)·鄭興(『고려사』 권105, 鄭可臣 부전)·郭汝弼·金愭·金坵(『고려사』 권106, 입전)·李頴(『고려사』 권106, 입전)·閔昊·金景孫 등이 있고, 崔滋도 깊이 연관되었다.

117 천책, 「임진년보현도장기시소」(위의 책, 권4)에 "世間出世間 同梵恒爲主伴 次願先王考妣 優承慧援 頓脫愛纏 施得自家之逍遙 兼濟他鄕之辛苦"라고 하였다.

경향을 가졌다. 화엄이나 법화사상은 물론 정토신앙까지를 선종사상 속에 융합하려는 백련사의 교선일치사상은 법화삼매나 천태 관법을 강하게 내세웠다. 즉 백련사의 교선일치사상은 선종의 입장에서 교종사상이나 정토신앙까지를 융섭하려는 것인데, 특히 천책의 사상에 이런 경향이 뚜렷하게 나타났다.

바로 이 점은 같은 천태종이라 하더라도 의천과 백련사의 사상경향을 달리하게 만들었을 것이다. 화엄종의 입장에서 교선일치사상을 성립시킨 의천의 천태교관과 선종의 입장에서 교종사상을 융섭한 백련사의 천태교관은 각각 교종과 선종이라는 면에서 기본적인 입장을 달리 하였다. 또한 지눌의 수선사결사는 물론 선종의 입장에서 주로 화엄사상을 융섭한 교선일치사상이라 할 수 있다. 그러나 수선사에 비해 백련사는 선종의 입장을 보다 강하게 견지한 느낌을 준다. 요세가 수선사에서 뛰쳐나와 백련결사를 강행한 이유 중의 하나를 이런 면에서도 찾을 수 있다.

다만 백련사에서 강조된 실천 수행은 수선사에서도 중시되었다. 선오先悟한 다음에 후수後修를 말함이 그것이다. 그렇지만 참법의 강조는 백련사가 수선사에 비해 더 실천 수행을 강조했을 것으로 이해된다.[118] 이는 수선사에 비해 백련사가 보다 선종의 입장을 강하게 표방한 것과 표리가 되어 나타났다. 백련사의 교선일치사상은 돈교와 점교는 물론 법화경이나 금강명경 또는 무량수경 등 모든 교종사상의 융합을 시도하였다.

---

118 이 점에 대해서는 이설이 없지 않다. 수선사는 교선일치사상에서 徑截門을 더 강조하였으며, 백련사는 화엄경 이외에도 법화경을 내세우는 등 教學을 보다 폭넓게 중시한 것으로 이해되기도 한다. 그러나 화엄사상 외에 다른 교학이나 정토신앙을 융섭하기 때문에 선종의 입장이 약해졌다고는 할 수 없다. 오히려 그 반대일 수도 있다. 고려말에 태고와 나옹을 거치면서 삼교융합 사상경향의 등장은 통합의 주체로서의 선종의 입장을 더 강화하는 성격을 지녔다. 따라서 이 문제는 천책이 지은 『禪門寶藏錄』의 진위 문제와 연결시켜 해석을 달리하게 되었다.

그러면서 무외국사 정오는 부처가 사람들에게 불법의 혜택을 베풀 때에 근기의 차이로 말미암아 나뉘어졌을 뿐이며, 그 근원은 하나라고 하였다.[119]

교선일치 사상경향은 이미 요세에서부터 나타나 백련사의 사상으로 자리하였지만, 천책에 의해 특징적인 사상으로 부각되었다. 우선 그의 교선일치사상에 대해서는 다음 기록을 통해 이해할 수 있다.

> 先德이 말하기를 "禪은 佛心이요 敎는 佛語이다. 여래의 마음과 말씀은 다르지 않다"라고 하였다. 또한 말하기를 "才力은 부처님이요 마음을 말한 것이 경전이다"라고 하였으니, 무릇 동쪽으로 전한 불경은 다른 물건이 아니라 모두 불심이다. 불경을 배워 佛子가 되고자 한다면, 이를 제쳐두고 무엇을 하리오? 옛날 從義가 교훈하기를 "禪을 배우는 무리가 諸家의 어록을 적지 않게 읽으면서 어찌 부처의 어록을 읽지 않아서 되겠는가?"라고 하였다.[120]

천책은 선배의 말을 인용하여 선은 부처의 마음이고 교는 부처의 말씀이라 하면서 교와 선이 다르지 않다고 하였다. 이렇듯 교선일치사상은 백련사 내에 광범하게 전승되어 왔거니와 선과 교를 함께 닦아야 한다는 사상경향은 당대 불교계 일반의 분위기로 정착되어 갔다. 좌선에만 치우쳐 경전을 부정하는 데에 대해서 천책은 경전이 부처의 마음을 말한 것이라고 환기시켜 주었다. 그러고는 종의從義의 말을 인용하여 제가의 어록은 많이 읽으면서도 부처의 어록인 경전을 읽지 않는 풍토에 대

119 無畏, 「法華經涅槃經金光明經無量壽經轉讀疏」(『동문선』 권111)에 "佛興於世 法被于人 由利根鈍根之異焉 有頓敎漸敎之殊也 源從一脉" 이라 하였다.

120 천책, 「讀大藏住庵請田文」(『호산록』 권4)에 "且先德有言 禪是佛心 敎是佛語 如來心口 必不相違 又曰才力善逝 語心爲經 則凡東傳根葉之敎 非是他物 皆佛心也 如欲學佛乘爲佛子 捨玆何以哉 昔從義立訓曰 禪和輩貪看 諸家語錄不少 何不看佛語錄耶" 라고 하였다.

해 불만을 토로하였다.

천책은 조사의 경지에서 수행하여 불심을 살피고 아울러 경전에서 도리를 찾으려 하였다. 즉 경전을 중시하였다. 수행과 함께 경전을 염송하는 것이 보현도량의 분위기였다. 다만 법화참법에 의한 법화삼매의 추구와 함께 유심정토를 구현하는가 하면, 자성미타를 찾으려는 보현도량에서 교선일치사상은 선종 중심의 융섭사상으로 나타났다. 우선 다음 내용은 이를 이해하는데 도움을 준다.

> ① 다행히 懺悔법석에 참석하여 간절히 발원하고 금자로 법화경을 이미 7번이나 장엄하게 썼다. 銀色界에 대성이 감응하여 한번 붓을 들었다. 이로 인하여 친히 사방으로 다니다가 아홉 여름동안 安居하였다. 黙을 설함에 모두 定慧 등을 얻어, 나의 집에 들어가 나의 자리에 앉고 나의 옷을 입었다.[121]
>
> ② 이 법은 분별하여 알 수 없으며 구경에는 오직 부처가 증명할 수 있는 것이다. 그러므로 多寶佛이 靈鷲山에서 本願輪을 타고 塔 속에 들어가, 자연스럽게 禪定에 들어 모인 자리에서 빛을 발하면서 땅으로부터 하늘로 치솟았다. 비록 보이면서도 오거나 감이 없어 거의 삼일동안 앞뒤에 모두 증명하였다. 이때에 今佛과 古佛이 같이 앉으니, 報身이 法身을 나타내면서 함께 泯滅된다. 대중은 모두 空中에 거처하면서 妙音이 회중에 널리 들리게 한다.[122]

천책은 보현도량의 참회법석을 통해 선정에 든다고 하였다. 이는 물

---

121 천책, 「法華道場疏」(『호산록』 권4)에 "幸參懺席 切發願輪 金字書妙法之莊嚴 已周七軸 銀色界大聖之感應 庶格一毫 因鳩達親於四方 用辨安居於九夏 說黙皆得定慧等 持立我室 坐我坐著我衣"라고 하였다.

122 천책, 「甲辰年多寶塔慶讚疏」(『동문선』 권4)에 "是法非分別所知 惟佛乃究竟而證 故多寶佛於靈鷲山 乘本願輪入塔 自然禪定 光此會席 從地湧於虛空 雖示八不而無去無來 才過三周而證前證後 于時今佛與古佛而共坐 報身表法身而泯同 令大衆俱處於空中 以妙音普告於會上"이라 하였다.

론 법화경을 사경하거나 오랫동안의 염불 공덕으로 이루어졌다. 묵默을 설함으로써 얻는 정혜는 선정에 이른 것인데, 그 과정에서 특히 나의 집과 나의 자리나 나의 옷이 강조되고 있다. 이 점은 천책의 선정일치나 교선일치사상이 불심을 발견할 수 있는 마음을 내세우는 것과 연결될 수 있다. 나의 집과 나의 자리는 바로 선정이나 삼매는 물론 정혜를 얻는 주체를 언급한 것이다.

천책은 교선일치 등 불교사상의 통합에만 머물러 있지 않고, 유교나 도교 등 삼교를 융합하려는 주장을 펴고 있어서 주목된다. 천책은 물론 백련결사에 참가한 인물들이 본래 유자儒者여서 인지, 공자나 노자 및 석가를 모두 스승이라고 일깨워주었다. 석가가 중국에서 태어났다면 주공이나 공자와 같이 설교하였으며, 거꾸로 공자가 서방에 태어났다면 석가와 같이 설교하였을 것이라고 하였다. 그는 당나라 이상은李商隱의 말을 인용하여 "공자의 스승은 노자이고 노자의 스승은 석가모니이니, 머리 숙여 이 세분이 나의 스승임을 깨달았다"라고 하여, 삼교가 다르지 않다고 하였다.[123] 그 이유로 삼교가 공이 생명을 사랑하고 살생을 금할 뿐만 아니라 널리 베풀고 백성을 구제하면서 선을 추구하기 때문이라 하였다. 이러한 자비와 희사喜捨 및 보응報應은 삼교에서 모두 추구된 덕목이다.[124]

천책은 선종사상을 중심으로 교종은 물론 유교나 도교사상까지를 융합하려고 하였다. 선정은 분별하여 알 수 있는 것이 아니어서 부처의 경지이다. 마치 다보불이 탑 속에 들어간 상태이다. 선정은 빛을 발하면서

---

123 천책, 「答芸臺亞監閔昊書」(『호산록』 권4)에 "故李舟曰 釋迦生中國 說教如周孔 周孔生西方 說教如釋迦 李商隱亦曰 尼師老聃 聃師牟尼 稽首正覺吾師 吾師則何三教之異" 라고 하였다.

124 천책, 「답운대아감민호서」(위의 책)에 "向所言三教不異者 盖由好生惡殺 則近乎慈悲 博施濟衆 則近乎喜捨 福善禍遙 則近乎報應" 이라 하였다.

땅으로부터 치솟아 보이면서도 가고 옴이 없는 경지이다. 모든 부처가 그 속에 현전하면서도 보신불이나 법신불이 모두 민멸한 경지이다. 이는 분명 염불과 참회로 시작한 보현도량에서 종국적으로는 염송이나 염불은 물론 문자나 설명이 필요 없는[125] 지극한 선의 경지 즉, 조사선을 추구한 것으로 이해된다. 여래선이나 불국토에서와는 달리 조토祖土나 조사선은 언설이나 생사 또는 유무를 초월하기 때문에 가도 가지 않으며 와도 오지 않는 경지이다.

이와 연관하여 천책이 『선문보장록禪門寶藏錄』을 저술하고는 범일梵日국사의 진귀조사설眞歸祖師說을 수용하고 있음이 흥미롭다. 『선문보장록』의 저자가 천책일 수 없다고 하여,[126] 실제로 범일국사가 진귀조사설을 수용하였는지에 대해서는 이설이 있다. 그러나 유심정토를 구현하면서 선종의 입장을 강하게 표방한 점으로 미루어 보아, 천책은 조사선을 강조하는 진귀조사설을 충분히 채록하였다.[127] 또한 천책은 『선문보장록』에서 무염無染의 무설토론無舌土論을 내세웠다. 무설토론은 여래선보다 조사선이 우월하다는 것이다. 천책은 선정일치나 교선일치 등 융합사상을 성립시키면서, 그 주체인 조사선의 경지를 강하게 부각시켰다.

---

125 천책, 「答靈岩守金郎中惰書」(『호산록』 권4)에 "此乃小乘所謂 俗有文字 眞無文字 吾聞解脫之中 無有言說 非究竟圓頓妙旨"라고 하였다.

126 고익진, 「白蓮社의 사상전통과 천책의 著述문제」(『불교학보』 16, 1979, 42~44쪽).

127 화엄종 승려였던 의천이 개창한 천태종의 教觀은 교종 입장에서 선종사상을 융합하면서 성립되었다. 이러한 천태교단의 성격에서 판단할 때에 천책이 저술한 『禪門寶藏錄』은 천태종으로 결사된 백련사의 사상전통과 맞지 않다고 한다. 또한 백련사의 교선일치사상은 조계선종의 돈오점수사상에 비해 선종보다는 교종을 보다 더 중시하였다고도 한다. 이러한 이해는 조사선사상을 강하게 표출시키고 있는 『선문보장록』을 백련사의 천책이 저술하지 않는 것이라는 결론을 내리게 하였다. 그러나 천책은 오히려 조사선사상을 강하게 표방하였을 뿐만 아니라 법화결사를 단행한 백련사가 의천의 천태종과는 선종과 교종이라는 면에서 계통을 달리하는 것으로 파악된다. 오히려 백련사는 수선사보다도 더 강하게 선종의 입장을 견지하였다. 이렇게 되면 『선문보장록』을 굳이 천책의 저술이 아니라고 부인하기는 어렵게 된다.

조사선의 강조는 백련사의 천태사상이 의천의 천태사상과는 법맥을 달리한 것으로 이해된다. 백련사의 교선일치사상은 의천이 개창한 화엄종 중심의 초기 천태사상과는 계통을 달리하는 것이다. 또한 백련사의 교선일치사상은 수선사의 사상과 비교하여도 선종의 입장을 더 강하게 견지하였다. 주로 화엄사상과의 융섭을 모색하였던 수선사의 교선일치사상과는 달리 백련사는 선종을 중심으로 법화사상은 물론 교종 내부의 대립을 극복하면서 화엄이나 유식사상 등을 융섭하고자 하였다.[128] 이에 그치지 않고 천책은 삼교를 같은 것으로 보아, 선종을 중심으로 유교나 도교사상을 융섭하려 하였다. 백련사의 이러한 사상경향은 고려말의 태고나 나옹의 사상 또는, 조선초기의 현정론 등으로의 연결이 가능하다.

(2) 묘련사의 창건과 사상경향

충렬왕과 왕비인 제국대장공주齊國大長公主(원 世祖의 딸)는 법화경을 염송하고 천태소天台疏를 읽으면서 그 도를 탐구하고자 묘련사妙蓮寺를 창건하였다. 1283년(충렬왕 9년) 가을부터 공사를 시작하여 1284년 여름에 낙성되었으며, 개산조開山祖는 사자암獅子菴의 홍서洪恕이다. 묘련사의 결사를 본격적으로 이끈 자는 원혜圓慧국사 경의景宜이고 무외無畏국사 정오丁午 때에 번창하여 배우는 자가 많았다. 특히 원혜국사와 무외국사는 백련사와 묘련사를 연결시키는 장본인들이었다. 백련사의 4세주인 천책 다음으로 5세주는 원조圓照국사 이안而安이었고, 6세주가 원혜국사이다. 7세주가 진감眞鑒 무외국사 정오인데, 그의 법형法兄이 원혜국사이다.

백련사에 주석하고 있던 원혜국사는 충렬왕의 초청에 의해 묘련사로

---

128 천책, 「蓮經法席疏」(『호산록』 권4)에 "是大道泯 三觀明體理 道場爲事 道場爲法門 旣仍於唯殺唯嗔道場 可云乎卽事卽理"라고 하였다. 卽事가 卽理라는 것은 성상융회사상으로 이어질 수 있다.

올라왔으며,[129] 이로 인해 백련사는 중앙으로 진출하게 되었다. 그런데 초기 묘련사는 물론 백련사의 법사는 다소 혼란스러운 모습을 보여준다. 다음을 참고해 보자.

> ① 처음 圓慧국사가 盟主가 되어 結社하였을 때에 恕가 또 그 다음 대를 이었으며, 세 번째인 無畏국사에 이르렀다.[130]
>
> ② (충렬왕이) 무외를 공경하였고 忠宣王은 더욱 그 예를 정중히 하였다. 불교의 院門이나 敎宗과 禪宗의 여러 사찰에서도 감히 그런 대우를 바라지 못하였다. 무외의 앞에는 禧니 因이니 하는 이가 있었고, 무외의 뒤를 이은 芬·璉·泓·熠·如니 하는 이들과 지금의 堂頭 吉은 모두 釋林 중에서 뽑힌 자들로 서로 계승하여 유지하였다.[131]
>
> ③ 佛祖原流에 말하기를 無畏國師는 이름이 混其이고 字는 珍丘이며 號는 牧菴이다. 姓은 趙氏이며 肅公 德裕의 伯父이고, 圓妙의 11世孫이다.[132]

개산조 홍서 다음으로 원혜국사가 주석한 것이라면, 그 뒤를 서恕가 잇고 다시 서를 이어 무외국사 정오가 묘련사에 주석한 것이 된다. 그런데 여기의 서가 개산조인 홍서를 가리킨 것이라면 묘련사의 법맥은 홍서에게서 원혜국사를 거쳐 다시 홍서와 무외국사 정오에게로 계속해서 전승된 셈이다.

그런데 같은 비문에서 무외의 앞에 희禧와 인因이 주석한 것으로 기록

---

129 李齊賢, 「妙蓮寺中興碑」(『동문선』 권118)에 "自忠烈王旣嘗重席於圓慧"라고 하였다.

130 이제현, 위의 글(『동문선』 권118)에 "洎圓慧國師主盟結社 而恕又副之 三傳而至 無畏國師"라고 하였다.

131 이제현, 위의 글(『동문선』 권118)에 "(忠烈王)攝齋於無畏 而忠宣王 尤重其禮 凡所以老 護院門禪敎列刹 莫敢望焉 前乎無畏者 曰禧曰因 後乎無畏者 曰芬曰璉曰泓曰熠曰如 及今堂頭曰吉 皆釋林之選 相繼而維持"라고 하였다.

132 『萬德寺志』 권2에 "佛祖原流云 無畏國師 諱混其字珍丘號牧菴 姓趙氏肅公德裕之伯父 圓妙十一世孫也"라고 하였다.

되었다. 때문에 묘련사는 홍서가 개산하여 원혜국사가 다음을 이었고, 계속해서 홍서와 희·인을 거쳐 무외국사 정오가 주석하였다고 한다.[133] 또한 인을 이어 주석한 무외국사 정오의 다음에도 묘련사에는 분芬·연璉·홍泓·도焰·여如 등을 지나 길吉이 주석하였다. 이렇게 추정한 법맥의 계승은 무의미하다. 우선 같은 비문에서 원혜국사로부터 서恕에게, 다시 그로부터 무외국사에게 전해졌다는 법맥 계승과도 모순되는 결과를 초래하였다. 정오는 법형인 원혜국사로부터 법맥을 이어받아 백련사의 제7세주가 되고 있음도 묘련사의 상기와 같은 법사를 이해하기 어렵게 한다.

바로 이점은 『불조원류佛祖原流』에 원묘국사의 11세손인 목암牧菴 무외無畏국사 혼기混其를 백련사의 제7세주인 진감眞鑒 무외국사 정오를 계승하여 백련사의 제8세주로 선정한 『만덕사지』 기록의 불확실성 때문에 제기되었다. 조선초기 윤회尹淮는 원묘국사의 11대손인 무외국사가 백련사에 법화도량을 크게 일으켰다고 하였다.[134] 여기의 무외국사를 정오와 동일인이라 함으로써 백련사의 제8세주인 혼기의 존재를 부정하였다.[135] 그러나 원묘의 11세손인 무외국사를 반드시 정오로 이해할 필요는 없을 뿐만 아니라 그 논리적 근거도 약하다. 『불조원류』의 무외국사 혼기에 대한 기록을 정오에 대한 오류라고 보는 것도 한계성을 지닌다.

『불조원류』를 인용하여 혼기를 백련사의 제8세주로 기록한 것은 다산茶山이나 『백련사지』 편찬자들의 착각으로 쉽게 결론을 내릴 수 없다. 정오와 비슷한 시기에 혼기가 활동하고 있었다. 혼기가 당시 묘련사 결

---

133 고익진, 「백련사의 사상전통과 천책의 저술문제」(『불교학보』 16, 136쪽).

134 尹淮, 「萬德山白蓮社重創記」(『동문선』 권81)에 "重新於高麗圓妙國師 傳至十一代無畏國師 恒爲法華道場 號東方名刹"이라 하였다.

135 고익진, 「백련사의 사상전통과 천책의 저술문제」(앞의 책, 141~142쪽).

사의 핵심을 이룬 조인규趙仁規가문 출신인 점으로 미루어, 대립구도를 보이는 백련사 법맥으로의 연결을 의도적으로 배제해서도 안 된다. 혼기와 백련사 결사신앙의 성격에 대해 다음 기록을 참고해 보기로 하자.

① 절은 至元(1264~1294년) 연간에 貞吉과 玄默이 서로 이어 主席하였고, 마침내 나의 王父인 忠肅公의 伯父, 珍丘大禪師 混其에게 전해졌다. 혼기 또한 三藏法師 義旋에게 전하고, 의선 후에 세 번 전하여 나에게 이르렀으니 요체가 들어나지 않았겠는가? 나의 종파는 본디 혼기에게서 나왔으며, 일찍이 법화도량을 설치하였다. 고로 마땅히 이 법을 선양하여 한 사람의 수명과 만백성의 안위에서부터 겸하여 先父 趙德裕의 淨土往生과 단월을 돕고, 각종 善果法界를 證得하여 含靈으로 하여금 같이 법화에 젖도록 한다.[136]

② 順菴 璇公은 圓惠의 嫡嗣이자 無畏의 조카이다. 天子가 三藏이라는 號를 내리어 燕都의 大延聖寺에 주석하도록 명령하였다. 그 뒤 至元 丙子年에 천자가 내리는 香을 받들고 우리나라로 돌아와서 조용히 忠肅王에게 아뢰기를 "妙蓮寺는 忠烈·忠宣王의 祈園으로서 그 眞容이 그대로 있습니다. 전하께서 새로 수리하시면 조상을 받드는 효도가 이보다 더 큰 것이 있겠습니까"라고 하였다. 왕이 듣고 감동을 받아 드디어 金銀 및 寶器 數百萬을 喜捨하여 상주재산으로 돌려주니, 그 무리들이 서로 勸勉하지 않는 자가 없었다.[137]

---

136 了圓, 『法華靈驗傳』 跋文에 "寺在至元間 貞吉玄默 相繼主席 卒傳於余王父 忠肅公之伯父, 珍丘大禪師混其 其又傳於三藏法師義旋 旋後三傳 而至于余 要皆不出乎 吾宗爾寺本混其 嘗設法華道場 故宜於此 宣揚此法 用自一人之壽 萬姓之安 兼及先父趙德裕 往生淨域 助施檀越各證善果法界 含靈同沾法化"라고 하였다.

137 이제현, 앞의 글(『동문선』 권118)에 "順菴璇公 圓惠之嫡嗣 無畏之猶子 天子錫號三藏 命住燕都之大延聖寺 后至元丙子 降香東歸 從容言於忠肅王曰 妙蓮之爲寺 忠烈忠宣之祇園也 其眞容故在 殿下葺而新之 奉先之孝 孰此爲大 王聞而有感 遂捨金銀寶器數百萬 歸諸常住 其徒莫不相勸"이라 하였다.

『법화영험전』의 발문을 쓴 묘혜妙慧는 덕유德裕의 아들인 순恂이다.[138] 그는 『법화영험전』을 찬술한 요원了圓과 동일인으로 추론되기도 한다.[139] 설령 그렇지 않다 하더라도 『법화영험전』이 묘련사의 신앙결사와 더 밀착하여 간행된 것이라는 결론은 충분히 수긍이 간다. 그것을 간행한 수원의 만의사萬義寺는 청계사淸溪寺와 더불어 조인규 가문의 원찰이었다. 만의사에는 정길貞吉과 현묵玄默을 이어 무외 혼기가 주석하였고, 이어 그의 조카인 삼장三藏 의선義旋이 주지하다가 세 번 전해져 묘혜에게로 법맥이 이어졌다.

의선은 만의사뿐만 아니라 결사 이후 60여년이 지나면서 쇠락해진 묘련사의 중창에 깊이 관여하였다. 그는 조인규의 넷째 아들로서 묘련사에 출가하였는데, 중국 천자의 명령으로 삼장이라는 법호를 받고는 연도燕都의 대연성사大延聖寺에 주석하였으며, 아울러 충선왕이 왕위에서 물러나 연도에 머물면서 창건한 보은불광사報恩佛光寺를 주지하였다.[140] 다시 천자가 내리는 향을 받들고 귀국하여서는 충숙왕에게 아뢰어 묘련사를 중창하였다. 그러나 조인규 가문출신으로 묘련사나 그 계통의 천태종 사찰과 깊게 인연을 맺었던 자는 진구珍丘대선사 혼기이다. 그는 무외라는 법명을 사용하였음이 분명하다.

조인규 가문에는 묘련사계 천태종에 출가한 4명의 승려가 있다. 즉 혼기와 의선·보해普解·묘혜妙慧가 그들이다. 혼기는 정숙공貞肅公 조인규의 친형이며, 의선은 조인규의 넷째 아들이다. 보해는 조인규의 둘째 아들인 충숙공忠肅公 연璉의 넷째 아들이며, 묘혜는 연의 둘째 아들인 덕유

138 채상식, 「14세기 전반기 불교계의 경향」『고려후기불교사연구』, 193쪽).

139 고익진, 「백련사의 사상전통과 천책의 저술문제」(앞의 책, 149쪽).

140 李穀, 「京師報恩佛光寺記」(『동문선』 권70)에 "今高麗國王暨藩王 以父王遺命 召本國天台師 住持瑩原寺 重大匡慈恩君特賜定慧圓通知見 無礙三藏法師旋公 主其寺"라고 하였다.

德裕의 넷째 아들이다. 즉 의선의 백부가 혼기이며, 의선의 조카가 보해이고 또한 보해의 조카가 묘혜이다. 그런데 앞에서 인용한 「묘련사중흥비」에는 의선이 무외無畏의 조카라고 하였기 때문에 여기의 무외는 혼기임이 분명하다. 때문에 복위된 충숙왕 5년(1336년)에 묘련사의 중흥과 연관하여 나타난 무외와 충렬왕 9년(1283년)에 묘련사의 창건과 관련하여 나타난 무외국사는 다른 인물로 보아야 한다.[141]

묘련사는 복위된 충숙왕 때에 무외 혼기와 그를 이어 의선에 의해 중흥되었다. 「묘련사중흥비」를 작성한 이제현도 혼기의 문하에 들어 의선과 교류하였다.[142] 다만 의선이 원혜圓惠의 적사라고 하였거니와 의선이 묘련사를 중흥한 후에 무외 혼기는 역시 원혜의 발자취를 잇는 것으로 기록되었다.[143] 이 점은 무외 혼기도 백련사의 사상전통과 연결되어 있음을 시사해 준다.[144] 따라서 결사의 기반이 된 계층에 어느 정도의 차이를 설정할 수 있을 지라도, 백련사와 묘련사의 사상을 귀족이나 서민대중이라는 측면에서 극히 대립적으로 파악하려는 태도는 바람직하지 않다.

묘련사의 결사에도 국왕을 비롯하여 염승익廉承益이나 홍자번洪子藩·조

141 지금까지 이제현이 찬술한 「묘련사중흥비」에 나오는 무외국사와 무외를 모두 丁午라고 하여 같은 인물로 보았다. 그러나 이제현은 無畏國師와 無畏로 구별하여 사용하였음을 유념해야 한다. 따라서 무외국사가 정오이며, 국사로 호칭되지 않은 무외는 混其임이 분명하다. 따라서 위의 비문에서 이들이 활동한 시기에는 상당한 차이가 있다. 즉 정오인 무외국사는 1283년에 묘련사의 창건에 관여하였고, 이 보다 약 50년 후에 무외 혼기는 묘련사의 중흥에 관여하였다. 다만 정오와 혼기는 비슷한 시기에 활동하였던 것도 분명하다. 충숙왕 즉위년(1313년)에 왕사인 정오는 國統으로 활동하였다.

142 이제현, 앞의 글(『동문선』 권118)에 "某幼從先東菴 進退於無畏之門 璇公又辱與之遊"라고 하였다.

143 이제현, 위의 글(『동문선』 권118)에 "玆寺也 忠宣弘忠烈之願 而忠肅修之 無畏襲圓惠之跡 而璇公起之"라고 하였다.

144 묘련사의 중창에 깊이 관여한 조인규 가문출신이기 때문에 무외 혼기가 백련사의 제8세주가 될 수 없다는 가설은 시정되어야 한다.

인규 등 명문 귀족가문에서부터 최하층의 노비신분에 이르기까지 여러 계층에서 폭 넓게 참가하고 있다.[145] 서민 대중의 교화에 뜻을 둔 백련사의 결사가 천태지관과 법화참법을 통해 정토를 구하는 방향으로 사상적 특성을 수립하였다. 반면 권문세족 중심의 교화를 목포로 한 묘련사의 결사는 이와는 반대로, 정토와 법화참법을 통해 천태지관을 추구하려는 의도를 지녔다고 하였다.[146] 이러한 결론은 분명 잘못된 것이다. 묘련사 결사나 중흥에 참여한 의선 등이 천태종에 보다 더 접근하는 경향을 보일지라도 정토신앙을 강하게 표출시키고 있다.

묘련사의 결사에 충선왕이 깊이 관여하였는지는 불분명하다. 원간섭기의 고려사회에서 충렬왕과 충선왕의 부자관계는 극한적인 대립으로 치달았다. 재위 당시에 충렬왕은 제국대장공주와 함께 묘련사에 자주 행차하였던 것에 비해 충선왕은 묘련사로 행차한 기록을 전혀 남기고 있지 않다. 처음에 제국대장공주의 원찰로써 개창된 묘련사는 원왕실을 복되게 하려는 성격을 지녔다.[147] 충렬왕은 백관을 거느리고 묘련사에 나아가 황제를 위해 축수祝壽하거나 죽은 선제先帝나 황후의 기일제를 지내기도 하였다.[148] 그러다가 충숙왕은 묘련사를 중흥하고는 거기에 행차하여 제국대장공주나 충렬왕의 기일제를 올렸다.[149] 때문에 충숙왕은 묘련사를 중흥하면서 조상을 받들고 효도를 행하는 것으로 인식하였다.

불사를 통해 돌아간 조상을 받드는 효도란 바로 정토왕생신앙으로 이어진다. 이 점은 같은 정토신앙을 추구하였다고는 하지만 유심정토를 구

---

145 邊東明, 「고려 忠烈王의 妙蓮寺 창건과 法華신앙」(『한국사연구』 104, 1990, 104~145쪽).
146 고익진, 「백련사의 사상전통과 천책의 저술문제」(앞의 책, 144~145쪽).
147 이제현, 앞의 글(『동문선』 권118)에 "溪山雲月 雖舊惟新 新飫以醍熏飾以薝蔔 福我皇元 爰及宗國"이라 하였다.
148 『고려사』 권 32, 忠烈王 27년 정월 甲辰 및 壬戌·乙丑조 또는 같은 해 2월 庚辰조.
149 『고려사』 권 34, 忠肅王 원년 5월 甲戌조 및 같은 왕 2년 7월 己未조.

하면서 정토를 현전시키려던 백련사의 정토신앙과 구별될 수 있다. 또한 묘혜는 『법화영험전』의 발문에서 묘련사의 결사가 사람들의 수명과 만백성의 안위를 구하면서, 각종 선과법계善果法界를 증득하여 모두 법화에 젖게 한다고 하였다. 아울러 단월을 돕고 선친인 조덕유趙德裕의 정토왕생을 축원하였다. 이는 바로 묘련사의 결사가 돌아간 아버지의 정토왕생을 구하는 신앙을 강하게 표방하였음을 알려준다. 일반 백성들의 축수나 안위에도 뜻을 두었겠지만, 보다는 선친의 극락왕생을 더 우선적으로 추구하였을 것이다.

고관 귀족들이 사후에 왕생하기를 비는 정토신앙은 유심정토라기보다는, 복록을 누리고 공덕으로 왕생하는 타방정토였다.[150] 묘련사에서 추구된 정토신앙의 대상이 타방정토인 것만은 아니다. 요원이 편찬한 『법화영험전』은 고관 귀족뿐만 아니라 일반 서민들이 가졌던 관음 영험신앙을 광범하게 포용하고 있다. 그러면서 이미 죽은 자들이 법화경을 간행하는 공덕 등으로 정토에 나아갔다. 한편 개성의 보정문保定門 밖 덕산德山 자락에 위치한 보암사寶岩寺에서도 임천미林千美나 양동재梁棟材 등 치사致仕한 경상卿相들이 중심이 되어 40여 사람이 모여 법화사法華社를 결사하고는 법화경을 해설하면서 미타를 염송하고 정토에의 왕생을 구하였다. 그 결과 임종 때에 이르러서는 여의如意하여 자재한 자가 끊이지 않았다.[151]

임종 때가 가까워지기는 하였지만 여의하여 자재한 모습은 유심정토를 생각하게 한다. 보암사가 묘련사 계통의 법화결사로 이어지는지는 알 수 없다. 『법화영험전』은 법화의 참회나 천태삼매는 물론 타방정토와 유

---

150 이기백, 「신라 정토신앙의 다른 유형들」(『신라사상사연구』, 일조각, 1986, 162~165쪽).

151 요원, 『법화영험전』 권하, 寶岩徒之或講或疑조에 "至十五日 則精設妙饌 供養彌陁 合院設齋 過夜精勤 同廻向淨土 故至臨終之際 如意自在者 不絶焉"이라고 하였다.

심정토의 구현 등을 모두 보여주고 있다. 정토신앙 면에서 유심정토에 만족하지 못하고 사후의 왕생을 염원한 것은 백련사에 비해 묘련사의 결사에 왕실이나 고관 귀족이 보다 비중 있게 참여한 데에서 한 원인을 찾을 수 있다. 이 점은 백련사에서와는 달리 선정과 정토를 일치시키려는데 어려움을 겪었을 것이다. 자연히 선정일치 사상경향은 묘련사의 결사에서 오히려 미약하게 나타났다.

선정 속에 정토를 당연하게 포함시키지 못했다는 의미에서 묘련사의 사상경향이 천태지관으로 회귀한 것인지는 분명하게 결론을 내리기 어렵다. 다만 법화참회나 천태교관에 대해서는 백련사 결사에서도 강조되었기 때문이다. 1309년(충선왕 원년)에 국청사國淸寺에 주지하여 금당을 새로 마련하면서 석가여래를 모시는 무외국사 정오는 묘련사의 결사에 관여하였지만, 백련사와도 밀착된 인물이다. 특히 이러한 불사에 백은白銀 10근을 내어 도운 이안而安은 백련사의 5세주이다. 이렇듯 법화참법이나 천태관법은 백련사는 물론 묘련사에서도 중시되었다. 때문에 백련사와 비교하여 정토신앙을 배제하면서 천태관법을 중시하였으므로 묘련사의 사상경향이 탄력성을 잃으면서 쇠락하였다고 보기는 어렵다.

투박할 수도 있는 정토신앙을 배제하면서 법화경이나 『천태사교의』 등의 주소註疏를 중시하려는 불교교의는 무시될 수 있는 것이 아니다. 묘련사의 쇠퇴는 부원세력과 연결된 데에서 공민왕 이후에 번창할 수는 없었을 것이다. 비록 묘련사는 백련사에 비해 천태교관에 관심을 더 나타내었을 가능성을 가졌다. 이 점도 백련사가 의천의 천태종과는 계통을 달리하는 선종 중심의 결사를 강행한 것과 차이를 이룬다. 초기 모련사의 결사에 화엄법회를 설하는 모습은 이런 면을 알려주기에 충분하다.[152]

152 『고려사』 권29, 충렬왕 10년 12월 丙午조.

오히려 영험적인 법화 관음신앙이나 공덕신앙의 강조는 사상 면에서 묘련사가 발전하지 못하는 요인으로 작용하였다. 선정일치의 세련된 유심정토사상을 견지하지 못한 것도 사상적인 발전을 막는 요인이 되었다.

3. 나옹과 태고의 불교사상

1) 나옹의 수학과 선종사상

(1) 나옹懶翁의 수학

나옹의 이름은 혜근惠勤이고 처음 이름은 원혜元惠이며, 속성은 아씨牙氏이다. 영해부寧海府 사람인 아버지 선관서령膳官署令 서구瑞具와 영산군靈山郡 사람인 어머니 정씨 사이에서 1320년(충숙왕 7년)에 태어났다. 20세에 그는 공덕산功德山 묘적암妙寂菴의 요연了然선사에게 나아가 출가하였다. 공덕산은 상주에 있는데, 13세기 중반에 상주목사였던 최자崔滋가 진정국사를 초청하여 동백련사를 일으킨 곳이다. 나옹은 이곳에서 백련사白蓮社 계통의 염불정토신앙에 접할 수 있었다. 1344년(충혜왕 5년)에 회암사檜巖寺로 나아 간 그는 마침 거기에 거주한 일본 승려 석옹石翁과 교류하였다.

1348년(충목왕 4년)에 나옹은 연도燕都의 법원사法源寺에 나아가 지공指空의 문하에 2년간 머물면서 수도하였다. 법원사는 회흘인回訖人 찰한첩목아察罕帖木兒의 부인으로 고려 출신인 김씨가 단월로 있었다. 지공은 나옹의 교학 형성에 지대한 영향을 끼쳤다. 마가다국의 왕자로 태어난 지공은 티베트와 대리大理를 거쳐 잠시 연도에 머무른 다음, 1326년(충숙왕

13년)에 고려의 개성에 도착하였다. 인도에서 남북으로 전해진 두 갈래 불교사상의 정수를 모두 경험한 지공은 간화선 전통이 강하게 유지된 고려 불교계에 무심선無心禪사상을 이식시켰다. 그는 선정의 핵심을 무행無行에 두었기 때문에, 태어나거나 죽는 것이 없으며 가거나 오는 것도 없다고 하였다.[153]

1350년(충정왕 2년)에 나옹은 남쪽의 강절江浙지방을 두루 순례하고는 평산平山 처림處林을 친견하였다. 이 때 처림은 설암雪嵒이 전수한 법의法衣와 불자拂子를 그에게 신표로 주었다. 이는 나옹이 임제종 양기파楊岐派의 사상전통을 계승하였음을 알려준다. 설암 조흠祖欽으로부터 처림에게로 전해지는 양기파 사상은 순수교리적인 선종사상을 표방한 임제종 황룡파黃龍派 사상과는 달랐다. 그 특징은 천지만물이 나의 마음속에서 만들어지는 것이라고 하여, 심즉리설心卽理說을 주장하고 아울러 유불동원설儒佛同源說을 내세웠다.[154] 다음 해에는 보타낙가산寶陁洛迦山에 이르러 관음보살에게 예배하고, 돌아오는 길에 육왕사育王寺의 석가상을 참례하였다. 육왕사는 임제종의 개심介諶과 그의 스승인 대혜大慧 종고宗杲와 연관된 절이며, 그들은 보조 지눌의 사상 형성에 지대한 영향을 주었다.[155]

1352년에 복룡산伏龍山에 이르러 천암千嵒 원장元長을 찾았는데, 마침 거기에는 일천 여명이 입실할 자격고시가 치뤄지고 있었다. 1355년에는 원나라 순제順帝의 명령으로 광제사廣濟寺에 거주함으로써 조동종풍曹洞宗風에 접하였다. 1357년(공민왕 6년)에 지공을 하직하고는 귀국길에 올랐으며, 1360년에 강원도의 오대산에 거주함으로써 문수의 교화를 중시하

153 허흥식, 「指空禪賢 -고려로 옮긴 나란다의 마지막 등불-」(『고려로 옮긴 인도의 마지막 등불』, 일조각, 1977, 103쪽).

154 金東華, 『禪宗思想史』(太極出版社, 1975, 421쪽).

155 허흥식, 「나옹화상의 생애와 계승자」(『寺刹造景硏究』, 동국대 사찰조경연구소, 2001, 20쪽).

였다. 이어 용문산龍門山과 원적산元寂山을 순례하고는 1366년에는 청평사淸平寺에 주석하였다. 공민왕의 부름으로 개경에 들려 순제의 원찰인 신광사神光寺에 잠깐 주석하였지만, 나옹은 곧 이를 사양하고 구월산을 비롯하여 회암사 등에 나가 거주하였다. 그는 공민왕과 친밀하였다. 1370년(공민왕 19년)에 개경의 광명사廣明寺에서 5교 양종에 속한 승려들을 모아 놓고, 그들의 공부를 시험하는 승과를 주관하였다.[156]

공부 승과가 끝나자 그는 바로 회암사로 돌아갔다. 1371년에 공민왕은 공부상서 장자온張子溫을 파견하여 친서와 함께 법복과 발우를 내리면서 왕사로 책봉하였고, 이어 동방의 제일 도량인 송광사에 거주하게 하였다. 다음 해에 회암사로 돌아온 나옹은 다시 송광사로 나아갔다가 오기도 하였다. 병화로 쇠락한 회암사을 새로 확장하여 1376년(우왕 2년)에는 낙성법회를 베풀고, 종종 문수법회를 열었다. 이때 경향 간의 남녀들이 귀인이나 천민 할 것 없이 모두 베나 비단 또는 곡식 등을 다투어 바쳐 문전성시를 이루었다.[157] 이렇듯 왕래하는 사람이 많고 혹은 그 도가 지나쳐 생업을 폐하는 지경에 이르자, 사헌부가 관리를 보내어 오는 사람을 금하였으나 실패하였다.

회암사가 개경과 가까이 있어서 생긴 폐단이라고 판단한 조정은 교지를 내려, 나옹을 밀양의 형원사瑩源寺로 옮기게 하였다. 도중에 마침 질병을 앓은 나옹은 여주의 신륵사神勒寺에서 입적하였다. 같은 내용에 대해 『고려사』는 나옹을 경상도 밀성군密城郡에 추방한 것으로 기록하였으며, 신륵사에 머물고 있을 당시에도 호송관인 탁첨卓詹이 여흥수驪興守 황희직黃希直과 도안감무道安監務 윤인수尹仁守를 시켜 출발을 재촉하였다. 뿐

156 『고려사』 권42, 공민왕 19년, 9월 辛丑조.
157 『고려사』 권133, 열전 46, 辛禑 丙辰 2년, 4월조).

만 아니라 회암사를 떠나올 때에 그를 태운 상여가 열반문을 통과하여 나아갔기 때문에 영문을 모른 대중이 의심하면서 통곡하였다고 한다.[158] 이런 상황은 이미 나옹의 죽음이 예측되었을 것으로 판단하게 한다.

마지막 귀양지와 같은 형원사가 나옹과는 얼마나 밀접한 관계에 있었는지는 잘 알 수 없다. 다만 보감寶鑑국사 혼구混丘의 탑비가 세워져 있어서, 형원사는 일연 이후 가지산파에 속했던 사찰이다. 형원사로써 나옹과 가지산문과의 관계를 언급할 수는 없다. 그는 지공이나 처림과 밀접하였고, 그들의 선사상에서 많은 영향을 받았다. 반면 국내의 화엄도량과 자주 연결되면서 굴산문의 전통으로 이어진 송광사에 주석하였음은 주목된다. 그 외에 그의 사상의 형성에 천태종 계통의 인물이 관여하고 있는 것도 유념된다. 그의 공부십절功夫十節을 공민왕에게 전한 신조神照도 천태선사이거니와[159] 그가 출가한 요연선사는 천태종 계통의 인물로 보인다.

(2) 나옹의 선종사상

가) 무생선無生禪사상

나옹은 지공과 처림으로부터 많은 영향을 받았으며, 연도에 나아가기 전에는 문수 등에 접하면서 화엄교학과 연관을 가졌다. 이 점은 그가 뒤에 송광사에 주석하면서 굴산문 사상전통을 고수하게 하였다. 지공은 무심선無心禪사상을 가졌지만, 그 사상적 바탕은 반야경에 토대를 두면서

---

158 李穡, 「楊州檜巖寺 禪覺王師碑文」(『校勘譯註 歷代高僧碑文』. 고려편 4, 가산불교문화연구원, 1997, 349~359쪽)에 "於是有旨 移住瑩原寺 逼迫上道 師適疾作 輿出三門 至池邊 自導輿者 從涅槃門出 大衆咸疑 失聲號哭"이라 하였다.

159 覺宏, 「禪覺懶翁和尙行狀」(『韓國佛敎全書』 권6, 동국대 출판부, 1987, 707쪽 中)에 "上使天台禪師神照 請問功夫十節 師手書進"이라 하였다.

남종선사상과 통하는 것이다. 아울러 삼장에 대해 관심을 가지면서 화엄사상에 대해서도 지대한 관심을 가졌다.[160] 나옹은 연도에서 지공을 찾아뵙고 남쪽 지방의 산천을 두루 유력하다가 돌아와, 그로부터 법의와 법인을 전수받았다.

1356년(공민왕 5년) 열린 수법기념법회에서 순제는 원사院使 야선첩목아也先帖木兒나 태자를 보내어 나옹에게 금란가사金襴袈裟나 상아불자象牙拂子 등을 전했다. 금란가사를 입은 나옹의 설법에 대해서는 다음과 같이 기록되었다.

> (나옹)스님이 가사를 받고 대중에게 묻기를 "湛然하고 空寂하여 본래 一物도 없는 것이다. 가사의 휘황하고 찬란함이 어디로부터 나온 것인가?"라고 하니, 대중이 아무 대답을 못했다. 이에 천천히 말하기를 "九重宮의 金口 중에서 나왔다"라고 하였다.[161]

나옹은 순제가 내린 금란가사나 상아불자 자체를 일물一物도 없는 것이라 하였다. 본래 존재하지 않아 태어나거나 나타날 수도 없는데, 궁극적으로 나옹은 가사를 궁중의 부처 입 속에서 나온 것이라 하였다. 이 점은 크게 보아 전하지 않으면서도 전하는 남종선사상과 맥을 같이 한다. 그러나 엄격히 말하면 일물은 담연 공적하여 생기지도 않는 것이다.

본래 일물은 공적하여 존재하지 않지만, 그 존재를 뚜렷하게 부각시킨 데에 나옹 사상의 특성을 찾을 수 있다. 나옹의 사인검死人劍에 대한 비유는 이와 연관하여 시사성을 준다. 그가 처림을 찾아뵈었을 때, 지공

160 허흥식, 「指空禪賢 -고려로 옮긴 나란다의 마지막 등불-」(『고려로 옮긴 인도의 마지막 등불』, 104~105쪽).

161 이곡, 「양주회암사 선각왕사비문」(위의 책, 351쪽)에 "師受袈裟 問衆曰 湛然空寂 本無一物 粲兮爛兮 從何而出 衆無對 徐曰 九重宮 金口中"이라 하였다.

의 것이 아닌 자신의 칼(劍)을 보여주기를 요구받았다. 이에 나옹은 처림을 앉은 자리에서 쓰러뜨리고는, 나의 칼은 능히 사람을 죽이기도 하고 또한 능히 살리기도 한다고 하였다.[162] 사인검은 부처를 죽이기도 하고 조사를 죽이기도 하는 예리한 칼이지만, 그 밑에 대중을 나타내며 부처와 조사를 세우기도 한다.[163] 사인검은 보려고 해도 캄캄해 볼 수 없지만 쓸 때에는 다함이 없이 분명하게 나타난다.

사인검으로 부처나 조사를 죽이기도 하기 때문에 부처와 조사 또한 하나이다.[164] 부처와 조사가 같이 파악될 수 있는 경지에 대해서는 다음 기록을 통해 이해해 보기로 하자.

> 이 일은 이름을 지을 수도 없고 형상을 그릴 수도 없으며, 칭찬할 수도 비방할 수도 없는 것이다. 다만 廓然하여 허공처럼 텅 비어서 부처나 조사도 볼 수 없고 범부나 성인도 볼 수 없다. 뿐만 아니라 나고 죽는 것이 없어 너와 나도 존재하지 않는 것이다. 그 分際에 이르게 되더라도 분제의 量도 없고, 역시 허공의 相도 없어 종종의 이름도 없는 것이다. 그러므로 道도 떠났고 相도 떠나서 이름을 붙일 수도 없는 것이다.[165]

거기에는 부처도 조사도 존재하지 않고 성인이나 범부도 없으며 너와

---

162 이곡, 「양주회암사 선각왕사비문」(위의 책, 351쪽)에 "山云 且置指空千劍 將汝一劍來 師以坐具提山 山倒在禪床 大叫賊殺我 師曰 吾劍也 能殺人 能活人 乃扶起"이라 하였다.

163 『懶翁和尙語錄』, 神光寺入院조(『한국불교전서』 권6, 712쪽 중)에 "這箇是煞佛煞祖底利劍 大衆還有劍下翻身底麼 … 塵塵刹刹 沒一纖毫 日日堂堂 現成活計 看時不見暗昏昏 用則無窮明歷歷 三世諸佛 立在下風 歷代祖師 退後三千"이라 하였다.

164 이곡, 「양주회암사 선각왕사비문」(앞의 책, 349쪽)에 "三世諸佛 歷代祖師其擦一也"라고 하였다.

165 각굉, 「선각나옹화상행장」(『한국불교전서』 권6, 705쪽 中)에 "此事 名不得 狀不得 讚不得 毁不得 只要你廓然 如大虛空相似 不見有佛有祖 有凡有聖 有生有死 有汝有我 到得个般分際了無分際之量 亦無虛空之相 無種種之名 所以道離相離 名人不稟"이라 하였다.

나도 있을 수 없다. 이름을 붙일 수도 형상을 나타낼 수도 없는 태허太虛처럼 텅 비어 있어서, 생사를 초원하였으며 생멸이 나타나지 않는다.

모든 유정과 무정의 삼라만상이 존재하지 않아 태어나지도 않았기 때문에 마음이나 성품은 물론 도道도 없고 선禪도 없다.[166] 이를 무생선無生禪이라 규정한다. 태어나지도 생기도 않아서 인지 무생선의 경지에서는 물질과 마음도 같은 것이 된다. 물질과 마음이 거짓된 인연으로 모인 것을 역시 거짓되게 이름을 붙여서 태어난다고 한다. 또한 나지도 않았는데, 뒷날 거짓으로 물질과 마음이 흩뜨려지는 것을 거짓으로 이름을 붙여 죽는다고 한다.[167] 이렇게 되면 나옹은 태어나지도 않거니와 또한 죽지도 않는다고 하였다. 삶과 죽음이나 가고 옴이 없고, 즐거움이나 괴로움은 물론 어제와 오늘이 없는 경지가 바로 무생선이다.

무생선사상은 부처나 조사를 같이 보아 교선일치 사상경향을 보이는데, 공적한 본성의 강조는 선종 중심의 입장을 보다 뚜렷이 한 융섭사상을 성립시켰다. 다음 내용을 참고해 보기로 하자.

> 모인 것이라고도 할 수 없고 흩어진 것이라고도 할수 없으며, 새 것이라고도 할 수 없고 옛 것이라고도 할 수 없다. 변하는 것이라고도 할 수 없고 변하지 않는 것이라고도 할 수 없어, 모두 할 수 없는 것이라면 필경 이것은 무엇인가? 주장자를 던지며 말하기를 "눈을 치켜뜨고 자세히 보라. 이것은 당당한 주장자이다"라고 하였다.[168]

166 『나옹화상어록』, 入內普說조(앞의 책, 714쪽 상)에 "情與無情 不鎖一捏 便見冰消瓦解 到者裏 也無禪 也無道 也無心 也無性 也無玄 也無妙"라고 하였다.

167 『나옹화상어록』, 崔尙書請對靈小參조(앞의 책, 720쪽 상)에 "六十三年前 四緣假合 假名爲生 生不曾生 六十三年後 至于今日 四大離散 假名爲死 死不隨死 旣不隨死 又不曾生 生死去來 本自無實 生死去來 旣無實則 虛明獨照"라고 하였다.

168 『나옹화상어록』, 解制上堂조(앞의 책, 714쪽 상)에 "聚也不可得 散也不可得 去也不可得 來也不可得 新也不可得 舊也不可得 變也不可得 不變也不可得 旣摠不得 畢竟是箇什麽 擲下云

무생선에서 극단적인 무생의 논리는 중도통합 사상경향을 낳았다. 할 수 없는 것도 아니고 할 수 없는 것이 아니라고도 할 수 없다. 또는 변하는 것이라고도 할 수 없고 변하지 않는 것이라고 할 수 없다. 그러면 그것은 무엇인가? 없는 것도 아니요 없는 것이 아닌 것도 아니고, 없는 것이 아닌 것이 아닌 것도 아니라면 이는 중도 통합의 논리로 나아간다. 나옹은 이를 바로 당당한 주장자라고 하였다. 무생선에서 주장자의 설정은 교선융합 사상경향의 주체를 정립한 것이다. 나옹은 선종 중심의 입장을 뚜렷이 하면서 교선일치사상을 모색하였다. 공적하기 때문에 그 본체는 더 강하게 나타난다.

나) 선종사상 내에 화엄사상과 정토신앙의 융섭

무생선의 강조는 교선융섭사상의 주체를 설정하려는 의도를 지녔다. 나옹은 건립하는 것도 내게 있고 쓸어버리는 것도 내게 있으며, 도리를 말하는 것도 또는 도리를 말하지 않는 것도 내게 있다고 하였다.[169] 무생선사상에서 주장자의 정립은 활인검의 비유로 연결될 수 있다. 이 점은 나옹이 무생선사상 속에 화엄사상을 포용하면서 정토를 추구하는 것으로 나타났다. 특히 화엄사상의 융섭적인 성격은 무심선사상 내에 비교적 강하게 흡수되었다. 다음 내용이 이를 알려준다.

> 한 곳에 몸을 나타내면 천만 곳에 모두 나타나고, 한 곳에 법을 설하면 천만 곳에 한꺼번에 연설한다. 한 몸이 여러 몸을 나타내고 여러 몸이 한 몸을 나타내며, 한 법이 만법이 되고 만법이 한 법이 되는 것이 마치 帝網珠와 같

剔起眉毛親見徹 堂堂的信是烏藤"이라 하였다.

169 『나옹화상어록』, 十七日垂語조(앞의 책, 722쪽 중)에 "建立亦在我 掃蕩亦在我 說道理亦在我 不說道理亦在我 爲甚如此 我爲法王 於法自在"라고 하였다.

아 서로 攝入하고 大圓鏡과 같아 影像이 서로 얽힌다.[170]

한 곳에 몸을 나타내면 천만 곳에 몸을 나타내게 되는 것은 일즉일체다즉일一卽一切多卽一이요 일중일체다중일一中一切多中一의 화엄사상을 나타낸 것이다. 일법이 만법이고 만법이 일법이 되어, 법계의 여러 법상은 중중무진하여 서로 융섭된다. 나옹의 무생선사상에는 화엄사상의 융섭적인 성격이 강하게 노출되어 있다. 평소 나옹은 설법할 때에 원상圓相을 그려 보이면서 교화하기를 즐겼고, 비로자나 법신을 주인으로 섬겼으며 수행과정에서 문수와 보현을 자주 알현하였다. 이는 그와 화엄종과의 끈끈한 관계를 생각하게 한다.

지공으로부터 "선禪은 집안이 없고 법은 밖이 없다"는 게송을 받은 나옹은 "들어가도 안이 없고 나와도 밖이 없어 세계마다 티끌마다 선불장選佛場이네"라고 답하였다.[171] 지공의 무심선사상과는 달리 무생선사상은 화엄사상의 전통에 유의하였던 것이다. 중중무진한 화엄사상을 근간으로 무생선에서 정토신앙이 추구되었다. 다음 내용을 참고해 보기로 하자.

① 이름과 모양은 많으나 본체는 다르지 않다. 세계마다 티끌마다 분명하나니 마치 밝은 달이 가을 강에 가득한 듯하다. 배고픔도 벗어났고 목마름도 벗어나서 배고픔과 목마름을 아는 것이 대단한 일이 아니다. 아침에 죽 먹고 재지낼 때 밥 먹으며, 피곤하면 잠자는 것이 어긋남이 없다. 어긋남도 벗어났고 바름도 벗어났으니, 미타를 염불하는 수고가 없다. 집착하려 해도 집착이

170 『나옹화상어록』, 趙尙書請對靈小參조(앞의 책, 720쪽 중)에 "一處現身 千處萬處同時出現 一處說法 千處萬處 同時演說 一身現多身 多身現一身 一法爲萬法 萬法爲一法 如帝網珠 互相攝入 如大圓鏡 影像交參"이라 하였다.

171 각굉, 「선각나옹화상행장」(『한국불교전서』 권6, 704쪽 상)에 "一日空垂語云 禪無堂內 法無外 … 師答云 入無堂內出無外 刹刹塵塵選佛場"이라 하였다.

없으니 세상에 자유로워 곧, 이것이 보살의 나라(薩埵)이다.[172]

② 시방세계는 안도 없고 밖도 없는 것이니, 이것은 바로 淨妙한 佛土요 無上한 불토이며, 無等한 불토여서 無量土이다.[173]

무생선에서는 정토도 정토라 할 수 없거니와 예토라고도 할 수 없으며, 부처의 세계라 할 수도 혹은 중생의 세계라 할 수도 없다. 정토와 예토는 물론 부처와 중생을 구별할 수도 없다. 나옹은 구슬의 비유로써 삼라만상이나 시방세계의 공적한 본체에 대해서 설명하였다. 세계마다 티끌마다 어디에도 존재하지 않은 곳이 없지만, 거기에는 들어가도 내외의 구별이 존재하지 않는다. 때문에 시방세계는 안도 없고 밖도 없다.

배고픔이나 목마름에서도 벗어났으며 어긋남도 바름도 없다. 이를 나옹은 보살의 나라라고 규정하면서, 종국에는 불국토요 정토이며 무량정토라고 하였다. 즉 시방세계가 바로 정토이다. 집착도 없고 자유스러워서, 나옹이 시방세계에서 구하는 정토는 염불에 의한 것이 아니다. 때문에 구태여 염불할 수고를 느끼지 않는다. 시방세계에서 구하는 정토는 현실정토요 유심정토여야 한다. 다만 무생선에서 추구된 정토는 현실에 구현되는 것은 아니지만 구경에는 이를 부정하지도 않는다. 염불에 의존하지도 않고 공덕에 의해 추구될 수도 없는 것이다. 그러나 무생선에서는 공덕에 의한 정토에의 왕생이 부정되지도 않는다.

나옹은 공덕으로 죄가 멸해지거나 업보가 사라지는 것이 아니고, 복이 생기거나 선善이 쌓이는 것이 아니라고 하였다. 그러나 공덕도량을

---

172 『나옹화상어록』, 翫珠歌조(앞의 책, 730쪽 상)에 "名相雖多體不殊 刹刹塵塵明了了 還如朗月滿江秋 飢也他渴也他 知渴知饑不較多 晨朝喫粥齋時飯 因則打眠也不差 差也他正也它 不勞開口念彌陀 若能着着無能着 在世縱橫卽薩埵"라고 하였다.

173 『나옹화상어록』, 崔尙書請對靈小參조(앞의 책, 720쪽 상)에 "十方世界 無內無外 是可淨妙佛土 是可無上佛土 是可無等佛土 是可無量佛土"라고 하였다.

통해 고통에서 벗어나면서 시방의 불국토에 마음대로 왕생하고 그로 인해 본체를 볼 수 있다.[174] 나옹의 정토신앙은 백련사의 경우와는 달리, 법화경이나 천태사상에 근간을 두었다기보다는 화엄사상에 바탕을 두고 나타난 것이다. 물질과 마음을 같이 파악하려는 무생선사상은 유심정토사상을 고수할 필요가 없으며, 시방세계에 광범하게 정토가 깃들어 있게 한다. 무생선사상은 염불이나 공덕에 의한 정토에의 왕생에 의미를 두지 않지만 굳이 부정할 필요를 갖지도 않는다. 쉬지 않고 기억하지만 생각하지 않아도 저절로 생각나는 것이기에 미타를 염불하거나 또는 염불하지 않고를 초월하게 된다. 나옹은 염불을 생활화하지는 않았지만 공덕에 의한 정토에의 왕생을 부정하지도 않았다.

2) 태고의 생애와 선종사상

(1) 태고太古의 일생

태고의 이름은 보우普愚인데 처음 이름은 보허普虛이며 속성은 홍주洪州 홍씨洪氏이다. 1301년(충렬왕 27년) 경기도 양근楊根(지금의 양평)에서 태어났는데, 아버지 연延이고 어머니는 정씨이다. 13세(충선왕 5년) 때에 회암사의 광지廣智선사에게 출가하였으며, 얼마 있지 않아 가지산迦智山으로 나아가 선수행을 시작하였다. 26세(1326년, 충숙왕 13년) 때에 화엄선華嚴選에 합격하고 경전을 두루 연구하였다. 태고는 선수행을 하면서도 처음에는 교학, 특히 화엄사상에 관심을 두었다. 19세 때에는 "만법귀일萬法歸一"이라는 화두를 작성하였다. 이는 바로 화엄사상을 바탕으로 작

---

174 『나옹화상어록』, 自恣趙尙書請普說조(앞의 책, 715쪽 상)에 "爲先亡父 每作種種佛事 如此功德 何罪而不滅 何業而不消 何福而不生 何善而不長 其所以往生佛國者 決定無疑 其所以徹見本來面目者 決定無疑矣"라고 하였다.

성되었으며, 뒤에 화엄종 승과에 합격하는 계기가 되었다.

1330년(충숙왕 17년)에 태고는 용문산龍門山 상원암上院庵에 들어가 관음보살을 예배하고 수행·정진하였다. 1333년(충숙왕 복위 2년)에 감로사甘露寺에서 고행을 닦았다. 37세(1337년, 충숙왕 복위 6년) 때에는 불각사佛脚寺에서 원각경을 읽으면서 일체가 진멸한 부동不動에 대해 깨우쳤고, 아울러 겨울에는 전단원栴檀園에 안거하면서 조주趙州 종심從諗의 「무無」자 화두를 참구하였다. 이듬해에 고향인 양근의 초당草堂으로 돌아온 그는 부모를 모시고 효도를 다했다. 1339년(충숙왕 복위 8년)에 부모를 하직하고 소요산逍遙山 백운암白雲菴에 주석하면서 백운가白雲歌를 지었고, 마침 거기에 머물고 있던 중국 승려 무극無極을 통해 임제종 선풍과 석옥石屋 청공淸珙에 대해 관심을 가졌다.

1341년(충혜왕 복위 2년)에 태고는 채후蔡候 하충河冲과 금후金候 문귀文貴의 초청으로 삼각산 중흥사重興寺에 주석하였는데, 그 동쪽 봉우리에 태고암太古庵을 짓고는 연가詠嘉의 증도가證道歌를 본받아 태고암가를 지었다. 중국으로 유학하기 전에 이미 태고의 학문적 소양은 비교적 견실하게 갖추어졌다. 정토신앙을 곁들이지 않는 관음신앙에 대한 관심은 화엄사상에 바탕을 두면서도 정진 수행을 강조하였다. 그러면서 태고는 「무」자 화두의 부동지에 대해 접근함으로써, 선종 중심이라는 입장을 강하게 견지하면서 교선융섭사상에 대한 시각을 가졌다. 원각경을 통해서 교학에 대한 이해를 넓히는 한편, 유학에 대한 소양을 가졌다.

46세(1346년, 충목왕 2년)에 태고는 연도에 들어가 대관사大觀寺에 머물렀으며, 그 해 겨울에 천자의 부름으로 태자의 생일에 초청되어 반야경을 강설하였다. 당시 세자로서 연도에 와 있었던 공민왕과 친밀한 관계를 맺었다.[175] 다음 해 남소南巢의 축원竺源 영성永盛선사를 찾아갔으나 이미 입적한 후여서, 그의 문인인 홍아종弘我宗·월동백月東白 등을 만나보고는 바로 절강성浙江省 호주湖州 하무산霞霧山의 천호암天湖菴으로 가 석옥 청공선사를 친견하였다. 청공은 임제의 18대 법손으로 양기파의 적손이다. 양기 방회方會는 유불융섭 사상경향을 가졌고, 태고의 사상을 형성시키는데 영향을 끼쳤다. 다시 연도로 돌아온 그는 영령사永寧寺에 거주하면서 청공으로부터 주장자拄杖子를 받고는, 법인을 전수받은 것을 기념하는 법회를 열었다.

이 때 순제는 금란가사를 내렸거니와 황후와 태자는 물론 왕공王公과 사녀들도 앞을 다투어 패물을 바치고 예배를 올렸다. 1348년(충목왕 4년)에 귀국한 태고는 중흥사에 머물렀고, 하안거를 마치고는 미원현迷源縣의 소설산小雪山에 암자를 지어 거주하였다. 1352년(공민왕 1년)에 왕이 그를 개경으로 모시려고 하였는데, 마침 부원세력인 조일신趙日新의 난이 일어났다. 묘련사와 깊은 관련을 맺었던 조인규趙仁規의 손자인 조일신이 일으킨 난은 7일 만에 평정되었다. 뒤에 태고는 자주 개경에 들렀지만, 묘련사 계통의 천태종과 연관되지는 않았다. 1356년(공민왕 5년)에 왕은 문하평리門下評理 한가귀韓可貴와 판전교判典較 이정李挺을 차례로 보내어 태고를 개경의 봉은사로 초청하여 법회를 열었다.

이날의 법회에는 공민왕이 직접 참석하였다. 참석한 교선의 대덕 300여명에게 가사와 염주 등을 나눠줄 정도로 그것은 성대하게 치러졌다. 공민왕은 그를 왕사로 책봉하였으며, 광명사廣明寺에 원융부圓融府를 설치하고 관속을 두어 거느리게 하였다. 이렇듯 공민왕의 파격적인 대우는 그의 귀국과 동시에 나타났다. 원융부의 설치 전에도 태고는 왕에게 아

175 李英茂, 「太古 普愚국사의 인물과 사상」(『건대사학』 5, 1977 ; 『한국의 불교사상』, 민족문화사, 1987, 226쪽).

되어, 친척과 함께 거주하던 광주의 미원을 현으로 승격시켜 중앙에서 감무를 파견하게 만들었다. 그러나 태고가 미원장의 일체를 지휘하였으며 감무는 단지 드나들 뿐이었다. 그는 밭과 들을 넓게 차지하였으며, 온 들에 말을 놓아 먹였다. 이를 내승內乘이라고 불렀다.[176] 이와 함께 홍주를 목牧으로 승격시켰다.

이듬해 태고는 왕성을 빠져나와 산중에 은둔하였고, 그 사이에 홍건적이 침입하여 왕이 안동으로 피난갔다. 왕명에 의해 1362년(공민왕 11년)에는 양산사陽山寺(봉암사)에, 1363년에는 가지사迦智寺에 주지하였지만, 그는 1366년에 신돈이 권력을 농단하는 것을 계기로 왕사를 사임하였다. 1368에 전주의 보광사普光寺에 잠시 거주하였는데, 신돈이 그를 죽이려고 모함하였으나 뜻을 이루지 못하였다. 이로 말미암아 태고는 속리사에 갇히는 신세가 되었으나, 이듬해에는 금고에서 풀려 소설암으로 돌아왔다. 신돈과의 대립은 당시 혁신적인 개혁세력으로부터 비판을 받았던 태고가 화엄종과도 일정한 선을 긋는 결과를 초래하였을 것이다.

1371년(공민왕 20년)에 신돈이 주살되자, 태고는 국사로 책봉을 받았고 형원사에 주지하도록 요청을 받았다. 원래 형원사는 가지산문에 속하였으나, 조인규가문에 의해 천태종에서 장악한 사찰이기도 하였다.[177] 병으로 주지를 사양하였지만 멀리서 7년간 절의 일을 맡아보았다. 1378년(우왕 4년)에 왕의 명으로 형원사의 주지가 되었다가, 1381년에 다시 국사로 책봉을 받은 태고는 양산사로 옮겨 주석하였다. 1382년(우왕 8년)에 소설암으로 돌아온 태고는 이 해 12월 24일에 입적하였다. 이듬해에 원증圓證이라는 시호를 내리고 중흥사의 동쪽 봉우리에 탑비를 세웠으며,

---

176 『고려사』 권38, 공민왕 원년, 4월 己丑조.
177 蔡尙植, 「14세기 전반기 불교계의 경향」(『고려후기불교사연구』, 일조각, 1991, 192쪽).

사리를 모신 부도가 양산사와 사나사 · 청송사青松寺 · 태고암에 세워졌다.

태고는 회암사에 출가한 이래 화엄사상을 중시하였지만, 지공과 연결되거나 화엄종과 관련된 사찰에 거주한 것 같지는 않다. 나옹과는 달리 한 번도 송광사와 인연을 맺지 않았던 점도 유념되는 부분이다. 반면 그는 가지산문이나 희양산문 계통의 사원에 주로 주석하였다. 가지산문의 사상경향은 선종 중심으로 교종 내의 여러 사상 즉 화엄은 물론이거니와 유식사상까지를 융섭하려는 성격을 지녔다. 또한 희양산문의 사상경향은 유학사상에 이르기까지 광범하게 유념하려는 면을 보여준다. 이런 면은 태고의 사상이 매우 다양하면서 폭넓은 융섭사상으로 성립하게 만들었다.

(2) 태고의 선종통합사상

가) 「무無」자 화두선사상

태고의 사상은 강한 융섭적 성격을 지녔다. 고려시대의 교선일치 사상경향은 시대가 내려 갈수록 선종의 입장을 강하게 견지하면서 교종사상을 융섭하고자 하였고, 교종에 대한 관심도 화엄사상에서 법화나 유식 등으로 확대되었다. 그런가 하면 고려말이 되면 불교와 유교를 같이 이해하려는 사상경향이 펴져나가고 있었다. 유학에 종사한 사대부 관료로서 출가한 승려들이 유학에 대한 이해를 심화하였을 뿐만 아니라, 성리학을 받아들인 사대부들도 불교에 대해 깊이 이해하고 있었다.

고려시대 교선교섭사상은 일단 선수행과 함께 화엄사상에 대한 이해로부터 진전되어 나가는 것이 일반적 경향이다. 태고의 화엄사상에 대한 관심은 바로 이런 면에서 나타났지만, 이에 머물지 않고 있다. 우선 다음 내용을 참고해 보기로 하자.

> 19세 때에 萬法歸一 화두를 참구하였다. 元統 계유년에 城西의 甘露寺에서 지내다가 하루는 의문이 剝落함으로 八句의 偈頌을 지었는데, "佛祖와 더불어 山河까지도 입이 없이 모두 삼켜버렸네"라고 한 것이 그 結句이다. 후에 至元 정축년, 師의 나이가 37세 되던 겨울에 梅檀園에서 지내면서 無字 화두를 참구하였다. 명년 정월 초7일 5경에 크게 깨치고는 8구의 게송을 작성했는데, "튼튼한 관문을 쳐부순 후에 맑은 바람이 태고암에 불어오네"라고 한 것이 그 결구이다.[178]

화엄사상에 근간한 만법이 돌아가야 할 하나가 무엇인가를 참구하면서 지은 전후 8구, 모두 16구의 게송은 간결하지만 태고의 사상을 함축적으로 간결하게 표현하고 있다. 그는 부처나 조사는 물론 산하의 무수한 차별상까지도 삼켜버리거나[179] 튼튼한 관문을 쳐부수어야 함을[180] 지적하였다. 화엄이나 유식 등 교학은 물론 선종까지를 부정하려는 뜻에서 무자화두를 참구하였다. 이는 없는 것 같으면서도 존재하고 있는 것 같으면서도 없는 경지를 추구하지만, 그 추구하는 것조차 사라지게 한다.

무자화두를 통해 태고는 교선의 모든 관문을 쳐부수지만 종국적으로 청풍이 태고암에 불어오는 것을 설정하는 것으로 끝을 맺었다. 하나도

---

178 李穡, 「楊州太古寺 圓證國師塔碑文」(『교감역주 역대고승비문』 고려편 4, 가산불교문화연구원, 1997, 451쪽)에 "十九 參萬法歸一話 元統癸酉 寓城西甘露寺 一日 疑團剝落 作頌八句 佛祖與山河 無口悉呑却 其結句也 後至元丁丑 師年 三十七冬 寓梅檀園 參無字話 明年正月 初七日五更 豁然大悟 作頌八句 打破牢關後 淸風吹太古 其結句也"라고 하였다.

179 태고의 행장에 실려 있는 불조나 산하를 집어삼키는 게송 8구는 "一亦不得處 踏破家中石 回看沒破跡 看者亦已滅 了了圓陁陁 玄玄光爍爍 佛祖與山河 無口悉呑却"이라 하였다.

180 태고의 행장에 실려 있는 튼튼한 관문을 처부순다는 게송 8구는 "趙州古佛老 坐斷天聖路 吹毛覿面提 通身無孔竅 狐兎絶潛蹤 翻身師子路 打破牢關後 淸風吹太古"라고 하였다.

얻을 것이 없고 돌아보면 자취도 없이 모두가 사라져 버리면, 사라져버린 바로 그것을 태고는 부동不動이라 하였다. 모든 지혜가 사라져버린 부동지의 설정이 태고의 사상을 전개시키는 중심에 자리하고 있다. 고요하여도 천 가지로 나타나고 움직여도 한 물건이 없다는 것이다. 바로 없음이 없다하는 이것을 비유로 말하면, 서리 내린 후에 국화가 더 무성한 것과 같다고 하였다.[181] 태고는 무자화두로 교선의 모두를 부정하는 속에 그것을 같이 보면서 오히려 수많은 차별상을 설정하고, 다시 이를 융섭하려는 사상경향을 표방하였다.

무자화두로써 무한한 차별상의 설정은 태고가 화엄사상 외에 유식사상에도 관심을 가졌기 때문에 나타났다. 바로 이런 면은 그가 가지산문의 사상적 전통을 계승한 것과 연관된다. 다음 내용을 참고해 보기로 하자.

① 大靈知가 있으니 본래 생사도 없고 분별도 없으며, 또한 名相도 없고 言說도 없는 것이다. 虛空을 모두 삼키고 천지를 다하게 하며 聲色을 다하게 하였다. (대영지는) 體와 用을 갖추었다. 체로써 말한다면 廣大한 것을 모두 감쌌으며, 바깥이 없고 미세한 것을 모두 거두었으나 안이 없다. 그 用으로써 말한다면 부처세계의 티끌 수보다 많은 지혜와 神通·三昧·辯才가 있다. 숨었다가 나타났다 하여 縱橫 自在하고, 큰 神變이 일어남으로써 아무리 큰 성인이라도 그것을 알지 못 한다.[182]

---

181 維昌, 「圓證 行狀」(『한국불교전서』 권6, 696쪽 상)에 "在佛脚寺 獨占一室 看圓覺經 至一切盡滅 名爲不動 所知剝落"이라 하고는, 이에 대한 4구 게송은 "靜也千般現 動也一物無 無無是什麽 霜後菊花稠"라고 하였다.

182 『太古和尙語錄』 권상, 玄陵請心要조(『한국불교전서』 권6, 677쪽 상~중)에 "有大靈知 本無生死 亦無分別 亦無名相 亦無言說 呑盡虛空 盖盡天地 盖盡聲色 具大體用 言其體 則包羅盡廣大而無外 收攝盡微細而無內 言其用 則過佛刹微塵數 智慧神通三昧辯才 卽隱卽顯 縱橫自在 有大神變 雖大聖 莫之能窮"이라 하였다.

② 公은 스스로 묻기를 "어떤 것이 부모가 낳기 전의 본래 면목인가"라고 하였다. 그 한 소리에 깨치면 그만이다. 그렇지 못하면 다니거나 머물거나 또는 앉거나 누울 때나, 12시간 동안을 마음이 어지럽지 않고 생각이 相續되어, 닭이 알을 품고 고양이가 쥐를 노리는 것과 같이 하라. 사흘이나 이레 안에는 반드시 應分의 경지에 이를 것이다. 이 길은 바로 선생이 빨리 깨닫는 단서가 될 것이다.[183]

태고는 본래 생사나 분별도 없고 이름이나 모양은 물론 언설도 없다는 무자화두로 대영지大靈知를 정립시켰다. 그런데 대영지는 여러 법상의 차별에 대한 인식으로 이어져 흥미롭다. 대영지는 허공을 삼키고 천지나 성색聲色까지를 다하게 만들지만, 체體와 용用을 갖추고 있다고 한다. 그 본체는 공적한 것이어서 대소를 초월하였고 내외가 있을 수 없지만, 그 용은 무수한 부처나 시방세계는 물론 해변의 모래알과 같은 지혜를 생기게 한다.

지혜로써 차별의 여러 법상이 만들어진다. 대영지는 나타나기도 하고 숨기도 하여 종횡 자재한 것이지만, 신통하여 삼매에 들게 하기도 또는 수행하는 중생에 머물게도 한다. 차별의 법상에 대한 인식은 수행에서의 근기根機 차별을 설정하였다. 이근을 가진 자는 화두만 듣고도 깨치지만, 둔근을 가진 자는 정진 수행해서 깨달아야 한다. 말하자면 부모로부터 태어나기 전의 공적한 본래 면목을 바로 깨친 자는 이근을 가졌다. 반면 둔근을 가진 자는 마음을 다스리고 잡념을 없이 하면서 지속해서 정진하는 속에 깨달음의 경지에 이른다. 이는 마치 깊은 우물 속에 떨어졌다

183 『태고화상어록』 권상, 示崔進士조(『한국불교전서』 권6, 678쪽 하~679쪽 상)에 "公自問云 那箇是父母未生前本來面目 才擧起一聲 便了則已 不然則行住坐臥之際 十二時中 心心不昧 念念相續 如鷄抱卵 如猫捕鼠相似 便直下如此 不過三日 乃至七日之內 必有相應分 此路正是先生 徑直發明之端也"라고 하였다.

고 하더라도 거기서 나오려는 마음을 가지고 계속해서 생각하면, 오래지 않아 그런 경지에 이르게 되는 것과 같다.[184]

나) 구산문 통합사상

태고는 깨달음에 이르는 과정에 차이를 설정하였다. 이는 향엄香嚴선사가 대나무 울리는 소리를 듣고 도를 깨쳤으며, 영운靈雲선사가 복숭아 꽃을 보고 마음을 밝히는 것과 같다. 근기가 다르다고 하더라도 근기에 맞는 정진을 계속하면, 거기에 상응하여 깨달음에 이른다. 이 점은 태고의 교선융합사상의 성격을 이해하는데 도움을 준다. 즉 그의 교선융합사상은 선종사상 속에 화엄은 물론 유식사상까지를 융섭한 것이다. 법상의 차별을 인식하듯이 태고는 마음을 밝히면 부처요 마음을 설명하면 경전이라고 하였다. 종국에는 마음이 곧 부처요 부처가 곧 마음이어서, 마음 밖에 부처가 없고 부처 밖에 마음이 없다. 그는 마음과 부처와 중생을 구별하지 않았다.[185]

마음과 부처가 하나이듯이 태고는 부처와 조사를 구별하지 않았다. 이렇듯 태고의 교선융합사상은 교와 선이 다르지 않거니와 교종 내의 교파나 구산선문이 본래는 다르지 않았다는 데에서 출발한 것이다. 왜냐하면 대영지의 용으로 나타난 무한한 차별상도 그 본체에 이르면 공적하여, 부처는 물론 조사나 천지까지도 삼켜 없애버리기 때문이다. 공적한 본체가 무수한 차별상을 만들듯이, 선과 교도 본래는 하나였으나 차별을 갖게 되었다. 그는 교파의 차이를 인정하지 않았고, 교파의 통합은 교선융합사상

---

184 『태고화상어록』 권상, 示眞禪人조(『한국불교전서』 권6, 680쪽 중)에 "如人墮在千尺井中 千思萬思 只是箇單單求出之心 不日內必有相應分"이라 하였다.

185 『태고화상어록』 권상, 示樂庵居士念佛略要조(『한국불교전서』 권6, 679쪽 하)에 "故云 心佛及衆生 是三無差別 亦云 心卽佛 佛卽心 心外無佛 佛外無心"이라 하였다.

을 성립시키는 첩경으로 생각하였다. 그리하여 태고는 구산선문의 통합을 시도하였다. 다음 내용은 바로 이런 면을 알려준다.

> 九는 老陽이요 一은 初陽이라 하는데, 늙으면 쇠퇴하는 것은 떳떳한 이치이다. 또한 도읍을 세울 때부터 九山으로 내려온 지는 이미 오래되었으니, 그 처음으로 돌아가 新陽을 만드는 것과 같겠는가? 이는 운수의 변화라는 것이다. 이때를 당하여 一門으로 통합하여 구산을 우리 사람들의 산으로 만들지 말고, 산 이름을 道存이라 하여 모두 한 부처의 마음에서 나와 물과 젖이 서로 화합하듯이 한 가지로 평등하게 하여야 한다.[186]

태고는 구산을 사람들에 의해 갈라지게 두기 보다는 도존道存이라는 하나의 산문으로 통합해야 한다고 하였다. 그러기 위해 한 부처의 마음에서 나왔기 때문에 구산이 화합하여 평등할 것을 주문하면서, 그는 선종이 구산문으로 갈리어 내려온 폐단을 지적하였다. 구산은 문도가 번창하여 거대한 경제적 규모를 가지면서 산문세력을 확장시켜왔다. 구산에 소속된 선사들은 각각의 법문을 짊어지고, 피차의 우열을 따지려는 논쟁을 계속하였다. 그 과정에서 각각의 산문이 서로 창과 방패를 쥐고는 울타리를 만들었고, 화합을 해치고 정도를 어그러뜨렸다. 이에 태고는 선이란 본래 한 문이었는데, 사람들이 스스로 많은 문을 만들었다고 비판하였다.[187]

---

186 유창, 「원징 행장」(『한국불교전서』 권6, 698쪽 하)에 "九爲老陽 一爲初陽 老而衰也 理之常而 又立都之時 九山之來旣久 不如反其初 爲新陽之爲愈也 此數之變也 當是時也 若統爲一門 九山不爲我人之山 山名道存 同出一佛之心 水乳相和 一槩齊平"이라 하였다.

187 유창, 위의 행장(『한국불교전서』 권6, 698쪽 하)에 "九山禪流 各負其門 以爲彼劣我優 鬨鬪滋甚 近者益之以道門 持矛楯作藩籬 繇是傷和敗正 噫禪是一門 而人自闢多門 烏在其本師平等 無我之道 列祖格外清駁之風 先王護法安邦之意也 此時之蔽也"라고 하였다.

선은 본래 하나였기 때문에 구산선문의 통합이 가능하였다. 마찬가지로 태고는 선문뿐만 아니라 교문도 하나였다고 하였다. 부처와 조사가 전한 것은 오직 한 마음이요 한 법이었다. 교문이 나뉘고 교파가 갈라지는 것은 마치 조그만 광명을 보면 이를 진실이라 생각하기 때문에 나타났다. 이는 빛 속에 떨어져 분별하지 못하는 것과 같다. 이러한 경계에 관문을 만들고는 결박한 데에서 교파가 나뉘었다.[188] 본원으로 돌아가 부처나 조사의 가르침이 다르지 않고 교파의 깨침이 같다는 점에서 태고는 교선융섭사상을 성립시켰다.

태고의 교선융합사상은 생사나 유무를 초월하는 공적한 본체를 내세우는 면에서 선종의 입장을 강하게 견지하면서 화엄은 물론 법상의 차별까지를 통합하려는 성격을 지녔다. 이에 머물지 않고 그는 불교와 유교의 근원을 같이 보아 회통하려고 하였다. 마음을 밝히려는 면에서 불교와 유교에 차이를 설정하지 않았다. 공민왕이 나라를 다스리는 일에 대해 묻자 태고는 "성스럽고 인자한 마음이 모든 교화의 근본이요 다스림의 근원이니, 돌이켜 마음을 비추어 보십시오"라고 하였다.[189] 성스럽고 인자한 마음을 교화의 근본으로 삼았는데, 이는 불교는 물론 유교의 중요한 덕목이기도 하다.

마음을 밝힌다는 면에서 태고는 요순堯舜이나 불조佛祖를 같이 파악하였다. 그리하여 불교의 중관을 유교의 중용과 연결시켜 이해하였다. 즉 불경에서 "거닐거나 앉거나 눕거나 항상 그 가운데 있다"는 의미를 "중

---

188 유창, 위의 행장(『한국불교전서』 권6, 697쪽 상~중)에 "屋云 佛佛祖祖 唯傳一心 更無別法 迺擧馬祖令僧問 大梅常因緣云 纔有些子光明 以爲實者 墮在光影裏 作活計矣 故從上諸祖 見此人病 無其奈何 於淸平境上 設關云縛耳 若眞正徹去 盡是閑家具也 且子於無人之境 奚辨得歧路 若是其明乎"라고 하였다.

189 유창, 위의 행장(『한국불교전서』 권6, 698쪽 중)에 "玄陵曰 爲國何如 師曰 只這睿聖仁慈之心 是萬化之本 出治之原 請廻光一鑑"이라 하였다.

용을 잡아, 함이 없이 천하가 잘 다스려진다"는 요순의 사상과 같은 것으로 해석하였다.[190] 수행 정진하는 과정으로 불교의 육도六度 만행萬行은 유교의 삼강三綱 오상五常과 같은 것으로 파악되었다.[191] 이는 삼매의 근원이나 무량하고 공적한 체성이 불교나 유교사상으로 나타난 데에 불과한 것이다. 유불의 근원을 같이 보려는 태고의 유불교섭 사상경향은 조선초기에 현정론顯正論이 등장하는데 능동적으로 작용하였다.

다) 나옹과 태고 사상의 불교사적 의의

나옹과 태고는 고려말의 불교계를 이끌었고 선종의 입장을 강하게 견지하면서 교선융합사상을 성립시켰으며, 유불교섭 사상경향을 전개시키는데 영향을 주었다. 그런 면에서 두 사람의 사상은 비슷한 경향을 보이면서도 각자의 다른 길을 모색하고 있었다. 두 사람의 행적은 여말선초 불교계의 전개와 밀접하게 연결되어 있었다. 나옹과 태고가 각각 굴산문과 가지산문의 법맥으로 이어지는 점은 당시 불교사상의 흐름이나 불교계의 전개과정에서 주목하여야 할 부분이다.

나옹과 태고는 모두 조주 종심의 「무」자 화두를 인용하였다. 즉 개에게도 불성이 있는가라는 물음에 대해 「무」라고 대답한 것이다. 그런데 「무」 곧 「없다」는 화두에 대한 해석이 두 사람 사이에 다소 차이가 있다. 다음 내용을 참고해 보기로 하자.

① 나옹 ; 趙州가 「없다」고 말했다는 마지막 一句는 힘을 다해 提起하되,

---

190 『태고화상어록』 권상, 玄陵請心要조(『한국불교전서』 권6, 677쪽 중)에 "佛言經行及坐臥 常在於其中 堯舜亦曰 允執其中 無爲而天下大治 堯舜豈非聖人乎 佛祖豈異人乎 只明得箇此心"이라 하였다.

191 『태고화상어록』 권상, 上堂(『한국불교전서』 권6, 674쪽 상)에 "此香百千三昧之根源 無量妙義之體性 釋用也六度萬行 儒用也三綱五常"이라 하였다.

언제나 들고 언제나 움켜잡았다. 고요하고 움직이는 가운데 들지 않아도 저절로 들리고, 자거나 깬 속에서 의심하지 않아도 저절로 의심될 것이다. 그런 경지에 이르러서는 그저 때만 기다리게 된다.[192]

② 태고 ; 조주의 「없다」고 말한 뜻은 무엇인가. 이 말로써 無明을 打破한 즉, 물을 마시는 사람이 차고 따뜻하고를 스스로 아는 것과 같이 된다. 만약 깨치지 못한 즉 다시 정진하여 다만 화두를 면면이 끊이지 않게 하고, 의심이 있고 없거나 맛이 있고 없고를 논하지 말라. 즉 큰 의심을 일으키어 화두를 들고는 오직 잊지 않고 항상 맞서야 한다. 다닐 때에도 그리 하고 앉을 때에도 그리 하라. 죽이나 밥을 먹을 때에도 그리 하고 사람과 대화할 때에도 그리 하라. 일체의 행위와 動靜에 있어서도 모두 그와 같이 하면 깨닫지 못할 것이 없다.[193]

나옹은 무자 화두를 통해 행하지 않아도 저절로 행해지는 분명한 경지를 설정하였다. 이는 없는 것도 아니고 있는 것도 아니고 또한 없는 것이 없지도 않기 때문에, 없지만 저절로 있게 된다. 그러한 경지에 이르는 과정에는 차별을 설정할 수 없다. 나옹의 무자 화두는 화엄사상의 공관空觀과 연결이 가능하다. 때문에 그의 교선융합사상은 선종사상을 중심으로 화엄사상의 융섭에 더 관심을 둔 것이다. 나옹이 무자 화두를 힘을 다해 제기해야 한다는 주장은 교선융합사상에서 통합의 주체로 선종사상의 입장을 강하게 부각시킨 것이다. 즉 고요한 속에서도 저절로

---

192 『나옹화상어록』, 示一珠首座조(『한국불교전서』 권6, 724쪽 상)에 "州云無 末後一句 盡力提起 提來提去 拶來拶去 靜中動中 不擧自擧 寤寐二邊 不疑自疑 驀到這裏 只待時刻"이라 하였다.

193 『태고화상어록』 권상, 示衆조(『한국불교전서』 권6, 676쪽 하)에 "趙州道無意 作麽生 則此言下 打破無明 則如人飮水 冷暖自知 若透不得 則更着精彩 只要話頭 聯綿不斷 不論有疑無疑 有味無味 卽此大疑之下 提撕話頭 單單不昧 捱來捱去 行也但伊麽 坐也但伊麽 喫粥喫飯時但伊麽 對人打話時但伊麽 一切施爲動靜境上 皆悉如之 則無有不辨矣"라고 하였다.

들리는 경지이다. 비유하여 말하면 흐르는 여울에 비친 달과 같아서 부딪쳐도 흩어지지 않고 움직여도 잃지 않는 것이다.[194]

나옹과는 달리 태고는 무자 화두로써 깨치는 과정에 차별을 설정하였다. 이근을 가진 자는 무명을 타파한 것과 같아서, 마치 물을 마실 때에 차고 따뜻한 지를 바로 안다. 그러나 둔근을 가진 자는 바로 깨치지 못하였더라도, 화두를 참구하면서 정진하여야 한다. 다닐 때는 물론 앉거나 섰을 때도 또는 죽이나 밥을 먹거나 대화할 때에도 그와 같이 하여 깨달아야 한다. 이렇듯 태고는 깨치기 위한 과정에 근기의 차별상을 인정하고는 그에 합당한 정진 수행을 내세웠다. 그는 유식사상에 대한 조예를 가졌고, 현실세계의 무수한 차별의 법상을 설정하였다.

나옹과 태고가 무자 화두에 대해 사상 면에서 다소 차이를 가졌다. 그러한 차이는 각자가 인연을 맺었던 인물이나 종파와 연결하여 나타난 것이기도 하다. 나옹이 지공을 스승으로 하여 수선사와 연결되고 있었지만, 이런 모습을 태고에게는 전혀 찾아볼 수 없다. 다만 태고는 구산문을 비롯하여 교종의 여러 교파에 대해 폭넓은 관심을 가졌다. 또한 두 사람은 모두 고려말 공민왕 때의 개혁정치나 교선융합 사상경향의 추세 속에서 독자적인 역할을 담당하였다. 우선 나옹이나 태고는 모두 공민왕과 연결되어 개혁정치의 동참자로 활동하였다. 그런데 신돈이 득세하면서부터 두 사람의 정치적 위기가 초래되었다. 정치권에서 배제되었던 그들이 다시 등장하게 되는 것은 신돈이 처형되고 난 뒤였다.

다만 기록상으로 두 사람 중 신돈과 대립의 날을 더 예리하게 세웠던 사람은 태고였다. 이 점은 태고와 비교해 나옹과 연결된 교단 세력이 신

194 『나옹화상어록』, 示得通居士조(『한국불교전서』 권6, 725쪽 중)에 "州云無 末後一句 盡力提起 提來提去 靜中閙中 公案現前 或寤或寐 話頭明明 不提自提 疑團不疑自疑 正如急水灘頭月 觸不散蕩不失"이라 하였다.

돈의 개혁정치에 거부감을 덜 가졌을 것으로 추측하게 한다. 고려후기의 정치개혁은 신진 사대부들이 권문세족에 의한 부패한 사회를 개혁하려는 것이었고, 대개 권문세족의 방해로 말미암아 실패로 끝나기 일쑤였다. 신진 사대부세력을 주축으로 신돈은 부원배를 포함한 권문세족으로 유지된 고려사회를 개혁하고자 하였다. 물론 신돈의 개혁은 실패로 끝났지만, 그 동안의 잦은 개혁정치를 경험하면서 이후 신진 사대부세력이 서서히 정치 표면에 등장하여 실력자로 자리해 갔다. 나옹이나 태고의 교단세력 중에는 신진 사대부가 대거 참가하고 있지만, 그들 중에는 이미 정치적 입지를 넓혀 고관을 지낸 자들이 다수 포함되어 있다.

그러나 나옹과 태고의 교단세력은 신진 사대부 세력을 포용하는 면에서, 미세한 차이를 가졌다. 나옹의 사리석종비舍利石鐘碑와 태고탑비太古塔碑의 음기陰記에 기록된 문도들을 비교하면 이를 이해할 수 있다. 태고의 재가문도들은 윤환尹桓이나 이인임李仁任 · 최영 · 임견미 · 이림李琳 · 염흥방廉興邦 · 우인렬禹仁烈 등인데, 거의 모두가 고관대작을 지낸 인물로 『고려사』에 이름을 전하고 있다. 이에 대해 나옹의 재가문도들은 이인임이나 최영 등 일부 고관을 지낸 인물을 포함하고 있지만, 대부분은 호군護軍이나 낭장郎將 · 진사 · 주지사知州事 등 지방관들이다. 고려말에 신진 사대부들이 급진 개혁파와 온건 개혁파로 갈리었는데, 나옹의 문도들이 보다 급진적인 개혁세력에 참여하였을 가능성을 가졌다.

나옹의 제자로 무학無學 자초自超와 함허涵虛 기화己和는 조선초기에 크게 활동한 인물들이다. 자초는 천태종 승려인 신조神照와 함께 이성계와 연결되어 조선왕조의 창업에 깊이 관여하였고 조선건국후 태조의 왕사로 책봉되었다. 또한 무학과 함허의 문하에는 야부野夫 · 각미覺眉 · 문수文秀 · 달명達明 · 지생知生 등의 비교적 많은 제자가 있었다. 반면 태고의 제자로 목암木庵 찬영粲英과 환암幻菴 혼수混修 등이 있을 정도이다. 그 중 혼수의 문하가 귀곡龜谷 각운覺雲·벽계碧溪 정심淨心·벽송碧松 지엄智嚴·묘각妙覺 수미守眉로 이어져 조선중기에 청허淸虛 휴정休靜으로 법맥을 계승시켰다.[195] 태고의 문도보다 나옹의 문도가 더 번성하여 조선초기의 불교계를 주도하였다. 그러다가 16세기 중엽에는 불교계가 태고의 법맥을 이은 휴정계에 의해 장악되었다. 조선초기 불교계에 우세하였던 나옹계의 문도가 태고계의 문도에게 주도권을 양도하게 되는 계기가 의문으로 남는다.

혼수가 원래는 나옹의 수제자였다는 주장도 이러한 문제의 해결을 시도한 것이다. 나옹의 법통을 계승한 혼수는 태고의 행장이나 비문에서 그 문도로 수록된 이래 『불조원류佛祖原流』에서 태고의 계승자로 정리되었다.[196] 이와는 대조적으로 자초의 문도가 번성하지 못했다고 한다. 왜냐하면 『불조원류』에 보이는 그의 계승자는 대부분 기화의 문도로 파악되기 때문이다.[197] 다만 이런 문제는 법통의 계승에서 그 실마리를 풀기보다는, 조선초기의 사회 정세와 연관하여 파악할 필요가 있다. 나옹과 자초는 정도전을 비롯한 급진 개혁파와 연결되어 있었고, 태조 이성계와 친밀한 관계를 유지하였다. 그러다가 왕자의 난이 발발된 이후의 정세는 이들과는 엇갈리는 방향으로 전개되었다.

태조와는 달리 태종은 급진 개혁파인 정도전 등을 거세시키고는, 자기 세력기반으로써 권근權近이나 하륜河崙 등의 온건 개혁파를 중용하였다. 그리하여 조선 건국과정에서 배제되었던 고려의 구귀족세력이 다시

195 采永, 『海東佛祖原流』 참조.
196 허흥식, 「나옹의 생애와 계승자」(앞의 책, 56쪽).
197 황인규, 「무학 자초의 문도와 그 대표적 계승자」(『삼대화상연구논문집』 3, 2001 ; 『고려후기·조선초 불교사 연구』, 혜안, 2003, 498쪽).

정계에 복귀하였다. 이러한 사회 분위기 속에서 급진 개혁파와 더 가까웠던 나옹의 문도를 대신해서 온건 개혁파와 호흡을 같이할 수 있는 태고의 문도들이 보다 활발하게 활동하는 계기가 마련되었다. 그렇지만 조선초기 사대부들에 의한 성리학적 정치이념이 확고하게 수립되었기 때문에, 나옹과 태고의 문도들이 서로 대립의 촉각을 곤두세우기보다는 호법 의지를 다졌을 것은 당연하다. 자연히 그들 사이의 대립을 의도적으로 끌어내는 작업은 중요하지 않다.

조선초기의 불교사상사는 성리학자들에 의해 억압됨으로써 암흑기 내지 침체기로 보는 것이 불교계 일반의 시각이다. 그러나 이 시기의 불교사상은 독특한 방향으로 발전하였다. 나옹보다는 태고의 사상이 유불교섭적 성격을 보다 강하게 지녔을 지라도, 두 사람은 모두 유불동원 사상경향을 가졌다. 고려시대 교선교섭사상은 파사현정破邪顯正의 논리로 전개되었다. 즉 다른 교파의 잘못을 지적하고는 이를 자기 교파의 논리 속에 융섭하려는 것이다. 그런데 조선초기의 성리학을 비판하기 어려웠던 불교계가 파사를 유보하고는 현정의 논리를 내세웠다. 유학의 내용이 불교의 내용과 다름이 없다는 것이다.

나옹의 문도인 기화는 『현정론』을 저술하였다. 비슷한 시기의 『유석질의론儒釋質疑論』도 유교에서 주장하는 내용이 불교에서 주장하는 내용과 같다는 것을 서술한 저술이다. 조선중기에 태고의 법맥으로 이어지는 휴정은 『삼교귀감三敎龜鑑』을 저술하였다. 그것은 유가귀감儒家龜鑑 · 도가귀감道家龜鑑 · 선가귀감禪家龜鑑으로 구성되었는데, 그 각각은 유교와 도교 및 불교의 논지로 쓰인 저술이다. 그런데 휴정은 유가귀감과 도가귀감 및 선가귀감의 결론을 같은 것으로 제시하였다. 조선초기에 나옹은 물론 태고의 문도들이 가졌던 유불동원 사상경향은 『현정론』을 거쳐 『삼교귀감』에 이르면서 완숙한 논리로 정립되었다. 이는 성리학을 폄하하지 않으면서 그 논리를 초월하려는 사상의 발전을 가능하게 하였다.

4. 고려후기 성리학의 전래와 그 경향

1) 고려후기 성리학의 전래

(1) 무신란 이후 사대부士大夫세력의 등장

무신난의 발발로 고려사회는 급격하게 변모하여 갔다. 문신 중심의 문벌귀족이 몰락하면서 무신집정시대가 열렸다. 고려 문벌귀족사회의 모순이 이자겸李資謙이나 묘청妙淸의 난 등으로 표출되는 속에, 무신들의 사회경제적 처지도 꾸준히 향상되었다. 1170년(의종 24년)에 정중부鄭仲夫 등이 일으킨 무신난은 경대승慶大升이나 이의민李義旼 등의 무신집정으로 이어지면서 혼란을 겪기도 하지만, 최충헌崔忠獻에 의한 최씨정권이 성립하면서 점차 안정되어 갔다. 이후 고려의 지배세력은 고려전기와는 다른 모습을 보여준다. 우선 문신 문벌귀족세력이 몰락하였고, 그 일부는 무신세력 밑에서 가문의 명맥을 겨우 이어갔다. 자연히 이들과 연결된 교종불교가 세력기반을 잃게 되었다. 무신집권에 항거한 승도들은 대체로 교종교단에 소속되어 있었다.

대신 무신집정들은 자기 세력기반으로 산중에서 미미하게 명맥을 유지해 온 선종교단을 후원하였으며, 고려전기의 문벌귀족과는 다른 문신세력을 양성하였다. 말하자면 무신집정 밑에서 새로운 문신들이 등장하고 있었고, 이들이 이후 고려사회를 움직이는 사대부세력으로 성장하여 갔다. 무신집정기에 도태되지 않았던 문신 지식층은 정치에서 떠나 초야에 묻혀 청담淸談으로 생을 마치기도 하였지만, 정방이나 서방에 참가하여 신진 문인관료로 등장하기도 하였다.[198] 이규보나 이인로·이승휴 등이 무신정권에 참가하였다. 이 시기의 문신들은 정권을 직접 담당하기보다는 무신정권을 유지시켜 주는 관료로 등장했기 때문에, 고려전기 문사文辭 중심에서 행정 실무능력을 갖추어 갔다.

최씨정권을 이끌었던 최우崔瑀는 조정의 신하들을 서품敍品하면서 문文에도 능하고 이吏에도 능한 '능문능리能文能吏'를 제일로 삼았다.[199] 먼저 문장에 능숙하다는 것은 교서나 외교 문서를 잘 작성할 뿐만 아니라[200] 경술經術에 밝아 현실 정치를 수행해 가는데 필요한 경륜을 가졌다는 의미로 파악된다. 최우는 문장과 경술 외에 행정 능력을 강화한 '능리'를 중시하였다. 이리하여 '능문능리'의 신진 관료는 문음門蔭이 아닌 과거를 통해서, 이족吏族이나 지방 향리층에서 주로 배출되었다.[201] 자연 이들은 유교적 소양을 갖추고는 새로운 관인층으로 등장하여 신진 사대부 또는 신흥 사대부로 불리었다.

새로운 권력층으로 등장한 무신과 원복속기에 지배층을 구성한 부원배나 기존의 문벌귀족 중에서 일부 온존하여 다시 상층의 지배층으로 편입된 가문이 고려후기의 권문세족權門世族으로 등장하였다.[202] 이후 고려후기 정치사는 이들에 대한 신진사대부 세력의 개혁 조치의 전개로

198 李佑成, 「고려무신정권하의 문인지식층의 동향」(『韓國의 歷史像』, 창작과 비평사, 1982, 185~191쪽).
199 『고려사절요』 권18, 元宗 元年, 7월 癸酉조.
200 趙仁成, 「崔瑀政權下의 文翰官 -'能文能吏'의 인사기준을 중심으로-」(『동아문화』 6, 서강대, 1985, 364쪽).
201 이우성, 「고려조의 '吏'에 대하여」(『역사학보』 23, 1964, 22~25쪽).
202 閔賢九, 「고려후기의 權門世族의 성립」(『호남문화연구』 6, 1974, 36~39쪽).

대변될 수 있다. 다만 이러한 학계의 일반적인 통설은 재고해야 될 필요에 이르렀다. 당시에 새롭게 등장하는 사대부에 대해서 뿐만 아니라 그들과 권문세족의 관계에 관해서도 명확한 정의를 내리기가 어렵다. 우선 고려후기에 개혁을 추진한 사대부 세력 속에도 권문세족 출신이 다소 포함되어 있어서, 권문세족과 사대부는 계층적 기반을 달리한 정치세력으로 볼 수 없다는 것이다.

이와는 달리 권문세족과 사대부의 사회적 기반은 대체로 다르다고 이해된다. 사대부가 세족화하여 현실과 타협하기도 하기 때문에, 고려후기에 새롭게 등장한 정치세력을 과거에 급제한 신흥유신新興儒臣이라고도 한다.[203] 이렇듯 다양한 견해가 있음에도 불구하고 신흥사대부는 13세기 말에 신유학을 받아들여 새로운 이데올로기로 무장하고는, 무신정권 이후 원 간섭기에 이르기까지 파행적으로 운영되던 정치 상황에 비판적인 안목을 가졌다. 권문세족의 불법적인 정치 운용에 맞서 개혁을 주도하고 왕조의 정통성을 지켜나가는 가운데 그들은 지배계급의 한 축으로 성장하여 갔다.[204]

무신집정기를 통해 새롭게 진출한 능문능리의 관료군과 고려말 개혁의 주체가 된 신진 사대부를 동질적으로 보는 것에 대한 비판적인 시각도 있다. 유학에 대한 이해나 개혁을 이끄는 면에서 그 둘은 뚜렷하게 구별되었다. 다만 최씨정권 초기 몽고의 침입에 항거하는 과정에서 무신집정과 이규보 등 문신관료는 이해를 같이하고 있었다. 즉 몽고는 민족의 침입자이자 문명의 파괴자이기 때문에, 이민족의 침략으로부터 조국을 방위하고 야만인의 파괴로부터 문명을 수호하려고 하였다.[205] 몽고에

203 李益柱, 「공민왕대 개혁의 추이와 신흥유신의 성장」(『역사와 현실』 15, 1995, 43쪽).
204 高惠玲, 「고려후기 사대부의 성리학 수용」(『고려후기 士大夫와 性理學 受容』, 일조각, 2001, 45쪽).

항복하면서 무신집정의 전횡을 경험한 이승휴李承休는 시폐를 지적하여, 개혁할 국가의 당면 문제를 15조목 또는 10조목으로 올렸다.

원복속기에 종속적인 고려와 원의 관계가 성립되면서 고려의 신료들은 여러 세력으로 나뉘어졌다. 충렬왕 이후 충정왕에 이르기까지 원은 현실적으로 고려왕을 임명하거나 교체시키는 권능을 직접 행사하였다. 그리하여 교체된 현재의 왕과 물러난 전왕과의 부자관계는 인륜에 벗어나는 극심한 대립으로 치달았다. 뿐만 아니라 원 왕실의 공주인 왕비나 고려를 견제하기 위해 설치된 심양왕의 존재는 고려 조정의 분열을 보다 고착시키는 결과를 초래하였다. 딸을 원의 왕실이나 고관에게 헌납하여 권력을 행사하는 기씨奇氏세력 등 부원배나 왕권에 부지하여 파행적으로 권세를 과시한 폐행嬖幸뿐만 아니라 전왕파前王派·왕비파 또는 심양왕파瀋陽王派 등이 서로 권력을 쟁취하기 위해 대립하면서 다투고 있었다.

이러한 고려의 세태를 이제현李齊賢은 고양이와 개 및 닭을 빗댄 「삼축잠三畜箴」으로 다음과 같이 풍자하였다.

> ① 고양이 ; 밝은 귀와 눈을 가지고는 날카로운 어금니와 발톱으로 곳간이나 뚫어놓고 낮잠만 잔다.
>
> ② 개 ; 꼬리를 흔들며 아첨하고 혀로 핥으면서 저희들끼리 싸우거나 희롱하다가 울타리만 헐어놓았다.
>
> ③ 닭 ; 새벽에 울어 때를 알리는 것은 어김이 없으나 서로 싸워 자기 암컷을 지키지 못하고, 인분을 쪼아 먹으면서 살찌고는 얼마 있지 않아 스스로 사람에게 잡아먹힌다.[206]

---

205 이우성, 「고려중기 民族敍事詩 -東明王篇과 帝王韻紀의 연구-」(『성균관대학교논문집』 7, 1962 ; 『한국의 역사인식』 권상, 창작과 비평사, 1976, 155쪽).

쥐는 잡지 않고 곳간을 뚫어 낮잠만 자면서 쥐가 더 잘 더나들게 한 고양이나 울타리를 헐어서 지키려는 도둑이 더 잘 들어오게 한 개, 사람의 인분을 먹고 자라지만 얼마 있지 않아 사람에게 잡아 먹혀 인분으로 변해버리는 닭에 대한 비유는 고려의 관리들을 풍자하였으며, 부원배를 통해 원이 지배하던 고려의 세태를 냉소적으로 언급한 것이다.[207]

과거를 통해서 정상적인 경로를 밟아 관료로 진출한 사대부들은 혼란한 고려사회를 개혁하고자 하였다. 그것은 유교적 소양을 바탕으로 사대부들의 정치이념을 구현하려는 방향으로 나타났다. 그들은 국가적 위기나 왕실의 유고시에 자신을 돌보지 않고, 시무를 제시하면서 사회경제적인 폐단을 개혁하는데 직접 참여하였다. 그러나 그들의 개혁은 폐행이나 부원배 등 권문세족에 의해 좌절되어 밀려날 수밖에 없었다. 신진 사대부들은 충목왕 때에 이르기까지 정치적 고비마다 불거져 나온 여러 개혁에 참여하면서 비록 실패의 경험을 맛보았을 지라도, 유교적 도덕정치를 지향한다는 점에서 입지를 강화하였으며, 현실적으로는 혼인 등으로 권세가와 타협하면서 정치적 기반을 확대시켜 갔다.

신진 사대부들은 초기에 우탁禹倬이나 안축安軸에서처럼 초야에서 처음으로 과거를 통해 출사하였지만, 점차 시간이 흐름에 따라 특히 공민왕 때 이후에는 이미 아버지나 할아버지가 과거로 진출한 집안 출신이었다. 안향安珦을 비롯해서 최해崔瀣나 이제현은 물론 권부權溥나 백이정白頤正 · 박충좌朴忠佐 · 최문도崔文度 등이 이에 속한다.[208] 공민왕대를 지나면서 신

206 李齊賢, 『益齋亂藁』 권9 下, 三畜箴조에 "猫箴 旣耳而目 亦爪而牙 穿窬方肆 胡寐無吪 狗箴 而尾之媜 而舌之舐 毋鬪毋戱 惟藩之毁 鷄箴 鳴不廢時 鬪不守雌 啄糞得肥 自速人犧"라고 하였다.

207 金哲俊, 「益齊 李齋賢의 史學에 대하여」(『동방학지』 8, 1967 ; 『한국고대사회연구』, 지식산업사, 1975, 446쪽).

208 邊東明, 「고려후기 性理學의 受容과 그 主導階層」(『고려후기 性理學受容硏究』, 일조각,

진 사대부들의 개혁은 서서히 효력을 나타내기 시작하였다. 마침 반원정책을 추진한 공민왕은 권문세족을 배제하면서 신돈을 주축으로 전민변정도감田民辨正都監을 설치하여 개혁을 추진하였다. 여기에 이색李穡이 중심이 되어 중영重營한 성균관 출신의 유신들이 참가하였다. 신돈의 처단으로 신진 사대부의 개혁은 또한 실패하는 것 같지만, 사실은 이를 계기로 그들이 역사를 움직여 가는 주역으로 서서히 표면화되었다.

신진 사대부는 우왕 때에 이인임李仁任의 집권 하에서 일시적으로 위축되기도 하였지만, 1388년(우왕 14년)에 최영崔瑩의 요동정벌에 반대하여 위화도에서의 회군을 단행한 이성계는 그들을 기반으로 정권을 장악하였다. 이후 신흥 관료로 등장한 신진 사대부들은 원명교체기元明交替期에 친명정책을 표방하거나 전제개혁을 주장하면서, 원과 연결하여 권세를 누려온 권문세족을 제거하고자 하였다. 이 과정에서 신진 사대부들은 온건파와 급진파로 나뉘었다.[209] 이색을 위시하여 정몽주鄭夢周나 권근權近 등이 중심이 된 온건 개혁파는 고려왕조를 부지하면서 국가체제를 개혁하려고 한 반면, 정도전鄭道傳 등이 중심이 된 급진 개혁파는 폐가입진廢假立眞을 추진하면서 전제개혁을 단행하여 새 왕조를 건국하는 기반을 마련하였다.

무신란 이후에 등장한 신진 사대부들은 바로 이어지는 원복속기의 사회 모순을 개혁하려는 정치이념을 성리학에서 모색하였다. 자연 이들의 세력 기반이 굳건해지는 것과 비례하여 성리학이 보다 넓게 수용되어갔다. 성리학을 수용하여서인지 신진 사대부들은 거의 모두가 과거를 통해 관료로 진출하였으며, 그들의 학문을 정치 일선에 반영하고자 하였다.

1995, 39~40쪽).

209 고혜령, 「고려후기 사대부의 성리학 수용」(앞의 책, 48쪽).

그들은 대체로 대간臺諫과 문한직文翰職을 역임하면서 도덕성과 덕망으로 마침내 고위 관직에 이르렀다. 그러나 신진 사대부들은 중소 지주계층에 속한 인물들로서, 정치권력의 핵심과는 어느 정도 거리를 두면서 생활하였다.

(2) 성리학의 전래

가) 원대 성리학의 경향

선진先秦시대에 도덕을 실천하려는 학문으로 크게 일어난 유학은 한대漢代에 경전을 수집·정리하여 그 자구를 주석하는 훈고학訓詁學을 설립시켰으나, 송대에 이르러 정치적 사회 체제의 변화를 고려하면서 노장이나 불교사상을 가미하여 이론적으로 심화된 철학 체제를 갖추었다. 천리를 논한 북송의 정호程顥와 정이程頤형제를 이어 주돈이周敦頤·장재張載 등의 여러 학설을 남송의 주자朱子가 집대성하여 철학 체계를 세운 것이 성리학이다. 한때 성리학은 구법당에 대한 탄압의 여파로 위학僞學이라 하여 금압禁壓되었고 주자를 비롯한 문하의 제자들도 배척을 받았다.

송의 북벌北伐을 이끌었던 한탁주韓侂冑를 주살하고는 대금화의對金和議를 주장한 사미원史彌遠은 민심수습책의 일환으로 성리학자를 우대하면서 관직에 기용하였다. 자연스럽게 성리학이 넓게 보급되는 계기가 되었다. 영종寧宗이 후사가 없이 돌아가자 사미원은 제왕濟王을 죽이고 이종理宗을 옹립하였다. 당시 정론을 대표하는 성리학계 관료인 진덕수眞德秀와 위료옹魏了翁 등은 제왕의 억울한 죽음을 개진하면서 사미원의 처벌을 주장하였다.[210] 이로 말미암아 일시 위축되었던 성리학은 1233년(고종 20

210 李範鶴, 「魏了翁의 先賢諡號奏請사업과 理學관료의 대두」(『한국학논총』 23, 2001, 151~165쪽).

년)에 사미원의 죽음으로 친정을 회복한 이종의 뒷받침을 받으면서 관학화의 길을 걸어갔다.

이반된 민심을 달래고 왕조의 위기를 극복하기 위하여 간신의 축출과 국정의 쇄신을 위해 취해진 조치는 사창社倉이나 향약·권농勸農·경계안經界案 등 일련의 농민 구제책으로 나타났다. 이는 공론을 이끌면서 도통道統과 명분론名分論을 앞세웠던 성리학자들이 조세의 증가로 인해 피폐해진 향촌을 재건하기 위해 주장한 것이다. 남송후기에 성리학의 관학화는 사변적인 내성內省철학과 경세經世사상을 종합·절충하는 경향을 지니게 하였다. 당시 성리학자로서 위료옹과 진덕수가 쌍벽을 이루었다. 박학다기博學多技한 학풍을 지닌 위료옹은 고대의 예악禮樂이나 제도에 관심을 가졌고, 성리학에서 심학心學의 전통을 고수하면서도 경세적인 실천주의를 고수하였다. 진덕수 또한 경사학經史學이나 사서학四書學의 이해 위에 성리학의 경세적 학풍을 강조하였다.[211]

주자의 수제자인 황간黃榦은 성리학의 경세적 실천주의를 실행에 옮겨, 수성修城·진휼賑恤·황정荒政 등에 힘썼다. 후에 그의 문하 제자들이 원대 성리학을 부흥시키면서 관학화하는데 기여하였다. 즉 황간은 주자로 부터 직접 전수하여 원으로 연결시킴으로써 성리학의 발달에 중요한 위치를 차지하였다. 원대에 성리학은 한족이 아닌 이민족의 지배 아래 보편성을 추구하면서 오히려 풍성하게 발전하였다. 원은 한족의 법도로 한족을 다스리고자 하였으며, 복속된 민족의 법도를 유지할 수 있도록 존중하였다. 성리학이 독특하게 발전하는 계기는 바로 이러한 토양 속에 배태되었다.

복건파福建派를 형성한 황간의 학문은 절강浙江의 하기河基에게 전해지

211 이범학, 「眞德秀 經世理學의 성립과 그 배경」(『한국학논총』 20, 1998, 176~178쪽).

고, 이어 왕백王柏·김이상金履祥·허겸許謙으로 이어지는 계보를 북산사선생北山四先生 또는 금화사선생金華四先生이라 부른다. 하기와 동학인 요로饒魯는 성리학을 정약용程若庸에게 전하고, 그는 다시 정거부程鉅夫와 오징吳澄·김약수金若洙 등에게 전하였다. 이 중 정거부는 원의 조정에 참여하였다. 오징도 누차 관직에 나아갔는데 황간 이후 원대 주자학에 가장 큰 영향을 미친 강남의 유학자이며 초려草廬학파를 성립시켰다.

한편 주자의 제자로 자처하는 조복趙復은 북방에 주자학을 전하는 결정적인 역할을 담당하였다. 그는 송이 망하고 몽고에 포로가 되자 마침 좌절하고 있던 중, 양유중楊惟中의 막하에 머물던 요추姚樞에 의해 발탁되었다. 양유중과 요추는 조복을 스승으로 삼아 함께 연경에 태극太極서원을 세워 성리학을 보급하였다. 뒤에 요추는 소문산蘇門山에 은거하여 조복의 학문을 허형許衡·학경郝經·유인劉因 등에게 전하였다. 특히 허형은 세조 때에 집현대학사集賢大學士 및 국자제주國子祭酒가 되어 제자를 많이 길러냈다. 북방 유학의 주류를 형성시킨 허형은 노재魯齋학파를 성립시켰으며 요수姚燧나 요돈姚燉이 그의 제자이다.[212]

원대 성리학의 두 줄기는 오징과 허형의 학풍으로 대변된다. 허형은 1265년에 중서성中書省에 들어가 우승상 안중安重을 보좌하면서, 세조의 정치이념을 펴기 위한 중책을 맡았다. 그는 천하를 경영하기 위해 '대유위大有爲'를 실행하려는 세조에게 한법漢法의 시행과 유학의 진흥을 건의하였으며, 이는 원조의 국가체제를 수립하는데 기여함으로써 성리학의 관학화 과정과 표리를 이루게 되었다. 실제로 1269년(원종 10년) 허형은 고금의 제도를 고찰하고 당이나 송·요·금 등의 유제를 참고하여, 관직이나 정무政務에 이르기까지 일대의 왕법을 성립시켰다. 왕조통치의 이

212 고혜령, 「李穀의 활동과 사상」(『고려후기 사대부와 성리학 수용』, 203~204쪽).

념으로 공인된 성리학은 한 무제武帝 때에 대일통설大一統說을 주장한 동중서董仲舒가 통일제국 체제의 통치이념을 내세웠던 한대 금문경학今文經學의 역할을 수행한 셈이다.

허형의 성리학은 경세적인 실무에 편중하였고 형이상학이나 상달지학上達之學을 소홀히 함으로써, 송대의 성리학에서 유독 주자 한사람을 받든 것이라는 평을 받았다. 즉 주자의 '도문학道問學'공부를 위주로 하여 격물치지格物致知를 중시하였기 때문에 '거경居敬'에 의한 실천윤리를 강조하였다. 따라서 그의 성리학은 『소학小學』에 입각하여 현실적인 인륜과 일상 규범을 염두에 두었다. 주자가 제사題辭를 쓴 『소학』은 실천적 덕목으로써 효나 충 · 예 · 신信 · 성誠 등을 강조한 유학의 기본서이다. 아울러 허형은 본말을 모두 갖추어서 제왕이 다스릴 법을 이끌어 낼 수 있기 때문에 사서四書를 중시하였다. 그는 국자감을 관장하면서 주자의 『사서집주四書集註』를 세상에 성행시켰으며, 그 내용을 원대 사상의 주류로 정착시켰다.[213]

원대 초려학파를 대표하는 오징은 주자 성리학의 전통에 육상산陸象山의 심학心學 즉, 육학陸學을 접목시킴으로써 주륙절충론자朱陸折衷論者로 평가를 받았다. 그는 송이 망하기 직전에 강남 무주撫州의 숭인崇仁에서 출생하였다. 이 지역은 학술 사상의 뿌리가 깊은 곳이지만 육상산의 고향이어서, 은연중에 육학의 기풍이 당시의 학문에 영향을 끼치고 있었다. 오징의 사상을 형성하도록 가르침을 준 인물은 정소개程紹開인데, 그는 남송대 무주지역의 명문인 탕씨湯氏문중의 탕천湯千 · 탕건湯巾 · 탕중湯中 · 탕한湯漢의 영향을 받았다. 그들은 모두 당시를 대표하는 육학 내지 주

---

213 이범학, 「吳澄(1249~1333) 思想硏究序說 -원대 理學과 오징-」(『한국학논총』, 30, 2008, 712~715쪽).

륙절충의 사상경향을 가진 인물이다. 1286년(충렬왕 12년) 오징은 정거부程鉅夫의 천거로 원 조정에 나아갔으나, 허형의 학문을 계승한 관료들과의 이견으로 순탄한 생활을 영위하지는 못하였다.

허형과 비교하면 오징은 송대 성리학의 정통을 계승한 점에서 차이를 보인다. 육학은 공·맹이래 면면히 내려와 송대 주돈이와 정호·정이·장재 등과 주자에 의해 확립된 성리학 본연의 자세를 재확립하는데 도움을 주었다. 오징의 사상은 육상산의 심학을 받아들인 것이지만, 그 뿌리는 주돈이와 소옹邵雍에 맥이 닿고 있다. 그는 주돈이와 소옹을 매우 높이 평가하였는데, 그들은 모두 성리학 내에서 내성內省주의와 심학에 치중한 공통점을 지녔다. 주륙절충론은 오히려 '도문학'으로 흘러 자칫 일상적 인륜 규범의 형식주의에 빠질 위험성을 가진 성리학이 '존덕성尊德性'의 도덕적 진정성을 보강함으로써, 내적인 균형을 유지하게 하였다. 즉 주륙절충 사상경향은 허형으로 대표되는 원대 성리학이 관학화하는 폐단을 시정하기 위한 일환으로 나타났다.[214]

오징은 그의 제자 우집虞集과 더불어 도통론道統論을 주장하였는데, 이는 원대 성리학의 정통성을 내세우려는 것이다. 우집은 위료옹의 학술사상을 추모하기 위한 학산鶴山서원을 재건하는데 주동적인 역할을 맡았다. 위료옹은 1220년(고종 7년)에 정부로부터 주돈이·정호·정이·장횡거張橫渠 등 성리학 선유先儒들에 대한 시호를 받아내었다. 주륙절충론을 계승하면서 도통론을 내세운 우집의 사상은 남송 이래 면면이 내려오는 성리학의 전통을 계승하였으며, 구체적으로는 위료옹을 통해 소동파蘇東坡와 연결이 가능한 촉학蜀學의 전통을 이어받은 것이다. 우집의 사상은 허형과 그 제자들에 의해 추진된 성리학의 관학화와는 일단 거리를 두

---

214 이범학, 위의 논문(『한국학논총』 30, 717~725쪽).

면서도 경세주의를 어느 정도 유지하였고, 심학적 바탕을 내세워 송대 이후 자유롭고 창조적인 강학정신을 계승시켰다.[215]

오징의 초려草廬학파와 허형의 노재魯齋학파 외에 원대 성리학의 대표적 학자는 유인劉因이다. 『사서정요四書精要』 및 『소학사서어록小學四書語錄』을 저술한 그는 하북성河北省 용성현容城縣 사람인데, 조복趙復으로부터 성리학을 전수받았으나 노재학파와는 다른 학맥인 정수靜修학파를 형성하고 있었다. 유인은 일찍이 제갈공명諸葛孔明의 '정이수신靜以修身'을 애독하여 좌우명으로 삼았다. 그의 성리학은 정거靜居하면서 수신修身할 것을 내세웠기 때문에, 허형의 성리학을 이은 조정의 관료들로부터 환영을 받지 못하였다. 1289년(충렬왕 15년)에 그는 승덕랑承德郎에 임명되었으나 어머니의 병환으로 사임하고는 고향으로 돌아갔으며, 1291년에는 집현학사集賢學士를 제수받았으나 고사하였다. 자연히 원에 벼슬하기보다는 은둔하였으며, 그의 학통은 초려학파나 노재학파만큼 후세에 번성하지는 못하였다.

나) 신진사대부의 성리학 수용

합리주의를 표방한 유교적 정치이념은 이미 고려초기에도 나타났다. 최승로崔承老의 시무 28조는 불교를 비판하면서 유교적 정치이념에 의해 국가체제를 정비하려는 것이다. 고려중기에 오면서 유교가 철학적 이념을 갖추기 시작하였다. 최충崔沖은 고려 유교에 그러한 새로운 기운을 불어넣는 선구적 유학자이다. 이후 송의 태학에 수학하고는 빈공과賓貢科에 급제한 권적權適이나 송에 사신으로 왕래한 김인존金仁存·김부의金富儀 등은 성명性命도덕을 언급하였다. 그러나 유학이 성명철학으로 성립된

---

215 이범학, 「虞集(1272~1348)의 道統論과 蜀學」(『한국학논총』 28, 2006, 186~196쪽).

주자학을 도입하기 시작한 것은 고려후기에 가서야 가능해졌다. 초기 성리학의 전래에 공헌한 사람은 역시 안향安珦과 백이정白頤正·우탁禹倬·권부權溥 등이다.

안향이 성리학을 도입하였다는 명확한 기록은 잘 찾아지지 않는다. 다만 그는 고려에 신유학이 정착하는데 공헌한 인물임은 분명하다. 그는 김문정金文鼎을 원에 보내어 공자 및 70인 제자의 초상화와 6경이나 여러 자사子史의 서책을 구해오게 하였으며, 섬학전贍學錢을 설치하고 국학을 수리하여 유생들로 하여금 경서를 읽게 하였다. 만년에는 주자의 초상화를 걸어두고, 그의 호인 회암晦庵을 따서 자신의 호를 회헌晦軒이라 하였다. 이렇듯 안향이 주자를 사모한 것은 1289년(충렬왕 15년)에 원에 갔다가 이듬해 귀국할 때까지 성리학에 접했기 때문에 나타났다고 추측된다.

『고려사』에는 안향과는 달리 백이정이 성리학을 처음 전한 인물로 기록되었다. 정주程朱의 학문이 중국에서 비로소 보급되기 시작하여 아직 고려에까지는 미치지 못하였는데, 백이정이 원에 있으면서 그것을 배워 돌아오니 이제현李齊賢과 박충좌朴忠佐가 먼저 사사師嗣하였다[216]고 한다. 그런데 권부와 우탁도 고려에 성리학을 비로소 알리는 것처럼 기록되었다. 다음을 참고해 보기로 하자.

① 程傳이 처음으로 우리나라에 전해지자 능히 해독하는 자가 없었는데, 우탁이 문을 닫고 한 달 넘게 전심으로 연구하여 드디어 해독하고는 학생들에게 교수하였다. 이리하여 理學이 비로소 우리나라에 알려지게 되었다.[217]

② 일찍이 주자의 『四書集註』를 조정에 추천하여 간행시킴으로써, 우리나라의 성리학은 권부로부터 번창해졌다.[218]

---

216 『고려사』 권106, 열전 19, 白文節 附 頤正전.
217 『고려사』 권109, 열전 22, 禹倬전.

우탁이나 권부가 원에 가서 주자학을 직접 접한 것으로 기록되지는 않았으나, 이미 국내에 들어와 있던 성리학 서적이나 『사서집주』를 해독하고 간행한 것이 우리나라에 성리학이 처음으로 알려지거나 번창하게 되는 계기로 기록되었다.

고려사회에 성리학은 누구에 의해서라고 특정하여 지적하기 어려울 정도로 서서히 알려져 있었음이 분명하다. 다음 내용은 이런 면을 추측하게 한다.

> 神孝寺의 堂頭인 正文은 나이가 80세인데도 『논어』·『맹자』·『시경』·『서경』을 잘 강론하였는데, 유학자인 安社俊에게서 배웠다고 한다. 전에 한 선비가 송나라에 들어가 荊公(王安石)이 金陵으로 물러났다는 말을 듣고 그 곳으로 찾아가 『毛詩』를 배웠는데, 7대를 전하여 사준에게 이르렀다. 그러므로 『시경』은 왕안석이 해설한 것을 쓰고, 『논어』와 『맹자』·『서경』의 해설은 모두 朱子章句와 蔡氏傳에 실린 것이었다. 당시에 주자장구와 채씨전이 우리나라에 들어오기 전이었는데, 사준은 어디서 그 해설을 얻었는지 알 수 없다.[219]

신효사神孝寺의 승려 정문正文과 유학자 안사준이 주자가 해설한 『논어』나 『맹자』 또는 『서경』을 구해보고는, 성리학에 대한 식견을 가지고 경전을 강론하고 있었다. 물론 이 기록은 이제현 자신도 알 수 없는 것이라 하여 의심스러운 여지를 남겼다. 그렇지만 꼭 누구에 의해서라기보다는 고려사회에 성리학이 점차로 알려지게 되었음을 이해시켜 주기에는

---

218 『고려사』 권107, 열전 20, 權旺 부 權溥전.

219 李齊賢, 『櫟翁稗說』 前集 2, 國家伐叛耽羅조에 "嘗見神孝寺堂頭正文 年八十善說語孟詩書 自言學於儒者安社俊 昔一士人入宋 聞荊公退處金陵 往從之受毛詩 七傳而至社俊 故詩則專用王氏義語 孟及書所說 皆與朱子章句 蔡氏傳合當 是時二書 未至東方 不知社俊 何從得其義"라고 하였다.

충분하다. 안향과 백이정이 원에 들어가 성리학에 접하였다면, 우탁과 권부는 국내에 있으면서도 성리학적 지식을 충분히 습득하였다.

이제현은 백이정이 충선왕을 따라 원에서 성리학 관계의 서적을 많이 구해서 돌아왔으며 또한 장인인 권부가 『사서집주』를 얻어다가 판각하여 널리 전한 사실을 지적하면서도, 이에 앞서 안향이 유학을 크게 일으켰다고 명기하였다. 이러한 점은 이제현이 흥학興學의 주인공인 안향을 백이정과 권부로 이어지는 성리학 도입의 계보와 연결시킨 것으로 이해된다.[220] 그리하여 조선후기에 편집된 안향의 유문집遺文集인 『매헌실기晦軒實記』에는 그가 성리학을 받아들여 국학의 학생들에게 익히도록 권하였으며, 백이정과 우탁 및 권부 등은 안향의 제자로 기록되었다.[221] 이제현뿐만 아니라 안축安軸이나 최해崔瀣도 안향이 성리학을 후학에게 전수하였다고 칭송하였다. 이로 미루어 보아 안향은 고려에 성리학을 받아들여 보급한 인물로 보아 타당할 것이다.[222]

원에서 귀국하는 1290년(충렬왕 16년)을 전후한 시기에 안향은 성리학을 백이정과 우탁·권부 등에게 전수하기 시작하였지만, 이미 남송의 주자 성리학이 들어와 이해되고 있었다. 원과의 잦은 교섭은 고려 성리학의 이해 수준을 넓히는 계기가 되었다. 충숙왕에게 왕위를 물려준 충선왕은 1313년(충선왕 5년) 연경에 있으면서 만권당萬卷堂을 신축하여 원과 고려의 유학자들을 교류하게 하였다. 당시 만권당에는 원의 저명한 유학자인 염복閻復·요수姚燧·조맹부趙孟頫·우집虞集·원명선元明善 등이 초청

---

220 이제현, 위의 책, 국가벌반탐라조.
또한 이제현, 『益齋亂藁』 권9 下, 安謙齋眞讃 序에 "安文成公 爲世儒宗"라고 하여 문성공 안향을 당대 유학의 宗匠이라고 칭송하였다.
221 金性溵, 『東國文獻錄』(儒林편, 木版本, 1804).
222 변동명, 「고려후기 성리학의 수용과 그 주도계층」(앞의 책, 23~28쪽).

을 받아 머물고 있었는데, 이들의 영향을 받은 이제현은 고려의 성리학이 깊이 이해되는 계기를 마련하였다.

당시에 요수 등은 이제현을 칭찬하였다. 뿐만 아니라 이제현은 우집의 주장을 반박하는 등 성리학을 비판적으로 수용하였다.[223] 만권당에는 원대 성리학을 대표하는 오징과 허형의 문하가 모두 출입하고 있음이 흥미롭다. 우집과 원명선은 오징의 제자이며, 조맹부 또한 오징과 비슷한 사상경향을 가진 인물이다. 즉 그의 스승인 정거부程鉅夫는 오징과는 동학으로 쌍봉학파雙峰學派를 이룬 요로饒魯의 제자인 정약용程若庸에게서 배웠다. 이들은 주륙절충론적인 사상경향을 가졌고, 성리학이 조정에 수용되어 관학화하는 데에 소극적인 입장을 취했다.

반면 요수는 삼촌인 요추의 가르침을 받고는 뒤에 소문蘇門에 은거해 있는 허형의 제자가 되었다. 허형 또한 요추로부터 배웠기 때문에 요수는 허형과 동학인 동시에 문인인 셈이다. 1235년(고종 22년) 몽고의 태종이 남벌南伐할 때에 양유중楊惟中을 따라 종군한 요추는 송의 명유名儒 조복을 구하고는 그로부터 성리학을 전수받았으며, 실제로 원 조정에 깊이 참여하여 시폐를 개혁하려는 30조를 올렸다. 이렇듯 요수는 원대에 관학화된 허형의 성리학의 전통을 계승하였다. 그 외 염복은 이와는 다소 경향을 달리하는 강화康曄의 제자이지만, 한림학사翰林學士와 집현학사集賢學士를 역임하면서 1297년(충렬왕 23년)에 강남江南의 공전公田에 대한 조세를 가볍게 하는 개혁에 직접 관여하였다.

만권당에는 독특한 사상경향을 이룬 원대 성리학의 중요한 학파가 서로 교류하고 있었던 셈이다. 이제현은 현실적으로 고려국가의 개혁을 목

---

223 이제현, 『역옹패설』 전집 1, 本朝經世大典조에서 우집의 저술인 『경세대전』에 대해 고려국가와 관련된 사실이기는 하지만, 잘못된 부분을 반론하고 있다. 또한 그 반박 내용은 정치의 명분에 관한 것이다.

도한 때문에 요수나 염복 등의 격물치지를 내세우는 경세적인 성리학에 관심을 더 나타내었을 지라도, 기본적으로는 원대 성리학의 사상경향을 모두 이해하려고 하였다. 이러한 바탕 위에 충숙왕대 이후부터는 고려의 사대부들이 원의 빈공과에 응시하여 급제자가 속출하였다.[224] 이는 또한 주자 성리학의 입장에서 경전을 해석할 수 있어야 가능한 것이다. 그리하여 1344년(충목왕 즉위년)에는 사서가 과거의 고시 과목으로 채택되기에 이르렀다.

고려의 성리학을 보급하는데 기여한 이제현은 장인인 권부를 지공거로 과거에 급제하였으며, 이후 스스로도 두 번의 지공거를 역임하였다.[225] 이 시기에는 유학자들이 좌주座主와 문생門生 관계로 서로 교유하면서 성리학을 수용하였다. 이곡과 그의 아들 이색이 모두 이제현을 좌주로 모시고 있음은 이런 면을 사실적으로 보여준다. 성리학자로 박충좌朴忠佐를 비롯해서 최해 · 안축 · 민지閔漬 · 윤택尹澤 · 최문도崔文度 · 이곡李穀 · 안보 · 백문보白文寶 · 이인복 · 이색 등이 활동하고 있었다. 특히 1367년(공민왕 16년)에 이색이 성균대사성成均大司成이 되어 성균관을 중영重營하면서 성리학은 보다 넓게 보급되어 갔다. 그는 생원을 증원하고 경학經學을 교수하기 위해 김구용金九容 · 정몽주鄭夢周 · 박상충朴尙衷 · 박의중朴宜中 · 이숭인李崇仁 등을 교관으로 선발하였다. 이들이 성리학을 통하여 고려후기 사회의 개혁을 주도하였으며, 비슷한 시기의 정도전이나 권근 등도 이색의 문인으로서 성리학을 사상적으로 심화시키는데 주도적인

224 고혜령, 「고려후기 사대부의 성리학 수용」(앞의 책, 101쪽)에서 원의 빈공과 급제자로 安震 · 최해 · 安軸 · 趙廉 · 李穀 · 辛裔 · 李承慶 · 李仁復 · 安輔 · 尹安之 · 이색 · 李天冀 · 李升彦 · 崔彪 · 李舒 등을 들었다.

225 1301년(충렬왕 27년)에 권보와 趙簡을 지공거로 급제한 이제현은 1320년(충숙왕 7년)과 1353년(공민왕 2년)의 두 번에 걸쳐 지공거를 역임하였다.

역할을 담당하였다.

2) 고려후기 성리학의 경향

(1) 경사학經史學의 이해

고려중기에 『삼국사기』를 비롯한 역사서가 이미 편찬되어 있었고, 무신란 이후에는 민족문화의 토착적 전통을 강조하려는 성격의 역사서가 광범하게 편찬되었다. 그런가 하면 최충이 유학을 부흥시킨 이후 경전에 대한 이해도 꾸준히 넓혀져 왔다. 고려후기에 성리학이 전래되면서 경전과 함께 역사서에 대한 이해를 증진시키는 분위기가 고조되었다. 1296년(충렬왕 22년)에는 경사교수도감經史教授都監을 설치하여 한 가지 경전에 통달한 자나 한 가지 기예技藝를 익힌 자를 우선적으로 선발하여 임용하도록 하였다.[226] 물론 여기서의 기예는 단순한 기술이라기보다는 역사서에 대한 이해를 포함한 것이다. 1370년(공민왕 19년)에는 과거에서 경서에 밝고 고대의 역사와 현재의 시무에 통달한 자를 뽑았다.[227]

1345년(충목왕 1년)에 경사도감의 제주提調로 임명된 이제현은 성리학의 보급에 크게 기여하였는데 실제로 역사서를 편찬하였다. 이제현과 마찬가지로 연경에 들어가 원의 성리학자와 넓게 교류하는 이곡도 1317년(충숙왕 4년) 예비 과거에 합격한 이후 경전과 역사서를 깊이 연구하였다.[228] 이렇듯 성리학을 수용한 사대부 관료들이 경전은 물론 역사서의 이해에도 관심을 가졌는데, 공민왕도 한림원에 명령하여 『상서尙書』와 함께 역대의 사기史記를 올리라고 하였다.[229] 공민왕은 특히 『상서』의 무일

---

226 『고려사』 권31, 충렬왕 22년, 1월 甲申조.
227 『고려사』 권42, 공민왕 19년, 6월 辛巳조.
228 『고려사』 권109, 열전 22, 李穀전.

편無逸篇을 강조하여 20여벌을 베껴 써서 좌우명으로 걸어두고, 나머지는 신하나 제상들에게 나눠주기도 하였다. 아울러 이제현이나 밀직제학密直提學을 지낸 전대유田大有에게 명하여 그것을 강의하게 하였다.

주공周公이 조카인 성왕成王에게 안일하지 말 것을 조언한 무일편은 왕의 근면과 성실한 노력을 주로 강조하여,[230] 생산과 노동을 담당하는 백성들의 고통을 체험하고 그 어려움을 깨닫게 하려는 것이다. 공민왕의 『상서』 무일편에 대한 관심은 반원정국을 이끈 당시의 정책과도 연관되었겠지만, 경전을 중요시하는 사대부 관료들의 유학에 대한 관심과도 연결되었을 것이다. 때문에 우왕은 서연에서 『대학』과 『시경』의 내용을 읽거나 질문하면서, 유학 관료들이 경서에 능통한 사실을 언급하였다.[231] 실제로 당시에는 많은 경전이 들어와 있었다. 충숙왕 때에 권부는 이진李瑱·권한공權漢功·조간趙簡·안우기安于器 등과 함께 성균관에 모여서 새로 구입한 책을 살피고는 경학經學시험을 치르게 하였다.

성균제거사成均提擧司에서 유연柳衍과 유적兪適을 중국에 보내어 서적을 구입하게 하였는데, 마침 풍랑을 만나 유연만이 살아남았다. 그는 태자부太子府의 장군으로 남경에 체류 중이던 홍약洪瀹으로부터 자금을 얻어, 경적經籍 10,800권을 구입하여 돌아왔다.[232] 뿐만 아니라 원 왕실은 홍약의 요청으로 송나라 비각秘閣의 장서 1,700권을 고려로 보내주었다. 그런데 성리학이 퍼지고 있던 시기에 사서의 편찬 또한 왕성하게 이루어졌

---

229 『고려사』 권39, 공민왕 8년, 6월 乙亥조.

230 『고려사』 권46, 공양왕 3년, 3월 甲辰조에 "書云 愼乃儉德 惟懷永圖"라고 하였다. 方士良이 時務 11조를 올리면서 『서경』의 상기한 내용을 인용하고는, 근면과 검박·사치·나태 등에 따라 길흉과 흥망이 결정된다고 하였다. 그리하여 검소한 것을 숭상하고 부화한 것을 물리쳐야 한다고 주청하였다.

231 『고려사』 권133, 열전45, 辛禑 1년, 12월 丙戌조.

232 『고려사』 권34, 충숙왕 1년, 6월 庚寅조.

는데, 주로 사대부 관료들이 편찬사업에 적극 참여하였다. 일찍부터 고려는 실록은 물론 역사서의 편찬에 힘을 쏟아 왔지만, 원복속기에 누적된 폐단을 개혁하려거나 혹은 그러한 개혁정치로 중흥의 시대를 표방하려는 것이 사대부들의 역사편찬 의식으로 표출되었다.[233]

이미 충선왕은 민지를 시켜 『편년강목編年綱目』을 편찬하였는데, 충목왕은 이제현 · 안축 · 이곡 · 안진安震 · 이인복李仁復 등에게 그것을 보충하여 찬술하게 하면서, 아울러 충렬왕 · 충선왕 · 충숙왕의 삼대三代실록을 편찬하게 하였다.[234] 민지는 1314년(충숙왕 원년)에 권부와 함께 역대 왕의 실록을 편찬하였으며, 이인복은 1357년(공민왕 6년)에 『고금록古今錄』을 편수하였다.[235] 또한 이제현은 백문보 · 이달충李達衷 등과 더불어 『국사』를 편찬하였으며, 공민왕은 이인복과 이색에게 『본조금경록本朝金鏡錄』을 증수增修하게 하였다. 이제현이 찬술한 역사서는 현재 대부분 산실되었지만 조선시대에 편찬한 『고려사』가 대부분 그의 사찬史贊을 실었으며, 『익재난고益齋亂藁』 속에 태조에서 숙종조까지의 기년紀年이 남아 전한다. 아울러 『역옹패설櫟翁稗說』도 이제현의 역사관련 저술로 알려져 있다.

경전과 함께 사서를 아울러 이해하려는 경향은 성리학의 보급에 능동적으로 작용하였다. 경사에 통달하고는 역학에 대한 심오한 지식을 가진 우탁은 성리학 관계의 저술을 스스로 해독하여 깨쳤다. 성리학이 보급되면서 이러한 경향은 보다 일반화되어갔다. 다음 내용을 참고해 보기로 하자.

① 측근의 관료로 하여금 강의하고 연구하게 하여 經學의 대의와 이치의

233 변동명, 「고려후기 성리학 수용계층의 史書編纂운동」(앞의 책, 134~135쪽).
234 『고려사』 권37, 충목왕 2년, 10월 庚申조.
235 고려중기에 이미 朴寅亮이 찬술한 『古今錄』이 있었다(『고려사』 권95, 朴寅亮전). 그 외에도 元傅 · 許珙 · 韓康 등이 찬술한 『고금록』도 있었다(『고려사』 권29, 충렬왕 10년, 6월 丙子조).

大宗을 통달하게 하고, 이를 통해서 고금의 정치가 잘 다스려지거나 어지러워진 변화를 관찰하도록 하여, 예의에 맞지 않으면 보지 말고 또한 듣지도 말하지도 행동하지도 마십시오.[236]

② 論語를 읽을 때에는 언제나 여러 제자들이 물은 것을 자신이 직접 물은 것처럼 하고, 夫子의 말을 오늘날 귀로 듣는 것처럼 여겨야 한다. 또 史書를 읽을 때에는 어떤 사건이 전개되는 기로에서 자신이 마치 그런 경우에 처한 듯이 하여, 어떻게 하는 것이 옳고 어떻게 하는 것이 옳지 않는 가를 판단한 뒤에야 보탬이 되는 것이다. 先儒들도 대개 이와 같이 論하였다.[237]

권근은 우왕에게 경학에 통달하면서 고금의 정치가 잘 다스려지거나 어지러워진 변화를 관찰하도록 주청하였다. 잘 다스려졌거나 어지러워졌는지에 관한 고금 정치의 변화를 관찰하는 자체는 역사를 이해하려는 것이다. 즉 권근은 경학과 함께 바로 역사를 이해해야 한다고 하였다. 그리하여 예의에 맞게 행동하도록 강조하고, 예의에 맞지 않으면 보지도 듣지도 말하지도 말라고 하였다.

권근보다는 이제현이 보다 분명하게 경전과 역사서를 같이 이해할 것을 주장하였다. 『논어』를 위시하여 경전에 나오는 스승과 제자의 문답은 마치 자신이 묻고 답을 듣는 것과 같이 하고, 사서를 읽으면서 역사 현장의 고비에서 실제로 자신이 처해 있다고 가정하고는 어떻게 하는 것이 옳고 그름을 판단하게 하였다. 이러한 사상경향은 이미 선유先儒들이 가진 것이다. 그렇지만 일반 유학이라기보다는 주자 성리학이 경사학을 중시하는 경향을 가졌다. 고려후기에는 주자가 주석한 경서가 널리 보급

---

236 『고려사』 권107, 열전 20, 權旺전 附 權近전.

237 이제현, 『익재난고』 권9 하, 策問조에 "讀論語 每以諸弟子所問 作己問 而以夫子之言 作今日耳聞 其讀史 亦於君臣之際 事機之會 以身處之 如何而可 如何而不可 然後 方有所益 先儒蓋有此論矣"라고 하였다.

되어 있었다. 이미 권부는 주자의 『사서집주四書集註』를 출판하여 보급하였거니와 그의 아들 권준權準과 함께 효자 64명의 행적을 수집하고는 사위인 이제현으로 하여금 『효행록孝行錄』을 저술하게 하였다.

『효행록』의 저술은 사대부 관료들의 일상에 성리학이 광범하게 퍼져 있었음을 짐작하게 한다. 고려후기의 경서는 대부분 주자집주였는데, 정몽주는 그것을 유창하게 강론하였다. 주자집주에 의한 경서의 이해는 성리학의 도통道統을 세우는데 유익한 것이다. 도통론은 송대宋代에 걸쳐 불교나 도교와 일정한 선을 그으면서, 유학 내에 성리학이 다른 학파와 구분하여 정통성을 확보하려는 과정 속에서 성립되었다. 그리하여 원대에는 오징吳澄이나 그 제자인 우집虞集 등에 의해 주돈이에서 정호·정이·장재張載·주자 등으로 이어지는 도통을 마련하였다.[238]

정몽주는 불교를 이단으로 배척하면서, 염락濂洛 즉 주돈이에서 정호와 정이로 이어지는 성리학을 내세웠다. 또한 정도전 역시 『불씨잡변』 등을 지어 불교를 배척하는가 하면, 주돈이에서 정호나 정이로 이어지는 주자학을 제창하여 이단의 학설을 배척하였다.[239] 이 때 그가 배척한 이단의 학설은 사장詞章에만 힘쓰는 유학의 다른 경향이었다. 실제로 정도전은 선배였지만 이단의 학설을 내세운 소식蘇軾을 질책한 주자에 대해 정당하다고 공경하였다. 이는 그가 이성계의 폐가입진廢假立眞을 내세우면서 고려왕조를 압박하고 있을 당시에, 우왕을 옹립한 이색이나 우현보를 공격하려는 의도를 담은 것이다. 그리하여 도통론이 당대의 정세와 맞물려 치통治統으로 등장하고,[240] 정통론이나 명분론으로 나아가고 있음

238 이범학, 「虞集의 道統論과 蜀學」(『한국학논총』 28, 186쪽).

239 『고려사』 권119, 열전 32, 鄭道傳전.

240 이범학, 「魏了翁(1178~1237)의 經世理學과 道統論 -道統과 治統의 合一-」(『한국학논총』22, 1999, 145~쪽).

이 흥미롭다.

진덕수眞德秀나 위료옹魏了翁과 더불어 주자 이후 남송의 성리학을 대표하는 황진黃震은 육상산의 심학에 대해 맹공을 가함으로써, 경세적 학풍을 진작시킴과 동시에 의리義理사학을 강조하면서 『춘추』를 중시하였다.[241] 성리학의 경사적經史的 학풍은 자연 의리사학으로 이어지며, 경전이면서도 역사서인 『춘추』를 내세우거나 혹은 『소학』이나 『대학』을 강조하기도 한다. 다음 내용은 고려후기의 경사학이 『춘추』의 의리를 내세우는 사실을 이해하게 한다.

① 처음에 이제현이 史書를 읽다가 則天紀에 이르러 말하기를 "어찌 周나라 후손에게 당나라의 日月을 맡기리오"라고 하였다. 성리학자로 朴忠佐를 비롯하여 최해 · 안축 · 민지 · 尹澤 · 崔文度 · 이곡 · 안보 · 白文寶 · 이인복 · 이색 등이 활동하고 있었다. 후에 『朱子綱目』을 읽고 스스로 자신의 학문이 옳았다는 것을 證驗하였다.[242]

② 사람의 君父로서 春秋의 大義를 모르면 惡의 괴수라는 이름을 뒤집어쓰게 되고, 신하로서 춘추의 대의를 모르면 簒弑의 죄명을 쓰게 된다는 것은 이를 이름이다.[243]

이제현의 사상이 경사학적 경향을 지녔는데, 이는 당시 고려 성리학의 일반적인 모습일 수 있다. 『주자강목』의 입장에서 경학을 이해하고, 그런 바탕에서 역사를 파악하려는 것이다. 자연히 무주조武周朝를 비정통으로 파악하려는 의리사학이 성립하였고, 『춘추』의 대의명분이 중시되었다. 정도전은 『춘추』의 대의를 정통과 찬역의 논리에서 파악하였는데,

241 이범학, 「黃震思想의 經世的 성격」(『한국학논총』 25, 2003, 150~154쪽.

242 『고려사』 권110, 열전 23, 이제현전.

243 『고려사』 권119, 열전 32, 鄭道傳전.

이런 경향은 고려후기 성리학을 수용한 혁신적인 사대부 관료들에게 공공연하게 포용되었다. 위화도 회군 이후 성리학을 수용한 혁신 사대부 관료들이 폐가입진의 명분론을 내세운 속에도 온건 사대부들은 고려왕실의 정통을 고수하려는 입장을 취하기도 하였다.

고려후기에는 수신을 위주로 한 『소학』에 대한 관심이 나타났겠지만, 『대학』을 통한 중용에 대해서도 유념하였다. 명분론에 입각하여 4백년간 지속된 왕업을 일시에 폐절廢絶시켜 종묘와 제사가 끊어지게 해서는 안 되며, 중용의 교훈으로 나라는 그 나라대로 사람은 그 사람대로 맡은 바를 따라 유지시켜야 한다.[244] 고려는 태조 왕건의 사직이기 때문에 토지와 백성은 선왕으로부터 받은 것이니 후대의 임금이 사사로이 남에게 넘겨주지 못한다. 그런데 공민왕이 태조의 왕위와 백성을 사사로이 역적인 신돈의 아들에게 넘김으로써, 왕씨王氏의 종묘와 제사가 끊어졌다는 것이다. 정도전은 공민왕이 우왕을 자신의 아들로서 등극시킨 사실에 대해 『춘추』의 대의명분에 의거하여 논리적으로 공격하였다. 고려후기에 수용된 성리학은 경사학적 경향을 가지면서 『춘추』의 대의와 명분을 중시하고 정통론을 내세우는 성격을 가졌다.

(2) 경세학經世學에 대한 안목

송대의 성리학은 육상산의 심학에 대해 강한 대결 의식을 보이면서도 박학博學과 실천 및 궁행躬行을 중시하는 경세학적 경향을 지녔다. 특히 황진은 주자로부터 비속하다고 폄하되었던 사공파事功派의 영향을 받아 병무兵務와 이재理財 또는 민생民生에 관한 실무 지식을 지녔을 뿐만 아니라 성리학을 경사학과 결합시킴으로써 의리관념을 계승시켜 정론적政論的

---

244 『고려사』 권110, 열전 23, 이제현전.

성격의 사상체계를 성립시켰다.[245] 이미 송대에 관학화의 길로 들어섰던 성리학은 원대에 급속하게 관학화됨으로써 경세학이나 심학적인 양명학 등으로 나뉠 수 있는 계기를 마련하였다.

원대 성리학과 부단히 교류하면서 고려사회에 도입된 성리학은 경세적 성격과 수기치인적修己治人的인 성격을 갖춘 경세제민經世濟民을 실현하려는 사상경향을 지녔다고 이해하기도 한다.[246] 고려후기 성리학이 경세적 성격을 갖지만, 그 바탕에는 송대 이후 원대에 이르기까지 주류를 이룬 주륙절충적 사상경향이 내재되어 있었다. 다음 내용을 참고해 보기로 하자.

> ① 鄭夢周가 진언하기를 "儒者의 道는 모두 日用平常의 일(事)로써 음식이나 男女, 사람에게 같은 것인 바, 理가 존재하게 된다. 堯舜의 도 역시 理에서 벗어나는 것이 아니다. 動靜과 語黙이 정당하게 되는 것은 바로 요순의 도이며, 지극히 고상하거나 행하기 어려운 것이 아닙니다"라고 하였다.[247]
>
> ② 李穡이 극히 칭찬하여 말하기를 "鄭夢周는 理 및 橫說과 竪說을 論하고는 理에 합당한 것이 아닌 것이 없다"라고 하면서, 그를 우리나라 성리학의 창시자로 추대하였다.[248]

정몽주는 성리학의 이理에 대해 언급하였는데, 유자의 도나 요순의 도를 지극히 고차원의 것이 아닌 행하기 쉬운 일상이나 평상의 도라고 하였다. 일상의 사事가 즉 평상의 도에 불과한 것이며, 그 내에 남녀나 모든 사람에게 동일하게 존재하는 이理가 있다.

---

245 이범학, 「黃震 思想의 經世的 성격」(『한국학논총』 25, 2002, 154~156쪽).
246 변동명, 「受容初期 성리학의 성격과 수용의 動機」(『고려후기 성리학수용연구』, 74쪽).
247 『고려사』 권117, 열전 30, 鄭夢周전.
248 위의 열전.

그는 평상의 도를 지키는 것 자체를 이理로 이해하였으며, 이러한 평범한 일상(事)을 떠나 도를 구할 수는 없다고 하였다. 따라서 정몽주는 친척을 하직하고 남녀 사이를 끊으며, 현실 세상을 떠나 공空을 관觀하여 적멸寂滅하는 것을 종宗으로 삼는 불교를 평상의 도라고 할 수 없기 때문에 이를 배척하였다. 그의 성리학은 이理에 대한 인식을 기본으로 하지만, 평상의 도 즉 일상(事)에 대한 이해를 강조하였다. 일상(事)과 이理를 불교의 사事와 이理로 연결시키면서 성리학에 대한 이해로 이끄는 것은 다소 무리일 수 있다. 그러나 이색이 정몽주를 칭찬하는 내용은 매우 시사성을 준다. 왜냐하면 정몽주는 이理를 논하면서 함께 불교 논리인 횡설橫說과 수설竪說을 언급하였기 때문이다.

횡설과 수설은 불교의 법계관法界觀 논리에서 추구된 사事와 이理로 연결이 가능하다. 즉 횡설은 수진법계竪盡法界를 이르는데 사事로, 수설은 횡진법계橫盡法界를 이르는데 이理로 이어질 수 있는 것이다. 일찍부터 화엄사상에서는 사와 이의 무애를 추구하는 논리가 발달했는데, 사실 성리학은 그것을 각각 기氣와 이理로 변용하여 논리체계를 성립시켰다. 다만 성립할 당시의 송대 성리학은 이학理學이 중심을 이루었으나, 주자에 의해 '도문학道問學'의 입장을 강조하였다. 이후 성리학은 이학理學과 경세술을 절충하는 주자의 '전체대용全體大用'의 사상으로 체계화되었다.[249] 그리하여 경세이학經世理學으로 성립된 성리학이 기氣를 표면적으로 내세우지는 않았지만, 사공파事功派를 성립시키는가 하면, 후에는 장재張載의 기氣철학이 등장하여 명청 때의 사상에 큰 영향을 주었다.[250]

위의 기록만으로 횡설과 수설의 더 자세한 내용을 밝히기는 어려우나,

---

249 이범학, 「眞德秀 經世理學의 성립과 그 배경」(『한국학논총』 20, 1997, 175쪽).
250 이범학, 「張載의 氣論과 明·淸思想」(『한국학논총』 19, 1996, 223~225쪽).

정몽주가 이학과 함께 그것을 논하고 있음은 중요하다. 평상의 도를 이理로 연결시키면서도 일상을 살피는 태도는 성리학의 경향을 이해하는데 도움을 준다. 다음 내용을 참고해 보기로 하자.

① 祭酒 田淑蒙이 이미 師傅가 되었으니, 다시 어진 선비 2명을 가려서 숙몽과 함께 『孝經』·『논어』·『맹자』·『대학』·『中庸』을 강의하게 하여 格物致知와 誠意正心의 道를 익히게 하고, 또한 귀족의 자제 중에서 正直하고 謹厚하여 학문을 좋아하고 예의를 사랑하는 자를 10명 정도 선발하여 侍學으로 삼아 좌우에서 보조로 지도하게 하였다.[251]

② 이려운 것을 용이한 것으로 바꾸기 위하여 利用厚生의 대책을 강구하였다. 즉 창고는 흉년을 대비하기 위해 설치한 것이며, 鹽稅는 옛 사람들도 시행하였던 것으로 백성들에게 거두어도 폐해가 없다.[252]

이제현은 전숙몽으로 하여금 『효경孝經』·『논어』·『맹자』·『대학』·『중용』 등의 경전을 가르치게 하면서 격물치지格物致知를 내세웠다. 이는 그가 연경의 만권당에서 원의 성리학 관료들과 교류하면서 유념하였던 것이기도 하다. 특히 그것이 이용후생을 실천하기 위한 대책으로 나타나고 있음은 중요하다. 창고나 염세鹽稅에 대한 시책이 바로 이와 연관하여 논의되었다. 때문에 이제현은 경계經界로부터 옳은 정치를 시작해야 한다고 하였다. 토지의 구획이 고르면 곡록穀祿이 평등하게 된다는 것이다.[253] 이어 정전井田이나 십일세법十一稅法을 언급하면서 개국하여 400년

---

251 『고려사』 권110, 열전 23, 이제현전.
같은 내용이 이제현, 「上都堂書」(『益齋集 拾遺』)에도 나와 있다.

252 『고려사』 권34, 충숙왕 원년, 正月 甲辰조.

253 이제현, 『익재난고』 권9 하, 策問조에 "仁政必有經界始 經界不正 井地不均 穀祿不平 經界旣正 分田制祿 可坐而定也"라고 하였다.

이 지나면서 흐트러진 고려의 법제를 개혁하고자 하였다.

충선왕의 즉위교서를 위시한 각종의 교서나 충목왕대 정치도감政治都監의 설치 등과 같이 국가제도를 개혁함으로써 사대부 관료는 성리학에 의한 정치이념을 실현하려고 하였다. 실제로 반원정책을 주도한 공민왕은 원복속기에 법제가 점차 문란해져서 많은 인재가 나오지 않음을 한탄하면서, 나라를 다스림에 있어서 문교文敎와 군비軍備 중에 하나만 없어도 안 되는 것임을 강조하였다.[254] 그리하여 유학을 장려하여 옛 제도를 정비하고자 하였는데, 이는 성리학의 이념에 의하여 당대의 제도를 개혁하려는 사대부 관료들의 의식과 연결되는 것이었다. 옛 제도는 태학에서 양로례養老禮를 거행하면서 농한기에 강무講武하는 것이었고, 당시의 성리학도 구체적으로 병선兵船을 시찰하는 병무兵務나 민생에 주력함으로써 경세적 경향을 지녔다.

이제현은 격물치지를 내세웠지만 성의誠意나 정심正心을 강조하고, 그에 따라 정직하고 근후謹厚하면서 예의를 갖추도록 요구하였다. 바로 거경居敬을 위주로 실천윤리나 덕행을 닦아야 한다는 것이다. 이제현은 후손들에게 한번 쳐다보고 세 번씩 생각하여, 불행이 있을까 경계하면서 아침저녁으로 꾸준히 노력하라는 뜻에서 자신의 자화상을 그리게 하였다.[255] 즉 항상 반성하고 성신誠愼을 중시하면서 도덕을 받들었다. 또한 권근은 공양왕에게 두려워하고 덕행을 닦으면서 일신을 반성하고, 새벽과 밤중을 가리지 않고 나라 일을 근심하여 다스리는 데에 부지런해야 할 것을 주청하였다.[256] 항상 하늘의 경고에 대해 극히 조심하면서 잠시

254『고려사』 권45, 공양왕 2년, 2월 癸亥조.

255 이제현, 『익재난고』 권9 하, 益齋眞自讚조에 "何寫 爲告爾後嗣 一覩三思 誡其不幸 早夜以勉 毋苟其幸 庶幾知免"이라 하였다.

256『고려사』 권107, 열전 20, 權呾전 附 권근전.

도 방심하지 말아야 한다는 것이다.

도덕과 예의는 귀중한 것인데, 이를 숭상하여 백성들이 인의仁義의 덕화德化를 입으면 천하가 스스로 편안하게 다스려진다. 고려후기의 성리학이 실천적인 덕행을 강조하면서 갖추어야 할 윤리 도덕 중에 가장 으뜸으로 여긴 것은 효도였다. 이제현이 『효행록』을 저술하였던 것도 성리학의 실천적 경향과 연관될 수 있다. 예의에는 효도가 포함되었겠지만, 의리와 명분이 보다 비중을 갖고 자리하고 있다. 이용후생이 제도의 개혁에 철저했다기보다는 치국의 기본이라 할 수 있는 예의를 내세우면서, 고려후기 성리학의 격물치지가 실천적인 덕행을 강조하는 방향으로 나아갔다.

3) 고려후기 성리학 수용의 의의

충선왕이 설립한 만권당을 중심으로 원의 성리학은 고려 사대부에게 폭 넓게 수용되어 갔다. 당시 원의 성리학은 초려草廬학파의 오징과 노재魯齋학파의 허형이나 정수靜修학파의 유인 등에 의해 사상경향을 달리하는 학풍을 성립시켰다. 또한 만권당에는 이들 학풍을 계승한 성리학자가 모두 머물고 있었다. 격물치지를 강조하는 허형의 관학화한 성리학이나 도통론을 내세우는 오징의 주륙절충적인 성리학 또는 정수靜修를 중시하는 실천적인 학풍은 모두 고려후기의 사대부가 성리학을 받아들이는데 영향을 주었다. 다만 원대의 성리학도 경세적 성격을 가지면서 한편으로는 의리학義理學으로 성립되어 있어서, 아직도 각각의 학풍이 서로 비슷한 성격을 더 많이 가졌다는 인상을 준다.

이제현이나 이곡 등 고려의 사대부들이 만권당을 통해 원대 성리학을 대표하는 학풍을 거의 모두 접하였지만, 고려에 정착되는 성리학이 경향을 달리할 정도의 학파를 형성시키지는 않았다. 주자집주의 경전이나 역사서의 이해를 통해서 의리나 명분론을 추구하였고, 격물치지와 이용후생의 강조는 무너진 제도를 개혁하려는 의도를 지녔으면서도 실천적인 윤리 도덕이나 예의를 내세웠다. 예의의 강조는 바로 치국을 위한 것이다. 고려후기의 성리학이 경세적 성격을 지니면서 현실적으로는 수기치인修己治人의 경향을 함께 가진 것으로 이해되었다. 바로 경세가 치인을 위한 것이기 때문이다.[257]

이제현은 전숙몽으로 하여금 『대학』과 『중용』을 강의하여 격물치지를 강조하게 했는데, 『대학』과 『중용』의 내용은 대부분 치인이나 치국과 연결된 것이다. 『소학』 또한 수기修己와 관계된 내용으로 채워져 있다. 이렇듯 고려후기의 성리학은 격물치지를 내세우지만 그 본질은 수기치인의 성향을 가졌다. 다음 내용에서 이를 이해할 수 있다.

① 날마다 將相과 대신들로 더불어 經筵을 열고, 修身理國의 도리를 강론하였을 뿐만 아니라 威儀를 갖추고 動作하는 범절에 이르기까지 조금도 과오를 범함이 없었다.[258]

② 나라를 다스리는 방도는 孝보다도 더 큰 것이 없습니다. 그런데 임금이 솔선하여 (효를) 시범하지 않고는 그 아래에서 교화되는 자가 없는 것입니다.[259]

③ 대신들을 예우하여 전에 없던 禮文을 닦고 종묘에 친히 제사를 올리니, 그 덕의와 예절로써 인도하고 다스렸다.[260]

---

257 변동명, 「수용초기 성리학의 성격과 수용의 동기」(앞의 책, 74~79쪽).

258 『고려사』 권134, 열전 47, 신우 6년, 11월조.

259 『고려사』 권46, 공양왕 3년, 5월 戊戌조.

260 이제현, 『익재난고』 권9 하, 策問조에 "大臣修曠代之禮文 躬大享於宗廟 政刑德禮 以道以齊

경연에서 성리학의 정치적 이념으로 수신리국修身理國을 강론하였다. 몸을 닦아 나라를 다스리는 방도를 구한 것이다. 이는 바로 수기치인을 가리킨다. 나라를 다스리는 도리를 수신이나 수기에서 찾는 것 자체가 치인治人과 연결된다. 나라를 다스리는 방도로써 효도를 가장 중시하였다. 이는 치인을 염두에 둔 것인데, 예의로 대하고 예문禮文을 닦음으로 덕의와 예절로 다스리게 하였다.

효도와 예의로써 다스리는 것이 바로 수기치인에 해당된다. 때문에 효와 함께 충忠이 강조되었다. 자식으로서 효도가 제일이듯이 남의 신하로서 경敬이 제일인데, 이를 어긴 이숭인李崇仁에 대해 권근이 비호하면서 불효와 불충의 기준을 제시하였다. 이는 상대적으로 효와 충의 윤리를 분명히 한 셈이다.[261] 고려후기 성리학에서는 비교적 일찍부터 효와 충이 강조되었다. 이제현도 대의를 논하면서 임금과 아버지는 인륜의 큰 본이 되며 충효는 신하와 자식의 큰 절의가 됨으로 효와 함께 충을 중시하였다.[262] 효도는 인륜의 첫째이기 때문에 예의로써 다스려야 하는 예치禮治가 강조되었다. 예의를 제정하지 않았다면 술에 취해 부르짖으면서 칼로 기둥을 치는 행패를 나무랄 수 없고, 이로 말미암아 반란에 이르지 않는다고 말할 수 없다.[263]

者"라고 하였다.

261 『고려사』 권115, 열전 28, 李崇仁전.
창왕 때에 朴天祥·河崙 등과 함께 李崇仁은 永興君 王環의 신분의 眞僞 문제를 판정하는 사건에 무고죄로 극형에 처해지게 되자 도주하였다. 이에 옥졸이 그의 아들 次若을 대신 잡아갔다 풀어주었다. 또한 그는 어머니의 3년상 중에 試官이 되었다. 이로 말미암아 그의 불효와 불충에 대한 문제가 제기되었다.

262 이제현, 『익재난고』 권9 하, 伍員蘇不韋論조에 "君父人倫之大本 忠孝人臣之大節"이라 하였다.

263 이제현, 『익재난고』 권9 하, 策問조에 "叔孫通不爲高祖 制禮儀則 醉號擊柱 孰謂其不至於叛"이라 하였다.

성리학의 도통론은 정치이념으로 수용되면서 예법禮法으로 명분을 밝히려 하였다. 공양왕은 고조 이하의 4대에게 작위와 시호를 내려 아우인 왕우王瑀를 시켜 봉사하게 하고는, 교서를 내려 "명분이 밝혀지고 효도가 세워지니 도리에 합치된다"고 하였다.[264] 예치에 대해서는 다음 내용을 통해 이해해 보기로 하자.

> ① 時政의 성과와 실패에 대해서 그리고 고금 역사상의 치세와 난세에 대하여 물어 보고 조용히 말하고 웃으면서 덕성을 함양하되, 예의에 맞지 않는 일을 하지 않으며 날마다 한결같이 근신하며 쉬는 때에도 잊지 않았다.[265]
>
> ② 정치로 선도하고 형벌로 다스리면 백성들이 죄에 빠지는 것은 면하지만 부끄러움을 모르고, 덕으로 선도하고 禮로써 다스리면 부끄러움도 알고 올바르게 된다.[266]

권근은 임금이 덕성을 닦고 근신하면서 예의에 맞게 다스릴 것을 주청하였다. 이제현도 형벌이나 법도로 다스리기 보다는 예의로 다스림으로써 백성들이 스스로 부끄러움을 알아 바르게 된다고 하였다. 이는 모두 예치禮治를 강조하여, 본분과 부끄러움을 알도록 교화시키려는 것이다.

『논어』를 인용하여 이제현은 사람들을 우선 부유하게 만들고, 부유하게 되면 가르쳐야 하는데, 이때 착한 사람의 가르침을 통하여 예치를 이루는 것을 지적하였다. 즉 착한 사람이 백성을 7년 동안 가르치면 그들로 하여금 전쟁에도 나갈 수 있게 하는데, 착한 사람이 일백년 동안 국

---

264 『고려사』 권45, 공양왕 2년, 秋7월 辛卯조.

265 『고려사』 권107, 열전 20, 권단 附 권근조.

266 이제현, 『익재난고』 권9 하, 책문조에 "道之以政 齊之以刑 民免而無耻 道之以德 齊之以禮 有耻且格"이라 하였다.

가를 다스리면 악한 사람을 교화시켜 사람 죽이는 일을 없앨 수 있다.[267] 고려후기 성리학에서 중시된 예치는 착한 사람이 백성과 국가를 가르쳐 교화시키기 위해 수신修身을 바탕으로 치인治人이나 치국治國에 중점을 둔 것이다. 예치는 바로 수기치인을 강조하였다.

고려후기에 수용된 성리학은 송이나 원대 성리학의 여러 경향이 모두 수용되면서 그것을 종합적으로 이해하였다. 원대의 성리학자들이 정치적 입장에 따라 사상경향을 달리한 학파를 구성한 것과는 달리 고려후기의 사대부관료들은 성리학을 받아들여 정치이념으로 성립시켜갔다. 그들이 고려후기의 모순된 사회체제를 개혁하기 위해 의리와 명분을 중시하면서 제도의 개혁을 추진하려는, 즉 경사적이면서 한편으로 경세적 경향의 성리학을 성립시켰다. 때문에 격물치지를 내세우고 이용후생을 언급하였다. 그러나 격물치지가 이용후생을 크게 내세우기보다는 수기치인을 강조하면서 예치에 전념한 데에 고려후기 성리학의 특성을 찾을 수 있다.

고려후기의 사대부 관료들은 예의에 의한 치인이나 치국을 중시하면서 주자가례朱子家禮에 관심을 갖는가 하면, 모순된 제도를 개혁하여 정비하고자 하였다. 이는 옛 제도를 복원하려는 것이었고 이후 조선초기 국가체제의 정비나 『국조오례의國朝五禮儀』의 편찬은 당시 성리학의 경향과 연관시켜 이해될 수 있다. 이제 전래되어 정착하는 시기에 성리학은 사상적으로 축적되거나 심화되지 않아서, 격물치지가 사물이나 우주를 전반적으로 관찰하면서 세상이나 국가를 경영하려는 수준의 이용후생으로 나타날 수 없었다. 무엇보다도 무한한 우주를 관찰하려기보다는 오히려 소우주인 자신에 대한 수기를 강조하였다.

---

267 이제현, 위의 글에 "論語曰 旣庶矣富之 旣富矣敎之 又曰善人敎民七年 可使卽戎 又曰善人爲邦百年 亦可以勝殘 去殺矣"라고 하였다.

조선후기의 실학이 격물치지를 내세우고는 물보物譜를 정리하면서 산업을 경영하는 곧 경국經國이나 경세經世를 강조하였다. 이와는 달리 고려후기의 성리학에서 격물치지는 이용후생보다 수기치인에 치중하여, 예악이나 제도를 정비하는 치국이나 치인에 머물렀다. 즉 격물이 사물의 관찰에 초점을 두기보다는, 이를 통해 자신을 이해하려는 수기를 중시한 것이다. 고려후기 성리학에서 원대의 사공파나 기론氣論에 대한 이론적인 이해가 뚜렷하게 나타나지는 않았다. 마음을 닦는 심학을 내세우면서 도통론에 의한 의리와 명분을 중시하였다. 다만 고려말에 정도전은 「심기리편心氣理篇」을 저술하였고 권근은 「입학도설入學圖說」을 썼다. 고려말에 성리학이 논리적인 체계를 구축해 가는 모습을 보여준다.

심기리편은 「심난기心難氣」와 「기난심氣難心」 및 「이유심기理諭心氣」로 나누어 서술되었다. 심과 기, 즉 불가佛家와 도가는 서로 비방하기 때문에 이理 즉 성리학으로 그 둘을 깨우쳐 잘못을 알게 하려는 것이다. 이에 대해 권근이 지적한 다음 내용을 참고해 보자.

> 심기리편은 三峰선생이 지은 것이다. 선생은 항상 道學을 밝히고 이단을 물리치는 것으로써 자신의 임무로 삼았다. 그의 말에 이르기를 "사람이 태어날 때에 천지의 理를 받아 性이 되었고 그 형체를 이룬 바는 氣이고, 理와 氣를 합하여 능히 神明한 것이 心이다. 儒家에서는 理를 主로하여 심과 기를 다스린다.[268]

비록 논리적으로 진전되었다고는 하나 정도전의 성리학은 불가와 도가

268 鄭道傳, 『三峰集』 권10, 心氣理篇 중, 理諭心氣조에 "心氣理三篇者 三峯先生所作也 先生常以明道學 闢異端爲已任 其言曰 人之生也 受天地之理以爲性 而其所以成形者氣也 合理與氣能神明者心也 儒主乎理而治心氣"라고 하였다.

즉, 이단을 물리치려는 것이다. 때문에 그는 이와 기를 논하였다고는 하지만, 기에 대해 비중을 두지는 않았고 오히려 의리를 강조하였다. 천지에 앞서 이理가 있었고, 기는 이로 말미암아 생기는 것에 불과한 것이다.

권근은 정도전의 성리학이 이理를 주로 하여 심과 기를 다스리는 것으로 파악하였지만, 실제로 기에 대해 크게 의미를 두지는 않았다. 이는 고려후기의 성리학이 격물치지에서 수기치인을 중시함으로써 마음을 닦는 경향을 가지는 것과 연관된다. 조선초기에 성리학에 대한 이해가 보다 축적되면서 격물치지에 대한 관심이 고조되지만, 여전히 마음을 닦는 면을 더 중시하였다. 율곡과 퇴계에 의해 성리학은 철학체계를 갖추면서 보다 심화되었다. 수기하는 방법을 다양화하기 위해 격물로 눈을 돌리지만, 아직도 그들은 마음을 닦는데 더 비중을 두고 있었다. 바로 이런 면은 조선후기의 실학이 격물치지를 내세워 경국經國이나 경세經世 즉, 산업을 경영하는 이용후생의 학풍을 성립시키는 것과는 구별된다.

제5장

고려시대 사상사관계의 자료해제와 서평

1. 고려시대 사상사관계 자료해제

1) 석화엄교분기원통초의 해제

(1) 균여均如의 생애

균여에 대한 기록은 연대기 자료에 나타나 있지 않으나, 그 전기가 현재에까지 전해진다. 1921년 12월 경북 김천金泉 군수 오우가(有賀啓太郎)가 현존한 47개 서원의 유래를 밝혀 『사십칠사원四十七祠院』을 출간하였는데, 그 부록으로 「원통양중대사균여전圓通兩重大師均如傳」을 게재하였다. 이 때 게재된 균여전은 오식이 많을 뿐만 아니라, 그 대본이 어떤 것인지 구체적으로 밝혀져 있지 않았다. 그 후 해인사海印寺에 소장된 대장경의 보판補板 중에서, 혁련정赫連挺이 찬술한 「대화엄수좌원통양중대사균여전大華嚴首座圓通兩重大師均如傳」이 『석화엄교분기원통초釋華嚴教分記圓通鈔』의 부록으로 실려 있음이 발견되었다. 이것은 1946년 최남선崔南善 교주본校注本 『삼국유사三國遺事』(民衆書館刊)의 부록에 실렸다.

그러나 혁련정 이전에 이미 강유현康惟顯에 의해 균여의 전기가 소략하나마 작성되어져 있었고, 창운昶雲이 혁련정에게 건네준 「실록구고實錄舊藁」도[1] 균여에 관계된 전기였다. 이 「실록구고」의 작자가 누구인 지는 확실하지 않다. 급사중給事中 고정高珽이 지은 「감로원술기甘露院述記」[2] 또한 균여에 대한 기록으로 대부분 채워졌다. 혁련정은 위와 같은 자료를 이용하면서 균여전을 찬술했을 것이며, 그 내용을 10문[3]으로 나누어 설명하였다.

균여의 속성俗姓은 변씨邊氏이다. 아버지는 환성煥性인데 뜻을 고상하게 가져 이름을 나타내지 않았다. 어머니는 점명占命인데, 일찍이 신라 경명왕 1년(917년) 4월 7일에 한 쌍의 노란색 봉황이 하늘로부터 자기의 품 안으로 들어오는 태몽을 꾸었다. 고려 태조 3년(923년)에 이르니 점명은 이미 나이 육십이었는데 임신을 하여, 21순(旬, 7개월)을 지난 8월 8일에 균여를 황주黃州 북쪽에 있는 형악荊岳 남록南麓의 사제(遁臺葉村)에서 낳았다. 뒤에 황주판관黃州判官이며 전습유前拾遺인 이준李晙이 균여의 옛 집을 중수하여 경천사敬天寺라고 불렀다.[4]

균여는 923년(太祖 6)에 태어났으며,[5] 그가 주로 활동한 시기는 광종대

---

1 金雲學, 「균여의 화엄사상과 문학적 위치」(『崇山朴吉眞華甲紀念 한국불교사상사』, 1975, 446쪽)에서는 「實錄」을 균여의 歌謠集 즉 鄕歌集이었을 것으로 추측하였다.

2 균여가 입적하고 난 후, 門下侍郎 平章事 金廷俊이 歸法寺 내의 균여가 주석한 房을 중수하여 감로원이라 불렀다.

3 「均如傳」은 1.降誕靈驗分 2.出家請益分 3.姉妹齊賢分 4.立義定宗分 5.解釋諸經分 6.感通神異分 7.歌行化世分 8.譯歌現德分 9.感應降魔分 10.變易生死分으로 나뉘어 서술되었다.

4 赫連挺, 「均如傳」, 降誕靈驗分者.

5 忽滑谷快村의 『朝鮮禪敎史』나 小倉進平의 연구나 崔南善의 『新訂 三國遺事』附錄 · 趙潤濟의 『韓國詩歌史綱』 · 梁柱東의 『古歌硏究』 · 金思燁의 『改橋國文學史』 · 李秉岐의 『國文學史』 89頁 · 金芿石의 『華嚴學概論』 등에는 균여의 생년이 917년으로 기록되었는데, 그것은 잘못

였다. 균여의 당형堂兄 선균善均이 승려였으며, 그는 선균을 따라 부흥사復興寺의 식현識賢화상에게 출가하였다.[6] 그의 누이 수명秀明은 승니僧尼여서 일찍이 법화경을 탐독하였다.[7] 이로 보면 균여의 집안에는 승려가 많은 셈이다. 균여는 출가하기 전에 그의 아버지 환성으로부터 화엄게華嚴偈를 배웠다. 균여전에 의하면 "스님은 어릴 때 원만게圓滿偈를 잘 읽고, 아버지가 말로 전수한 것을 열에 하나도 잊음이 없었다"라고[8] 했다. 이런 점으로 미루어 환성은 화엄경에 조예가 깊었을 것이다. 또한 환성은 "뜻을 고상하게 가져, 이름을 나타내지 않았다"고 했는데, 그것은 오히려 그가 승려와 비슷하게 생활하였음을 추측하게 한다. 이렇게 되면 균여의 집안은 승려와 밀접한 관계에 있었던 것으로 판단된다.

균여는 광종과 직접 결연된 것이 아니라 그의 부인인 대목황후大穆皇后와 먼저 연결되었다. 정종 4년(949년) 4월 광종의 부인인 대목황후의 옥문玉門에 창질瘡疾이 생겼다. 이를 의원에게 보일 수도 없으므로 균여의 스승인 의순공義順公을 불러 법약法藥으로써 치료하게 하였다. 의순공은 그 고통을 대신 앓음으로써 황후를 곧 낫게 하였으나, 자신이 그 병을 능히 이겨내지 못하였다. 병고를 겪은 지 7일에 의순공은 죽음을 면하지 못하게 되었는데, 균여가 향로를 받들고 주문을 외우니 모진 부스럼은 절로 괴수槐樹의 서쪽 가지로 옮겨 붙었다. 괴수는 균여가 기거하는 곳의 동쪽 모퉁이에 있었는데, 이 때문에 말라죽었으나 고려 중기(1056~1064년)까지도 그 나무뿌리가 남아 있었다.[9]

이다. 그 외에 梁在淵·金雲學 등은 균여가 923년에 태어났다고 기록하였다.

6 혁련정, 「균여전」, 出家請益分者.
7 혁련정, 「균여전」, 자매제현분자.
8 혁련정, 「균여전」, 강탄영험분자.
9 혁련정, 「균여전」, 감통신이분자.

의순이 대목황후의 병을 대신 앓았다는 것은 그들이 특별한 관계로 결연되었음을 알려준다. 균여는 부흥사의 식현화상에게 출가하였지만, 뒤에 영통사靈通寺의 의순에게로 옮겨 수학하였다. 균여와 의순이 제자와 스승의 특별한 관계로 얽혀 있었던 점, 왕후를 대신하여 앓았던 의순의 병을 낫게 한 점 등은, 균여가 대목황후와 어느 정도 연결되어 있었을 것임을 추측케 한다. 특히 대목황후는 황주의 대호족 세력인 황보씨皇甫氏 가문 출신이었음을[10] 생각할 때, 균여가 이들 세력과 더 일찍이 결연되었을 가능성도 전혀 없지 않다. 이러한 추측을 한층 가능하게 하는 것은 이들 황보씨들이 황주 일대의 불교 사원과 연결을 가졌기 때문이다. 예를 들면 해주의 광조사 수미산문須彌山門은 본래 그들의 세력권 내에 있었다.[11]

균여가 형인 선균을 따라 처음 출가한 부흥사은 아마 황보씨의 세력권 내에 있던 사원이었다. 부흥사의 식현은 균여가 영통사의 의순에게 수학하려는 것을 허락하였기 때문에, 영통사의 의순과는 전혀 무관계한 사이일 수 없다. 이런 점으로 미루어 볼 때 대목황후 및 황주의 황보씨 세력과 의순 내지 균여가 일찍부터 결연되었을 것임은 분명하다.

균여와 광종이 직접 연결되는 것은 광종 4년(953년)에 후주後周[12]가 사신을 파견하여 광종을 책봉하려는 때였다. 마침 장마가 계속되어서 책봉

---

10 초기 고려 왕실에서 딸은 어미니 성을 따랐다. 大穆皇后는 왕건의 딸이지만, 어머니가 神靜王太后인 皇甫氏였고, 외조부는 悌恭이며 황주 지방의 대호족이었다.

11 崔彦撝, 「海州廣照寺 眞澈大師寶月乘空塔碑」(『朝鮮金石總覽』 권상, 1919, 129쪽)에 "於在家弟子 左丞相皇甫悌恭 前王子太相王儒…"라고 하였다. 즉 광조사 이엄의 재가 제자로서 가장 영향력이 있었던 자가 대목황후의 외조인 황보제공이다.

12 원문에는 宋으로 되어 있는데 잘못된 것이다. 왜냐하면 송은 960년에 건국되기 때문이다. 이런 점이 균여전의 사료적 가치를 의심하게 한다. 그렇지만 균여전은 赫連挺 때에 처음 만들어지는 것이 아니라, 그전에 만들어 졌던 것을 대본으로 편찬되었다. 다만 고려와 송의 빈번한 접촉이 後周의 사신을 송의 그것으로 기록했다고 추측한다.

의례를 행할 수 없었기 때문에 기청제祈晴祭를 지냈다. 이 때 국사 겸신謙信이 균여를 천거하여 기청제를 주관하게 했다. 비록 나이는 젊었으나 균여는 나라의 청을 받들고 나아가 사자대에 올라 원음圓音으로 한번 강연했더니, 뇌성과 벼락이 없어지고 잠시 사이에 풍우가 걷히면서 하늘이 밝아져 해가 솟아 나왔다. 이로 말미암아 왕은 그를 극진히 존경하였다. 얼마후 균여를 책봉하여 대덕大德으로 삼고, 다시 칙명으로 가족 10여 인에게 각각 밭(田) 25경頃과 노비 5명을 내리고 황주성 내에 살게 하였다.[13]

결국 균여는 기청제를 주관한 동기로 광종과 결연되었다. 이미 대목황후 내지 황보씨 세력과 연결되었던 균여를, 국사 겸신이 광종에게 다시 천거하였음은 중요한 사실이 아닐 수 없다. 특히 균여의 집안은 지방의 군소토호였다는 점이 광종과 결연되는데 유리하게 작용하였다. 왜냐하면 광종은 대호족 세력을 억압하는 대신 왕실의 안정 기반을 보다 넓히는 수단으로, 지방에 산재한 소토호세력을 흡수하고 있었기 때문이다.[14] 광종은 큰 못(大澤)으로 비유될 수 없는, 곧 소토호에 불과한 균여의 집안에 대해 상당한 경제적 혜택을 베풀었다.

광종 7년에서 11년에 이르는 시기에 광종은 호족 세력의 억압과 왕권의 강화를 위한 제도적인 조처를 취하였다.[15] 이 시기와 그렇게 앞서지 않는 광종 4년 이후에 균여와 광종의 결연이 더욱 돈독하게 되었다. 광종 14년(964년)에 귀법사가 창건되어 그 곳의 주지로 있으면서 균여는 광종의 귀의를 받았다. 귀법사가 창건되기 이전에 균여는 어느 절에 주석하였는지 확실하지 않다. 광종 9년(958년)에는 오관산五冠山 마사갑사摩

13 혁련정, 「균여전」, 감통신이분자.

14 金哲埈, 「崔承老의 時務二十八條에 대하여」(『趙明基박사화갑기념 불교사학론총』. 1965 ; 『韓國古代社會연구』, 1975, 351쪽).

15 河炫綱, 「호족과 왕권」(『한국사』 4, 고려 귀족사회의 성립, 국사편찬위원회, 1974, 132쪽).

詞岬寺의 백운방白雲房에 주석하여 법계도기法界圖記를 강설講說했다.[16] 같은 해 불일사佛日寺[17] 내에 벼락이 내렸으므로, 이를 물리치기 위한 법회를 주관하였다. 균여전에는 "대사가 도량 내에 들어가자 밤중에 빛이 방안으로부터 밖으로 쏟아져 나왔는데, 흡사 무지개 빛 같아서 없어지지 않았다. 왕이 그 빛을 보고 시자를 시켜 찾게 했더니, 대사의 안광이라고 보고했다. 이에 광종은 균여대사가 있는 곳으로 행차하여 더욱 그를 경중하고 아끼기를 고금에 뛰어났다"고 했다.[18] 그 이외에 균여는 광종 9년 이후에 백운방이나 법왕사法王寺 등에서 화엄교분기華嚴敎分記를 강설하였으며, 때때로 균여가 설한 화엄교분기가 기록되어 개태사開泰寺의 교장敎藏 내에 보관되었다.

귀법사가 창건된 이후 균여는 광종의 청에 의해 귀법사의 주지가 되었다. 그런데 귀법사 승 정수正秀가 법관에게 나아가 균여가 이단을 수행한다고 참소하자, 법관이 이 일을 상주하였다. 광종이 이를 듣고 노하여 균여를 불러 벌을 내리고자 했다. 균여가 임금 앞에 나아가 두려워하며 땅에 엎드렸다. 광종이 그 정상을 보고 진실하다고 생각하여, 의사 두 사람으로 하여금 호송하여 절로 돌려보내고, 잠시 후에 승선承宣인 설광薛光을 보내어 그를 위로했다. 그 날 밤 왕의 꿈에 신인神人이 나타나 말하기를 "대왕이 참소를 믿고 법왕法王을 능멸했으므로 반드시 불상사가 크게 일어날 것이다"라고 했다. 왕이 꿈을 깨고 나니 땀이 전신을 적셨다. 이로 인하여 옆에 있던 신하를 불러 꿈 이야기를 했다. 다음 날이 되니 송악松嶽 북쪽 기슭에서 바람도 불지 않았는데, 스스로 넘어져 버린

---

16 天其, 「一乘法界圖圓通記後記」(『一乘法界圖圓通記』 권하, 45엽 좌).

17 佛日寺는 광종 2년에 창건된 절로서, 광종의 어머니인 忠州 劉氏의 願堂이다(『고려사』 권2, 광종 2년조).

18 혁련정, 「균여전」, 감통신이분자.

소나무가 부지기수였다. 왕이 듣고 이를 점치게 하니, 법왕을 능멸했기 때문에 생긴 것이라 했다. 왕이 두려워하여 대궐 내에 소재消災도량을 설치하는 한편, 법관을 보내 정수를 참수하여 기시棄市하고, 이에 정수방正秀房을 연못으로 만들었다.[19]

균여는 귀법사의 주지로서 절 내의 총지원總持院에 머물렀다. 반면 정수방은 정수나 그의 추종 세력이 거주하던 곳이다. 그렇지 않았다면 정수가 처형되고 난 후 정수방을 연못으로 만들 필요가 없었을 것이다. 곧 그것을 연못으로 만들었음은 이곳을 중심으로 모여있던 정수의 추종 세력을 해체한 것으로 보인다.

균여와 정수가 어떤 사건으로 왜 다투었는지는 전혀 알 길이 없다. 다만 정수는 균여가 이단을 수행한다고 참소하였다. 균여는 화엄사상 내에 법상종이나 또는 상이한 토착적 불교신앙을 포용하였는데, 이것은 정수에게 이정異情을 수행한 것으로 보였을 지도 모른다. 균여가 향가를 통해 승속무애僧俗無礙를 주장하는 것도 같이 이해될 수 있다. 그러므로 같은 귀법사 내에 거주하면서도 균여와 정수의 화엄사상에는 차이가 있었을 법하다. 균여의 사상이 융회적이었다면 정수의 그것은 순수 교리적이 아니었을까 추측해본다.

(2) 석화엄교분기원통초의 내용

균여전에 의하면 균여의 저술로 『수현방궤기搜玄方軌記』 10권 · 『공목장기孔目章記』 8권 · 『오십요문답기五十要問答記』 4권 · 『탐현기석探玄記釋』 28권 · 『교분기석敎分記釋』 7권 · 『지귀장기旨歸章記』 2권 · 『삼보장기三寶章記』 2권 · 『법계도기法界圖記』 2권 · 『십구장기十句章記』 1권 · 『입법계품초기入法界品抄記』

19 혁련정, 「균여전」, 감응항마분자.

1권이 있었다고 한다. 『수현방궤기』·『공목장기』·『오십요문답기』는 지엄智儼 교학에 속한 저술을, 『법계도기』는 물론 의상의 교학에 속한 저술을 주석한 것이다. 『입법계품초기』는 징관澄觀의 교학에, 그 나머지는 법장法藏의 교학에 속한 저술이다. 이 중 『교분기』·『삼보장기』·『지귀장기』·『십구장기』·『법계도기』가 현재까지 전해진다. 또 최남선의 균여전 해제解題[20]에 의하면 『법성게초法性偈抄』 3권이 현재 전한다고 기록되었는데, 아직 이 책을 확인하지 못했다. 그중 『석화엄교분기원통초』 10권은 법장의 『화엄경오교장華嚴經五敎章』에 의거하여 서술되었으며, 다섯 부분으로 나뉘어 있는데 이를 간단하게 나타내면 다음 〈표 1〉과 같다.

<표 1> 敎分記圓通抄의 체제

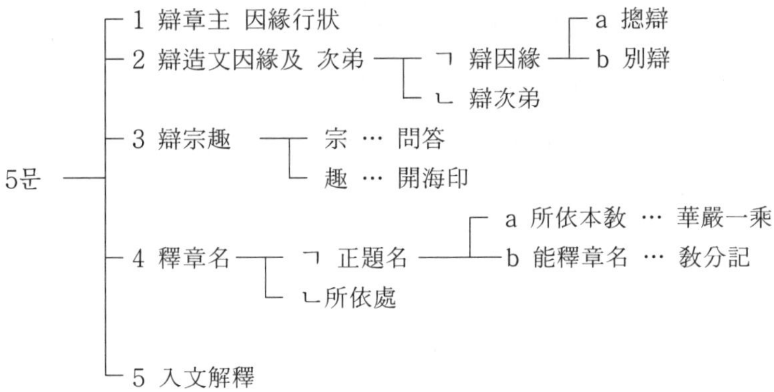

변장주 인연행장은 최치원이 지은 「법장전法藏傳」[21]이 있기 때문에 생략되었다. 그 다음의 변조문인연급 차제·변종취·석장명 등은 합쳐서

20 崔南善, 『삼국유사』 부록(民衆書館, 1964, 55쪽).
21 崔致遠, 「唐大薦福寺故寺主飜經大德法藏和尙傳」(『孤雲先生續集』).

본서의 서론에 해당하는 부분이다. 입문해석에서는 10가十家로 나뉘어 서술되었는데 이 10가는 오교장의 10문을 해설한 것이다. 10가의 순서와 그 간단한 내용은 다음과 같다.

(1) 건립일승建立一乘에서는 별교일승別敎一乘보다 동교일승同敎一乘이 강조되면서, 10문을 여는 까닭이 밝혀졌다. 그리하여 법화경 중의 삼거三車와 대백우거大白牛車가 비교되면서, 삼거가 하삼승下三乘으로 대백우거가 동교일승同敎一乘으로 파악되고, 중국에는 회삼귀일廻三歸一 사상이 내세워졌다.

(2) 교의섭익敎義攝益에서는 3승의 교의가 밝혀졌다. 곧 별교는 계외界外에서 따로 대백우大白牛를 찾기 때문에 '별어삼승別於三乘'이라 했고, 동교는 세 수레에 나아가 그것을 방편으로 삼기 때문에 회삼귀일이라 했다.[22] 그리하여 일승·삼승의 화합이 주장되었다.

(3) 석고금입교釋古今入敎에서는 신라인 승려를 비롯한 여러 고승의 교상판석敎相判釋이 논해졌다. 특히 10가十家가 중심이 되어 논해졌는데, 이들 중의 대연大衍·호신護身·남악사南岳思·강남민江南敏·광택光宅 등은 오교장에 나타나는 10가와 다르다.[23]

(4) 분교개종分敎開宗에서는 처음에 오교五敎가 나눠지고 다음에 '일하개합一下開合'이 논해진다. 구개九個의 개종開宗인 아법구유我法俱有·법유아무法有我無·무법거래無法去來·현통가실現通假實·속망진실俗妄眞實·제법가명諸法假名·일체개공一切開空·진덕불공眞德不空·상상구절종相想俱絶宗이 본가本段에서 논해졌다. 이렇게 되면 오교장에 나타나는 개종십종開宗十宗 중에 제10종인 원명구덕종圓明俱德宗은 빠진 셈이지만, 이것의 취지는 제9종인 상상구절종相想俱絶宗에서 논해졌다.

(5) 승교개합乘敎開合에서는 지금까지 승乘을 밝힌 건립일승建立一乘과 교의섭

22 균여, 『釋華嚴敎分記圓通鈔』 권2, 1엽 우. 이후 이 책은 『敎分記圓通鈔』로 표시될 것이다.
23 五敎章에 나타난 十家는 菩提流支·誕法師·光統·曇隱·自軌·安廩·智顗·法敏·法雲·玄奘 등이다.

익教義攝益, 교教를 밝힌 석고금입교釋古今立教와 분교개종分教開宗을 개합開合하여, 본교本教인 실제돈實際頓과 말교末教인 하삼승下三乘을 회통하였고, 오교를 총괄하여 하나로 하였다.

(6) 교기전후教起前後에서는 수기차별遂機差別에 의한 삼승·소승의 밀교와 화엄경에 의한 본교가 밝혀졌다.

(7) 결택기의決擇其意에서는 10종의 근기에 따라, 처음엔 언설의 교가, 다음엔 절언絶言의 교가 논해졌다. 곧 처음엔 소승법이 설해져서 자성집自性執에 얽매였으나, 다음엔 즉공법卽空法이 설해져서 삼승법집三乘法執이 논파論破되었다.

(8) 시설이상施設異相에서는 일시에 '이취일승異就一乘'을 해석하여 상섭의相攝義를 나타낸다. 시時·처處·주主·중衆 등 10문으로써 무진의無盡義를 나타내어 융섭融攝 즉 '주측周側'이 논해졌다.

(9) 소전차별所銓差別에서는 일승·삼승의 분제分齊나 5교의 차별이 논해졌다. 따라서 이 가(此段)의 종취를 논하면서 오교소전차별五教所銓差別을 종宗으로 교문부동教門不同을 취趣로 하였다. 이 가는 다시 10문으로 나뉘어 해설되었다. 10문의 순서와 그 간단한 내용은 다음과 같다.

ㄱ. 심식心識 : 유식사상을 논한 것이다. 여기서는 아라야식阿頼耶識의 삼위三位·오위五位 등을 논했으며, 원측圓測의 논소論疏가 중요하게 인용되었다.

ㄴ. 명불종성明佛種性 : 육종성六種性·오종성五種性[24]등을 논한 것이다. 여기서는 유가瑜伽나 섭론攝論 사상이 중심을 이룬다.

ㄷ. 행위차별行位差別 : 종種이 '행行'을 일으키면 행은 '위位'를 성립시키기 때문에, 행위의 방편분별方便分別을 논한 것이다. 먼저 제교諸教를 삼장문三章門으로 열고, 다음에 소승 아래의 5교에 의해 3문을 따라 10지·7지 등을 논하였다.

ㄹ. 수행시분修行時分 : 수행시겁修行時劫을 논한 것이다. 예를 들어 질득성불

---

24 균여, 『교분기원통초』 권3, 15엽에서 6종성은 習·性·道·聖種性과 等覺·妙覺性이며, 5종은 聲聞·獨覺·여래·不定·無有出世功德種性으로 나타났다.

疾得成佛 등을 논하였다.

ㅁ. 수행소의신修行所依身 : 수행시분修行時分에 따른 수행의 신身을 논한 것이다.

ㅂ. 단혹부제斷惑不齊 : 수행신의 단혹을 논한 것이다. 삼승·이승·보살단혹斷惑과 단득과斷得果·십지단十地斷 등을 논하였다.

ㅅ. 이승회심二乘廻心 : 소승심小乘心을 익혀서 대승심大乘心으로 나아가게 하려는 것이다.

ㅇ. 불과의상佛果義相 : 오승五乘을 통변通辨하여 수행궤법修行軌法을 세우고, 점오漸悟·돈오頓悟를 통해 불과佛果를 얻으려는 것이다.

ㅈ. 섭화분제攝化分齊 : 소승 중에 사바娑婆를 논하여 섭화攝化하려는 것이다.

ㅊ. 불신개합佛身開合 : 무장무애無障無礙를 논한 것이다.

⑽ 의리분제義理分齊에서는 다음의 4문으로 나뉘어 설명되었다.

ㄱ. 삼승의리三乘義理 : 편계遍計·원성圓成·의타依他의 삼성에 의한 분별성分別性·의타성依他性, 본식本識·진실성眞實性·통약삼성通約三性을 논한 것이다. 여기에서 성상性相원융무애가 표명되었다.

ㄴ. 연기인문육의법緣起因門六義法 : 법기인연法機因緣을 밝히고자 한 것이다. 연기제법緣起諸法의 인因인 찰나멸刹那滅·구유俱有·대중연待衆緣·결정決定·인자과引自果·항수전恒隨轉의 6가지 뜻을 밝혀서 제강무애帝綱無礙·사상무애事相無礙를 논했다.

ㄷ. 십현연기무애법문의十玄緣起無礙法門義 : 일승의一乘義 중의 십현十玄의 의미를 밝히고자한 것이다. 법계의 중중무애重重無礙한 '상즉의相卽義'를 밝혀서 이사무애理事無礙를 논하였다.

ㄹ. 육상원융의六相圓融義 : 십현의十玄義의 원인이 되는 원융의圓融義를 총석현본摠釋現本·의본개말依本開末·회말귀본會末歸本·본말무애本末無礙의 4문에 따라 논하였다.

『교분기원통초』 10권말에 전진사前進士 혁련정이 찬술한 「균여전」이 부록으로 실려 있다. 이 균여전 중에서 균여가 지은 향가 11수가 실려 있고, 또 이를 한문으로 번역한 최행귀崔行歸의 시가 동시에 실려 있다. 이것은 국문학의 연구에 귀중한 자료가 되었다.

(3) 석화엄교분기원통초의 유포流布

현재 규장각奎章閣 도서 속에 전해지고 있는 균여 저술 중 『법계도원통기』를 제외한 다른 것은 모두 판본이다. 본래 균여 저술은 방언인 이두로 적혀 있었는데 현재 전하는 것은 방언이 삭제되어 있다. 균여의 원 저술에서 방언을 삭제시키는 작업은 한 사람에 의해 이루어진 것은 아니지만,[25] 대부분 고려 후기의 천기天其나 그 제자들에 의해 이루어졌다. 현재 전하는 균여의 저술이 조판되는 데에도 역시 천기의 공이 크다. 그러나 천기는 균여와 약 3세기나 서로 떨어져 활동한 인물이다.

균여의 저술이 3세기 동안 전해져 내려오면서, 본래의 구본具本이 그대로 전해지지는 않았다. 고려 후기에 전해진 균여전에 대해

> 이것은 본 講和尙(天其)이 얻은 교분기 중 균여 聖師가 전한 바, 古義로 된 여러 본에서 표기된 것이다. 대개 落簡된 殘編에 불과한 것이어서 具本을 구할 수 없었다. 또 기록자들 사이에 巧拙이 있고 취사선택한 것이 같지 않으므로 여러 본이 많이 달라졌다. 지금 여기에 기록해 두는 것은 뒷사람으로 하여금 그 원 모습을 알게끔 갖추어 두고자 함에서이다[26]

---

25 예를 들면 天其 이전에 流傳되어 오던 法水寺本의 교분기원통초는 방언이 削除되어 있었다.

26 균여, 『敎分記圓通鈔』 권1, 35엽 좌에 "此是 本講和尙 所得敎分記中 均如聖師所傳 古義諸本標記也 皆落簡殘編 未得具本 又由記者 有巧拙 取捨有不同 故使諸本有多差別也 今錄于此 欲使後來 備知源起耳"라고 하였다.

라고 하였다. 혁련정은 균여전을 1075년(문종 29년)에 편찬하였고, 이는 균여가 그의 저술을 남긴 시기보다 약 100년 후의 일이다. 이와 같은 균여전이 약 200년을 경과하는 동안 낙질되거나 일부가 떨어져 나가 구본을 갖추어 볼 수 없었다.

그러므로 천기가 균여 저술의 구본을 갖추어 보았을 것 같지 않다. 천기는 『십구장원통기』에

> 문장이 모두 방언·古訓·歌草로 필사되었다. 후세에 이르러 가초로 된 책은 전해지지 않아 上智와 大根이라도 책을 접하면, 自失 溟涬하여 그 돌아갈 바를 알지 못했다. 드디어 微言·妙旨가 없어지게 된 지가 오래되었다[27]

라고 하였다. 이로 보아 고려후기까지 내려오는 동안 균여의 저술은 많이 인멸되었음을 짐작 할 수 있다. 균여전에 나와 있는 그의 총 저술은 무려 65권에 이르지만, 현재 전하는 것은 그것의 약 5분의 1 정도에 지나지 않는 14권이다. 이 점은 고려후기에 천기가 구해보았던 균여의 저술이 실제 이 정도이었을 것으로 생각하게 한다. 그렇지 않다 하더라도 당시까지 전해진 균여의 저술은 이보다 크게 많지 않았을 것이다.

그러므로 천기는 균여의 묘지妙旨가 이슬처럼 영락되었다고 표현하였거니와 법계종法界宗이 땅에 떨어져 대도大道가 행해지기 어려움을 한탄하였다.[28] 또한 당시까지 전해진 균여의 저술은 완전한 구본이 아니라 낙장이 많은 잔편殘編에 불과한 것이고, 이본異本과의 사이에 내용의 출입이 많았던 것이다. 천기는 이러한 이본을 정리한 셈이다. 곧 현재 전

---

27 균여, 『十句章圓通記』 권하, 30엽 좌에 "然其文皆方言 古訓歌草而寫 及乎後世 歌草之書不傳 雖上智大根 皆臨卷自失溟涬 然昧其所歸 遂使微言 蕪沒妙旨淪滑 時已久矣"라고 하였다.

28 균여, 『三寶章圓通記』 권하, 38엽 좌.

하는 균여 저술은 고려후기에 14권이었는데, 천기에 의해 18권으로 엮어졌을 것이다.

신라시대에 법장의 『화엄오교장華嚴五敎章』은 초본草本과 연본鍊本의 두 본이 있었다.[29] 연본은 제9문에 소전차별所詮差別, 제10문에 의리분제義理分齊로 나뉘었음에 비해, 초본은 그 순서가 바뀌었다. 법장이 당에 유학했다가 귀국하는 승전勝詮을 통해, 의상에게 편지와 함께 전한 『화엄오교장』은 연본이었다. 의상은 문인 진정과 지통 등으로 하여금 그것을 감정하게 하고,[30] 십문의 순서를 바꾸어 제9문에 의리분제를, 제10문에 소전차별을 두었다. 이리하여 의상이 정정한 것이 초본이다.[31]

『교분기원통초』는 고려시대에 다음과 같은 이본이 있었다.

(1) 摩訶岬藪五敎章習時記가 있다. 균여는 오교장을 광종 9년(958년)에 白雲房에서 처음으로 강설하였다. 이때의 副師는 法應이었고, 이것이 開泰寺의 理

29 당시 일본에서도 의상계의 인물인 審詳에 의해 和本·宋本의 두 본의 교분기가 전해져 있었는데, 화본은 신라의 초본에, 송본은 신라의 연본에 해당된다.

30 균여, 『교분기원통초』 권1, 8엽 우에 "問 有本義理分齊九 所詮差別十者 何耶 答 此是後人所治也 後人意者 以此義理 雙踏能所詮 故置於弟九貫前後也 問 後人誰耶 答 相和尙也 謂章主寄相德書云 請上人詳撿臧否 幸垂箴誨故 相德令眞定智通 勘其臧否而治定也"라 하였다.

31 金知見, 「신라 화엄의 계보와 사상」(『학술원논문집』 12, 1973, 49쪽).
김지견은 『교분기원통초』의 기록에 의해, 의상의 정정본을 草本이라는 결론을 내렸다. 그러나 『旨歸章圓通鈔』(권상, 1엽 좌)에는 "法藏의 이름이나 序가 빠진 本을 草本이라 한다. 이본은 勝詮에 의해 신라로 전해졌고, 법장이 西崇福寺에 있을 당시 서술된 것이다. 그 후 鍊治할 때 법장의 이름 및 서문이 들어갔다"라고 하여, 이와 다른 설명이 나타나 있다. 여기서 초본이 鍊治된 것은 鍊本이라 생각된다. 이 기록은 勝詮이 義湘에게 전한 본이 초본이었음을 알려 준다. 다만 여기서는 초본과 연본을 가르는 기준이 법장의 이름이나 서문이 기록되었느냐에 두어졌다. 이 점은 『교분기원통초』(권1, 5엽 좌)의 기록과 일치되지만, 내용상 그것이 어떻게 달랐는지에 대해서는 언급이 없다. 필자는 초본과 연본이 교분기 곧 『화엄오교장』에 관한 것이므로, 이에 대한 『교분기원통초』의 기록이 『지귀장원통초』의 그것보다 더 신빙성이 있을 것으로 생각한다. 그렇게 생각하는 또 다른 이유는 균여의 저술 중 『교분기원통초』가 가장 나중에 작성된 저술로서, 그의 화엄사상을 체계화한 것이기 때문이다.

原법사에 의해 기록되어 개태사 교장 속에 보관되었다.

(2) 所說所銓章記가 있다. 개태사 교장 중에 方言本이 있는데, 이는 균여가 광종 11년(960년)에 강설한 것이며, 이때의 부사는 心融이었다. 당시의 설법은 惠藏에 의해 기록되어 역시 개태사 古藏 속에 보관되었다.

(3) 所說義理章記가 있다. 균여가 광종 13년(963년) 法王寺에 주석하면서 오 교장을 설한 것이며, 이때의 부사는 心融이고 重副師는 僧標이다. 이것은 僧諾에 의해 기록되었으며, 정종 9년(1043년)에 光敎寺 교장 속에 보관되었다.

(4) 法水寺藏削方言本이 있다. 이것이 언제 伽倻山의 法水寺 교장 속에 들어갔는지는 명확하지 않다. 또 이것의 기록자가 누구인지도 명시되지 않았다. 이본은 고려후기까지 유행되었으며,[32] 천기가 『교분기원통초』를 작성할 때에 중요한 대본이 되었다.

다만 법수사본을 제외한 다른 본은 아마 방언으로 적혔을 가능성이 많다. 왜냐하면 상기한 5개 본 중 유독 법수사본은 삭방언석기削方言釋記로 불려졌기 때문이다. 그리하여 천기는 『교분기원통초』 권4 말에서 이 본을 『가야산법수사고장伽倻山法水寺古藏 삭방언본削方言本』이라 하였고, 반면 『소설소전장기』를 방언본으로 불렀다. 이점은 『교분기원통초』 권1 말에 나타나는 5개의 이본 중 『삭방언석기』를 제외한 4개 본은 방언으로 적혔을 것으로 추측하게 한다. 『교분기원통초』 권4 말에는 상기한 2개 본의 설명 밖에 나오지 않으므로, 이로써 다른 본을 추측함은 무리일 수도 있다. 그러나 『교분기원통초』 권1 말에는 『법수사본』만이 『삭방언석기』라고 되어 있고, 또한 『교분기원통초』 권4 말에 『삭방언석기』를 제외한 4개 본 속의 하나가 확실히 방언본으로 나타나 있다. 이로써 보면 이들을 대부분 방언본이었을 것이다.

---

32 균여, 『교분기원통초』 권1, 35엽 좌에 "今依法水寺本流行"이라 하였다.

이들 방언본이 고려 후기까지 모두 전해졌는지는 확실하지 않다. 이 중 『광교사교장본』은 「설하권장기說下卷章記」라 불렸으므로 오교장 전체를 설한 것으로 보이지 않는다. 다른 본도 균여가 설한 내용을 기록한 것이기 때문에, 오교장 중 빠진 부분이 있었다고 생각된다. 이렇게 되면 천기가 『교분기원통초』를 작성할 때, 어느 한 본에 의거하였다고 보아서는 안될 것이다. 곧 고려후기까지 상당수의 이본이 전해져 있었고, 천기는 이를 참고하여 『교분기원통초』를 작성하였다.

(4) 화엄오교장華嚴五教章과의 비교

『화엄오교장』은 중국 화엄의 제3조인 법장에 의해 저술되었다. 그의 속성은 강씨康氏이며 본래 강거국康居國 사람이었다. 조부 때에 중국으로 귀화해서 장안長安에 살았으며 그 부친은 익益이었다. 법장은 643년(貞觀 17년, 선덕왕 12년)에 태어나 16세 때에 기주岐州 법문사法門寺의 아육왕탑阿育王塔에 참례하고, 그후 운혁사雲革寺로 가서 지엄智儼 밑에서 화엄을 배웠다. 특히 그는 측천무후則天武后 집권기에 무후의 귀의를 돈독히 받았다. 680년(永隆 1년, 신라 문무왕 20년)에는 입법계품入法界品의 범본梵本을 교감하였으며, 695년(垂拱 1년, 신라 신문왕 5년)에는 실차난타實叉難陀와 함께 화엄경을 완역하였다.

중국의 화엄종은 두순杜順에 의해 개창되어 그의 문하인 지엄에 의해 체계화 되고, 다시 지엄의 문하인 법장에 의해 정립되었다. 중국의 화엄학을 대성시킨 법장의 교학을 대변하는 것이 바로 『화엄오교장』이다. 물론 균여의 『교분기원통초』는 법장의 『화엄오교장』의 체계를 따라 주석을 붙인 것이다. 그렇지만 『교분기원통초』에 주석된 내용과 『화엄오교장』에 실려 있는 내용에는 상당히 다른 것이 있다.

우선 제1문인 건립일승建立一乘에서 문교일승問教一乘과 별교일승別教一乘을 논하였는데, 『교분기원통초』는 그것을 회삼귀일廻三」歸一사상으로 전개시킨 데에 비해 『화엄오교장』은 인분가설因分可說·과분불가설果分不可說·분제승문分諸乘門·융본말문融本末門으로 나누어 설명하였다. 제2문인 교의섭익教義攝益에서는 『교분기원통초』가 일승·삼승의 화합에 초점을 맞추었다면, 『화엄오교장』은 그것의 분제分齊와 섭익攝益을 논하였다.

제3문인 석고금입교釋古今立教에서는 『교분기원통초』가 주로 신라인 승려들의 논소를 들었음에 대해, 『화엄오교장』은 보리유지菩提流支·연법사延法師·광통光統·담은曇隱·자궤自軌·안름安廩·지의智顗·법민法敏·법운法雲·현장玄奘 등 고금십사古今十師의 교학을 나열하였다.

제4문인 교분개종教分開宗에서는 모두 같이 소小·시始·경經·돈頓·원교圓教의 5교를 논하였다. 다만 『화엄오교장』은 아법구유我法具有·법유아무法有我無·법무거래法無去來·현통가실現通假實·속망진실俗妄眞實·제법가명諸法假名·일체개공一切皆空·진덕불공眞德不空·상상구절相想俱絶·원명구덕圓明具德의 개종십종開宗十宗을 설정했는데, 『교분기원통초』는 원명구덕종을 언급하지 않았다.

제5문인 승교개합乘教開合에서는 『교분기원통초』가 5교를 회통하는 면을 논했으나, 『화엄오교장』은 제교섭융諸教攝融·이교섭승以教攝乘·제교상수諸教相收의 3문을 언급하였다. 제6문인 교기전후教起前後에서는 공히 삼승의 말교末教와 화엄의 본교本教가 논해졌다. 제7문인 결택기의決擇其意는 공히 10종류 근기의 차별을 나누어 설명했다.

제8문인 시설이상施設異相에서는 시時·처處·주主·중衆·소의所依·설說·위位·분分·법문法門·사事의 10문을 나누어 설명하였는데, 특히 『교분기원통초』가 그것의 회통을 내세웠다면 『화엄오교장』은 그것의 차별을 설정했다.

다음으로 연본의 체제를 따른 『화엄오교장』의 화본에서는 제9문이 의리분제이고 제10문이 소전차별로 나와 있는데, 『교분기원통초』는 초본의 체제를 따른 송본과 같이 제9문을 소전차별, 제10문을 의리분제로 설정하였다. 『교분기원통초』와 화본인 『화엄오교장』에서 의리분제나 소전차별문의 내용은 대체로 비슷하게 나타나 있지만, 『화엄오교장』이 소전차별을 제10문으로 설정하여 그 차별상을 강조했다면, 『교분기원통초』는 의리분제를 제10문으로 설정하여 사사무애事事無碍의 원리를 강조하였다.

『교분기원통초』에는 『화엄오교장』의 화엄교학이 반영되었을 것으로 생각된다. 그렇지만 『교분기원통초』 속에 신라 승려의 장소가 대종을 이루었음을 주목해야 한다. 다음 〈표 2〉는 『교분기원통초』 속에 나타나는 장소의 인용 회수를 표시한 것이다.

『교분기원통초』 속에 가장 많이 인용된 것은 의상 계통의 화엄 저술이다. 특히 도신장이 많이 인용되었다. 그 외 원효의 장소로 화쟁론和諍論·열반종요涅槃宗要·기신별기起信別記·화엄종요·보법기普法記·이장장二障章 등도 인용되었다. 의상이나 지통 등 신라인들의 장소가 중국인들의 그것보다 훨씬 많이 인용되었다.[33] 삼보장이나 지귀장은 균여의 저술을 가리킨 것이겠지만 만일의 경우 꼭 그렇게 단정할 수 없기 때문에 삭제한다 하더라도, 〈표 2〉에서 59회 인용된 중국 승려의 장소보다 신라 승려의 그것은 훨씬 많은 수이다. 말하자면 균여는 법장의 『화엄오교장』을 주로 신라인 장소에 의지하여 해설하였다. 이 점이 균여 저술의 큰 특징이라 할 수 있다.

33 『교분기원통초』 속에 1회나 2회 정도 인용된 중국 승려의 章疏가 상당히 많이 나타나 있다. 물론 이들은 모두 모아서 〈표 2〉에 나타난 중국 승려의 장소와 합치면, 신라인들의 장소가 인용된 수와 비슷하게 된다. 그렇지만 1회나 2회 정도로 인용된 장소는 『교분기원통초』의 성격을 규정하는데 크게 문제되지 않을 것이기 때문에, 생략하고 이 표에 싣지 않았다.

<표 2> 교분기원통초 속에 인용된 장소

인용 서명	회 수
道 身 章	39
法 界 圖	16
和 諍 論	5
智 通 記	6
圓測 唯識說	7
十 句 章	14
三 寶 章	12
旨 歸 章	9
원효 涅槃宗要	5
探 玄 記	16
五 教 章	6
妙 理 圓 成 觀	6
法常 攝大乘章	7
孔 目 章	16
법장 起信論	8

(5개 이상 인용된 장소만 표시되었음)

그러면 균여가 『화엄오교장』을 해설하면서 특별히 관심을 둔 것은 무엇일까? 다시 말하면 균여가 법장의 화엄교학 중 어떤 면을 포용하려 했을까? 이 점을 이해하기 위해 균여의 다른 저술 속에 『화엄오교장』의 어떤 내용이 인용되었는가를 살펴보기로 하자. 균여의 저술 중 『화엄오교장』이 가장 많이 인용된 책은 『법계도원통기』이다. 여기에 그것은 26회 인용되었는데, 그 중 23회가 '일다연기一多緣起 원융무애圓融無礙'에 관한 것이다. 이는 곧 균여의 저술 속에 인용된 법장의 사상은 '일다연기 원융무애'에 관한 것으로 규정하도록 한다. 이 23회의 인용도 엄격히 구분하면 '일다연기'에 관한 것이 15회, '원융무애'에 관한 것이 8회이지만, 이 둘은 서로 무관한 것이 아니라 밀접하게 연관된 것이다. 이사무애理事無礙를 주장하여 당시 성행한 법상종의 교학을 화엄사상의 체계 속에 융합하려는 것이 법장 교학의 특성이었다.[34] 균여의 저술은 법장의 이와 같은 화엄교학을 받아들여, 결국 융회적인 성격을 가졌다. 균여의 저술 속에 일관된 특성은 바로 이와 같은 융회적 불교사상을 전개시킨 점이다.

균여의 저술은 법장의 저술이나 의상의 법계도 등 기성 저술의 주석서로 생각되었다. 그러나 그것은 단순한 주석의 범위를 넘어서고 있다. 이를테면 균여는 법장이나 의상 등의 저술을 자신의 논리로 다시 전개시켰다. 균여 저술의 이와 같은 면은 『화엄오교장』과 『교분기원통초』의 같은 장章을 비교해 보면 더욱 명백해 진다.

편의상 그것의 제3문인 교의섭익에 대한 두 저술의 논술을 비교해 보기로 하자.[35] 우선 『화엄오교장』이 다루고 있는 부분은 다음과 같다.

> 教義攝益은 교의와 섭익으로 나뉘어 서술되었으며, 교의에서 露地白牛를 別教一乘으로, 문 앞의 세 수레를 3승교인 방편교로 다루었고, 이같은 상을 개합하여 별상과 총상으로 나누었다. 섭익에서 攝界內機·攝界外機·通攝二機로 나뉘어 설명되었다.[36]

『교분기원통초』에서는 상기한 『화엄오교장』의 내용이 순서는 같지 않

---

34 鎌田茂雄, 『中國華嚴思想史の硏究』(東京大出版會3, 1970, 139쪽).

35 제3段인 教義攝益이 비교적 적은 분량이기 때문에, 이를 들어 설명하고자 한다. 그러나 제2문에 대한 『화엄오교장』과 『교분기원통초』의 내용을 비교함으로써 밝혀지는 두 저술의 성격은, 제3문이나 여타의 諸門 끼리 서로 비교하여도 같이 나타날 것으로 생각된다.

36 法藏, 『華嚴一乘教義分齊章』(『大正新修大藏經』 권45, 480쪽).

다 하더라도, 거의 전부 다루어졌을 뿐만 아니라, 다음과 같은 면이 더 밝혀져 있는 셈이다.

(1) 同教와 別教에 대해 논하였고, 섭익에서는 見聞位 · 解行位 · 向果位 등을 밝혔다.

(2) 교의에서는 다시 '教'와 '義'를 나누어, 교는 문앞의 세 수레(臨門三車)로, 의는 大白牛車로 설명되었다.[37]

(3) 각 항의 설명 사이에 연관성을 추구하였다. 예를 들어 법화와 화엄의 관계를 추구하였고, 회삼귀일사상을 동교와 연결시켰다.

체제상으로도 두 저술 사이에 상이점이 있다. 우선 『교분기원통초』의 분량이 『화엄오교장』의 그것보다 훨씬 많아 세배에 가깝다. 『교분기원통초』의 교의섭익에서 뿐만 아니라 다른 곳의 서술도 대체로 주석과 함께 문답을 통하여 그 주제에 접근하였다. 이렇게 되면 『교분기원통초』는 『화엄오교장』과 체제는 물론 내용까지도 상당히 달랐다. 균여는 단순히 『화엄오교장』을 주석한 것이 아니라, 자신의 체제와 논리로서 그의 화엄교학을 저술하였다.

2) 만덕사지 해제

(1) 다산과 만덕사지萬德寺志의 편찬

백련사白蓮寺는 본명이 만덕사萬德寺였고, 신라말에 창건되었다고 하나 확실하지 않다. 1211년(희종 7년) 원묘圓妙국사 요세了世에 의해 중창되었

37 균여, 『교분기원통초』 권2, 2엽 좌.

고, 천태결사로서 1232년(고종 19년) 보현도량이 설치된 이후부터 백련사라 불렸다. 그 후 왜구의 침입으로 황폐된 곳을 1430년(세종 12년)에 행호行乎대사가 효령孝寧대군을 공덕주로 모시고 중창하였다.

다산茶山 정약용丁若鏞이 1801년 신유교옥辛酉敎獄 사건에 연좌되어 강진康津으로 유배되면서 백련사와 인연을 맺었다. 이때부터 다산은 동문 밖에 유거幽居해 있었다. 1805년(순조 5년) 봄에 혜장惠藏이 백련사 주지로 왔고, 그 해 가을에 그와 다산과의 교분이 두터워졌다. 같은 해 겨울에 혜장의 도움으로 다산은 백련사의 암자인 보은산방寶恩山房(지금의 高聲寺)으로 옮겨 거주하였다. 이곳에서 다산은 혜장뿐만 아니라 대둔사大芚寺(현재의 大興寺)의 초의草衣나 그 제자들과 교류하였다.

특히 다산과 혜장과의 교분은 각별한 것이었다. 그들은 서로 역리易理를 문답했으며, 때때로 그는 혜장을 위한 시를 짓기도 했다. 다산의 문집 속에 혜장에 관한 시는 「증혜장상인贈惠藏上人」이나 「차운기혜장次韻寄惠藏」 등 무려 10여 수에 달한다. 이것은 다산이 한 사람을 위해 지어준 시의 분량으로 가장 많은 것이다. 혜장은 10년 연하이지만 먼저 돌아가게 되자, 다산은 그를 위해 손수 제문과 비문을 지었다. 다산이 『만덕사지』를 감정鑑定하게 되는 동기는 이와 같은 데서 찾아진다.

다산은 『만덕사지』의 편집에 참가하기 이전에, 이미 『대동선교고大東禪敎考』와 『대둔지大芚誌』의 편집에 관여한 경험을 가졌다. 『대둔지』의 편집에 혜장과 그 제자인 기어騎魚 자굉慈宏이 참가했으며, 특히 『만덕사지』의 편집에 자굉이 중요한 역할을 담당했다. 그 외에 『만덕사지』를 편집하는데 관여한 자는 이청李晴 · 응언應彦 · 근학謹學 · 승찬勝粲 등이다. 이들은 대개 혜장의 제자들로서, 다산에게서도 배움을 받았다. 특히 자굉은 다산의 제자나 다름이 없으며, 다산도 그에게 엄밀한 훈계를 내리기에

게으르지 않았다.

이들은 『만덕사지』를 편집하면서 상당한 자료를 이용하였다. 조선 대제학大提學 윤준尹准의 「백련사기白蓮寺記」나 진정眞靜국사가 찬술한 「임진년 보현도량기시소壬辰年 普賢道場起始疏」, 이의경李毅敬의 「백련사중건기白蓮寺重建記」, 편자가 알려지지 않은 「연사제명록蓮社題名錄」 등은 직접적인 자료가 되었고, 그 외에 정암晶岩대사 즉원卽圓의 「수도암중수기修道菴重修記」, 용계龍溪대사 조기照機의 「세심암중수기洗心菴重修記」, 회운會雲 덕활德濶의 「세심암중수기」, 고려 학사學士 박전지朴全之가 찬술한 「용암사중수기龍岩寺重修記」 등이 이용되었다. 이들 자료는 현재 대개 전해지지 않는다. 그밖에 비문이나 문집도 상당히 많이 참고하였다.

(2) 만덕사지의 이본

『만덕사지』가 언제 편집되었는가를 정확하게 알 수 없다. 그것의 편집에 참가한 인물이 대개 혜장의 제자였다는 데서, 그 시기를 대강 추측할 수는 있다. 『만덕사지』 내에 다산이 찬술한 혜장의 비문이 수록되었기 때문에, 그것의 편집이 완성된 시기는 그가 죽는 해인 1811년 이전일 수는 없다. 그러므로 그것은 1811년 이후 다산이 돌아가기까지의 1836년(헌종 2년) 사이에 편집되었다. 1811년 이전에 다산은 이미 혜장과 그 제자인 자굉과 더불어 『대둔사지大芚寺誌』의 편찬에 관여한 점으로 미루어 볼 때, 두 절의 사지의 편집은 거의 동시에 계획되었거나, 적어도 『만덕사지』는 『대둔사지』에 자극을 받아 편집되었을 것으로 생각된다. 이것은 『만덕사지』의 편집 시기가 『대둔사지』의 그것과 비교하여, 크게 떨어지지 않았을 것이라는 추측을 가능하게 한다.

『만덕사지』의 인본印本은 아직 발견되지 않는다. 다산 당시에 편집된 원본은 약 50년 전까지도 백련사에 보존되어 있었으나, 지금은 분실되었다. 그 곳 승려들의 말에 의하면 일본으로 유출되었을 것이라 했다. 여기에 실은 영인본은 서울대학 도서관 소장인 구도서를 대본으로 한 것이다. 이것이 언제 누구에 의해 필사筆寫되었는지는 확실하지 않다. 혹은 필사자가 명기되어 있지 않기 때문에, 다산 당시에 『만덕사지』가 2부 이상 작성되어, 그 중 일부가 전해진 것이 아닌가 하는 추측을 가능하게 한다. 그러나 이러한 추측이 옳지 못함은 곧 알 수 있다. 백련사에 소장된 다른 필사본과 대조해 본 결과, 서울대학 도서관 소장본인 『만덕사지』에 오자 및 결자缺字가 있고, 어떤 부분에는 오자를 다른 종이로 가리고 그 위에 바로 잡아 쓴 흔적이 있기 때문이다. 적어도 원본에는 이와 같은 오류가 많지 않았을 것으로 판단된다.

현재 전하는 필사본은 다음과 같은 이본이 있다.

① 백련사 소장본 : 이 본은 지금부터 약 80년 전에, 백련사에 보존되어 있던 다산 당시의 원본을 대본으로 필사된 것이다. 필사자는 尹在讚옹이며, 필자가 방문한 당시인 1970년대 초반까지 康津郡 도암면 만덕리에 살고 있었다.

② 서울대 도서관 구도서본 : 백련사 소장본을 대본으로 필사되었다.

③ 국립중앙도서관 소장본 : 이 본은 서울대학 도서관 소장본을 대본으로 필사한 것이다.

(3) 만덕사지의 내용

『만덕사지』는 모두 6권 2책으로 되어 있다. 권1과 권2는 고려시대 백련사에 주석한 여덟 국사의 열전이며, 권4는 조선시대 이 절에 주석한 승려의 열전이다. 권3은 주로 고려시대 백련사와 인연을 맺었던 자들의 글을 수록한 문집이라 할 수 있다. 권5는 사원 규모 및 중수에 대한 기록이다. 권6은 백련사 승려인 무외無畏의 천태종 관계에 대한 논소論疏를 모은, 일종의 의해義解나 종요宗要와 같은 성격의 것이다.

『만덕사지』의 내용 중 가장 큰 비중을 차지하는 것은 승려들의 전기이다. 권1에 원묘圓妙·정명靜明·원환圓睆국사, 권2에 진정眞靜 천책天頙·원조圓照·원혜圓慧·진감眞鑒 무외無畏·목암收奄 무외無畏국사, 권4에 조선의 조요趙遙·해운海運·취여醉如·화악華岳·운봉雲峰·송파松坡·정암晶巖·연파蓮坡대사 및 이들 외에 이 절에 주석한 선사들의 전기가 실려 있다.

원묘국사의 전기는 비교적 상세하지만, 주로 최자崔滋가 찬술한 「만덕산백련사萬德山白蓮社 원묘국사비圓妙國師碑」를 참고하여 기록된 것이고, 그 외에 조종저趙宗著, 「원묘국사비圓妙國師碑」·고려 학사學士 민인균閔仁鈞, 「만덕산백련사주요세萬德山白蓮社主了世 사시원묘국사교서賜謚圓妙國師敎書」·천책天頙, 「임진년보현도량기시소壬辰年普賢道場起始疏」 및 「관고官誥」 등에서도 인용되었다. 이중 최자가 찬술한 비문은 지금까지 전한다. 정명국사나 원환국사의 전기는 따로 전하지 않는다. 정명국사에 대한 기록은 고려 학사 임계일林桂一이 찬술한 「만덕산백련사萬德山白蓮社 정명국사시집서靜明國師詩集序」 및 이 시집 중의 시에서 몇 개 인용한 것이다. 또 이는 모두 『동문선東文選』에 전재된 것이고 보면, 아마 다산 당시에 이 시집은 전하지 않았던 듯하다.

진정국사와 진감 무외국사의 글이 비교적 많이 수록되었다. 여기서 인용된 진감 무외국사의 통문統文이나 소疏는 모두 『동문선』에 전한다. 그러나 『만덕사지』에 수록된 진정국사의 글은 다른 곳에 전하지 않기 때문에, 다산 당시에 진정국사의 문집이 전해졌을 것으로 추측된다. 그의 대표적 문집인 『호산록湖山錄』은 4권 2책이었는데, 그 중 어느 책인지는 알 수 없으나, 1책이 인근 절의 승려에 의해 도난당했고, 나머지 1책은 남아 있었기 때문에, 다산 등 『만덕사지』의 편집자들이 이것을 참고하였을 것이다. 지금은 이 나머지 1책이 송광사에 전한다.

조선시대 여덟 승려의 전기는 그들의 비문을 발췌하여 실은 것이다. 이 비문은 여덟 승려들이 죽은 다음에 곧 찬술된 것이 아니라, 대개는 조선후기 영·정조 시대에 찬술되었다. 그런데 찬자들은 대부분 다산과 교분이 있었던 자들이며, 혜장의 비문은 다산이 직접 찬술한 것이다. 그 중 취여대사비와 화악대사비를 찬술한 한치응韓致應은 정약전丁若銓과 더불어 '죽란시사竹欄詩社'를 조직하여 활동하였다. 이들이 비문을 찬술할 때 참고한 것은 백련사에 전해 내려온 「사문고기師門古記」였다. 여덟 승려들의 전기는 모두 『동사열전東師列傳』에 나온다. 다만 『동사열전』에 실린 전기는 『만덕사지』의 그것보다 훨씬 소략하다. 그 외 권6 말에 진각眞覺 혜심慧諶과 선각先覺 형미逈微의 비문이 전하는데, 형미의 비문은 잘 알려져 있다. 혜심의 비문으로 송광사松廣寺에 있는 것이 아닌, 월남사지月南寺址에 있었던 것은 최근까지 알려지지 않았다. 이 비문은 1973년 민현구閔賢九에 의해 발견되었지만, 완전한 것이 아닌 잔비殘碑에 불과한 것이다. 따라서 『만덕사지』에 실린 진각국사의 비문은 주목되어서 좋을 것이다.

승려들의 전기 이외에 『만덕사지』의 중요한 내용을 이루고 있는 것은 백련사와 인연을 맺었던 묵객墨客의 시문이나 승려들의 소疏이다. 권3이나 권6은 주로 이와 같은 내용으로 채워져 있다. 그 중 중요한 것은 정명국사 천인·진정국사 천책·진감 무외국사의 제문이나 소문疏文 등이다. 천책을 제외한 천인이나 진감 무외의 글은 거의 모두 『동문선』에 실린 것이다. 특히 권6의 대부분은 무외의 천태종 관계의 논소를 모아 놓은 것이다. 권6에는 그냥 '무외국사의 소疏'라고만 되어 있어서, 무외국사가 목암牧菴 무외국사와 혼동될 여지가 있으나, 앞뒤의 내용으로 보아서 진감 무외국사임이 틀림없다. 이러한 권6의 내용은 고려후기의 천태사상을 이해하는데 초석이 될 수 있다.

『만덕사지』의 내용에는 적은 분량이지만, 사원의 규모에 대해 기재되어 있다. 다산 당시에 존재한 건물은 물론 인근의 산 또는 바다의 섬에 있던 백련사의 수원修院이나 암자·탑비·고적 및 심지어는 기이한 나무까지 기록되었다. 그러나 다른 사적기에 비해 사원경제면에 대해서는 거의 언급되지 못했다.

(4) 자료적 가치

『만덕사지』는 다산에 의해 감정鑑定됨으로써, 고증학적 기반 위에 편집되었다. 그것의 체제는 대개 본문과 '안문案文'으로 구성되어 있는데, 안문은 철저한 고증을 거쳐 작성되었다. 안문을 담당한 자굉慈宏·이청李晴·응언應彦·승찬勝粲·태림泰林·근학謹學·설옥設玉·지일知日·한영翰英 등은 대개 다산으로부터 유학을 배웠다. 특히 권2 말의 『미류로망末流鹵莽 내이무염국사乃以無染國師 대지위조戴之爲祖 기류이변其謬易辨』조는 백련사의 창건 조사가 무염無染국사라는 사실이 틀렸음을 고증한 것이다. 곧 이어 『우혹이보조국사又或以普照國師 지지위선덕指之爲先德 역시착인亦是錯認조』는 백련사의 동쪽에 있는 사리탑이 보조普照 지눌이 아닌 혜심慧諶의 것임을 밝혔다. 기타 '다산운茶山云'으로 시작되는 글도 고증을 위한 것이다.

다산학茶山學 내지 조선후기 실학의 영향을 받아 편집된 『만덕사지』는 대부분 실증적이고 사변적인 내용으로 이루어졌고, 설화적 요소인 사찰

연기緣起설화 등은 거기에서 빠져나갔다. 권5에 사원 규모에 대한 기록이 실렸기는 하지만, 그 뒷부분이 묵객의 시문으로 채워졌다. 권말卷末의 부록에는 1144년(인종 22년)에서 1343년(충혜왕 복위 4년)에 이르는, 고려말 200년간의 백련사를 중심으로 한 불교 관계의 연표를 실었다. 이러한 편집은 곧 실학의 학풍과 연결된다. 다만 고증학적 편집 태도로 말미암아, 사원 내의 전승이나 사원경제에 관계된 자료가 산실散失되었을 가능성이 전혀 없는 것은 아니다.

『만덕사지』는 유불교섭儒佛交涉 면에서 중요한 의미를 지닌다. 그것이 편집된 시기는 순조 이후이므로, 이 시대에는 조선후기의 실학사상이 완숙되면서 다음 시대의 사회사상으로 배태되고 있었다. 그러므로 그것은 조선후기의 사상사를 이해하는데 중요하다. 이를 통해 조선후기 실학사상에 끼친 불교사상의 영향 면에 대해 보다 구체적으로 이해할 수 있게 될 것이다. 또 조선후기나 구한말 불교사상의 전개 과정에 실학사상이 큰 역할을 담당하였음을 알 수 있게 한다.

2. 고려시대 사상사관계 서평

1) 『삼국사기』, 우리 곁에 다가서다

-鄭求福 외, 『譯註 三國史記』(한국학중앙연구원, 1997)의 서평

(1) 『삼국사기』의 간행과 유포流布

『삼국사기』는 고려 인종 23년(1143년)에 김부식金富軾이 편찬한 사서史書이다. 송宋의 왕응린王應麟이 찬술한 『옥해玉海』에는 『삼국사기』가 비각

秘閣에 있다고 기록하였으므로, 적어도 고려말에는 간행되어 있었다. 조선 태조 3년(1394년)에 경주부사慶州府使 김거두金居斗가 전임관前任官인 진의귀陳義貴의 판각板刻 사업을 이어받아 『삼국사기』의 목판본을 완성하였다. 그러나 현전하는 완본은 중종 7년(1512년)에 경주부사 이계복李繼福이 간행한 목판본이다. 물론 이보다 오래된 성암고서박물관誠庵古書博物館 소장본이 전하기는 하나, 제44권에서 58권까지만 남아있다. 또한 『현종실록』을 간행하기 위해 제조한 동활자銅活字로 1711년에 간행되었을 것으로 추정되는 주자본鑄字本이 있다.

정사正史로서 비교적 풍부한 내용을 담고 있는 『삼국사기』에 의해 한국고대사 연구의 기본 틀이 세워졌다. 그렇지만 『삼국사기』의 자료적 가치에 대해서는 서로 엇갈린 시각이 있었다. 일제 식민사학자들은 『삼국사기』의 특히, 초기 기록에 대해 믿을 수 없는 것으로 비판하였다. 그런데 민족주의 사학자들도 삼국사기를 비판적으로 연구한 것은 마찬가지였다. 신채호申采浩는 묘청의 난을 평정한 김부식 일파가 스스로의 입장을 정당화하기 위해, 사대적이고 외래의 유교적 관점에서 『삼국사기』를 편찬하였다고 주장했다.

『삼국사기』에 대한 부정적 시각은 광복 이후에도 계속되었지만, 1960년대 말이 되면서 부터 그 사료적 가치를 인정하는 연구가 나오기 시작하였다. 김원용金元龍은 고고학적 연구 성과를 참작해 볼 때 『삼국사기』의 초기 자료가 믿을 만하다고 지적하였다(「삼국시대 開始에 관한 연구」 『동아문화』 1, 1967). 그렇지만 『삼국사기』의 의의에 대해 긍정적인 면에서 최초의 본격적인 연구자는 고병익高柄翊이다(「삼국사기에 있어서의 역사서술」 『金載元博士 華甲紀念論叢』, 1969). 이후 『삼국사기』에 대한 긍정적인 연구가 활성화되었는데, 김철준金哲俊의 연구는 이러한 분위기에 찬물을 뿌렸다(「고려중기 문화의식과 사학의 성격」『한국사연구』 9, 1973). 그는 고병익의 논문을 조목조목 비판하면서 오히려 신채호의 논리로 뒤돌아간 느낌을 준다. 이후 『삼국사기』의 사론에 대한 논의는 수그러들었지만, 오히려 내연內燃된 채 오늘에 이르고 있다.

『삼국사기』를 어떻게 보아야 좋을 것인가라는 문제는 한국사나 사학사史學史를 연구하는데 매우 중요한 과제이다. 지금까지 전하는 사서 중 가장 일찍 간행되었다는 사실만으로도 『삼국사기』는 영원히 우리민족과 함께 기억될 것이다. 이렇듯 중요함으로 인해 섣불리 용기를 내어 접근하지 못한 때문인지, 이에 대한 정확한 교감校勘이나 역주 작업이 소홀히 되었다. 1909년에 『현종실록』 주자본이 조선양서대계본朝鮮群書大系本으로, 1911년에 옥산서원본玉山書院本이 조선고서간행회본朝鮮古書刊行會本으로 영인되었고, 1913년에 간행된 동경대학총서본東京大學叢書本에는 『삼국사기』의 이체자異體字를 정리한 표가 첨부되었다.

1928년에 조선사학회본朝鮮史學會本이 처음 간행되면서 이마니씨 류(今西龍)가 교정校訂을 담당하였고, 다시 1941년에 중간重刊될 때에도 스에마쓰 야스카즈(末松保和)가 교정을 맡았지만, 교감의 내용은 모두 매우 소략한 것이다. 이보다 이전인 1916년에 중국 회남淮南 남통현南通縣의 한묵림서국翰墨林書局에서 김택영金澤榮이 『교정校正 삼국사기三國史記』를 간행하였는데, 여기서는 원문의 내용이 어긋나 잘 통하지 않는 부분을 바로 잡고 있다. 1931년에 고전간행회古典刊行會는 옥산서원본을 영인하였다. 이본이 1973년 민족문화추진회民族文化推進會에서 다시 간행될 때에 김정배金貞培의 교감을 붙였다. 1984년 조병수趙炳受가 고전간행회본을 대본으로 『삼국사절요三國史節要』·금석문·고려판본 『삼국사기』 등을 참고하여 제법 자세한 보주를 붙인 『증수보주增修補註 삼국사기三國史記』를 간행하였다.

『삼국사기』의 역주본으로 처음 간행된 이병도본李丙燾本은 비교적 엄정한 학술적 가치를 지닌 것으로 평가된다. 1940년에 박문문고博文文庫가 5책으로 출간하였고 1956년에 춘조사春潮社가 중간한 이병도본은 완본이 아니며, 1977년에 을유문화사乙酉文化社에서 완역본으로 간행되었다. 1972년에는 대양서적大洋書籍이 김종권본金鍾權本을 간행하였고, 비슷한 시기에 자유 교양문고는 이재호본李載浩本의 역주본을 간행하였고. 1977년에 동서문화사東西文化社는 김택영교감본을 대본으로 한 신호열辛鎬烈의 역주본을 간행하였다. 또한 북한 과학원은 1958년에 『삼국사기』의 역주본을 간행하였다. 그러가 하면 일본에서도 1914년에 아오야나기(青柳南冥)가 일어판 『삼국사기』 번역본을 간행하였고, 1974년에는 임영수林英樹가 번역하여 『일역日譯 삼국사기三國史記』 3책을 출간하였다.

이상에서 『삼국사기』의 교감이나 번역본은 개인 각자의 노력에 의하여 이루어진 것으로서 연속적인 학문적 축적을 성취하지는 못하였다(본서 1책, 간행사에서). 민족문화나 한국고대사를 정립하는데 가장 기본자료가 되는 『삼국사기』에 대한 교감이나 역주 작업은 중요도에 비해 소홀히 되어왔던 것이 사실이다. 본서는 이들 10여종에 이르는 『삼국사기』 원문 교감본과 번역본을 모두 참고하고 그 토대 위에 학술적 연구 성과를 종합한 것으로서, 교감은 물론 역주의 수준을 한 단계 높인 것으로 이해된다.

(2) 『역주 삼국사기』의 내용

본서는 총 5책으로 기획되었다. 그 중 제1책인 감교勘校 원문편原文篇, 제2책인 번역편, 제3책과 제4책인 주석편이 간행되었고, 제5책인 총색인편은 곧 출간될 예정이다. 정구복을 중심으로 노중국盧重國·신동하申東河·김태식金泰植·권덕영權悳永 등이 한국정신문화연구원의 주선으로 1988년부터 1992년까지 4년동안 행한 공동연구가 결실을 맺은 것이다. 『삼국사기』의 역주 작업은 1987년에 시작되었는데, 이때에는 정구복·이형구李亨求·최병헌崔柄憲·김태식이 참가하여 예비 작업으로 범례凡例를 작성하고 신라본기의 일부를 번역·주석하였다. 2차년도인 1988년부터는 연구자 개인 사정으로 이형구·최병헌이 빠지고, 노중국·신동하·권덕영이 새로 참가하였다.

본서의 담당자와 분야는 다음과 같다.

신라본기(권1~권12)	; 권덕영
고구려본기(권13~권22)	; 신동하
백제본기(권23~권28)	; 노중국
연표(권29~권31)	; 김태식
잡지(권32~권37)	; 김태식
잡지(권38~권41)	; 노중국
열전(권42~권50)	; 정구복

이들의 집중적인 연구는 이후 3년간 지속되었지만, 그 후에도 근 10년동안 자주 모여 윤독하는 작업을 개을리 하지 않았다.

제1책인 감교 원문편에는 교감된 원문 외에 부록으로 김거두金居斗와 이계복李繼福의 발문跋文을 실었다. 그 외에 간행사와 원문감교原文勘校 범례·각주표기 범례 및 정구복의 『삼국사기』 해제를 붙였다. 본서는 조선 중종 7년(壬申, 1512년)에 간행된 목판본 『삼국사기』를 기본으로 하고, 교감에 이용한 자료는 『삼국사기』 편찬 이전의 중국 문헌과 국내의 금석문, 『삼국유사』, 조병수가 소장한 고려판본 『삼국사기』(권44~권50), 권근權近의 『동국사략東國史略』, 『삼국사절요三國史節要』, 『세종실록지리지世宗實錄地理志』, 『고려사』, 『고려사절요』, 『동국통감東國通鑑』, 『현종실록』 주자본 『삼국사기』, 『신증동국여지승람新增東國輿地勝覽』 등이다. 그 외 이미 영인되었거나 출간된 『삼국사기』 교감본을 모두 철저하게 참고하였다. 따라서 본서의 감교 원문편은 지금까지 중국 문헌 자료를 참조하지 않는 것을 보완하는 등 어떠한 주석서보다도 알찬 내용을 담았다.

본서에서는 목판 인쇄된 정덕본正德本(이하 原本)의 내용을 충실하게 존중하였지만 분명히 틀린 글자는 수정하였으며, 각주脚註에서 그 근거와 원본에 나타난 글자를 아울러 제시하였다. 원본에 결각缺刻되어 여백으로 남은 부분을 가능한 복원하였으나, 그러지 못한 경우에는 예상되는 글자 수만큼 △를 표시하였다. 판독判讀하기 어려운 부분도 다른 전거에 의해 복원하지 못했을 경우에는 △로 표시하였다. 원본 가운데 본기·연표·잡지·열전 등에 서로 달리 기록된 내용에 대해서는 각주를 달았으며, 또한 기왕에 출간한 『삼국사기』 원문과 대조하여 본서와 달리 판독한 경우에도 각주를 붙였다. 이러한 노력과 작업이 본서의 신빙성을 높여주고 있다.

끝 부분에 붙인 해제는 본서나 『삼국사기』에 대한 단순한 소개에 그친 것이 아니라 사학사적인 연구논문이라 할 수 있다. 정구복은 『고려시대 사학사 연구 -사론史論을 중심으로-』(1985, 서강대 박사학위 논문)라는 저술에서, 이미 김부식과 『삼국사기』에 대해 심층적으로 다루었다. 또한 조병수가 간행한 『증수보주 삼국사기』의 해제를 서술한 바가 있어, 그는 이 방면에 대하여 다년간 깊이 연구해 왔다. 본서의 해제에서는 『삼국사기』의 편찬과 편찬자, 체제와 내용, 『삼국사기』에서 이용된 사료나 연대표기 방식 등을 밝혔다. 아울러 김부식의 편술 태도나 역사의식, 사학사적 위치를 서술하였고, 『삼국사기』의 원본과 역주본에 대한 자세한 설명을 곁들이고 있다.

제2책인 번역편에서는 번역문과 함께 번역 범례와 후기가 실려 있다. 번역편은 원문의 뜻에 충실하게 번역하면서도 한글 어법에 맞게 의역하였고, 한글로 번역함을 원칙으로 하였으나 필요한 경우에는 한자를 ( ) 속에 표기하였다. 번역문은 우선 정확하면서도 쉽게 써서 이해하기 편리하도록 유의하였기 때문에, 역사를 전문적으로 연구하는 학자는 물론 일반 독자들에까지 유용한 것이다. 또한 이미 제시하였듯이 본서가 출간되기 이전에 있었던 국내의 5종, 일본어로 된 2종의 번역본은 서로의 성과를 충분히 흡수하여 저술되지 못한 것이다. 반면 본서는 이들 번역본을 모두 철저하게 대조·검토하여 작업성과를 충실하게 흡수하였다.

제3책과 제4책인 주석편은 상세한 주석과 함께 주석 범례를 실었는데, 앞부분에는 서문이 기재되어 있다. 부록으로 통일신라시대의 신라주군도新羅州郡圖 및 상주尙州·양주良州·강주康州·한주漢州·삭주朔州·명주溟州·웅주熊州·전주全州·무주武州 등 9주의 주군현도州郡縣圖를 제시하였다. 주석편 중 제3책은 진삼국사표·신라본기·고구려본기·백제본기·연표의 주석을 실었고, 제4책은 잡지·열전 및 편찬자 명단과 발문의 주석을 실었다. 원본에 나오는 인명·지명·제도·용어·자료·고사·글자의 판독이나 발음의 문제 및 번역상의 문제 등을 상세하게 주석하였을 뿐만 아니라, 원본과는 다른 내용을 전하는 자료가 있을 경우에는 전거로 제시하였다.

제5책은 총색인인데 곧 출간될 예정이다. 이 글이 완성되고 얼마되지 않는 1998년 12월에 제5책 총색인이 간행되었다. 『삼국사기』에 대한 색인은 이미 1956년에 연세대학의 동방학연구소에서 유일하게 출간한 바 있으나, 내용은 대단히 소략하다. 본 색인편은 원문뿐만 아니라 번역이나 역주편에 대한 자세하고 방대한 작업으로 이루어진 것이라고 하니, 앞으로 한국고대사 연구를 위한 지침서의 역할을 담당하리라고 생각한다.

3) 『삼국사기』 교감 역주 작업의 성과와 과제

본서의 교감과 역주를 담당한 자들은 모두 한국고대사 연구에서 학문적 수준을 인정받고 있을 뿐만 아니라, 특히 『삼국사기』의 사료적 성격에 대해 정통한 전문 연구자이다. 그럼에도 불구하고 본서가 햇빛을 보기위한 기초 작업으로서 1993년 10월 21에서 22일에 걸쳐 한국정신문화연구원이 '삼국사기의 사료적 검토'라는 제목으로 학술세미나를 개최하였고, 그 결실이 『삼국사기 원전검토原典檢討』(1995)라는 단행본으로 출간되었다. 이러한 기초 작업이 어우러져 본서가 간행되었다.

본서의 가장 큰 특징은 한국고대사의 연구수준을 반영하여 저술된 것이다. 본서는 "1995년까지의 학계 연구 성과를 수렴하였다"(제3책 주석 범례)라고 기록하였다. 본서의 주석편에는 한국고대사 연구를 대표할 만한 중요한 논문을 거의 모두 인용하였으며, 특히 이용한 논문의 쪽 수를 철저하게 표시하고 있어서 신뢰성을 높여 준다. 제3책 주석편의 서문에서 "현재까지의 역주본 『삼국사기』에서 역사학적 주석을 시도한 것으로는 이병도의 『국역 삼국사기』를 들 수 있다. 그러나 이 주석서에서는 해방 이후 학계의 연구 성과가 거의 반영되지 않았다. 본 주석편에서는 국내외의 고대사 연구 성과를 폭넓게 수렴하려고 노력하였다. 주석편은 앞으로의 연구 성과를 계속 보완할 계획임을 밝히면서 이를 학계에 내 놓는다"라고 하였다. 본서는 앞으로도 연구 성과를 계속 반영하면서, 고대사 연구를 전망하는데 도움을 줄 것으로 기대한다.

다음으로 본서는 원본이 신라 중심으로 편찬되었다는 결함을 시정하면서 삼국문화의 올바른 모습을 복원하려고 노력하였다. 사실『삼국사기』원본에는 백제본기나 지志가 소략하게 기술되어 있는 것은 주지의 사실이다. 삼국문화는 거칠면서 거대한 고구려문화가 우아하고 아담한 백제문화를 거쳐 패기와 정제미를 갖춘 신라문화로 이어지면서 민족문화로 꽃피웠다. 그런 과정에서 교량적 역할을 담당한 백제문화에 대한 정확한 복원 없이 민족문화의 역량力量을 이해하기는 힘들 것이다. 그런데 민족문화가 정리되는 과정에서 통일신라나 고려시대에 백제문화는 취사·선택되면서, 두 번에 걸친 인멸 과정을 겪게 되었다.『삼국사기』에 백제 관련 기사가 소략한 이유는 바로 이러한 데에서 찾아진다. 또한『삼국사기』가 고려중기에 편찬되면서, 고려 사람들의 삶과 직접으로 관계가 적은 관직이나 제도에 대한 기록이 소략할 수밖에 없다. 그러나 삼국시대에 제도가 잘 갖추어져 있지 않았던 것은 아니다. 그런 의미에서 본서가 특히 백제본기나 지志에 대해서 충실하게 주석하고 있는 것은 의미있게 생각된다.

마지막으로 본서는 삼국의 문화와 역사가 영위되는 영역을 가능한 현재의 지명으로 추정해 봄으로써 역사 지리적 환경을 복원하고자 했다. 본서는 특히 지志를 자세하게 주석하였으며, 그 중에서도 지리지의 주석이 전체 잡지 주석의 약 반을 차지하고 있다. 즉 지리지에 대해서는 매우 자세하게 주석하였다. 이에 대해서는 앞으로 한국사학계가 보다 관심을 가져야 할 분야이다. 사실 역사 지리적 환경 즉 풍토와 그 동안 전승된 민족문화의 전통이 어우러진 속에서 우리들 인간이 민족문화를 창조하는 것이다. 그럴 경우 민족문화를 창조하는 세 요소 중 역사 지리에 대한 이해는 대단히 중요한데, 광복 이후 이 분야에 대한 연구는 거의 행해지지 못하였다. 그 이유는 일제 식민사학의 표적이 만선철도滿鮮鐵道 주식회사가 주관한 역사지리 분야에 모아졌기 때문이다.

2) 삼국유사, 종합적으로 접근하다

- 『三國遺事의 종합적 검토』(한국정신문화연구원, 1987)의 서평

(1) 삼국유사의 연구서가 나오기까지

한국정신문화연구원은 1986년 12월 1일부터 3일까지 삼국유사에 관한 종합적 검토라는 주제로 제4회 국제학술회의를 개최하였다. 한국·일본·중국에서 각기 상이한 전문분야 17인의 학자가 주제를 발표하고, 그것에 관한 토론이 전개되었다. 이를 통하여 발표자는 물론 토론자들 사이에 삼국유사의 내용을 음미하는 상당한 시각의 차이를 드러내었다. 동일한 자료에 대해 분야가 다름으로 해서 분석하는 방향이나 해석에 상이한 면을 드러내면서, 서로 다른 분야에 대한 관심과 이해의 장을 마련하였다. 그러한 발표와 토론이 결집되어 본서로 엮어졌다.

삼국유사는 한국고대사뿐만 아니라 민족문화를 밝히는데 중요한 기본 사료이기 때문에, 1927년 최남선崔南善에 의한 괄목할 만한 해제(『啓明』 18)가 나온 이후에도 그것에 관한 많은 연구가 행해졌다. 그 결과 삼국유사에 대한 이해의 수준을 높여주어서, 이기백(李基白, 1924~2004년)은 그 편목篇目의 하나하나에 대한 개별 연구를 시도하였다. 그것은 편목의 구성과 그 특징적인 내용을 밝힘으로써, 삼국유사를 총체적으로 이해하려는 의도를 지녔다. 개인에 의한 삼국유사의 총체적인 이해는 사실상 힘든 작업이고, 한국고대사 방면에 대한 많은 연구가 축적된 기반 위에

가능한 것이다. 그리하여 이미 학회나 연구 기관이 중심이 되어 삼국유사에 관한 종합적인 학술 토론이 모색되었다.

진단학회震檀學會가 한국의 중요한 고전에 대한 연구 심포지엄을 개최하면서, 1973년 제1회에 삼국유사의 종합적 검토가 행해졌다. 여기서 삼국유사는 불교학·국문학·역사학의 입장에서 분석되었는데, 그것은 상당히 소략한 인상을 준다. 1982년에 한국사연구회韓國史硏究會가 삼국유사의 연구사적 검토를 행했다(『한국사연구』 38). 또 1985~1986년에 효성여자대학교曉星女子大學校의 한국전통문화연구소韓國傳統文化硏究所가 삼국유사를 주제로 한 연구를 주관하였다(『韓國傳統文化硏究』 1·2). 이 책은 그러한 학술 토론이나 연구 경향이 어느 정도 제자리를 차지하면서, 질은 물론 양적으로 그 연구의 수준을 높여준다.

이 책의 내용은 다음과 같은 발표 논문으로 채워졌다.

① 鄭求福, 삼국유사의 사학사적 고찰
② 金相鉉, 삼국유사의 서지학적 고찰
③ 木下禮仁, 제상전승고
④ 李基東, 삼국유사에 의한 신라사 연구와 서술
⑤ 井上秀雄, 삼국유사와 일본 관계
⑥ 崔柄憲, 삼국유사에 나타난 한국고대불교사 인식
⑦ 田村圓澄, 삼국유사와 불교
⑧ 秦弘燮, 삼국유사에 나타난 塔像
⑨ 宮本長二郞, 삼국유사와 한·일 건축교류
⑩ 金東賢, 삼국유사와 皇龍寺址
⑪ 姜仁求, 신라 왕릉의 재검토(3) -附篇, 신라 왕릉에 관한 문헌자료 해석
⑫ 조동일, 삼국유사 설화와 구전설화의 관련 양상

⑬ 林明德, 삼국유사와 중국 正史 중의 帝王신화

⑭ 황패강, 삼국유사와 향가연구

⑮ 安秉禧, 국어사 자료로서의 삼국유사

⑯ 菅野裕臣, 한국과 일본의 借字 표기에 대하여 -附篇, 『舊譯仁王經』 漢字 색인

⑰ 金宅圭, 삼국유사의 민속 체계

(2) 다양한 방면의 총체적 연구

이 책에 실린 17편의 논문은 대단히 방대한 것이어서, 여기서는 그 내용을 간략하게 소개하려 한다. 그것은 크게 역사학에서 5편, 불교사학에서 2편, 고고미술학에서 4편, 국어국문학에서 5편, 민속학에서 1편의 논문들로 구성되어 있다. 역사학 분야에서는 먼저 사학사 내지 서지학적인 접근이 시도되었다. ①에서는 삼국유사가 불교사 중심의 종교사관에 의해 편찬되었다고 했다. 『삼국사기三國史記』가 유교의 현실주의나 합리적 역사관을 갖는데 비해, 그것은 신비주의적 신이사관을 가졌다. ②에서는 삼국유사가 70대 후반으로부터 입적하기까지인 일연一然의 만년에 집필되었으며, 그 뒤 그의 제자인 무극無極에 의해 부기附記되어 간행 또는 중간되었다고 했다. 위의 두 논문은 모두 일연 자신이 청년 시절부터 직접 자료를 모아 만년에 편찬했다는 입장을 견지함으로써, 삼국유사의 사료가 정확하고 가치를 지닌다고 했다.

다음으로 삼국유사에서 밝힐 수 있는 역사적 사실에 대해서는 신라사 내지 신라와 일본 관계에 치중하여 논술되었다. ③은 AD 5~6세기 일본이 신라를 번국시蕃國視하려는 입장에서 신라·일본 관계를 분석하였다. ⑤는 고대 한국인들의 일본관을 고찰하였는데, 왜倭는 7세기까지 주로

남해안 지방의 여러 나라를 가리키며, 일본은 8세기부터 나타난 대화조정大和朝廷의 영역을 가리킨다고 하였다. ④는 삼국유사가 불교사는 물론 사회사·정치사를 위한 고유의 독자적인 내용을 싣고 있다고 했다.

불교사의 입장인 ⑥에서 삼국유사는 불교문화사라고 하여, 『삼국사기』와 비교할 것이 아니라 후대의 『해동고승전海東高僧傳』 등과 비교되어야 한다고 했다. 신라시대에 불교의 각 종파 사이의 교학이나 신앙 면의 대립은 고려시대의 그것과 비교해 그렇게 첨예하게 나타난 것은 아니었다. 그런데 고려시대 불교의 각 종파 사이의 사상적인 대립이 퇴색하고, 귀족불교 내지 학문불교의 퇴조 현상이 짙게 나타난 시기를 살아간 일연은 신라시대의 불교교학이나 종파의 활동 상황을 잘 알 수 있는 위치에 있었기 때문에, 삼국유사는 그러한 신라불교의 분위기가 잘 반영되었다고 했다. ⑦에서는 삼국시대 불교의 여러 신앙이나 승려들이 극히 개설적으로 나열되었다. 그러면서 불교 수용에 대해 신라와 일본을 비교하였다. 일본은 백제나 고구려 승려 즉 외국에서 온 승려가 불교계의 지도자였던 단계를 거쳐 도래계渡來系 씨족氏族 출신이 지도자로 활약했음에 대해, 신라에서는 이 두 단계를 거치지 않고 신라 승려가 불교를 자국의 것으로 만드는 노력을 기울였다고 했다.

고고미술사학 분야에서는 먼저 황룡사皇龍寺에 관해 언급되었다. ⑧과 ⑩이 그것이다. 두 논문은 모두 10여년에 걸친 황룡사지에 대해 정밀하게 발굴 조사한 결과, 삼국유사의 황룡사에 대한 기록은 대단히 신빙성이 높은 것으로 나타났음을 지적했다. 삼국유사는 황룡사 건립에 따른 불교적 배경과 그것의 소실燒失에 이르기까지를 보다 상세하게 기록하였다. 그 외에 『삼국사기』나 『고려사』의 황룡사에 관한 기록 및 찰주본기刹柱本記 등의 내용이 전하고 황룡사의 유구遺構 또한 비교적 양호한 상태로 남아 있어서, 앞으로 문헌과 유구 내용을 연결시켜 황룡사에 관한 충실한 연구가 이루어질 것으로 기대된다.

⑨는 삼국시대의 한국과 고분시대 일본의 주거 건축의 교류와 이어 사원 건축의 교류를 고찰했다. 주거 건축의 양식이 주로 한국에서 일본으로 영향을 주었다. 뒤에 사원 건축에서 일본은 한국뿐만 아니라 당나라 문화를 수용하면서 그 양식이 복잡해졌다. ⑪은 현재 왕릉의 입지 조건과 규모 및 형식을 고찰하여 그것을 삼국유사의 기록과 연결시키고, 그 주인공을 잠정적으로 추정하였다. 또한 부록으로 신라 왕릉에 관한 여러 문헌 자료를 소개하고 해석하였다.

국어국문학 분야에서는 먼저 설화가 분석되었다. ⑫는 삼국유사의 설화를 문학·역사·사상을 아우르는 포괄적인 관점에서, 우선 구전설화와 비교하고 그 동이점을 찾으려 했다. 삼국유사의 설화 중 단편적이고 불완전하게 기록된 것이나 불교의 관점에서 재래의 신앙을 의도적으로 과소평가한 부분은 구전 설화를 통해 보충될 수 있다. ⑬에서는 삼국유사의 기이편과 중국 정사 중, 그 선조 및 제왕의 탄생과 성장과정에서의 여러 가지 기적과 징조 등이 평면적으로 비교 논술되었다.

다음으로 향가의 연구는 국어학의 차자借字 표기를 밝히려는 것이다. ⑭와 ⑮의 두 논문은 향가의 해독과 관련한 방법론을 제시하였다. 그러면서 향가의 연구 자료로써 삼국유사의 제약적 조건을 극복하기 위해서는, 균여전均如傳과 비교·연구되어야 하며 중세 국어에 대한 지식을 심화시켜야 한다고 했다. ⑯은 일본의 만엽집萬葉集과 향가를 비교하여, 한자의 도입과 그것을 읽는 방법을 추구하였다.

끝으로 민속학 분야의 논문이 ⑰이다. 고로古老나 향전鄕傳 등 직접 관찰한 바를 기록한 일연의 태도는 오늘날 민속학자들의 학구 자세와 비슷하며, 특히 삼국유사는 군사·외교·정치 중심의 사건을 기록한 것이 아니라 "사람과 문화와 사회"를 기록했기 때문에 민속 생활지生活誌로서의 성격이 강함을 제시했다. 그 외 이 책에 실린 주제발표를 토론한 내용이나, 강인구가 편집한 「삼국유사 관계 논저 목록」도 앞으로의 이 방면 연구를 위한 길잡이가 될 것이다.

(3) 삼국유사 연구의 문제점

삼국유사의 내용이 한국이나 일본 중국의 입장에서 검토되고 서지학이나 역사학·불교사·고고학·미술사·국문학·국어학·민속학 등의 분야에서 종합적으로 연구됨으로써, 이해의 폭을 넓히고 그 속에서 공감대를 찾으려는 뜻에서 이 책이 갖는 의미를 높게 설정할 수 있다. 한국의 고대문화를 국제적 관점으로 승화시키면서 아직도 미비한 분야의 연구로 눈을 돌릴 수 있게 함으로써, 이 책은 한국 고대문화를 진작시키는데 일익을 담당한 셈이다. 대체로 그렇듯이 이 책에서도 종합 토론을 통해, 같은 문제에 대한 서로 상반된 견해와 앞으로 보다 더 추구되어야 할 많은 문제점들이 표출되었다. 이는 비록 생경生硬한 것일지라도 한국고대사 내지 한국문화가 야심차게 연구될 수 있는 길을 터 주게 될 것이다.

이 책에서 토론한 내용을 중심으로 그 문제점을 간략하게 부각시키고자 한다. 첫째 사학사 내지 서지학적인 측면에서 일연이 삼국유사를 찬술한 시기나 태도를 분명히 할 필요가 있다. 삼국유사의 왕력과 「역대년표歷代年表」와의 면밀한 비교가 그러한 문제의 해답을 어느 정도 줄 것으로 생각한다. 이 책에서는 일연이 청년 시절부터 삼국유사를 편찬할 뜻을 가져 평생을 두고 자료를 모았다고 했지만, 이것과는 상반된 견해가 주장되었다. 즉 선승인 일연은 처음으로 선수행에 전념했지만, 몽고의 침입 후 민족문화가 파괴되는 모습을 보고, 이미 「역대년표」를 편찬한 자신의 문도를 동원하여 많은 자료를 수집 정리하여 삼국유사를 편찬하였다고 한다. 사실 삼국유사가 일연의 단독 저술인지 아니면 가지산파의 문도가 동원되어 찬술된 것인지는, 그 성격을 이해하는데 대단히 중요하다.

둘째 불교사를 편찬하는 일연의 태도를 분명히 할 필요가 있다. 본서에서 일연은 종파 의식이 뚜렷하지 않은 신라시대의 불교를 이해할 수 있는 위치에서 생활하였기 때문에 당시 불교계의 상황을 잘 기록하였다고 하면서, 화엄종에서 의상계는 주류가 아니라는 결론을 이끌었다. 그렇다면 삼국유사에서 의상계 화엄종을 강조하여 기록하는 일연의 찬술 태도가 문제될 수 있다. 또한 서민 불교의 입장을 강조한 나머지 귀족 불교나 왕실 불교를 의도적으로 윤색함으로써 심각한 문제점을 지닌 삼국유사에 대해, 전혀 그러한 고민을 갖지 않은 나카무라 엔징田材圓澄이 평면적으로 불교신앙을 나열하거나 귀족 중심의 불교 수용 등을 내세우는 태도는 무성의하게 생각될 수 있다.

셋째 삼국유사에 기록된 국어학적 자료의 가치문제이다. 이 책에서 향가가 삼국유사에 수록되는 과정에서 상당히 잘못 기술되었다고 한다. 역사학 분야에서와는 달리 국어학에서는 삼국유사의 자료 자체에 대한 신빙도를 크게 인정하지 않으려 한다. 향가의 연구는 차자借字 표기법을 연구하는 것과 직결되었는데, 차자 표기는 시대에 따라 계속해서 발전하여 왔다. 따라서 삼국유사의 향가가 비록 『삼국사기』의 차자를 표기하는 자료 보다 가치가 떨어진다고 하더라도, 그것이 표기된 연대를 우선 정확하게 설정하는 작업이 중요하다. 그런 나음 고대국어 체계를 수립하려는 노력을 게을리 하지 않으면서, 국어학이 역사학과 제휴하여 삼국유사의 자료적 가치를 확실히 해야 할 것이다.

이 책은 위에서 제시한 것과 같은 문제점을 포함하였을지라도 많은 새로운 사실을 밝히고 있음을 간과할 수 없다. 그 위치를 분명히 하기 힘들었던 신라 왕릉의 추정이라든가, 삼국유사를 통해 불교문화사의 연구에서보다 오히려 정치사의 복원을 시도하려는 작업 등은 높이 평가되어야 할 것이다. 여기서는 이런 문제가 구체적으로 지적되지는 않았지만 이 책은 삼국유사를 통한 한국고대사 내지 민족문화 연구의 지평선을 크게 넓히고 있다.

3) 고려말 불교사 전개의 한 단면

- 許興植著, 『고려로 옮긴 인도의 등불 -指空禪賢-』(일조각, 1997)에 대한 서평

(1) 사회사의 바탕 위에 불교사상의 추구

불교사상사의 연구는 호교적護敎的인 불교 신자의 입장에서 행해지지만, 이와는 달리 객관적인 학문적 입장에서 추구되기도 했다. 이 책의 저자인 허흥식 교수의 한국중세 불교사에 대한 연구 태도가 후자의 입장에 서 있음은 이미 잘 알려진 바다. 또한 그간의 불교사는 교리나 철학·사상 체계를 밝히려는 방향에서 비교적 많은 연구가 이루어졌으나, 저자는 불교의 의식이나 제도 등에 대해 특별한 관심을 나타내었다. 저자가 불교사 연구의 길로 들어서게 한 논문이 「고려시대의 국사·왕사 제도와 그 기능」(『역사학보』 67, 1975)이었으며, 그 뒤 「고려시대의 승과僧科제도와 그 기능」(『역사교육』 19, 1976)은 저자로 하여금 불교사 연구

의 기반을 튼튼하게 해 주었다.

저자의 불교사에 대한 관심은 교단이나 종파와 함께 불교의 사회적 기능을 특별히 추구하는 면으로 넓혀졌으며, 아울러 불교사에 관한 금석문이나 고문서 등 원자료를 발굴하고 판독하는 작업을 병행해 왔다. 그리하여 그 첫 결실이 『고려불교사연구』(일조각, 1986)로 방대하게 엮어졌다. 이 책에서 추구된 미시적 성과를 보완하여 거시적 주제와 접목시키면서 시야를 넓히려고 시도한 저술이 『한국중세불교사연구韓國中世佛教史研究』(일조각, 1994)이다.

『한국중세불교사연구』에서 불교는 다른 종교와 마찬가지로 사회 체제와 깊은 연관을 가졌기 때문에, 이를 이용한 시대 구분이 가능하다는 전제 하에 불교사에서 중세의 범위를 설정하였다. 뿐만 아니라 불교서나 조상경造像經을 소개하고는 불교사에서 중요한 자료인 금석문을 복원하였으며, 마지막에는 조계종의 기원과 법통을 취급하였다. 자연 이런 문제는 진정眞靜국사와 지공에 대해 집중적으로 연구하게 했는데, 그 성과가 『진정국사와 호산록湖山錄』(民族社, 1995)과 이 책으로 묶어졌다.

이 책에 이르기까지 모두 4권의 중후한 단행본을 출간하는 동안, 저자는 한국중세 불교사에 대해 정력적으로 연구하여 학계에 공헌한 바가 실로 크다. 저자의 이러한 연구 성과를 돋보이게 한 것은 밤늦게까지 연구실에서 남다른 작업을 계속해 온 성실과 부지런함에서도 찾을 수 있겠다. 한편으로 그의 불교사 연구는 한국중세 사회사를 심층 있게 분석하고, 그것에 관한 자료를 정밀하게 정리하고 해석한 바탕 위에서 이루어진 것이다. 한창 학구열에 불타있던 1970년대에는 한국의 선거에 커다란 변동이 나타났기 때문에, 사실 저자의 학문 연구의 출발은 고려 과거제였고 그 결실이 『고려과거제도사연구』(일조각, 1981)로 나타났다.

고려 과거제도사가 지배층을 중심으로 분석된 연구라면 기층 사회의 보편적인 구조에 대한 저자의 관심이 『고려사회사연구』(아세아문화사, 1981)로 간행되었다. 특히 이 책에서 고려 사회구조의 기반이 불교의 관념적 결속력을 축으로 하여 이루어졌다는 불교사 연구의 방향을 막연하나마 모색하고 있었다. 그리하여 저자는 불교사를 사회 구조와 연관시켜 연구하려는 사회사상사를 정립시키려고 노력하였다. 불교사가 사회사상사로 정립된 점에서 저자의 학문 연구의 가장 큰 특징을 찾을 수 있다.

한국 불교사를 사회사상사로 정립시키려는 것은 바람직하지만, 아직은 초보 단계에 지나지 않는다. 설령 사회사상사로의 접근이 있었다고 하더라도, 저자의 경우에서처럼 먼저 사회사에 대해 심층적으로 분석한 기반 위에서 불교사로 나아간 연구는 흔치 않다. 그럼에도 불구하고 저자의 연구를 보다 더 실증적이고 과학적이게끔 한 것은 자료에 대한 철저한 정리 작업이 뒤따른 데에서 찾을 수 있다. 그의 그러한 노력은 『한국중세사회사자료집韓國中世社會史資料集』(아세아문화사, 1967)과 『한국금석전문韓國金石全文』(3책, 아세아문화사, 1984)의 출간을 가능하게 했다.

저자의 연구 자료에 대한 애착은 그의 저서 곳곳에 산재되어 있다. 그가 새로 발굴한 자료는 학계에 도움을 주었을 뿐만 아니라, 여러 이본을 하나하나 대조하여 철저하게 교정한 것이다. 이러한 자료의 정리는 저자의 학문이 사회사나 불교사의 정리에서 그 폭을 보다 더 확대시켜, 서지書誌나 금석문, 고문서 등 한문학 분야의 전문적인 연구로 나아가게 했다.

(2) 지공과 나옹에 대한 이해

이 책은 서론 외에 4개의 장과 원자료를 모은 부록으로 크게 구성되어 있다. 서론에서는 관련 사료에 대한 해설과 지공에 대한 연구사를 정리하였다. 1980년대 이후 지공에 관한 연구는 저자에 의해 본격화되었다. 이러한 연구가 계기가 되어 1994년부터는 지공에 대한 관심이 확대되고, 중국과 일본에서도 심화된 연구가 이루어졌다. 1997년 8월 10일부터 18일까지 중국 운남성雲南省 사회과학원社會科學院에서 지공의 비문과 그가 교화한 유적을 확인하고, 이를 기념하기 위한 국제 학술회의가 개최되었다. 이 때 이미 본서를 출간한 저자는 기조 논문을 발표하였고, 그 연구 결과가 「지공指空연구의 현황과 방향」이라는 논문으로 출간될 예정이다. 또한 동아시아에서 지공에 관해 연구한 모든 학자가 참가한 학술회의의 개최는 이 방면의 연구를 확산시켜 줄 것이다.

본서의 주된 내용인 4개 장의 이름은 다음과 같다.

제1장 指空禪賢 -고려로 옮긴 나란다의 마지막 등불
제2장 懶翁慧根 -지공의 철저한 계승자
제3장 檜巖寺 -那蘭陀寺의 후신
제4장 曹溪宗의 기원과 법통 -지공과 闍堀山門의 만남

제1장 「지공선현」은 지공의 생애를 고찰한 것인데, 출가하여 득도하기까지 인도에서 보낸 시기와 여러 곳을 유력하면서 교화한 시기, 마지막으로 원의 연도燕都에서 입적한 시기의 크게 세 단계로 나뉘어 서술되었다. 지공은 참선參禪에 이르는 삼학三學에 충실하여 어느 하나도 소홀히 함이 없을 정도로 철저하였고, 삼학에 대해서 적지 않은 저술을 남겼다.

그가 인도에서 연도를 거쳐 고려에 도착한 시기는 1326년 3월이었다. 고려에서 지공은 무생계無生戒를 통하여 신도를 교화하고 1328년 9월에 다시 연도로 돌아갔다. 이때 그는 원나라의 불교계로부터 고난과 박해를 받았다. 그 곳에 살던 고려인이 마련한 법원사法源寺에 머물면서, 지공은 고려 출신 신도들의 보살핌을 받았고 고려에서 유학한 고승들에게 깊은 감화를 주었다. 지공을 찾았던 나옹懶翁·경한景閑·무학無學·지천智泉 등은 고려말 조선초의 두드러진 고승이었다.

제2장 「나옹혜근」은 나옹의 행장을 토대로 그의 생애와 활동을 정리한 것이다. 아울러 나옹의 사상에 영향을 끼친 인물을 추적하여 그가 사상계에 끼친 역할과 위치를 고려말의 불교계 및 유학을 포함한 사상계 전반과 연결시켜 파악하려고 하였다. 나옹은 고려 국내 조계종의 토양 위에 성장하였지만, 평산平山 처림處林을 위시한 임제종의 고승으로부터 감화를 받았고 지공의 인도 불교와 직접 만남으로써 사상적으로 꽃을 피울 수 있었다. 그리하여 저자는 지공의 철저한 계승자인 나옹의 문도들이 조선시대 불교계에서도 주도적 종파였던 선종의 주류를 이루면서 오늘날까지 계속됨을 지적하였다.

제3장 「회암사」는 지공을 기념하기 위해 나옹이 확장한 회암사에 대해 알아보려고 한 것이다. 단편적인 자료를 토대로 회암사의 기원과 중창, 그리고 고려말부터 조선전기에 이르기까지 주지했던 고승이 불교계에 차지하는 중요성을 살폈다. 지공은 회암사 터가 자신이 수학한 유서 깊은 나란다대학의 지형과 비슷하므로, 이곳을 확장하여 불교가 부흥하도록 나옹에게 부탁하였다. 지공이 입적하자 그의 부도가 이곳에 건립되고, 나옹도 우왕 때에 이곳을 확장하여 기념 사원으로 삼았다. 그 뒤 회암사는 태종의 능침사陵寢寺가 되면서 많은 토지와 노비를 거느렸으며 나옹의 문도에 의해 주지가 계승되었다. 나옹의 문도인 혼수와 무학은 서로 경쟁자였는데, 조선건국 이후 태종초까지는 무학과 그 문도에 의해

주지가 계승되었으나 세종초부터는 혼수의 문도가 주지를 계승해 갔다.

제4장 「조계종의 기원과 법통」에서는 고려말과 조선초 불교계에서 주도적인 종파였던 조계종의 기원 및 종조宗祖에 대한 이설과 함께 저자의 의견이 제시되었다. 고승과 계승자를 정리하면서 저자는 어느 계통의 문도들이 법통을 계승하였나를 밝히고자 하였다. 지금까지 학계에서는 태고화상 보우普愚의 문도가 조계종의 법통을 계승하였다는 『불조종파지도佛祖宗派之圖』와 이를 토대로 확대 저술한 『해동불조원류海東佛祖源流』의 법통설이 통설로 되었다. 그러나 저자는 태고법통설이 14·15세기까지의 불교계 현실과 다른 것이어서 조선후기에 비로소 나타났고, 조선전기에는 나옹의 문도들이 번성하여 당대의 불교계를 주도하면서 청허淸虛 휴정休靜에 이르는 법통을 성립시켰다고 하였다.

부록에서는 지공과 그를 계승한 문도나 회암사에 관한 자료가 실렸다. 기본 자료로서 지공이 찬술한 선요록禪要錄·문수사리최상승무생계경文殊舍利最上乘無生戒經·해역협과육종불서解譯夾科六種佛書와 이색李穡이 찬술한 지공부도비명指空浮屠碑銘 및 석각굉釋覺宏이 찬술한 나옹화상행장懶翁和尙行狀을 소개하였다. 다음으로 지공과 나옹 및 회암사에 관한 연보를 작성하였고, 마지막으로 문집이나 금석문에서 찾아지는 나옹의 문도들을 정리하였다. 그런데 저자는 이러한 자료를 소개하면서도 여러 이본들을 대조하여, 그 사이에 달리 사용한 글자나 내용을 일일이 주기註記하였다.

(3) 불교사연구 방법의 문제점

이상에서 이 책의 내용을 간략하게 소개하면서, 허흥식교수가 불교사 연구를 사회사상사로 정립시켰으며, 많은 자료를 발굴 정리한 기반 위에 연구를 진행하였음을 지적하였다. 바로 이런 점은 저자의 연구 경향을 가장 특징적으로 제시한 것이다. 다음에 지적할 저자의 연구 경향도 크게는 그러한 범주에 속한 것이다.

첫째 이 책은 인도에서 중국을 거쳐 고려에 이르는 세계사적인 불교사의 조류 속에서 한국 불교의 흐름을 이해하였다. 이점은 저자가 한국 불교사상의 보편성을 끌어내어 세계주의에 접목시키려 한 데에서 더욱 뚜렷하게 나타났다. 본서의 책머리에서 "5세기부터 우리나라의 지성들은 새로운 인도의 사상에 매료되어 기존의 사상을 보편주의와 세계주의에 접목시키면서, 공간과 시간을 넘어선 지혜와 행동의 지침으로 삼았다"라고 하였다.

한국사뿐만 아니라 한국문화를 연구하면서 특수성과 보편성을 조화롭게 찾는 작업은 대단히 중요한데, 저자는 한국중세 불교사를 보편주의나 세계주의에 접목시키려는 방법으로 인도는 물론 당시 중국불교사의 흐름을 관조하였다. 이러한 저자의 노력은 정당한 것이며, 앞으로 한국 불교사 연구의 방향을 설정하는데 참고되어야 한다. 사실 한국 불교사상은 그 자체로서도 심화된 논리가 있지만, 또한 그것은 중국 불교사상과 깊이 연결되어 있으며 멀리는 인도 불교사상과도 연결이 가능한 것이다.

둘째로 저자는 종교나 교파의 입장에서 한 발짝 물러나서 학문적 진실, 즉 객관적 사실을 추구하려는 의지를 강하게 내비쳤다. 그러한 자세로 한국 불교의 종파 문제와 중세이후 조계종의 법통 문제를 밝히고자 하였다. 한국사 특히 불교사의 연구에서는 학문외적 요인이 작용할 수 있고, 그런 과정에서 객관성을 유보할 수밖에 없는 상황에 이르기도 한다. 그러나 저자는 시종 일관되게 학자적 양식을 견지하였고, 학문에 생명력을 불어넣는 작업을 지속시켜 왔다. 그렇기 때문에 저자는 그의 불교사 연구가 불교도를 위한 호교용이 아니라 고려시대를 연구하는 모든 이들의 것이 되는, 곧 종교사가 아닌 일반사의 일부가 되기를 바랐다(『고려불교사연구』 序에서)고 하였다.

저자의 학문적 열정은 불교사가 교단의 그늘에 가려졌던 면을 비교적 자유롭게 연구할 수 있게 했다. 우선 조계종의 기원과 그 법통의 전승에 대해 한국 불교학계의 통설과는 다른 독특한 결론을 이끌어 내었다. 그는 신라말에서 고려중기에 이르는 우리나라 불교사의 뼈대를 이룬 오교구산설五敎九山說을 비판하여 부정하였다. 그 대신 고려초에는 선종 곧 조계종曹溪宗과 화엄종·유가종과 함께 3대 종파가 이루어져 있었으며, 고려중기에 이르러 여기에 대각국사 의천이 형성시킨 천태종을 합쳐 4대 종파로 바뀌었다고 했다.

조선전기 조계종의 법통으로 태고법통설이 공공연히 받아들여져 왔으나, 저자는 그것이 실상이 아니며 적어도 15·16세기까지는 나옹법통설이 지속되었다고 했다. 저자의 이러한 결론은 현재 한국 불교계의 통설과는 다른 것이다. 다만 지공과 나옹의 사상경향이 삼학관三學觀을 중시하여 계율과 교학 그리고 선사상을 불가분의 관계로 파악함으로써, 화엄의 해인사와 계율의 통도사를 송광사로 흡수하여 조계종 단일의 삼보三寶 사찰을 성립시킨 오늘날의 불교계를 이해하는데 시사성을 주었다.

셋째로 거시적 관점에서 출발한 불교사 연구성과가 축적되면서, 저자는 이 책에서 지공이라는 한 인물에 대한 정치한 분석적인 접근을 시도하였다. 저자는 일차적으로 지공의 생애나 그 사상경향을 밝혔지만, 그것에 만족하지 않고 그의 제자나 법맥의 계승에 의한 한국불교사의 흐름은 물론, 그 사상적 토양을 인도뿐만 아니라 중국은 물론 고려 국내 불교사상의 흐름 속에서 추구하였다. 불교사에 대한 그의 첫 번째 저술인 『고려불교사연구』가 미시적 성과를 거둔 것이라면, 그 다음의 『한국중세불교사연구』는 그것을 보완하여 거시적 주제와 접목시키면서 시야를 넓혔다.

이 책이나 『진정국사와 호산록』은 이러한 불교사 연구방법이 보다 세련되면서 심화되고 있음을 보여준다. 특히 이 책에서는 불교사의 특수한 문제가 심층적으로 분석되었지만 단편적인 연구에 그치지 않았다. 저자는 그것을 통해 한국불교사의 흐름은 물론, 사상이 뿌리박고 있는 사회사 전반을 폭넓게 추구하였다. 이러한 연구 방법론은 불교사상사뿐만 아니라 한국사 연구 일반을 위해서도 환영되어야 한다.

마지막으로 이 책의 연구에서 아쉬웠던 점을 지적하고자 하는데, 이런 부분에 대해서도 이미 저자가 이 책의 결론에서 「연구방향과 보완할 사실」이라는 소절小節에서 언급하였다. 이 책에서 저자는 자료의 신빙성 문제를 가장 염려하는 듯했다. 이 책이 지공이나 그 계승자들에 대한 자료를 철저하게 수집하여 충분한 검토를 거친 후에 서술된 것임에도 불구하고, 실증적인 접근에 대한 문제는 여전히 숙제로 남는다. 적어도 고려사 관계의 자료를 처음으로 발굴하는 것 자체도 어려운데, 이를 바르게 분석하기 위해서는 문헌비판 과정을 거쳐야 한다. 그리하여 사료가 가리키는 내용의 이면에 잠자고 있는 진실을 찾으려는 노력이 중요하다.

또한 이 책에서 간략하게 언급하거나 지나쳐 버린 문제들도 있다. 가령 나옹과 신돈辛旽과의 관계, 고려후기 조계종내 굴산파堀山派와 가지산파와의 역할 문제, 임제종臨濟宗 내의 양기파楊岐派 및 황룡파黃龍波와 조계종 사상의 연결 또는 이로써 파생된 유불동원儒佛同源 및 척불斥佛사상의 성격이나 조선초기 현정론顯正論의 성립 등이 본서의 내용과 연계될 수 있을 것이다. 이런 문제에 대해서는 앞으로 저자의 연구 업적에 주목하고자 하며, 아울러 그의 학문에 영향을 받은 후학들이 밝혀야 할 부분이기도 하다.

제6장
결 론

신라시대의 불교사상은 융섭적인 성격을 가지면서 각 종파는 물론 교파의 논리를 충실하게 발전시켜왔다. 신라불교의 철학체계를 완성시킨 의상과 원효의 불교사상이 모두 융회적인 성격을 가졌다. 나말려초에 유식사상도 신법상종사상으로 형성되면서 융회적 성격을 띠었다. 그러면서 신라말에 이르기까지 한국불교의 여러 교파나 종파는 각각 논리적 발전을 완숙시켰다. 이후 고려시대의 한국불교사는 일부 쇠퇴한 교파의 교리를 재정립하는 면이 없지 않지만, 대체로 서로 다른 교파나 종파를 융섭하는 방향으로 사상적인 발전을 이루어갔다. 신라중대이후로 유학이 합리적인 정치이념으로 서서이 발돋움하면서, 도교사상도 퍼져나갔다.

신라하대에 이르러 유불선 삼교를 함께 이해하려는 기운이 무르익었다. 풍수지리사상은 이러한 풍토 속에서 전국토를 지방 중심으로 재편성하려는 것이었다. 이는 인문지리적인 지식의 축적으로 이루어졌고, 세련된 지성이 밑바닥에 깔리면서 전개되었다. 물론 이는 뒤에 도참으로 흐르면서 정치권력에 이용되어 오히려 미신적으로 나타나기도 했다. 그렇지만 고려의 사상사는 합리적인 유교이념을 모색하는가 하면 교선일치 사상경향을 전개시켰다. 고려초기 특히 광종대를 지나면서 화엄종이나 법상종 등 교종세력이 강한 교단세력을 이루었다. 교선일치 사상경향도 처음에는 교종중심이었으나, 시대가 내려가면서 점차 선종 중심으로 이루어져 가는 것이 추세였다.

신라하대에 지방호족은 선종의 도움을 받으면서 독자세력을 형성하였다. 순지가 주지로 있었던 서운사는 그 이전의 용암사龍巖寺를 고친 것이었는데, 그 단월은 왕건의 부친인 용건龍建과 조모인 용녀龍女였다. 순지의 선종사상은 지방의 대호족이 주위의 군소 지방세력을 흡수 동화하면서 통합된 세력권을 형성하기 위한 것이다. 순지의 사상으로 상론相論과 삼편성불론三遍成佛論이 있다. 상론은 삼편성불론보다 초기에 형성된 사상으로, 지방호족의 독자세력 형성에 도움이 된 것이었다. 삼편성불론은 증리성불證理成佛 · 행만성불行滿成佛 · 시현성불示顯成佛로 나뉜다.

순지의 삼편성불론은 고려시대 불교사상의 전개에 상당한 영향을 주었다. 의천義天은 화엄종에서 출신하여 법화사상을 수용하였고, 신라말의 선종을 받아들이면서 천태종天台宗을 성립시켰다. 이렇게 성립된 천태종은 순지의 사상과 비슷한 면을 지녔다. 또 순지의 교선일치사상은 고려시대 불교의 교선융합 사상경향에 영향을 주었다. 그의 돈증실제론頓證實際論은 '선오후수先悟後修'를 주장한 지눌知訥의 '정혜쌍수定慧雙修'로 연결된다. 점증실제론漸證實際論은 점수를 닦은 후 돈오 과정을 논한 것이기 때문에, 의천의 교관병수敎觀兼修와 연결된다.

후삼국 성립 이후가 되면 선사들은 물론 교종 승려들도 지방의 대호족과 결합해 가는 추세가 되었다. 왕건과 연결된 승려 중에는 화엄종 승려인 탄문坦文과 법상종 승려로 추측되는 석충釋冲이 있었다. 또한 왕건과 연결된 선사들은 신라 왕실과 연결된 흔적을 거의 찾아볼 수 없다. 고려 건국 이전의 승려들은 왕건과 직접 결합되기에 앞서 다른 지방호족 세력과 연결된 흔적을 보인다. 왕건이 승려들과 결합하려는 배경에는 그들과 연결된 지방호족 세력과 결합하려는 의도가 깔려있었다. 고려 건국 이후 국내의 승려와 인연을 맺고자 할 때, 왕건은 이전에 몸소 찾아간 것과는 달리 조서를 내려 그들을 부르는 형식을 취하였다.

고려 건국 이전에 왕건과 연결되어 있었던 대경大鏡 여엄麗嚴·선각先覺 형미逈微·진철眞澈 이엄利嚴·법경法鏡 경유慶猷를 해동 사무외사四無畏士라 부른다. 이들은 왕건과 돈독한 연결을 가졌지만, 왕건의 외척과도 인연을 맺었다. 사무외사는 중국에 유학하여 모두 운거雲居 도응道膺의 법인을 받고, 왕건의 도움으로 귀국하였다. 반면 신라하대의 선사들은 중국에 유학하여 대부분 남악南嶽 회양懷讓의 법사인 마조馬祖 도일道一의 법맥을 받아 귀국하였다. 그들은 도응의 문하에서 청운계靑原系 선풍의 영향을 받아 무심無心이나 비심非心이 아닌 시심是心을 강조하였다. 즉 그들의 선풍 내에는 북종선北宗禪의 경향이나 유가적 성향이 흡수되어 있다는 느낌을 주며, 실제로 교선일치 사상경향을 가졌다.

후삼국을 통일한 왕건은 민심의 수합을 위해 승려들과의 결연을 돈독히 하였다. 그는 후백제지역 백성들을 위무하기 위해 충남 연산連山에 개태사開泰寺를 창건하고 친히 그 원문願文을 지었다. 그 내용은 어려운 시기에 천명을 받아 삼한을 통일함으로써, 백성을 도탄에서 구하게 된 것을 강조하였다. 그런데 개태사의 창건은 화엄도량으로 나타난 데 중요한 뜻이 있다. 왕건은 즉위하면서 화엄교학에 대한 관심을 가졌다. 태조 4년(921년)에 그는 탄문을 법회에 불러들여 특별히 별화상別和尙으로 대우하면서, 승과僧科를 주관하게 하였다. 선종이 크게 유행했던 나말려초에 화엄종에 대해 관심을 가졌던 것은 왕권의 안정과 중앙집권 정치의 실현을 위해서였다.

고려 통일기의 불교사상은 교종과 선종을 융합하는 경향을 가졌고, 이는 호족연합책과 연관된 시대적 소산이었다. 고려초의 교선융합 사상 경향에는 대체로 두 가지 입장이 있었다. 그 하나는 선종승려가 교종사상을 융합하려는 입장이고, 또 하나는 교종승려가 선종사상을 융합하려는 입장이었다. 선종의 입장에서 교종사상을 융합하려는 대표적인 사람은 현휘玄暉이다. 그는 선종사상 내에 화엄사상을 융합시켜 하나로 돌아감을 강조하였다. 반면 화엄종의 입장에서 선종사상을 융합하려는 사상 경향이 나타났다. 이에 속한 대표적 인물이 탄문坦文이다.

균여의 사상은 광종대 전제정치를 위한 체제의 통합과 관계되면서 강한 융합사상으로 나타났는데, 그것이 성상융회性相融會사상이다. 본래 중국의 성상융회사상은 교종 내부의 대립을 해소하기 위해 화엄종사상 내에 법상종사상을 융합하려는 것으로, 이미 법장法藏에 의해 체계화되었고 무주조武周朝의 전제정치를 옹호하는 성격을 지녔다. 성상융회사상은 교종 내부의 모순을 해결하려는 융합사상이지만, 광종대 당시 토착적 신앙의 등장과 연결하여 신이한 성격을 지녔고, 끝내는 성속무애사상으로까지 나타났다.

선사들이 선종의 입장에서 성상융회사상을 포용하려는 경향은 법안종法眼宗을 성립시키는데 작용하였으며, 더욱이 현휘의 교선융합 사상경향이 광종대의 법안종사상을 대두시키는 데 영향을 주었다. 법안종사상은 교선일치 사상경향을 가졌는데, 선종의 입장을 강하게 견지하면서 교종사상을 융합하려는 것이었다. 고려초의 법안종 승려들도 처음엔 성상융회사상에 관심을 두었지만, 점차 시대가 내려오면서 교선일치의 사상체계에 흥미를 가졌다.

고려초 의통義通과 체관諦觀은 중국에 들어가 활동하였는데, 의통은 중국 천태종의 13대 교조가 되었고 체관은 천태종 교본이라 할 수 있는 『천태사교의天台四敎儀』를 저술하였다. 고려초에 후삼국을 통합하려는 기운과 연관하여 법화나 천태사상의 일심삼관법一心三觀法이 유포되었다. 신라말에 오월吳越에 들어간 의통은 천태 덕소德韶가 거주하던 운거사雲居寺에 머물렀으며, 지금은 전하지 않으나 『관무량수경소기觀無量壽經疏記』·『광명현찬석光明玄贊釋』 등의 저술을 남겼다. 체관은 중국에 들어가 천태종 12대 교조인 의적義寂의 문하에서 10년 동안 머물다가 입적하였는데, 이 기간 중에 『천태사교의』를 작성하였다. 『천태사교의』는 오시五時·팔교八敎에 대한 설명을 통해 원교를 내세우려는 것이므로 화엄종의 입장에서 서술되었다. 이후 『천태사교의』는 천태종의 교전敎典과 같이 취급되어, 천태학인은 반드시 그것을 읽어야만 했다.

균여나 탄문 이후 의천이 등장하기 전에 활동한 원융圓融국사 결응決凝이 주목된다. 결응은 주로 부석사浮石寺에 주석하였으며 의상의 법맥을 이었다. 『화엄경』의 입법계품入法界品을 중시한 점도 그가 의상계義湘系의 실천수행적인 화엄사상을 내세웠음을 알려준다. 의상계의 화엄종은 균여계의 화엄종파로 이어지며, 의천의 화엄종파로 연결되는 것 같지는 않다. 결응은 뒷날의 의천과 구별되는 비교적 큰 세력의 문도를 규합했는데, 그렇다고 이들이 균여계의 화엄종파에 속해 있었는가도 분명하지 않다.

광종대의 화엄종은 균여로 대표되지만, 그와 상당히 성격을 달리하는 탄문이 있었다. 탄문의 사상경향은 오히려 의천의 그것과 비슷한 면을 가졌다. 다만, 탄문의 법맥이 의천에게로 꼭 이어지지는 않는다.

의천은 『신편제종교장총록新編諸宗敎藏總錄』을 저술하여, 당시까지의 불전이나 고승의 장소章疏를 정리하는 작업에서 균여의 저술을 제외시켰다. 문종대에 불교계 내지 화엄종단을 장악한 의천은 균여파를 철저하게 배격하였다. 그러나 균여파도 의천이 견제해야만 할 정도로 왕성하게 활동하고 있었다.

균여파와 의천파의 대립은 정치적 대립 관계에서 파악되어야 하겠지만, 균여와 의천의 사상적 차이에서도 추구되어야 한다. 우선 의천은 균여의 성상융회性相融會사상과 다른 교관병수敎觀并修사상을 성립시켰다. 균여의 화엄사상은 신라 의상의 사상을 계승하였는데, 의천은 중국 화엄종의 정통파인 법장의 화엄사상을 계승하였다고 자부하고 있었다. 의천이 유학한 진수晋水 정원淨源은 법장파를 계승한 인물이다. 의상과 법장은 지엄 문하에서 수학한 동문이지만, 그 사상경향은 매우 대조적이었다.

천태사상과의 관계에서도 균여와 의천의 입장은 다르다. 의천은 중국에 들어가 자변慈辯 종간從諫에게서 천태를 전수받았다. 종간은 산가파山家派의 거장인 사명四明 지례知禮의 법손이다. 중국의 천태사상은 산가파와 산외파山外派로 나뉘어 쟁론을 계속하였다. 산가파가 구상론적具相論的이었다면 산외파는 구성론적具性論的 성격의 사상을 가졌다. 여러 법상의 차별을 전제로 하는 구상론적 산가파의 사상이 의천의 사상과 가깝다면, 그것의 차별을 인정하지 않은 구성론적인 산외파의 사상은 균여의 사상과 비슷하다.

의천은 법장으로부터 이어지는 중국 정통파의 화엄종뿐만 아니라, 천태종의 경우도 중국 정통파를 계승했다고 자부하고 있었다. 그런 면에서 그의 사상은 보편성을 강조하였다. 이에 비해 균여의 사상은 광종대의 특수한 정치적 여건과 연결하여, 보편적이라기보다는 융회적이고 토착적

신앙을 강조하는 신비적인 성격을 띠었다..

현종대에 현화사玄化寺가 개창되면서 법상종이 크게 일어났다. 법상종은 왕실과 연관하여 종세를 급속도로 확장하지만, 현종 이후 문벌세력으로 성장하여 왕실의 외척이 된 경흥 이씨세력과도 연결되었다. 현화사를 창건함과 동시에 그 곳에 주석한 자는 대지大智국사 법경法鏡이다.

고려시대에 법상종이 떨치게 되는 것은 혜소慧炤국사 정현鼎賢에 의해서이다. 정현 다음으로 현화사의 주지가 된 사람은 지광智光국사 해린海麟이다. 고려 법상종이 법맥을 갖추면서 융성하게 된 것은 혜덕慧德왕사 소현韶顯에 의해서이다. 소현은 법상종의 법맥을 재정비하여 화엄종과 더불어 고려 귀족불교를 대변하게 하였다. 소현의 문하로 도생導生승통 규竅가 주목되는데, 그는 문종의 여섯째 아들로서 의천의 동모제同母弟이다.

현상계의 차이를 그대로 인정하는 법상종 사상은 하찮은 미물이라도 그 존재 가치를 부여한다. 이러한 사상적 특징이 그 사회의 중류 이하의 신분에 속한 사람들에게 받아들여져서, 그들의 사회적 지위를 정당화시켰다. 신라 법상종 중 고려시대에도 그 법맥이 계승되고 있었던 것은 미륵과 지장의 양존을 받드는 진표계 교단이었는데, 이 교단에서는 점찰법占察法이 성행했으며 아울러 엄격한 계율이 강조되었다. 비정물도 정물과 같이 성불할 수 있다고 함으로써 법상종 사상은 색계에서 공관계空觀界에 이르기까지 그 인식의 폭을 확대시켜 갔다. 법상종 사상의 이러한 면은 화엄종 내지 다른 불교 종파와의 융회를 가능하게 했다.

나말려초에 융섭적인 불교사상이 등장하는 것과 병행하여 유교적 정치사상이 서서히 성립되어 갔다. 신라중대 이후 왕실의 전제정치가 강화되는 속에 강수强首와 설총薛聰 등 육두품 귀족을 중심으로 유교가 전래되어 점차로 수용되었다. 신라하대가 되면 육두품六頭品 출신 유학자들이 당에 들어가 숙위학생宿衛學生을 지내면서 적극적으로 유학을 수용하였다.

신라말의 최치원崔致遠을 비롯하여 최승우崔承祐·최언위崔彦撝 등이 그들이다. 설총이 불교와 유교를 뚜렷하게 구별하였던 것과는 달리 최치원은 유교와 불교 및 도교를, 그 중에서도 특히 유교와 불교를 함께 이해하고자 하였다. 다만 최치원은 진골귀족 중심의 사회체제를 개혁하려면서도 신라국가의 틀 속에 머무는 결과를 초래하였다.

견훤이나 왕건과 연결된 최승우나 최언위는 나말려초의 유교적 정치이념의 성립에 기여하였다. 견훤과 왕건이 서로 주고받은 편지에는 유교적 정치이념이 다소 나타나 있는데, 백성을 평안하게 하려는 의도를 강하게 표출하였다. 왕건은 백성의 생활을 안정시키려는 것이 바로 군주가 민심을 얻는 길이라고 생각하였다. 백성을 농토에 정착시키기 위해 부역과 조세를 경감하려는 제도를 마련하였다. 새로 세운 국가의 제도를 개혁함에 있어서 옛 문헌을 상고하면서, 옳고 그른 것을 상세히 알아서 풍속을 지도하였다. 고려초기의 유교적 정치이념은 풍속의 교화나 치국에서의 근검과 절약을 강조하였다.

호족연합책으로 이루어진 고려국가는 광종대의 전제정치를 거치면서 지방에 세력 근거지를 둔 호족출신의 귀족세력이 도태되어갔다. 그러나 광종대의 전제개혁 조치는 대호족세력 기반을 가진 황보씨皇甫氏 등 귀족세력의 반발을 받으면서 실패로 끝났다. 이후 경종과 성종대에 고려의 국가체제가 정비되면서, 통치이념으로 유교적 정치사상을 설정하였다.

유교적 정치사상이 정립하는데 최승로가 크게 기여하였다. 그가 올린 상서문은 성종 이전 다섯 임금에 대한 오조정적평五朝政績評과 시무始務 28조로 구성되어 있는데, 성종대의 유교적 정치사상을 알려준다. 최승로가 건의한 유교적인 이상국가는 중앙집권적 국가체제에서 왕권의 안정을 꾀하는 것이었다.

성종대의 유교적 국가론은 바로 태조대 이후 백성의 평안을 추구해 온 민본정신을 구현하려는 것이다. 이러한 바탕 위에서 이상적인 군주상과 신하의 덕목을 추구하였다. 가장 이상적인 군주상으로 인위적이기보다는 자연의 도에 맡겨 다스리는 순임금을 제시하였다. 성인이 천하를 화평하게 하여 인심을 감동시키듯이 임금은 사심을 갖지 않고 순일純一한 덕을 갖추어야 한다. 즉 매일같이 근신하고 삼가며, 교만하지 않도록 덕망을 가져야 한다. 또한 군주는 백성을 걱정하고, 신하를 공경하며 예우禮遇하여야 한다.

임금은 직접적으로 백성을 다스리는 것이 아니며, 대신 각 지방에 수령을 파견하여 백성의 이해利害를 살피게 하였다. 정치는 국왕을 대신해서 신하가 하는 것이기 때문에 군신관계가 새롭게 정립되어 갔다. 성종대의 유교적 정치사상은 도덕정치를 실현하려는 것으로 도덕적인 정치의 실현은 군주는 물론 신하에게도 덕망과 근신을 요구하게 되었다. 유교정치의 도덕률은 국왕이나 신하에게 모두 적용되는 것이다. 그러나 도덕률은 보편적 이상을 추구하는 국왕보다는 신하의 경우에 보다 세분된 윤리 규정을 적용하였다. 성종대에 김심언金審言은 신하를 육정六正과 육사六邪로 나누었으며, 신하에게 자사육조정刺史六條政을 제시하였다.

육사와 육정 즉 다시 세부의 덕목에 따라 성신이나 충신에서부터 간신 혹은 적신 등으로 보다 세분화한 것은 성인이기를 바라는 군주와는 달리, 신하들에게는 개인에 따라 지닌 유교적 실천 덕목을 보다 갈고 닦아야 한다는 의미를 전달해 준다. 성종은 유교정치를 실현하고자 인재의 양성과 등용에 관심을 가졌다. 인재를 양성하기 위한 학교뿐만 아니라 관리로 뽑으려는 과거제를 정비하였다. 공자의 정신에 부합하여 학문을 장려하려는 뜻에서 학교를 확장하고, 이를 통해 천하를 교화하려는 것이다. 또한 유학의 진흥을 위해 학교를 확충하는 것은 국가를 다스리는 첩경이다.

성종은 과거제는 물론 천거제薦擧制를 함께 고려하였다. 광종대에 실시된 과거제는 활발하게 운용되지 않았다. 성종대까지에도 배우는 자는 많으나 과거시험을 보는 자는 드물거나 또는 과거에 응시하지만 급제하는 자는 적었다. 때문에 천거를 통해 인재를 확보하려는 것이었다. 그러나 유학이나 학술을 밝히고 발전시키기 위해 재주를 비교할 수 있는 과거로써 인재를 선발하려는 것이 더 우선시되었다. 또한 이는 유학을 장려하는 길이기도 하다. 아울러 사사로운 이익에 치우쳐 학문의 해석이 이단으로 흐르거나 선생이 교수를 게을리 하여 학생들의 학업이 부진하는 것을 막고자 하였다.

유교적 실천 윤리의 확립은 바로 유교정치의 통치이념으로 전개되었다. 유교적 왕도정치와 예교禮敎질서를 정립하면서, 고려중기에 이르기까지 예치禮治는 유교사상의 실천 윤리로 전개 되었다. 예치로써 가장 중시된 것은 효도이다. 임금은 만백성의 우두머리이고, 신하나 만백성은 임금의 심복이기 때문에 효와 충의 논리를 연결시켜 이해하였다. 집안에서 효도하는 자가 역시 나아가 국가에서 충성한다는 것이다. 그러나 효도는 충으로 발전하고 확대되어 감으로써, 이는 결국 가장 친근한 가족윤리로부터 군주에 대한 윤리규범으로 자연스럽게 연결되었다.

유교정치에서 충효로써 인재를 길러 벼슬을 내리게 하는 효경의 사상이 실천윤리로써 중시되었지만, 군주가 실천해야 하는 행동 규범이 자세하게 기록된 예기도 주목되었다. 이양李陽은 성종에게 농사짓기가 어렵다는 사실을 깨닫게 하기 위해 적전籍田의례를 시행할 것과, 아울러 월령

月令을 지킬 것을 주청하였다. 이는 임금이 오교를 시행함에 있어서 예禮나 의義에 앞서 인仁을 베풀며, 아울러 하늘에 정해져 있는 4시에 따라 봄에는 양기와 온화한 덕을 펴게 하려는 것이다.

고려중기 문벌귀족이 대두한 사회에서는 선종 세력이 약화된 반면, 교종 특히 법상종과 화엄종 세력이 강성하여 양립하였다. 두 교단이 대립하면서 싸우는 속에 화엄종과 제휴하여 천태종이 서서이 일어났다. 그런데 당시 불교계에 이러한 정통의 종파 불교와는 구별되는 또 다른 흐름으로서 거사居士불교가 나타났다. 고려중기의 문벌귀족 출신 인물 가운데 거사로서 유명했던 사람은 이자현李資玄·이오李頫·윤언이尹彦頤·곽여郭璵 등이다. 거사불교사상은 도가사상의 영향을 강하게 받아 은둔적 성격을 지녔다. 이자현은 청평산에 은둔하여 지내면서 선수행에 관심을 가졌다.

거사불교의 유행과 함께 선종사상이 서서히 퍼져갔다. 특히 예종대에는 선종 승려의 활동이 비교적 활발해졌다. 당시에 크게 활약한 선종 승려는 혜조국사이다. 그의 제자인 탄연坦然·지인之印은 물론 영보英甫와 영보의 법사로 뒤에 용문사龍門寺를 중창한 조응祖應 및 조응의 법사인 자엄資嚴 등은 모두 굴산문의 승려로 파악된다. 혜조의 문도는 바로 조계종으로 그 법맥이 이어졌다. 또한 비슷한 시기에 활동한 원응圓應국사 학일學一은 가지산파迦智山派의 법맥을 이었다. 학일에 의해 중흥된 가지산파는 그 후 일연一然에 의해 그 종세를 크게 떨쳤다.

무신란으로 말미암아 고려사회는 급변하였다. 무신들은 문벌 문신귀족 세력을 거세시켰으며, 이들과 연결되어 있었던 화엄종을 위시한 교종불교세력을 탄압하였다. 대신 자기 세력기반으로 지금까지 교종에 눌려 지방의 산중에서 명맥만을 유지하여 온 선종 쪽으로 눈을 돌렸다. 무신들은 당시 이름만 전하는 선종계의 조그마한 옛 사찰을 구입하여 중흥시켰으며, 또한 무신정권 밑에서 다시 등장하는 문신들이 불교의 결사운동에 참가하였다. 수선사修禪社나 백련사白蓮社도 이러한 시대적 추세 속에서 결성되었다.

12세기 후반의 신앙결사는 기존의 개경 중심 불교계의 타락상과 모순에 대한 비판운동으로서, 지방 불교적인 새로운 경향을 지녔다. 지눌知訥은 1182년(명종 12년) 정월에 개경의 보제사普濟寺에서 개최한 담선법회談禪法會에 참석하여 승과에 합격하고는 동학同學 10여인과 더불어 명리를 버리고 산림에 은거하여 결사를 맺고자 서원하였다. 보제사에서의 결의는 지켜지지 않은 채 근 10년이라는 세월이 흘렀는데, 1188년 봄에 지눌은 공산公山의 거조사居祖寺에서 옛 서원誓願을 같이 하던 사람들을 불러 모아 법회를 열었으며, 1190년(명종 20년)에 「정혜결사문定慧結社文」을 반포함으로써 정혜사를 결성하였다.

1200년(신종 3년)에는 정혜사를 송광산의 길상사吉祥寺로 옮겼는데, 그 이웃에 이와는 또 다른 정혜사가 있었다. 때문에 지눌은 정혜사를 수선사로 이름을 고쳤다. 1205년(희종 원년)에 정혜사는 왕명에 의해 수선사로 개칭되었는데, 이 때 수선사의 중창에 최우崔瑀가 깊이 관여하였다.

최씨정권이 수선사와 더 친밀하게 되는 것은 지눌이 입적한 이후 혜심慧諶 때에 이르러서였다. 기존의 문벌귀족과 결탁된 불교계를 비판하면서 신앙결사로 등장한 수선사는 지방 사회의 향리층은 물론 이들과 이해가 일치하는 신흥 독서층讀書層의 지지를 받았다. 또한 수선사가 표방한 불교의 새로운 경향은 지방에 산재한 사찰을 중심으로 전국적인 지지를 받았다.

수선사는 최충헌 집정 말기부터 최우 집정기에 이르면서, 최씨정권의 적극적인 지원에 힘입어 대규모의 경제력을 가진 대사원으로 변모하였다. 그런가 하면 최우는 그의 두 아들인 만종萬宗과 만전萬全을 수선사로 보내어 혜심의 제자로 삼았다. 이들은 쌍봉사雙峯寺와 단속사斷俗寺에 머물렀는데, 후자인 만전은 환속하여 최우를 잇는 무신집정이 된 최항崔沆이다. 혜심 이후에도 무신정권과의 친밀한 분위기는 계속 유지되어, 제4와 제5세주인 혼원混元과 천영天英이 주석하면서 수선사의 사원세력 규모는 그 절정에 이르렀다. 그렇지만 최씨정권이 몰락한 1258년(고종 45년) 이후에는 일연一然 계통의 가지산문이 부각함으로서, 수선사의 황금시대는 서서히 퇴조하여 갔다.

『육조단경』과 이통현의 『화엄론』 및 대혜 어록에서 많은 깨침을 받아 형성시킨 지눌의 사상은 성적등지문惺寂等持門·원돈신해문圓頓信解門·경절문徑截門으로 나누어 설명되었다. 성적등지문은 주로 돈오점수를 논했다. 원돈신해문은 이통현의 원돈관圓頓觀을 근간으로, 또한 경절문은 대혜 종고의 어록을 중심으로 하여 간화선看話禪의 경지를 설명하였다. 지눌의 조계선종은 교선일치 사상경향을 가졌는데, 정혜쌍수와 돈오점수의 방법으로 선종 수행과 함께 지혜를 갖추도록 했다. 그의 돈오점수는 선오후수先悟後修를 의미한다. 돈오란 선지식의 가르침을 입어 갑자기 자기의 본성을 보는 것이다.

비록 돈오에 의해 깨친 본성은 부처와 다르지 않으나, 그 동안 계속된 습기習氣를 갑자기 버릴 수 없기 때문에 점수를 행한다. 지눌의 정혜쌍수는 선종의 입장을 분명히 하였다. 지눌은 화엄경에 대해 특별한 관심을 보였는데, 그의 『화엄론절요華嚴論節要』는 이통현 장자의 화엄론을 주석한 것이다. 지눌의 원돈성불관은 성기론적性起論的 성격을 지녀서, 연기론적緣起論的인 법장의 화엄론을 배척하면서 의상의 화엄관을 받아들였다. 지눌의 화엄관은 의상에서 균여로 이어지는 화엄사상의 맥과 상통하며, 의천의 화엄사상과는 맞지 않는다.

지눌은 경절문을 통해 간화선看話禪을 주장하였다. 묵조선은 중류나 하류 근기를 가진 자들에게 쉽게 깨달을 수 있는 것이 아니기 때문에 간화선이 필요하다. 지눌은 대혜 종고의 간화선 사상에서 많은 영향을 받았다. 지눌 당시에 중국의 임제종臨濟宗은 양기파楊岐派와 황룡파黃龍派로 나뉘어 교리적 논쟁을 거듭해 왔다. 그 중 양기파의 사상이 간화선을 내세우는 경향을 지녔다. 지눌은 임제종의 양기파 사상에서 영향을 받았지만, 선종의 순수성을 내세우면서 교선일치 사상경향이나 교관겸수를 주장하는 황룡파의 사상에 대해서도 유념하고 있었다.

진각眞覺국사 혜심은 1210년에 지눌이 입적하자, 수선사에 주지하였다. 이로부터 공경公卿의 귀족과 문사들이 국사의 도화道化를 사모하여 몰려들었다. 혜심은 지눌의 사상을 계승하여 부처와 중생이 다르지 않으며, 우리의 마음이 일체의 법인이요 절대적인 진여眞如이기 때문에 본심을 아는 것이 부처를 아는 것이라 했다. 이처럼 혜심은 즉심즉불卽心卽佛을 내세우면서, 그것에 그치지 않고 비심비불非心非佛에 대해 언급하였다.

마음속의 본성을 깨치려는 것은 무심이 진심眞心임을 아는 것이고, 그것은 '무무심無無心'의 경지이다. 무심에 대한 경구는 간화선에 대한 수용으로 이어지게 된다. 혜심의 간화선 사상은 유학적 지식을 바탕으로 전개되었다. 이미 그는 사마시에 합격한 유학자로서 출가하였다. 혜심은 불교와 유교가 비록 외형은 다르나 그 실제는 다르지 않다고 함으로써, 유교와 불교의 공통점을 제시하였다. 이러한 혜심의 사상은 유불동원儒佛同源사상으로 이해되며, 종전 불교 내의 교선융합 사상경향과는 달리 유학을 불교에 접목시키고자 하였다.

염불에 의해 정토에 왕생하려는 신앙결사는 일찍부터 성행하였다. 영취산靈鷲山의 법화신앙은 사바세계에 거주한 석가신앙을 가장 잘 나타낸 것이다. 신라하대에 만일萬日 미타도량의 결사운동은 지방의 지식인이나 서민 대중 속으로 정토신앙을 확신시키는 역할을 담당하였다. 미타 만일 도량의 결성은 염불하면서 만일동안의 정진과 수행을 통해서 서방정토에 왕생하려는 목적을 지녔다. 고려초기에도 이러한 신앙결사는 유지되었다. 염불에 의한 정토를 추구하려는 결사에는 흔히 관음신앙이 짙게 드리워졌다. 관음의 영험신앙은 자체로도 법화신앙과 연관되지만, 특히 석가도량과 연결하여 법화결사를 성행하게 하였다.

고려초기에는 법화 영험신앙이 광범하게 전승되면서 법화결사로 나타났다. 상주尙州의 호장戶長인 김의균金義均은 늘 법화경을 읽었을 뿐만 아니라 그것을 염송하는 법화결사를 조직하고는, 법화도를 기로도耆老徒와 소장도小壯徒의 둘로 나누어 정진 수행하게 하였다. 특히 무신란 이후 무인 집권자들에 의한 선종 중심의 결사까지 성행하였다. 이러한 결실이 수선사의 결사로 이어지지만, 선종이나 단순한 화엄결사에 만족하지 못하는 신앙이 백련사의 결사로 나타났다. 나말에서 고려전기에 성행한 염불에 의한 정토로의 왕생을 추구하거나 석가불의 상주처常住處를 설정하려는 법화결사의 전통이 백련결사를 가능하게 한 것이다.

백련사는 요세에 의해 결사되었다. 그는 강양江陽(지금의 합천)의 천락사天樂寺에서 균정均定을 스승으로 출가하여 천태교학을 수학하였다. 요세는 1198년(신종 1년) 봄에 개경의 고봉사高峯寺에 나아가 법회를 열었고 그 해 가을에 동지 10여명과 함께 고봉사를 떠나 명산을 유력하다가, 영동산靈洞山 장연사長淵寺에 머물러 법석法席을 열었다. 때마침 지눌이 공산公山에 있으면서 요세에게 수행하기를 권하자, 그의 법우法友가 되어 정혜결사에 참여하였다. 1200년(신종 3년)에 지눌이 순천의 송광산으로 정혜사를 옮겨가므로, 요세는 그를 따라 가는 도중에 남원南原 귀정사歸正寺 주지 현각玄恪의 초청을 받아 그 곳으로 나아갔다. 귀정사에 거주하면서 요세는 법화결사를 생각하였다. 이때부터 요세는 『묘종초』를 즐겨 강의하고는 수선사로부터 천태결사로 방향을 전환하였다.

탐진耽津(지금의 강진)의 신사信士인 최표崔彪·최홍崔弘·이인문李仁聞 등은 요세를 찾아뵙고는 만덕사萬德寺의 옛터에 절을 지어 부흥하기를 요청하였다. 요세는 1211년(희종 7년)에 공사를 시작하고, 제자인 원영元瑩·지담之湛·법안法安 등을 시켜 공사를 감독하여 80여 간의 절을 완성하였다. 1216년(고종 3년)에 준공이 되자 요세는 낙성법회를 개최하였다. 뒤에 백련사의 제2세주가 되는 정명靜明국사 천인天因과 제4세주가 되는 진정眞靜국사 천책이 당시의 유생으로서 요세의 문하에 들었으며, 천인과 같이 유학을 공부하던 허적許適 등이 동행하였다. 백련사의 결사에는 고관과 대작이 다소 참여하였지만, 대체로 유학지식인이나 지방의 토호 이하의 신분층에 속한 인물들이 많이 참가하였다.

1232년(고종 19년) 4월 8일에는 백련사 내에 공식적으로 보현普賢도량을 설치하였으며, 법화삼매法華三昧를 추구하면서 극락정토에 왕생하기 위해 법화참法華懺을 닦았다. 1236년(고종 23년)에 요세는 천책으로 하여금 백련결사문白蓮結社文을 찬술하여 공표하게 하였다. 요세의 백련결사가 천태종의 전통과 연결된 것은 사실이지만, 이를 고수하기 보다는 보현도량의 수립에 더 큰 의미를 두었다. 그는 보현행원의 수행에 머물지 않고, 염불을 행하면서 선정禪定을 추구하였다.

보현도량을 통해 추구한 요세의 조도는 천태 관법은 물론 수선사의 선관禪觀과도 구별되는 것이다. 선송禪誦 즉 선관을 닦는 수행과 정토에 왕생하기 위한 염불을 같이 행하였다. 선송을 통해 내세우는 조도는 단순한 선수행만으로 이루어지는 것이라기보다는 염불을 통해 정토에 이르게 한다. 요세는 묘관妙觀을 닦고 염불하면서 천태교의를 깨침으로써 영명永明 연수延壽의 120병에서 벗어나고자 하였다. 진망眞妄이나 유무有無·권실權實·교선과 같은 일체의 분별식分別識인 120병에서 벗어남으로써 일진본심一眞本心을 드러내었다.

요세는 일진본심 즉 마음을 중시하면서 정토를 추구하였다. 마음이 부처를 만들며, 마음이 곧 부처이다. 이는 바로 부처의 상주신앙과 연결된다. 예참으로 행하는 미타에 대한 염불이 반드시 타방정토로의 왕생을 목적으로 하지 않음으로써 부처의 상주신앙은 정토신앙과 선정禪定을 함께 닦을 수 있게 만들었다. 그러기 위해 맹렬하게 참법懺法을 닦게 하였다. 법화참법의 필요성은 백련사가 정혜결사와는 성격을 달리하는 계기를 마련하였다.

지눌이 돈오와 정혜를 내세웠다면 요세는 정토와 참회를 강조하였다. 특히 참회에 의해 죄업罪業을 씻음으로써 정토에 왕생할 수 있게 하였다. 이러한 차이는 수선사와 백련사 결사의 신앙 대상을 달리하게 만들었다. 수선사가 어느 정도 지식을 가져 스스로 발심發心할 수 있는 우수한 근기根機를 전제로 결성되었다면, 백련사는 자력으로 해탈하기 어려운 범부를 대상으로 결사되었다. 백련사에는 수선사와는 달리 범부 즉 서민이나 하층민이 다소 많이 참여하고 있음은 유념된다. 요세가 정토와 함께 강조하는 참회법은 서민 대중의 수행을 염두에 둔 것이다.

요세는 법화삼매를 추구하려는 목적에서 보현도량을 개설하였다. 보현도량에서는 법화삼매를 닦아 정토에의 왕생을 구하는 동시에 천태삼매참의에 의지하여 법화참을 수행하였다. 삼칠일동안 정진하는 법화삼매참의와는 달리 요세는 오랜 기간에 걸쳐 법화삼매를 구하는 참회를 계속하였다. 천태삼매참의에서 마음을 닦는 데에는 사참事懺과 이참理懺이 있다. 그 중 이참은 심식을 부정하는 관법의 수행에 관한 것이지만, 사참은 예불과 송경 및 참회 등으로 삼매의 경지를 구하는 것이다. 요세의 법화참법은 법화삼매참의에서와 같이 사참에 더 비중을 두었다.

요세의 참회멸죄행懺悔滅罪行은 철저한 범부 수행을 강조한 것이다. 그러나 요세는 이참을 부정하지는 않았다. 청정한 제법의 실상을 깨쳐야 하기 때문에 요세의 법화참법은 그 중심에 선 지관止觀으로 승화되어야 한다. 요세는 정토를 자신의 마음 속에서 구하였다. 미륵정토와는 달리 당대에 현전하는 현실정토는 마음속에서 구현된 것이다. 거기에 자신은 가지 않아도 가는 것이고 부처는 오지 않아도 오는 것이다. 가지 않아도 가게 되며 오지 않아도 오게 되는 자신과 부처는 가지도 오지도 않게 된다.

요세는 정토가 선정에 든 마음이며 마음속에 구현되는 것이라고 하였다. 법화삼매를 통해 현전한 현실정토와 마음속에 구현한 정토에의 왕생은 선정을 통해 이루어지고 있다. 요세가 정토라고 한 선정에 든 마음은 행하지도, 아니 행하지도 않을 뿐만 아니라 가고 옴이 없어, 자신과 부처를 동일시한다. 바로 이점은 백련사의 보현도량이 정토와 선정을 하나로 묶게 하는 실마리를 제공하였다.

요세가 지눌의 정혜결사에 참여하였다가 다시 독자의 보현도량을 결사하게 되는 계기는 타방 정토신앙을 천태의 원돈지관圓頓止觀 속에 수용하려는 방도를 모색한 데에서 찾을 수 있다. 천태사상의 일념삼천설은 요세의 고민을 해결하는데 돌파구를 제시하였다. 화엄사상을 곁들인 수선사의 돈오점수사상은 결코 타방정토신앙을 절박하게 끌어들일 필요를 갖지 않는다. 요세는 법화사상 위주의 천태교관으로 눈을 돌렸다.

백련사의 예참이나 삼관까지를 무애하려는 사상경향은 선정일치사상으로 연결되는 것이지만, 요세 이후 천인이나 천책 등을 거치면서 특징적으로 성립되었다. 사방에 현전한 정토는 마음속에, 혹은 선정에 있다. 그 곳은 요세가 설정한 가고 옴이 없는 정토이다. 천인이 구현한 정토는 시방세계에 미타정토로 현전한 것이지만, 다시 마음속에 설정되었다. 타방정토신앙을 선정 즉 천태지관 속에 조화시키기 위해서는 불성 상주신앙이 작용하였다. 불성 상주신앙을 정토로 연결시키고 있음은 천책에게서 보다 뚜렷하게 나타난다.

천책은 무정불성설無情佛性說을 언급하였다. 불성 상주신앙은 정토 현전신앙과 바로 연결되었다. 불성이 상주하는 곳에 정토가 구현되며, 따라서 정토와 불성을 같이 추구하였다. 정토에의 왕생이 불성을 추구하는 길이요, 불성을 깨치는 것이 정토에로의 왕생이 된다. 바로 마음속에 정토를 설정한 셈이다. 이를 천책은 유심정토唯心淨土라고 불렀고, 스스로에게 내재한 자성미타自性彌陀를 보는 것이라 하였다.

천책은 돈오로 말미암아 삼매에 들 수 있다고 하였다. 삼매에 들게 되면 정토가 현전한다. 정토는 멀리 있지 않고 가까이 즉, 마음속에 내재한 것이다. 정토와 선정이 법화삼매에 이르면 구별되지 않는다. 정토를 구하거나 선정에 드는 길은 한가지이다. 백련사의 보현도량은 천태관법을 통해 선정을 닦으면서도 정토로의 왕생을 함께 추구하였다.

백련사의 천태사상은 수선사와 마찬가지로 교선일치사상이다. 그러나 수선사와는 달리 화엄사상 외에 법화사상에 대한 관심을 더 표방하였다. 또한 보현도량에 정토에의 왕생을 구현함으로써 백련사는 선정일치 사상경향을 가졌다. 화엄이나 법화사상은 물론 정토신앙까지를 선종사상 속에 융합하려는 백련사의 교선일치사상은 법화삼매나 천태 관법을 강하게 내세웠다.

천책은 교선일치 등 불교사상의 통합에만 머물지 않고, 유교나 도교 등 삼교三教를 융합하고자 하였다. 즉 공자나 노자 및 석가를 모두 스승이라고 일깨워주었다. 교선일치나 선정禪淨일치사상의 주체인 선정禪定은 모든 부처가 그 속에 현전하면서도 보신불이나 법신불이 모두 민멸한 경지이다. 이는 분명 염불과 참회로 시작한 보현도량에서 종국적으로는 염송이나 염불은 물론 문자나 설명이 필요 없는 지극한 선의 경지 즉 조사선을 추구한 것이다. 천책은 범일梵日국사의 진귀조사설眞歸祖師說과 무염無染의 무설토론無舌土論을 수용하였다. 무설토론은 여래선보다 조사선이 우월하다는 것이다. 조사선의 강조는 백련사가 의천의 천태종과 법맥을 달리한 것으로 이해된다. 백련사의 교선일치 사상은 화엄종 중심인 의천의 천태사상과는 계통을 달리하는 것이다.

충렬왕과 왕비인 제국대장齊國大長공주(원 世祖의 딸)는 법화경을 염송하고 천태소天台疏를 읽으면서 그 도를 탐구하고자 묘련사를 창건하였다. 1283년(충렬왕 9년) 가을부터 공사를 시작하여 1284년 여름에 낙성되었으며, 개산조開山祖는 사자암獅子菴의 홍서洪恕이다. 묘련사의 결사를 본격적으로 이끈 자는 원혜圓慧국사 경의景宜이고 무외無畏국사 정오丁午 때에 번창하여 배우는 자가 많았다. 특히 원혜국사와 무외국사는 백련사와 묘련사를 연결시키는 장본인들이었다. 그런데 묘련사의 중흥에 조인규가문이 깊이 관여하였다. 조인규 가문에는 묘련사계 천태종에 출가한 4명의 승려가 있다. 즉 혼기와 의선 · 보해普解 · 묘혜妙慧가 그들이다.

혼기는 정숙공貞肅公 조인규의 친형이며, 의선은 조인규의 넷째 아들이다. 즉 의선의 백부가 무외無畏 혼기이다. 「묘련사중흥비」에 의선이 무외

無畏의 조카라고 하였기 때문에 여기의 무외는 혼기이다. 무외 정오와 무외 혼기는 모두 묘련사에 관여하였다. 복위된 충숙왕 5년(1336년)에 묘련사의 중흥과 연관하여 나타난 무외無畏와 충렬왕 9년(1283년)에 묘련사의 창건과 관련하여 나타난 무외국사는 다른 인물이다. 의선은 원혜圓惠의 적사嫡嗣라고 하였거니와 무외 혼기는 역시 원혜의 발자취를 잇는 것으로 기록되었다. 무외국사 정오가 백련사 창건에 관여하였다면, 그 중흥에 참여한 무외 혼기도 백련사의 사상전통과 연결되었다.

처음에 묘련사는 제국대장공주의 원찰로써 원왕실을 복되게 하려는 성격을 지녔다. 다만 충숙왕은 묘련사를 중흥하고는 거기에 행차하여 제국대장공주나 충렬왕의 기일제를 올렸다. 충숙왕은 묘련사를 중흥하면서 조상을 받드는 효도를 행하는 것으로 인식하였다. 불사를 통해 돌아간 조상을 받드는 효도란 바로 정토왕생신앙으로 이어진다. 묘혜는 묘련사의 중창으로 사람들의 수명과 만백성의 안위를 구하면서, 아울러 단월을 돕고 선친인 조덕유趙德裕의 정토왕생을 축원하였다. 즉 돌아간 아버지의 정토왕생을 구하는 신앙을 강하게 표방하였다. 이 점은 같은 정토신앙을 추구하였다고는 하지만 유심정토를 구하면서 정토를 현전시키려던 백련사의 정토신앙과 구별될 수 있다.

그러나 묘련사에서 추구된 정토신앙의 대상이 타방정토인 것만은 아니다. 『법화영험전』은 법화의 참회나 천태삼매는 물론 타방정토와 유심정토의 구현 등을 모두 보여주고 있다. 정토신앙 면에서 유심정토에 만족하지 않은 것은 백련사에 비해 묘련사의 결사에 왕실이나 고관 귀족이 보다 비중을 가지면서 참여한 데에서 한 원인을 찾을 수 있다. 묘련사는 백련사에 비해 천태교관에 관심을 더 나타내었다.

투박할 수도 있는 정토신앙 보다는 법화경이나 『천태사교의』 등의 주소註疏를 중시하려는 교의는 무시될 수 있는 것이 아니다. 묘련사의 쇠퇴는 부원세력과 연결된 측면에서 공민왕 이후에 번창할 수는 없었다. 오히려 영험적인 법화 관음신앙이나 공덕신앙의 강조는 사상면에서 묘련사가 발전하지 못하는 요인으로 작용하였다. 선정일치의 세련된 유심정토사상을 견지하지 못한 것도 사상적인 발전을 막는 요인이 되었다.

나옹의 이름은 혜근惠勤이고 처음 이름은 원혜元惠이며, 속성은 아씨牙氏이다. 1348년(충목왕 4년)에 나옹은 연도燕都의 법원사法源寺에 나아가 지공의 문하에서 수도하였다. 지공은 간화선 전통이 강하게 유지된 고려 불교계에 무심선無心禪사상을 이식시켰다. 1350년(충정왕 2년)에 나옹은 평산平山 처림處林을 친견하고는 임제종 양기파楊岐派의 사상전통에 접하였다.

1357년(공민왕 6년)에 귀국한 나옹은 구월산을 비롯하여 회암사 등에 거주하였다. 1370년(공민왕 19년)에 개경의 광명사廣明寺에서 5교 양종에 속한 승려들을 모아 놓고, 그들의 공부를 시험하는 승과를 주관하였다. 1371년에 왕사로 책봉된 그는 이어 굴산문의 전통으로 이어진 송광사에 주석하였다. 1376년(우왕 2년)에 쇠락한 회암사를 준공하여 문수법회를 열었다. 조정은 교지를 내려 나옹을 밀양의 형원사로 옮기게 하였다. 마침 질병을 앓은 나옹은 여주의 신륵사에서 입적하였다.

나옹은 능히 사람을 죽이기도 하고 또한 능히 살리기도 한다는 칼의 비유로 선종사상을 이해하게 하였다. 사인검死人劍으로 부처나 조사를 죽이기도 하기 때문에 부처와 조사 또한 하나이다. 부처와 조사가 같이 파악될 수 있는 경지에는 부처도 조사도 존재하지 않고 성인이나 범부도 없으며 너와 나도 있을 수 없다. 이름을 붙일 수도 형상을 나타낼 수도 없고 태허太虛처럼 텅 비어 있어서 생사를 초월하였기 때문에, 생멸이 나타나지 않는다. 이를 무생선無生禪이라 규정하였다.

무생선의 경지에서는 물질과 마음도 같은 것이 된다. 무생선에서의 극단적인 무생의 논리는 중도통합 사상경향을 낳았다. 할 수 없는 것도 아니고 할 수 없는 것이 아니라고도 할 수 없다. 그러면 그것은 무엇인가? 이는 중도 통합의 논리로 나아간다. 나옹은 이를 바로 당당한 주장자라고 하였다. 무생선에서 당당한 주장자의 설정은 교선융합 사상경향의 주체를 정립한 것이다.

무생선의 강조는 교선융섭사상의 주체를 설정하려는 의도를 지녔다. 나옹은 건립하는 것도 쓸어버리는 것도 내게 있으며, 도리를 말하고 말하지 않는 것도 내게 있다고 하였다. 나옹의 무생선사상에는 화엄사상의 융섭적인 성격이 강하게 노출되어 있다. 중중무진한 화엄사상을 근간으로 무생선에서 정토신앙이 추구되었다. 무생선에서는 정토도 정토라 할 수 없거니와 예토라고도 할 수 없으며, 부처의 세계라 할 수도 또는 중생의 세계라 할 수도 없다.

무생선에서 추구된 정토는 현실에 구현되는 것은 아니지만 구경에는 이를 부정하지도 않는다. 나옹의 정토신앙은 백련사의 경우와는 달리, 법화경이나 천태사상에 근간을 두었다기보다는 화엄사상에 바탕을 두고 나타난 것이다. 무생선사상은 유심정토사상을 고수할 필요가 없으며, 시방세계에 광범하게 정토가 깃들어 있게 한다. 또한 무생선사상은 염불이나 공덕에 의한 정토에의 왕생에 의미를 두거나 혹은 두지 않거나를 초월한 것이다.

태고의 이름은 보우普愚인데 처음 이름은 보허普虛이며 속성은 홍주洪州 홍씨洪氏이다. 26세(1326년) 때에 화엄선華嚴選에 합격하고 경전을 두루 연구하였다. 46세(1346년, 충목왕 2년)에 태고는 연도에 들어가 대관사大

觀寺에 머물렀으며, 그 해 겨울에 태자의 생일에 초청되어 반야경을 강설하였다. 한편 그는 당시 세자로서 연도에 와 있었던 공민왕과 친밀한 관계를 맺었다. 다음 해 절갈성浙江省 호주湖州 하무산霞霧山의 천호암天湖菴으로 가서 석옥石屋 청공淸珙선사를 친견하였다. 청공은 임제의 18대 법손으로 양기파의 적손이다.

1348년(충목왕 4년)에 귀국한 태고는 잠시 중흥사에 머물렀고, 미원현迷源縣의 소설산小雪山에 암자를 지어 거주하였다. 공민왕은 그를 왕사로 책봉하였으며, 광명사廣明寺에 원융부圓融府를 설치하고 관속을 두어 거느리게 하였다. 1366년에 신돈이 권력을 농단하는 것을 계기로 왕사를 사임하였다. 1371년(공민왕 20년)에 신돈이 주살되자, 태고는 국사로 책봉을 받았고, 1378년(우왕 4년)에 형원사의 주지가 되었다. 1382년(우왕 8년)에 소설암으로 돌아온 태고는 이 해 12월 24일에 입적하였다.

태고는 화엄이나 유식 등 교학은 물론 선종까지를 부정하려는 뜻에서 무자 화두를 참구하였다. 이는 없는 것 같으면서도 존재하고, 있는 것 같으면서도 없는 경지를 추구하지만, 그 추구하는 것조차 사라지게 한다. 그러나 하나도 얻을 것이 없고, 돌아보면 자취도 없이 모두가 사라져 버리니, 사라져버린 바로 그것을 태고는 부동不動이라 하였다. 모든 지혜가 사라져버린 부동지의 설정이 태고의 사상을 전개시키는 중심에 자리하고 있다.

무자 화두로써 무한한 차별상의 설정은 태고가 화엄사상 외에 유식사상에도 관심을 가졌기 때문에 나타났다. 그는 무자화두로 대영지大靈知를 정립시켰는데, 그것은 허공을 삼키고 천지나 성색聲色까지를 다하게 만들지만, 체體와 용用을 갖추고 있다고 한다. 대영지의 본체는 공적한 것이어서 대소를 초월하였고 내외가 있을 수 없지만, 그 용은 무수한 부처나 시방세계는 물론 항하사와 같은 지혜를 생기게 한다. 차별의 법상에 대한 인식은 수행에서의 근기根機 차별을 설정하였다. 태어나기 전의 공적한 본래 면목을 바로 깨친 자가 이근을 가졌다면, 둔근을 가진 자는 마음을 다스리고 잡념을 없이 하면서, 지속해서 정진하는 속에 깨달음의 경지에 이른다.

태고의 교선융합사상은 선종사상 속에 화엄은 물론 유식사상까지를 융섭한 것이다. 그의 교선융합사상은 교와 선이 다르지 않거니와 교종 내의 교파나 구산선문이 본래는 다르지 않았다는 데에서 출발한 것이다. 그는 구산선문의 통합을 시도하였다. 태고는 구산을 사람들에 의해 갈라지게 두기 보다는 도존道存이라는 하나의 산문으로 통합해야 한다고 하였다. 선은 본래 하나였기 때문에 구산선문의 통합이 가능하였다. 마찬가지로 태고는 선문뿐만 아니라 교문도 하나였다고 하였다.

태고의 교선융합사상은 생사나 유무를 초월하는 공적한 본체를 내세우는 면에서 선종의 입장을 강하게 견지하면서 화엄은 물론 법상의 차별까지를 통합하려는 성격을 지녔다. 이에 머물지 않고 그는 불교와 유교의 근원을 같이 보아 회통하려고 하였다. 마음을 밝힌다는 면에서 태고는 요순堯舜이나 불조佛祖를 같이 파악하였다. 그리하여 불교의 중관을 유교의 중용과 연결시켜 이해하였다. 유불의 근원을 같이 보려는 태고의 유불교섭 사상경향은 조선초기에 현정론顯正論이 등장하는데 능동적으로 작용하였다.

나옹은 무자 화두를 통해 행하지 않아도 저절로 행해지는 분명한 경지를 설정하였다. 그러한 경지에 이르는 과정에는 차별을 설정할 수 없다. 나옹의 무자 화두는 화엄사상의 공관空觀과 연결이 가능하다. 나옹과는 달리 태고는 무자 화두로써 깨치는 과정에 차별을 설정하였다. 이근을 가진 자는 바로 깨치고 둔근을 가진 자는 화두를 참구하면서 정진하여야 한다. 나옹이 지공을 스승으로 하여 수선사와 연결되었지만, 이런 모습을 태고에게는 전혀 찾아볼 수 없다.

나옹과 태고의 교단세력은 모두 신진사대부 세력을 포함하고 있지만, 미세한 차이를 가졌다. 태고의 재가문도들은 거의 모두가 고관대작을 지낸 인물로 『고려사』에 이름을 전하고 있다. 반면 나옹의 재가문도들은 일부 고관을 지낸 인물을 포함하지만, 대부분은 호군護軍이나 낭장郎將·진사·지주사知州事 등 지방관들이다. 고려말에 신진사대부들이 급진 개혁파와 온건 개혁파로 나뉘었는데, 나옹의 문도들이 보다 급진적인 개혁세력에 참여하였다. 나옹의 제자로 무학無學 자초自超와 함허涵虛 기화己和는 조선초기에 크게 활동한 인물들이다. 태고의 제자로 목암木庵 찬영粲英과 환암幻菴 혼수混修 등이 있고, 그 중 혼수의 문하가 조선중기에 청허淸虛 휴정休靜으로 법맥을 계승시켰다.

무신집정기에 백련사나 특히 수선사 계통의 조계선종이 크게 일어났다. 그런가 하면 이규보나 이승휴 등 문신관료들이 다시 등장하였는데 이들은 문벌귀족과 계통을 달리하는 인물이었다. 이들로부터 이어지는 문신관료들은 능문능리能文能吏를 갖추었으며 경전에도 밝았다. 이리하여 새로 등장한 문신들이 신흥 사대부계층으로 성립되면서 성리학을 수용하고는, 원복속기에 모순된 사회제도를 개혁하고자 하였다. 반면 무인정권은 붕괴하였을지라도 일부의 무신들이나 또는 원의 조정과 밀착된 부원배를 주축으로 권문세족이 성립되어 갔다. 신흥 사대부들의 사회개혁 의지는 매번 권문세족들의 반대에 부딪혀 좌절을 맛보았다.

공민왕의 반원정책은 사대부 관료들의 성장을 촉진시키는 계기를 마련하였다. 신돈은 의욕적으로 추구한 개혁정치가 실패로 끝나면서 처형되기에 이르렀다. 그러나 이후 신흥 사대부들은 권문세족을 대신하여 실질적으로 역사를 움직여 가는 세력으로 등장하였다. 고려말의 사회개혁은 이들에 의해 주도되었는데, 이성계의 위화도 회군을 계기로 온건 개혁론자와 급진 개혁론자로 나뉘었다. 그 중 급진 개혁론자들이 고려왕실을 대신해서 새로운 왕조인 조선을 건국하는 주역이 되었다. 이들은 정치적 개혁 이념을 성리학에서 구했기 때문에 고려말의 성리학이 확신되는데 능동적인 역할을 담당하였다.

고려후기의 성리학은 신흥 사대부층이 중심이 되어 서서이 수용되었다. 고려중기에 최충으로부터 강조된 신유학에 대한 이해는 성리학의 수용을 보다 촉진시키는 계기가 되었다. 신효사神孝寺의 승려인 정문正文은 유학자 안사준安社俊으로부터 주자가 해설한 『논어』나 『맹자』 또는 『서경』을 구해보고는 성리학에 대한 식견을 갖고 있었다. 그러나 실제로 성리학은 안향安珦이나 백이정白頤正 · 우탁禹倬 등에 의해 비로소 받아들여졌고, 충선왕이 연경에서 설치한 만권당萬卷堂은 고려와 원의 성리학자들이 교류를 활발히 하는 계기를 마련해 주었다. 또한 공민왕 때에 이색의 성균관 중영重營은 성리학이 넓게 퍼지는데 기여하였다.

훈고학 위주의 한대漢代 유학은 송대에 이르러 심화된 철학 체제를 갖추었다. 북송의 정호程顥와 정이程頤 형제를 이어 주돈이周敦頤 · 장재張載 등의 학설을 남송의 주자가 집대성하여 철학 체계를 세운 것이 성리학이다. 남송후기에 성리학은 관학화되면서 사변적인 심학心學과 경세經世 사상을 종합 · 절충하는 사상경향을 지녔다. 당시 성리학자로서 위료옹魏了翁과 진덕수眞德秀가 쌍벽을 이루었다. 위료옹은 고대의 예악禮樂이나 제도에 관심을 가졌고, 성리학에서 심학의 전통을 고수하면서도 경세적인 실천주의를 내세웠다. 진덕수 또한 경사학經史學의 이해 위에 경세적 학풍을 강조하였다. 주자의 수제자인 황간黃榦은 원대의 성리학을 풍성하게 발전시켰다.

황간의 학문은 하기河基와 동학인 요로饒魯를 거쳐 정약용程若庸에게, 다시 정거부程鉅夫와 오징吳澄 등에게 전해졌다. 오징의 제자가 원명선元明善과 우집虞集이며 정거부의 제자가 조맹부趙孟頫이다. 한편 조복趙復의 학문은 허형許衡 등에게 전해졌다. 원대 성리학의 두 줄기는 오징과 허형의 학풍으로 대변된다. 허형의 성리학은 경세적인 실무에 편중하였고, 격물치지格物致知를 중시하면서 아울러 실천윤리를 강조하였다. 오징은 주자 성리학의 전통에 육상산陸象山의 심학을 접목시킴으로써 주륙절충론자朱陸折衷論者로 평가를 받았다. 그는 제자인 우집虞集과 더불어 원대 성리학의 정통성을 내세우려는 도통론道統論을 주장하였다. 허형과 그 제자들에 의해 추진된 관학화된 성리학과는 일단 거리를 두면서도, 우집은 경세주의를 어느 정도 유지하면서 심학적 바탕을 내세웠다.

안향이 백이정과 우탁·권부 등에게 전수하였다고 하지만, 이미 성리학은 고려사회에 전래되어 이해되고 있었다. 원과의 잦은 교섭은 고려의 성리학 이해 수준을 깊게 만드는 계기가 되었다. 당시에 만권당을 통해 이제현은 원의 저명한 유학자인 염복閻復·요수姚燧·조맹부·우집·원명선元明善 등과 교류하고 있었다. 만권당에는 원대 성리학을 대표하는 오징과 허형의 문하가 모두 출입하고 있었다. 이제현은 현실적으로 고려국가의 개혁을 목도한 때문에 요수나 염복 등의 격물치지를 내세우는 경세적인 성리학에 관심을 더 나타내었을 지라도, 기본적으로는 원대 성리학의 사상경향을 모두 이해하려고 하였다. 충숙왕 때부터는 고려의 사대부들이 원의 빈공과에 응시하여 급제자가 속출하였다. 즉 주자 성리학의 입장에서 모든 경전의 이해가 가능해졌으며, 그리하여 충목왕 때에는 사서가 과거의 고시과목으로 채택되었다.

고려후기에 성리학이 전래되면서 경전과 함께 역사서에 대한 이해를 증진시키는 분위기가 고조되었다. 경사교수도감經史教授都監의 제주提調로 임명된 이제현은 성리학의 보급에 크게 기여하였을 뿐만 아니라 실제로 역사서를 편찬하였다. 성리학을 수용한 사대부 관료들이 경전은 물론 역사서의 이해에도 관심을 가졌다. 민지는 『편년강목編年綱目』을 편찬하였고 이제현·안축·이곡·안진安震·이인복李仁復 등은 충렬왕·충선왕·충숙왕의 삼대三代실록을 편찬하였다. 민지閔漬와 권부權溥도 역대 왕의 실록을 편찬하였으며, 이인복은 『고금록古今錄』을 편수하였다. 또한 이제현은 백문보·이달충李達衷 등과 더불어 『국사』를 편찬하였고, 이인복과 이색은 『본조금경록本朝金鏡錄』을 증수增修하게 하였다.

경전과 함께 역사서를 아울러 이해하려는 경향은 성리학의 보급에 능동적으로 작용하였다. 성리학의 경사적 학풍은 자연 의리사학으로 이어지며, 경전이면서도 사서인 『춘추』의 대의명분을 중시하였다. 이런 경향은 고려후기 성리학을 수용한 혁신적인 사대부 관료들에게 공공연하게 포용되었다. 위화도 회군 이후 성리학을 수용한 혁신 사대부관료들이 폐가입진廢假立眞의 명분론을 내세운 속에도 온건 사대부들은 고려왕실의 정통을 고수하려는 입장을 취하였다.

고려사회에 도입된 성리학은 경세적 성격과 수기치인적修己治人的인 성격을 갖춘 경세제민經世濟民을 실현하려는 사상경향을 지녔다. 고려후기 성리학이 경세학적 성격을 가졌지만, 그 바탕에는 송대 이후 원대에 이르기까지 주류를 이룬 주륙절충적 사상경향이 내재되어 있었다. 정몽주는 성리학의 이理에 대해 언급하였는데, 평상의 도를 지키는 것 자체를 이理로 이해하였으며, 이러한 평범한 일상(事)을 떠나 도를 구할 수는 없다고 하였다. 또한 그는 이理를 논하면서 함께 불교 논리인 횡설橫說과 수설竪說을 언급하였다. 횡설은 수진법계를 이르는데 사事로, 수설은 횡진법계를 이르는데 이로 이어질 수 있는 것이다. 사실 성리학은 그것을 각각 기氣와 이理로 변용하여 논리체계를 성립시켰다.

이제현은 경전을 가르치게 하면서 격물치지를 내세웠는데, 특히 그것이 이용후생을 실천하기 위한 대책으로 나타났다. 창고나 염세鹽稅에 대한 시책이 바로 이와 연관시켜 논의되었다. 경계經界로부터 옳은 정치를 시작함으로써 흐트러진 고려의 법제를 개혁하고자 하였다. 이는 성리학의 이념에 의하여 당대의 제도를 개혁하려는 것이다. 그러나 격물치지를 내세웠지만 성의誠意나 정심正心을 강조하며, 거경居敬을 위주로 항상 반성하고 성신誠愼을 중시하면서 도덕을 받들게 하였다. 이용후생이 제도의 개혁에 철저했다기보다는 치국의 기본이라 할 수 있는 예의를 내세우면서, 고려후기 성리학의 격물치지가 실천적인 덕행을 강조하는 방향으로 나아갔다.

고려후기에 수용된 성리학은 송이나 원대 성리학의 여러 경향이 모두 수용되었으나 정치적 입장에 따라 사상경향을 달리한 학파를 구성하지는 못하였다. 고려후기의 성리학이 경세학적 성격을 지녔으나 그 본질은 수기치인에 두어졌다. 이는 치국의 도리로 연결되며, 효도와 예의로써 다스리기 때문에 예치禮治가 강조되었다. 조선초에 치국을 위한 『국조오례의國朝五禮儀』가 편찬되는 것은 이와 연결시켜 이해될 수 있다. 이제 전래되어 정착하는 시기에 성리학은 사상적으로 축적되거나 심화되지 않아서, 격물치지가 사물이나 우주를 전반적으로 관찰하면서 세상이나 국가를 경영하려는 수준의 이용후생으로 나타날 수 없었다. 무한한 우주를 관찰하려기보다는 오히려 소우주인 자신에 대한 수기를 강조하였다.

고려후기의 성리학에서 격물치지는 이용후생보다 수기치인에 치중하여, 예악이나 제도를 정비하는 치국이나 치인에 머물렀다. 격물이 사물의 관찰에 초점을 두기보다는 이를 통해 자신을 이해하려는 즉 수기를 중시하였다. 조선초기를 지나면서 성리학에 대한 이해가 보다 축적되어 격물치지에 대한 관심이 고조되지만, 여전히 마음을 닦는 면을 더 중시하였다. 율곡과 퇴계에 의해 성리학은 철학체계를 갖추면서 보다 심화되었다. 그러나 수기修己하는 방법을 다양화하기 위해 격물로 눈을 돌리지만, 아직도 그들은 마음을 닦는데 더 비중을 두고 있었다. 바로 이런 면은 조선후기의 실학이 격물치지를 내세워 경국經國이나 경세經世 즉, 산업을 경영하는 이용후생의 학풍을 성립시키는 것과는 구별된다.

성리학이 불교의 이사관理事觀에서 논리적인 도움을 받아 이루어졌다. 고려 이후 불교와 성리학은 필연적으로 교섭과정을 겪었다. 고려말의 신진 사대부들 중 일부는 척불소를 올리는 등 불교에 대해 비판적인 태도를 취하기도 하였다. 그러나 대부분의 유학자는 물론 승려들도 유교와 불교를 함께 이해함으로써, 유불교섭사상의 폭을 넓혀갔다. 이는 조선초기에 삼교를 통합하려는 사상경향으로 진전되었다. 조선시대에는 물론 유교적 정치이념이 정립되었지만, 줄곧 유교나 불교는 서로 영향을 주고받으면서 독특한 방향으로 사상적 발전을 이루어 갔다. 그리하여 다산의 영향을 받은 초의 등이 조사선보다 여래선을 강조하는 것은 실학의 대두와 함께 주자학에서 공맹학으로 관심을 변화시키게 한 유학사상경향과 표리가 되어 전개되었다.

고려시대의 사회사상사를 정립시키기 위해서는 고려 사회사에 대한 안목과 함께 사상사의 흐름을 개관해야 한다. 그런데 불교나 유교사상은 물론이거니와 도교나 풍수도참사상을 비롯해서 불교의 각 종파 사이의 사상도 서로 유기적으로 연결하여 전개되기 마련이다. 이렇듯 다양한 각개별 사상과 그것이 배태된 사회상황에 대해 일차적으로 접근하는 것은 필수적인 작업이다. 이에 그치지 않고 각각의 사상이 서로 교섭하면서 얽히는 모습에 대해서도 심층적으로 분석해야 한다. 그럴 경우 비교사상사적인 안목이 요구된다. 각각의 사상과 그것이 뿌리박고 있는 사회에서 갖는 기능을 이해할 필요가 있다. 아울러 고려시대의 사상과 통일신라나 조선시대의 사상 또는 이웃 국가와의 사상을 비교하려는 면으로까지 시야를 확대해야 한다.

참고문헌

1. 기본사료

(1) 한국사료

騎魚慈宏 편,『萬德寺志』, 서울대 도서관 소장, 古書本.
金富軾 等(1145),『三國史記』, 경인문화사, 1969.
金性漑,『東國文獻錄』, 儒林편, 木版本. 1804.
金宗瑞 등(1452),『高麗史節要』, 亞細亞文化社, 1972.
無寄,『釋迦如來行蹟頌』.
徐居正 等,『東文選』, 太學社, 1975.
徐兢,『宣和奉使高麗圖經』.
徐宗梵編,『曹溪宗史 - 자료집』, 中央僧伽大學, 1985.
省僜,『祖堂集』.
了圓.『法華靈驗傳』.
普愚,『太古和尚語錄』.
義天,『大覺國師文集』.
李奎報,『東國李相國集』.
李能和,『朝鮮佛教通史』(3책), 新文館, 1918.
李穡,『牧隱集』.
李仁老,『破閑集』.

李齊賢, 『益齊亂藁』.
李種益, 『大韓佛教曹溪宗中興論』, 寶蓮閣, 1976.
李荇 등, 『新增東國與地勝覽』, 민족문화추진위원회, 1972.
一然(1286년 경), 『三國遺事』, 민중서관, 1946.
林椿, 『西河集』.
鄭道傳, 『三峰集』.
鄭麟趾 등(1451), 『高麗史』, 亞細亞文化社, 1983.
朝鮮總督府, 『朝鮮寺刹史料』(2책), 1911.
조선총독부, 『朝鮮金石總覽』(2책), 日韓印刷所, 1919.
知訥, 『高麗國普照國師法語』.
諦觀, 『天台四教儀』.
體元, 『法界圖記叢髓錄』.
崔滋, 『補閑集』.
冲止, 『圓鑑國師集』.
惠勤, 『懶翁和尙語錄』.
慧諶, 『眞覺國師語錄』.

(2) 국외사료

高楠順次郎 等, 『大正新修大藏經』, 大正新修大藏經刊行會, 1928.
道原, 『景德傳燈錄』.
法藏, 『華嚴一乘教義分齊章』.
志磐, 『佛祖統記』.

2. 단행본

(1) 국내편

姜晋哲, 『高麗土地制度史硏究』, 고려대출판부, 1980.
高惠玲, 『고려후기 士大夫와 性理學 受容』, 일조각, 2001.
權熹耕, 『고려 寫經의 연구』, 미진사, 1986.

金東華, 『禪宗思想史』, 太極出版社, 1975.
金杜珍, 『均如華嚴思想硏究』, 일조각, 1983.
______, 『신라 화엄사상사연구』, 서울대 출판부, 2002.
______, 『고려전기 교종과 선종의 교섭사상사 연구』, 일조각, 2006.
金哲俊, 『한국고대사회연구』, 지식산업사, 1975.
金忠烈, 『고려유학사』, 고대출판부, 1984.
閔賢九, 『한국중세사 산책』, 일지사, 2003.
朴龍雲, 『고려시대사』, 일지사, 1985.
______, 『高麗사회와 門閥貴族家門』, 경인문화사, 2003.
朴胤珍, 『고려시대 王師 · 國師 연구』, 경인문화사, 2006.
邊東明, 『고려후기 性理學受容硏究』, 일조각, 1995.
變太燮, 『高麗政治制度史硏究』, 일조각, 1971
申瀅植, 『삼국사기연구』, 일조각, 1981.
性　徹, 『한국불교의 법맥』, 장경각, 1990.
안계현, 『한국불교사연구』, 同和出版公社, 1982.
靈岩郡, 『先覺국사 道詵의 新硏究』, 三和文化社, 1988.
李基白, 『高麗兵制史硏究』, 일조각, 1968.
______, 『新羅政治社會史硏究』, 일조각, 1974.
______, 『新羅思想史硏究』, 일조각, 1986.
이기백 · 蘆鏞弼 · 朴貞柱 · 吳瑛燮 공저, 『崔承老上書文연구』, 일조각, 1993.
李丙燾, 『高麗時代의 연구』, 乙酉文化社, 1948.
李相佰, 『朝鮮文化史硏究論攷』, 을유문화사, 1947.
李英茂, 『한국의 불교사상』, 민족문화사, 1987.
李熙德, 『高麗儒教정치사상의 연구』, 일조각, 1984.
蔡尙植, 『고려후기불교사연구』, 일조각, 1999.
崔昌祚, 『한국의 풍수사상』, 民音社, 1984.
秋萬鎬, 『나말려초 선종사상사 연구』, 이론과 실천, 1992.
河炫綱, 『고려 지방제도의 연구』, 한국연구원, 1977.
韓基斗, 『한국불교사상연구』, 일지사, 1982.
許興植, 『고려불교사연구』, 일조각, 1986.
______, 『韓國中世佛敎史硏究』, 일조각, 1994.
______, 『고려로 옮긴 인도의 마지막 등불』, 일조각, 1977.
黃仁奎, 『고려후기 · 조선초 불교사 연구』, 혜안, 2003.

(2) 국외편

鎌田茂雄,『中國華嚴思想史の研究』, 東京大出版會, 1970.
關口眞大,『禪宗思想史』, 山喜房佛書林, 1966.
島地大等,『天台教學史』, 中山書房, 1976.
湯錫予,『漢魏兩晋南北朝佛敎史』, 漢聲出版社, 台北, 1973.
忽滑谷快天,『朝鮮禪敎史』, 春秋社, 1930.

3. 연구논문

高柄翊,「삼국사기에 있어서의 역사서술」,『金載元박사화갑기념논총』, 1969.
高翊晋,「白蓮社의 사상전통과 天頙의 저술문제」,『불교학보』 16, 1979.
高惠玲,「가정 이곡과 원 사대부와의 교류」,『碧史李佑成교수정년기념 민족사의 전개와 그 문화』 상, 1990.
_____,「가정 이곡의 불교관과 성리학」,『水邨박영석화갑기념 한국사학논총』 상, 1992.
_____,「고려후기 사대부의 개념과 성격」,『擇窩許善道선생정년기념 한국사학논총』, 1992.
權奇悰,「白雲의 선사상연구」,『가산이지관스님화갑기념 한국불교문화사상사』 상, 1992.
金光洙,「고려태조의 三韓功臣」,『史學志』 7, 1973.
金光植,「雲門寺와 金沙彌亂」,『한국학보』 54, 1989.
_____,「고려 최씨 무인정권과 斷俗寺」,『건대사학』 7, 1989.
_____,「고려 숙종대의 왕권과 사원세력」,『백산학보』 36, 1989.
金杜珍,「朗慧와 그의 禪思想」,『역사학보』 57, 1973.
_____,「균여의 생애와 저술」,『역사학보』 75·76합집, 1977.
_____,「고려 광종대 法眼宗의 등장과 그 성격」,『한국사학』 4, 한국정신문화연구원, 1983.
_____,「玄暉와 坦文의 불교사상」,『高柄翊선생회갑기념 사학논총』, 1984.
_____,「신라하대 굴산문의 형성과 그 사상」,『성곡논총』 17, 1986.
_____,「나말려초 桐裏山門의 성립과 그 사상 -풍수지리사상에 대한 재검

土-」, 『東方學志』 57, 1988.
金塘澤, 「고려 崔氏政權과 수선사」, 『歷史學硏究』 10, 전남대, 1981.
金勳埴, 「고려후기의 孝行錄 보급」, 『한국사연구』 74, 1991.
金炳奎, 「宋學과 佛敎」, 『白性郁博士송수기념 불교학논총』, 1959.
金三守, 「寶의 전기적 자본기능에 관한 종교사회적 연구」, 『아세아학보』 1, 1965.
金相永, 「고려 예종대 선종의 부흥과 불교계의 변화」, 『청계사학』 5, 1988.
______, 「고려중기의 선승 慧照국사와 修禪社」, 『李箕永고희기념 불교와 역사』, 1991.
김상현, 「삼국유사에 나타난 일연의 불교사관」, 『한국사연구』 20, 1978.
______, 「麟角寺 普覺國師碑 陰記再考」, 『한국학보』 62, 1991.
金映遂, 「조계선종에 취하야 -오교양종의 일파, 조선불교의 근원-」, 『진단학보』 9, 1938.
金煐泰, 「희양산 선파의 성립과 그 법계에 대하여」, 『한국불교』 4, 1979.
______, 「고려개국 초의 불교 사상」, 『한국사론』 18, 국사편찬위원회, 1988.
金龍善, 「광종의 개혁과 歸法寺」, 『高麗光宗硏究』, 일조각, 1981.
金潤坤, 「李資謙의 세력기반에 대하여」, 『大丘史學』 10, 1976.
金毅圭, 「고려 官人사회의 성격에 대한 試考」, 「역사학보」 58, 1973.
김정자, 「소위 '杜門洞 72賢'의 정치성향」, 『부대사학』 15 · 16합집, 1992.
김지견, 「신라 화엄의 계보와 사상」, 『학술원논문집』 12, 1973.
金昌賢, 「고려시대 日官에 관한 일고찰」, 『사학연구』 45, 1992.
金哲俊, 「崔承老의 時務二十八條」, 『趙明基화갑기념 불교사학논총』, 1965.
______, 「고려초의 천태학 연구」, 『東西文化』 2, 1968.
______, 「고려중기의 문화의식과 史學의 성격」, 『한국사연구』 9, 1973.
______, 「李奎報 東明王篇의 사학사적 고찰」, 『東方學志』 46 · 47 · 48합집, 1985.
김충렬, 「圃隱 사상의 재평가와 시대적 의의」, 『한국사상사학』 3, 1990.
金泰植, 「삼국유사에 나타난 일연의 고려시대 인식」, 『蔚山史學』 창간호, 1987.
金泰永, 「삼국유사에 보이는 일연의 역사의식에 대하여」, 『경희사학』 5, 1974.
吉熙星, 「고려시대의 僧階제도에 대하여」, 『奎章閣』 7, 1983.
盧泰敦, 「삼국사기 상대 기사의 신빙성 문제」, 『아시아문화』 2, 1987.

道　業,「均如說 華嚴五敎章 草本과 일본 和本의 관계고」,『가산이지관스님화갑기념 한국불교문화사상사』 상, 1992.

都賢喆,「牧隱 李穡의 정치사상 연구」,『한국사상사학』 3, 1990.

文暻鉉,「고려 대장경 彫造의 史的 고찰」,『이기영고희기념 불교와 역사』, 1991.

文明大,「신라 法相宗(瑜伽宗)의 성립문제와 그 미술 -甘山寺 彌勒菩薩像 및 阿彌陀佛像과 그 銘文을 중심으로-」,『역사학보』 62·63합집, 1974.

_____,「開太寺 石丈六三尊佛立像의 연구 -毘盧舍那丈六三尊佛像과 관련하여-」,『美術資料』 29, 국립중앙박물관, 1981.

문철영,「고려중기 사상계의 동향과 신유학」,『국사관논총』 37, 1992.

閔泳珪,「고려 雲默和尙無寄輯佚」,『숭산박길진박사화갑기념 한국불교사상사』, 1975.

閔賢九,「辛旽의 집권과 그 정치적 성격」,『역사학보』 38·40합집, 1968.

_____,「月南寺址 眞覺國師碑의 陰記에 대한 一考察 -고려 무신정권과 曹溪宗-」,『진단학보』 36, 1973.

_____,「고려후기 권문세족의 성립」,『湖南文化硏究』 6, 1974.

_____,「整治都監의 성격」,『동방학지』 23·24합집, 1980.

朴魯俊,「당대 오대산신앙과 澄觀」,『關東史學』 3, 1988.

朴性鳳,「海東孔子 崔冲小考 -고려시대 유학사의 일면-」,『史叢』 1, 1955.

_____,「국자감과 私學」,『한국사』 6, 국사편찬위원회, 1975.

朴贊洙,「私學十二徒의 변천」,『擇窩許善道선생정년기념 한국사학논총』, 1992.

朴菖熙,「고려시대 관료제에 대한 고찰」,『역사학보』 58, 1973.

_____,「李奎報의 본질에 대한 연구」,『外大史學』 1~3, 1987~1990.

朴漢男,「崔惟淸의 생애와 詩文 분석」,『국사관논총』 24, 1991.

邊東明,「李承休의 帝王韻紀 撰述과 그 사서로서의 성격」,『진단학보』 70, 1990.

_____,「고려 忠烈王의 妙蓮寺 창건과 法華신앙」,『한국사연구』 104, 1990.

_____,「鄭可臣과 閔漬의 사서 편찬활동과 그 경향」,『역사학보』 130, 1991.

邊太燮,「고려전기의 外官制 -지방기구의 행정체계-」,『한국사연구』 2, 1968.

徐閏吉,「道詵 裨補思想의 연원」,『佛敎學報』 13, 1976.

_____,「고려 瑜伽·律·神印 등 제종의 성격과 그 전개」,『한국사론』 20, 국사편찬위원회, 1990.

_____,「고려의 九曜신앙과 그 사상 원류」,『가산이지관스님화갑기념 한국

불교문화사상사』 상, 1992.
宋昌漢, 「金貂의 斥佛論에 대하여」, 『대구사학』 27, 1985.
______, 「金子粹의 척불론에 대하여」, 『역사교육논집』 13·14합집, 1990.
宋天恩, 「지눌의 선사상」, 『숭산박길진박사화갑기념 한국불교사상사』, 1975.
신종원, 「신라 오대산사적과 성덕왕의 즉위 배경」, 『崔永禧先生華甲紀念 한국사학논총』, 탐구당, 1987.
申千湜, 「고려시대 사학십이도에 대한 연구」, 『西巖趙恒來교수화갑기념 한국사학논총』, 1992.
申采浩, 「朝鮮歷史上 一千年來 第一大事件」, 『朝鮮史硏究草』, 1930.
안계현, 「李穡의 불교관」, 『趙明基화갑기념 불교사학논총』, 1965.
安秉禧, 「국어사 자료로서의 삼국유사」, 『삼국유사의 종합적 검토』, 1987.
梁銀容, 「고려 도교의 역사 자료」, 『韓國宗教』 10, 圓光大, 1985.
______, 「福源宮 건립의 역사적 의의」, 『도교와 한국문화』, 아세아문화사, 1988.
______, 「寶雲 義通祖師와 고려 불교」, 『如山柳炳德화갑기념 韓國哲學宗教思想史』, 1990.
______, 「고려태조 親製 '開泰寺 華嚴法會疏'의 연구」, 『가산이지관스님화갑기념 한국불교문화사상사』 상, 1992.
Edword J Shultz, 「金富軾과 삼국사기」, 『한국사연구』 73, 1991.
____________, 「韓安仁派의 등장과 그 역할」, 『역사학보』 99·100합집, 1983.
柳柱姬, 「元天錫 연구」, 『수촌박영석화갑기념 한국사학논총』 상, 1992.
兪瑩淑, 「최씨 무신정권과 조계종」, 『백산학보』 33, 1986.
______, 「圓證국사 普愚와 공민왕의 개혁정치」, 『한국사론』 20, 국사편찬위원회, 1990.
______, 「眞覺국사 천희의 생애와 신앙」, 『가산이지관스님화갑기념 한국불교문화사상사』 상, 1992.
柳洪烈, 「여말선초의 私學」, 『靑丘學叢』 24, 1936.
尹南漢, 「유학의 성격」, 『한국사』 6, 국사편찬위원회, 1975.
李康來, 「삼국사기 分註의 성격」, 『전남사학』 3, 1989.
______, 「삼국유사에 있어서 구삼국사론에 대한 비판적 검토」, 『동방학지』 66, 1990.
李啓杓, 「신돈의 화엄신앙과 공민왕」, 『전남사학』 창간호, 1987.
李基白, 「고려 京軍考」, 『李丙燾화갑기념논총』, 일조각, 1956.

_____, 「고려 귀족사회의 형성」, 『한국사』 4, 국사편찬위원회, 1974.
_____, 「삼국유사의 史學史的 의의」, 『創作과 批評』, 1976, 가을호.
_____, 「三國史記論」, 『文學과 知性』, 1976, 겨울호.
_____, 「삼국유사 紀異篇의 고찰」, 『신라문화』 1, 1984.
_____, 「신라 골품체제 하의 유교적 정치이념」, 『大東文化研究』 6·7합집, 1970.
李男隨, 「白文寶의 성리학 수용과 排佛論」, 『한국사연구』 74, 1991.
李範學, 「王安石 개혁론의 형성과 성격」, 『東洋史學研究』 18, 1983.
_____, 「眞德秀 經世理學의 성립과 그 배경」, 『한국학논총』 20, 1998.
_____, 「虞集의 道統論과 蜀學」, 『한국학논총』 28, 2005.
_____, 「吳澄思想研究序說 -원대 理學과 오징-」, 『한국학논총』, 30, 2008.
이병희, 「고려전기 사원전의 분석과 경영」, 『한국사론』 18, 서울대 국사학과, 1988.
李逢春, 「고려 천태종의 성립과 그 전개」, 『한국사론』 20, 국사편찬위원회, 1990.
_____, 「고려후기 불교계와 배불론의 전말」, 『불교학보』 27, 1990.
李相瑄, 「공민왕과 보우 -공민왕초 왕권 안정의 一助를 중심으로-」, 『李載龍還曆紀念 한국사학논총』, 1990.
李龍範, 「風水地理說」, 『한국사』 6, 국사편찬위원회, 1975.
李佑成, 「고려중기의 民族叙事詩 -東明王篇과 帝王韻紀의 연구-」, 『成大論文集』 7, 1962.
_____, 「고려조의 '吏'에 대하여」, 『역사학보』 23, 1964.
_____, 「三國遺事所載 處容說話의 一分析 -고려 其人制度의 기원과의 관련에서-」, 『金載元박사회갑기념논총』, 1969.
李銀順, 「이색의 사상과 사회개혁론」, 『외대사학』 4, 1992.
李益柱, 「공민왕대 개혁의 추이와 신흥유신의 성장」, 『역사와 현실』 15, 1995.
李載昌, 「麗代飯僧攷」, 『불교학보』 1, 1963.
李種益, 「鄭道傳의 闢佛論 비판」, 『불교학보』 8, 1971.
李泰鎭, 「예천 개심사 석탑기의 분석」, 『역사학보』 53·54합집, 1972.
_____, 「고려 宰府의 성립」, 『역사학보』 56, 1972.
_____, 「金致陽亂의 성격」, 『韓國史研究』 17, 1977.
李興種, 「李仁老의 사상 세계」, 『역사교육』 46, 1989.

_____, 「崔滋의 사상 연구」, 『史學志』 24, 1991.
任東權, 「고려시대의 占卜俗」, 『李弘稙회갑기념 한국사학논총』, 靑丘文化社, 1969.
任昌淳, 「송광사의 高麗文書」, 『白山學報』 11, 1971.
張東翼, 「혜심의 大禪師告身에 대한 檢討」, 『한국사연구』 34, 1981.
張元圭, 「華嚴教學 완성기의 사상연구」, 『불교학보』 11, 1974.
全基雄, 「고려 경종대의 정치구조와 始定田柴科의 성립기반」, 『진단학보』 59, 1985.
田壽炳. 「坦文국사에 관한 연구」, 『東洋文化硏究』 2, 大田大, 1987.
鄭景鉉, 「이규보와 '동명왕편'에 대한 一考察」, 『陸士論文集』 32, 1987.
정구복, 「李齊賢의 역사의식」, 『진단학보』 51, 1981.
_____, 「삼국유사의 사학사적 고찰」, 『삼국유사의 종합적 검토』, 한국정신문화연구원, 1987.
_____, 「김부식」, 『한국사시민강좌』 9, 1991.
鄭修芽, 「고려중기 개혁정책과 그 사상적 배경」, 『水邨朴永錫화갑기념 한국사학논총』 상, 1992.
鄭玉子, 「麗末 주자성리학의 도입에 대한 試考 -李齊賢을 중심으로-」, 『진단학보』 51, 1981.
鄭 赫, 「고려후기 眞覺國師 慧諶의 佛儒同源 사상」, 『北岳史論』 3, 1993.
趙明濟, 「고려후기 戒環解楞嚴經의 성행과 사상사적 의의」, 『부산사학』 12, 1988.
趙仁成, 「崔瑀政權下의 文翰官 -'能文能吏'의 인사기준을 중심으로-」, 『동아문화』 6, 서강대, 1985.
宗 眞, 「보조지눌의 선사상에 대한 재조명」, 『가산이지관스님화갑기념 한국불교문화사상사』 상, 1992.
秦星圭, 「고려후기 수선사의 결사운동」, 『한국학보』 36, 1984.
_____, 「眞覺國師 慧諶의 생애와 사상」, 『고려사의 제문제』, 三英社, 1986.
_____, 「최씨 무신정권과 선종」, 『불교연구』 6·7합집, 1992.
車柱環, 「도교와 민간신앙」, 『韓國民族思想大系』 3, 중세편, 1974.
채상식, 「至元15년 仁興社刊 歷代年表와 삼국유사」, 『고려사의 제문제』, 1986.
_____, 「一然」, 『한국사시민강좌』 2, 1988.
_____, 「고려후기 수선사 성립의 사회적 기반」, 『한국전통문화연구』 6, 효성여대, 1990.

崔柄憲, 「고려 건국과 풍수지리설」, 『韓國史論』 18, 국사편찬위원회, 1988.
추만호, 「고려승군고」, 『藍史鄭在覺고희기념 동양학논총』, 1984.
_____, 「나말려초의 동리산문」, 『선각국사 도선의 연구』, 영암군, 1988.
卓奉心, 「東明王篇에 나타난 이규보의 역사의식」, 『한국사연구』 44, 1984.
_____, 「李齊賢의 역사관」, 『이화사학연구』 17 · 18합집, 1988.
河炫綱, 「고려西京考」, 『역사학보』 35 · 36합집, 1967.
_____, 「이승휴의 사학사상 연구」, 『東方學志』 69, 1990.
韓基汶, 「고려시대 寺院寶의 설치와 운영」, 『역사교육논집』 13 · 14합집, 1990.
_____, 「고려 역대 국사 · 왕사의 下山所의 존재 양상과 그 기능」, 『역사교육논집』 16, 1991.
_____, 「고려시대 사원의 통제와 編制」, 『가산이지관스님화갑기념 한국불교문화사상사』 상, 1992.
韓沽劤, 「世宗朝에 있어서의 對佛教施策」, 『진단학보』 25 · 26 · 27합집, 1964.
韓種萬, 「法華玄義와 天台四教儀의 비교연구」, 『동양학』 18, 1988.
_____, 「나말선초의 排佛 · 護佛사상」, 『숭산박길진박사화갑기념 한국불교사상사』, 1992.
許興植, 「고려전기 불교계와 天台宗의 형성과정」, 『한국학보』 11, 1978.
_____, 「眞靜國師 慧諶의 생애와 시대인식」, 『동방학지』 35, 1983.
_____, 「의천의 圓宗文類와 廓心의 集解」, 『서지학보』 5, 1991.
_____, 「14 · 5세기 조계종의 계승과 법통」, 『동방학지』 73, 1991.
_____, 「나옹화상의 생애와 계승자」, 『寺刹造景硏究』, 동국대 사찰조경연구소, 2001.
홍윤식, 「삼국유사에 있어서 구삼국사의 제문제」, 『한국사상사학』 1, 1987.

찾아보기

ㄱ

가야갑사迦耶岬寺 140
가지사迦智寺 197, 306
가지산문迦智山門 27, 28, 233, 250, 251, 307, 309, 314
가지산파迦智山派 23, 197, 198, 296
각굉覺宏 403
각순覺純 180
각운覺雲 318
감로원甘露院 356
강감찬姜邯贊 47, 106
강거국康居國 370
강수强首 198, 413
강훤康萱 140
개둔사開頓寺 197
개심介諶 294
개청開淸 147
개태사開泰寺 147, 148, 149, 150, 154, 201, 360, 409
거조사居祖寺 226, 227, 248, 418
견훤 414
결응決凝 181, 182, 411
겸신謙信 150, 160, 359
경대승慶大升 90, 91, 320
경덕景德국사 178, 179
경보慶甫 64, 148
경사교수도감經史敎授都監 337, 435
경영전景靈殿 14
경유慶猷 139, 141, 409
경의景宜 284, 426
경천사敬天寺 356
계백료서誡百寮書 68
계응戒膺. 181
고금록古今錄 339, 435
고병익高柄翊 383
고봉사高峯寺 258, 421
공덕산功德山 293
곽조廓照 229
관무량수경소觀無量壽經疏 173, 265
관웅寬雄 74, 187, 189
광조사廣照寺 141
관혜觀惠 159, 177
광교사光敎寺 187
광교원廣敎院 188
광명사廣明寺 96, 196, 197, 295, 305, 428, 430
광율光律 181
광제사廣濟寺 294
광종廣宗 139
광지廣智 197, 303
교웅敎雄 181
교정도감敎定都監 92
구룡산사九龍山寺 178

구요九曜신앙 14
구제九齋 36, 81, 213
구조당九祖堂 21, 181
국자감國子監 36, 213, 214
국조오례의國朝五禮儀 352
국청사國淸寺 78, 77, 172, 224, 263, 292
굴산문崛山門 97, 196, 250
권근權近 28, 39, 113, 121, 128, 224, 233, 250, 251, 296, 314, 318, 325, 336, 340, 347, 350, 351, 353, 354, 387
권부權溥 111, 324, 333, 334, 336, 338, 339, 341
권적權適 193, 257
귀법사歸法寺 75, 156, 161, 178, 359, 360, 361
귀정사歸正寺 259, 422
귀진貴珍 255
규기窺基 188
규봉圭峯 236, 238
규장각奎章閣 366
균여均如 21, 22, 30, 61, 75, 75, 76, 99, 100, 157, 158, 159, 160, 161, 162, 163, 178, 182, 184, 185, 240, 262, 355, 356, 357, 358, 359, 360, 361, 366, 367, 368, 373, 374, 375, 410, 412
균정均定 258, 421
극근克勤 242
근도사近度寺 141
금강사金剛寺 197
금강재金剛齋 94, 193
금산사金山寺 188, 189
긍양兢讓 166, 168
기철奇轍 109
기화己和 126, 317, 318, 319, 432
길상사吉祥寺 98, 227, 234, 248, 418
김거두金居斗 383, 386
김구용金九容 336
김문정金文鼎 332
김보당金甫堂 91
김부식金富軾 85, 102, 183, 221, 382, 383, 387
김부의金富儀 129, 130
김부철金富轍 193
김속명金續命 120
김시습金時習 252
김심언金審言 73, 208, 415
김영의金令義 225
김원용金元龍 383
김위제金謂磾 85
김은부金殷傳 179, 186
김의균金義均 257, 421
김인존金仁存 331
김준金俊 92, 250
김초金貂 33
김충찬金忠贊 179
김택영金澤榮 384, 385

ㄴ

나란다 402
나옹懶翁 28, 101, 124, 251, 252, 284, 293, 294, 295, 296, 297, 298, 300, 301, 302, 303, 307, 314, 315, 316, 317, 318, 319, 400, 402, 403, 405, 406, 428, 431, 432
난원爛圓 178, 179, 180
낭지朗智 173, 256, 262
낭혜朗慧 100, 139
노재魯齋학파 328, 331, 348
능긍能兢 172, 173

ㄷ

다산茶山 286
단속사斷俗寺 32, 233, 243, 247, 419
대감大鑑 197
대경大鏡 139
대관사大觀寺 304, 429
대목황후大穆皇后 160, 357, 358, 359
대영지大靈知 310, 311
대원사大原寺 247
대지大智 74, 186, 413
대혜大慧 234, 236, 237, 242, 294
덕겸德謙 189
덕소德詔 170, 173, 411
도봉원道峯院 168
도선道詵 63, 64, 65, 66, 148
도성사道成寺 256
도신장道身章 159, 372
도응道膺 59, 139, 140, 141, 141, 143, 144, 153, 409
도일道一 17, 141, 142, 143, 409
도통론道統論 330
도헌道憲 142
독서삼품과讀書三品科 199
동국사략東國史略 387
동국통감東國通鑑 387
동리산문桐裏山門 63, 64
동림사東林寺 253
동명왕편東明王篇 46, 104, 106
동백련사東白蓮社 250, 293
동사열전東師列傳 380
동인지문東人之文 37
동중서董仲舒 329
두경승杜景升 222

ㄹ

류방헌柳邦憲 179

ㅁ

마명馬鳴 21, 181
마조馬祖 17, 63, 141, 142, 143
만권당萬卷堂 111, 334, 335, 346, 348, 348, 433
만덕사萬德寺 249, 260, 286, 375, 376, 377, 378, 380, 381, 382
만선동귀집萬善同歸集 170, 236, 264
만엽집萬葉集 395
매헌실기晦軒實記 334
묘련사妙蓮寺 27, 250, 284, 286, 288, 289, 290, 292, 293, 426, 427, 428
묘적암妙寂菴 293
묘청妙淸 85, 89, 90, 320
무극無極 304, 393
무기無寄 27
무생계無生戒 28, 251, 401
무생선無生禪 296, 299, 300, 301, 302, 303, 429
무설토론無舌土論 100, 283
무심선無心禪 294, 296, 300, 301
무애지無㝵智 181
무염無染 283, 381, 426
무외無畏 273, 280, 284, 286, 379, 292, 427
무위갑사無爲岬寺 140
무학無學 317, 402
문수갑사文殊岬寺 145
문익文益 170

문창후文昌侯 81
문헌공도文憲公徒 81
미륵사彌勒寺 190
미숭산美崇山 224
미원현迷源縣 430
민인균閔仁鈞 379
민지閔漬 47, 146, 172, 339, 435

ㅂ

박문비朴文備 224, 257
박송비朴松庇 250
박암朴巖 68
박전지朴全之 377
박충좌朴忠佐 332, 336
반룡사盤龍社 224, 257
백련사白蓮社 19, 26, 27, 98, 100, 101, 101, 117, 124, 225, 248, 250, 253, 256, 258, 261, 265, 266, 267, 268, 272, 272, 273, 276, 278, 279, 280, 284, 285, 289, 290, 291, 292, 293, 303, 376, 378, 378, 381, 418, 427
백문보白文寶 39, 104, 130, 339, 435
백이정白頤正 111, 324, 332, 334, 433, 434
범일梵日 100, 145, 249, 283, 426
법경法鏡 74, 186, 413
법안종法眼宗 20, 61, 62, 125, 166, 168, 171, 172, 174, 410
법왕사法王寺 360
법원사法源寺 293, 402, 428
법융法融 159
법장法藏 18, 76, 99, 157, 158, 162, 163, 170, 184, 185, 239, 240, 362, 368, 370, 373, 374, 410, 412
법주사法住寺 189, 197
법천사法泉寺 187
법화삼매참의法華三昧懺儀 267, 269
보문사普門寺 226, 227, 233
보요普耀 153
보우普愚 303, 403, 429
보우普雨 126
보원사普願寺 60, 75, 155
보제사普濟寺 98, 197, 225, 226, 233, 258, 418
보천寶川 147, 254
보타낙가산寶陁洛迦山 294
복흥사福興寺 178
본조금경록本朝金鏡錄 339, 435
봉림산문鳳林山門 166
봉암사鳳岩寺 166
부석사浮石寺 222, 411
부인사符仁寺 31
부흥사復興寺 160, 357, 358
불씨잡변佛氏雜辨 120, 341
불일사佛日寺 160, 360
불조원류佛祖原流 286, 318

ㅅ

사공파事功派 343, 345, 353
사나내원舍那內院 140
사림원詞林院 109
사명四明 185, 253, 265
사무외사四無畏士 59, 136, 139, 141, 143, 144, 153, 409
사미원史彌遠 326
사서집주四書集註 111, 329, 333, 334, 341

사학십이도私學十二徒 36, 37, 213
산가파山家派 21, 22, 77, 177, 185, 265, 412
산외파山外派 21, 22, 185, 265, 412
삼교귀감三敎龜鑑 126, 252, 319
삼국사기三國史記 40, 41, 42, 44, 45, 337, 382, 383, 384, 386, 390, 393, 397
삼국사절요三國史節要 387
삼국유사三國遺事 27, 40, 42, 43, 44, 45, 103, 104, 105, 106, 130, 144, 196, 254, 356, 391, 392, 393, 395, 396, 397
삼대三代실록 339
삼별초三別抄 93
삼축잠三畜箴 323
삼편성불론三遍成佛論 133, 134, 135
삼편실제론三遍實際論 134
삼학관三學觀 28, 251, 405
서긍徐兢 88
서산西山 126, 251, 252
서운사瑞雲寺 132, 133, 408
서필중徐必中 261
석옥石屋 304, 305
석원사림釋苑詞林 180
석충釋冲 74, 136, 409
선강원禪講院 224, 257
선균善均 160, 357
선리궁繕理宮 74, 188
선문보장록禪門寶藏錄 100, 283
선문점송禪門拈頌 246
선원사禪源社 30, 232, 246, 247
선월사禪月社 250
선정일치禪淨一致 272, 273, 278
선종영가집禪宗永嘉集 173
설총薛聰 81, 198, 199, 413
섬학전贍學錢 332
성범成梵 256
성원록聖源錄 132
소경사昭慶寺 253
소동파蘇東坡 330
소식蘇軾 23, 341
소율희蘇律熙 136, 140
소현韶顯 74, 184, 187, 188, 191, 413
송광사松廣寺 24, 26, 28, 243, 246, 261, 295, 296, 307, 380, 405, 428
송악松嶽 15, 84, 360
수다사水多寺 145, 187
수미산문須彌山門 139, 141, 142, 358
수선사修禪社 23, 24, 25, 26, 30, 98, 225, 226, 228, 229, 230, 231, 232, 234, 243, 245, 246, 246, 247, 248, 248, 248, 249, 250, 251, 258, 260, 263, 265, 275, 278, 279, 284, 316, 418, 432
수정사水精社 224, 257
수진법계竪盡法界 162, 184, 345
수현방궤기捜玄方軌記 157, 361, 362
순영順英 56
순지順之 57, 58, 132, 133, 134, 135, 173, 408
순질荀質 70
숭교사崇敎寺 186
승전勝銓 368
식현識賢 168, 357, 358
신돈辛旽 28, 29, 110, 306, 316, 317, 325, 406, 430, 432
신랑神朗 60, 156
신륵사神勒寺 295, 428
신엄信嚴 154, 178
신의信義 145

신조神照 296, 317
신혈사神穴寺 186
신회神會 236, 238
신효信孝 145, 146
심상審祥 19
심양왕瀋陽王 323
십훈요十訓要 82, 201
쌍봉사雙峯寺 233, 419
쌍봉학파雙峰學派 335

ㅇ

안사준安社俊 433
안축安軸 324, 334, 435
안향安珦 38, 111, 114, 115, 324, 332, 334, 433, 434
안화사安和寺 195
양기파楊岐派 242, 252, 294, 305, 406, 420, 428, 430
양산사陽山寺 306, 307
양유중楊惟中 328, 335
여엄麗嚴 59, 139, 153, 409
역대년표歷代年表 44, 396
역옹패설櫟翁稗說 339
연본鍊本 19, 368, 372
연수延壽 167, 168, 170, 171, 423
염복閻復 335, 336, 434
염승익廉承益 289
영보英甫 196, 417
영준英俊 167, 168, 171
영통사靈通寺 160, 358
오관산五冠山 132, 359
오대산五臺山 144, 145, 146, 147, 254
오징吳澄 328, 329, 330, 331, 335, 341, 348, 434
왕순식王順式 136, 147
왕식렴王式廉 86
왕안석王安石 36
왕흥사王興寺 188
요로饒魯 328, 335, 434
요세了世 100, 117, 248, 249, 259, 260, 261, 262, 262, 264, 265, 266, 267, 268, 269, 270, 271, 272, 273, 274, 275, 279, 280, 375, 421, 421, 422, 424, 425
요수姚燧 328, 336
요연了然 293, 296
요원了圓 288, 291
요일寥一 222, 224, 257
요추姚樞 328, 335
용건龍建 132, 135, 408
용녀龍女 132, 408
용문사龍門寺 196, 224, 417
용암사龍嚴寺 133, 230, 377, 408
용언궁龍堰宮 85
우집虞集 330, 341, 434
우탁禹倬 111, 324, 333, 334, 339, 434
욱면郁面 139, 141, 153, 255
운거雲居 139, 141, 153
운문사雲門寺 32, 198, 250
운해사雲海寺 250
원명선元明善 434
원묘圓妙 286, 375, 379
원융부圓融府 305, 430
원측圓測 189, 192
원효元曉 16, 19, 135, 135, 173, 178, 188, 189, 199, 271, 372, 407
월정사月精寺 145, 146, 147
위료옹魏了翁 326, 327, 330, 342, 433
유연有緣 145

유인劉因 331, 348
육상산陸象山 329, 330, 342, 343, 434
육조단경六祖壇經 26, 227, 233, 235, 237
윤관尹瓘 94, 193
을지문덕乙支文德 47, 106
의상義湘 18, 29, 76, 99, 146, 157, 158, 159, 163, 178, 182, 184, 239, 240, 241, 368, 372, 374, 397, 407, 411, 412, 419
의선義旋 288, 289, 290, 426
의순義順 160, 357, 358
의적義寂 175, 411
의천義天 19, 20, 21, 22, 23, 76, 100, 101, 124, 135, 175, 179, 180, 181, 182, 183, 184, 185, 189, 195, 220, 224, 241, 249, 257, 279, 284, 292, 405, 408, 411, 411, 420
의통義通 19, 77, 171, 173, 174, 411
이계복李繼福 383, 386
이곡李穀 38, 39, 337, 348, 435
이규보李奎報 30, 46, 103, 104, 105, 115, 118, 130, 229, 246, 321, 322, 432
이기백 44, 45, 391
이병도 385, 389
이색李穡 38, 39, 40, 112, 117, 118, 119, 325, 337, 339, 341, 345, 403, 433, 435
이숭인李崇仁 350
이승휴李承休 47, 105, 106, 323, 432
이안而安 284
이양李陽 80, 216, 416
이엄利嚴 140, 142, 144, 358, 409
이의민李義旼 91, 320
이의방李義方 90, 221
이인로李仁老 46, 118, 321
이인복李仁復 435
이인임李仁任 317, 325
이자겸李資謙 89, 88, 90, 320
이자연李子淵 74, 88, 187
이자의李資義 95, 194, 223
이자현李資玄 23, 94, 95, 192, 193, 194, 195, 196, 223, 417
이정李挺 305
이제현李齊賢 47, 48, 111, 112, 119, 132, 213, 289, 323, 324, 332, 334, 335, 336, 337, 338, 339, 340, 341, 342, 347, 348, 348, 350, 351, 434, 435, 436
이통현李通玄 99, 227, 234, 235, 237, 239, 240, 265, 265, 419, 419
인예태후仁睿太后 77
일연一然 27, 44, 103, 130, 233, 250, 393, 394, 395, 396, 397, 417, 419
임계일林桂一 379
임종비林宗庇 258

ㅈ

자굉慈宏 376, 377, 381
자장慈藏 145, 146, 254
자초自超 317, 318, 432
작제건作帝建 132
장연사長淵寺 248, 258, 421
장원정長源亭 84
장의산사莊義山寺 60, 154, 155
정거부程鉅夫 328, 330, 335, 434

정도전鄭道傳 39, 113, 120, 121, 128, 318, 318, 325, 336, 341, 343, 353, 353
정림사定林社 250
정몽주鄭夢周 39, 112, 325, 341, 344, 346
정수正秀 75, 161, 178, 360, 361
정수靜修학파 331, 348
정안鄭晏 250
정암사淨巖寺 145
정오丁午 273, 284, 286, 286, 292, 426
정원淨源 21, 180, 181, 184, 220, 412
정중부鄭仲夫 90, 98, 221, 225, 257, 320
정현鼎賢 74, 187, 189, 190, 413
제국대장공주齊國大長公主 284, 290, 426, 427
제석원帝釋院 166
제왕운기帝王韻紀 47, 105, 106
조계종曹溪宗 17, 23, 24, 28, 96, 97, 98, 100, 100, 116, 172, 196, 224, 228, 240, 250, 251, 399, 402, 404, 405, 406
조당집祖堂集 133
조덕유趙德裕 291, 427
조맹부趙孟頫 111, 434
조복趙復 328, 331, 335, 434
조응祖應 97, 196, 224, 417
조인규趙仁規 287, 288, 305, 426, 426
조일신趙日新 109, 305
조주趙州 304, 314
조준趙浚 110
조흠祖欽 294
존식尊式 253
종간從諫 177, 185, 220, 412
종경록宗鏡錄 170, 264
종고宗杲 26, 236, 237, 242, 245, 294, 420
종밀宗密 22, 181, 236
주돈이周敦頤 326, 330, 341, 433
주자朱子 111, 326, 327, 328, 329, 332, 341, 342, 349, 352
중광사重光寺 221, 222
중흥사重興寺 304, 305, 430
지공指空 28, 251, 294, 296, 297, 301, 307, 316, 399, 401, 401, 402, 405, 428, 432
지광智光 187, 413
지눌知訥 23, 25, 26, 27, 28, 96, 98, 99, 100, 116, 117, 124, 135, 196, 226, 227, 228, 229, 230, 231, 233, 233, 235, 235, 237, 238, 239, 240, 240, 242, 243, 246, 248, 249, 250, 251, 259, 263, 265, 266, 272, 279, 294, 381, 408, 418, 419, 419, 421, 423, 424
지례知禮 185, 253, 265
지엄智儼 157, 163, 362, 370, 412
지의智顗 173
지종智宗 20, 168, 171, 172
지칭智偁 181
진각眞覺 29, 98, 116, 243, 247, 248
진감眞鑒 284, 286
진단학회震檀學會 41
진덕수眞德秀 326, 327, 342, 433
진수晋水 180, 184, 220
징관澄觀 145, 170, 362

ㅊ

찬영粲英 318, 432
찬유璨幽 166, 168, 172
창복사昌福寺 98, 258
창운昶雲 178, 179, 180, 183, 356
처림處林 296, 297, 294, 298, 402, 428
척준경拓俊京 89
천기天其 366, 367, 369, 370
천락사天樂寺 258, 421
천암千嵒 294
천영天英 233, 247, 419
천인天因 19, 249, 260, 261, 262, 269, 270, 274, 275, 380, 422, 425
천책天頙 100, 117, 249, 260, 261, 272, 273, 274, 275, 276, 277, 278, 279, 280, 281, 282, 283, 284, 379, 380, 422, 425, 426
청공淸珙 304, 305, 430
청연각淸燕閣 82
청원靑原 17, 141, 143, 144, 170
청진淸眞 23, 246
체관諦觀 77, 171, 173, 174, 175, 176, 411
체징體澄 140
초려草廬학파 328, 329, 331, 348
초본草本 19, 368, 372
초의草衣 376
최남선崔南善 356, 362, 391
최사위崔士威 186
최선崔詵 228
최승로崔承老 35, 71, 78, 79, 80, 81, 119, 127, 204, 205, 207, 256, 331, 414, 414
최승우崔承佑 67, 199, 200, 201, 414
최언위崔彦撝 67, 200
최영崔瑩 325
최예희崔藝熙 140
최우崔瑀 228, 231, 243, 321, 418
최유청崔惟淸 37, 228
최은함崔殷諴 204
최응崔凝 67, 68
최의崔竩 92
최자崔滋 293, 379
최제안崔齊顔 256, 262
최지몽崔知夢 70
최충崔沖 36, 81, 213, 331, 337, 433
최충헌崔忠獻 32, 91, 92, 98, 221, 222, 225, 232, 258, 268, 320, 418
최치원崔致遠 67, 81, 200, 199, 204, 414
최표崔彪 261, 268, 422
최항崔沆 98, 233, 419
최해崔瀣 37, 324, 334, 336, 342
최행귀崔行歸 162, 366
최홍윤崔洪胤 116, 117, 230, 243
충지冲止 96, 196, 228, 247

ㅌ

탄문坦文 20, 58, 59, 60, 75, 76, 136, 137, 149, 154, 155, 156, 174, 177, 178, 182, 219, 409, 410, 411
탄연坦然 97, 196, 197, 197, 223, 250, 417
태고太古 27, 28, 124, 251, 284, 293, 303, 305, 306, 307, 309,

310, 313, 314, 315, 316, 317, 318, 319, 429, 431
태고암太古庵 304, 308
태현太賢 189
퇴계退溪 128, 354

ㅍ

파약波若 256
파한집破閑集 47
편년강목編年綱目 339
편년통록編年通錄 132
필중必中 258

ㅎ

하가산下柯山 226, 227, 233
하륜河崙 318
하택荷澤 234, 236, 238
학일學一 23, 197, 198, 250, 417
한림원翰林院 247, 337
한안인韓安仁 89, 196
함허涵虛 126, 317
해룡왕사海龍王寺 153
해린海麟 74, 187, 188, 189, 191, 413
해안사海安寺 28, 30, 102, 159, 187, 188, 195, 220, 355, 405
행사行思 17, 141, 170
행적行寂 136, 137
허적許適 260, 261, 422
허형許衡 328, 329, 330, 335, 348
혁련정赫連挺 178, 179, 183, 355, 356, 359, 366, 367
현장玄奘 74, 188
현화사玄化寺 30, 74, 185, 186, 188, 189, 190, 224, 413
현휘玄暉 52, 58, 59, 151, 152, 153, 172, 219, 410
형미逈微 136, 139, 140, 380, 409
형원사瑩源寺 295, 296, 306, 428, 430
혜거惠居 20, 61, 168
혜관惠觀 257
혜관慧觀 181
혜근惠勤 428
혜덕慧德 188, 224, 413
혜린慧璘 227
혜선慧宣 180
혜소慧炤 74, 96, 167, 187, 413
혜심慧諶 25, 26, 33, 98, 116, 116, 228, 230, 231, 232, 233, 235, 243, 243, 246, 248, 380, 381, 18, 419, 420, 420
혜인원惠因院 180
혜장惠藏 376, 377, 380
혜조慧照 23, 195, 196, 197, 198, 223, 228, 417
혜철慧徹 63, 64
호경虎景 131
혼구混丘 296
혼기混其 286, 288, 289, 426
혼수混修 318, 402, 432
혼원混元 233, 246, 419
홍서洪恕 284, 285, 286, 426
홍원사洪圓寺 21, 181
홍자번洪子藩 289
홍제원弘濟院 187
홍호사弘護寺 179, 222
화악사華岳寺 96, 196
화엄론절요華嚴論節要 99, 230, 235, 265
화엄십찰華嚴十刹 19, 60, 368, 370,

370, 372, 373, 374, 375
환암幻菴　318
황간黃幹　327, 434
황룡사皇龍寺　394
황룡파黃龍派　242, 252, 294, 406, 420
황보제공皇甫悌恭　139, 358
황진黃震　342, 343
회암사檜巖寺 295, 296, 303, 307, 402, 403, 428
횡진법계관橫盡法界觀　162, 184
효명孝明　147, 254
휴정休靜　126, 251, 252, 318, 319, 403, 432
흥왕사興王寺　195, 220, 222
희랑希朗　159, 177
희량希亮　260
희양산문曦陽山門　142, 166, 307

고려시대 사상사 산책

초판인쇄일 | 2009년 02월 20일
초판발행일 | 2009년 02월 27일
저 자 | 김두진
발 행 인 | 이성우
발 행 처 | 국민대학교 출판부
주 소 | 서울시 성북구 정릉동 861-1
전 화 | 02)910-4243
팩 스 | 02)910-4030
등 록 | 1975년 6월 17일 제 6-33호
디 자 인 | 아이엠비
인 쇄 | (주)상지피앤아이

 ISBN 978-89-7812-246-7 93900
값 18,000원